혼사만사야

婚 事 萬 事 也

혼 사 만 사 야
婚 事 萬 事 也

초판 1쇄 인쇄   2010년 09월 25일
초판 1쇄 발행   2010년 09월 30일

지은이 | 정왕주
펴낸이 | 손형국
펴낸곳 | (주)에세이퍼블리싱
출판등록 | 2004. 12. 1(제315-2008-022호)
주소 | 서울특별시 강서구 방화3동 316-3 한국계량계측회관 102호
홈페이지 | www.book.co.kr
전화번호 | (02)3159-9638~40
팩스 | (02)3159-9637

ISBN 978-89-6023-438-3 03140

천 부 적 인 배 우 자 인 연 법

혼사만사야
婚事萬事也

정왕주 지음

ESSAY

프롤로그

　결혼의 성공은 인생의 성공이며, 자식의 미래며, 부모의 행복이요 국가의 힘이다. 결혼에 실패한 필자의 처절한 삶이 있었기에 자라나는 세대들에게 배우자 선택의 절대성을 각성시키고 결혼을 앞둔 이 세상 모든 남녀들이 이혼하거나 실패할 상대를 만나지 않도록 하기 위해 이 글을 쓴다. 부부는 인생의 전부다. 인생의 진정한 성공은 돈도, 명예도, 지위도, 출세도 아닌 부부다. 부부가 서로 맞으면 다른 것은 그냥 따라올 뿐이다.

　수없이 지나치는 남녀의 만남이 평생의 운명을 결정지을 줄이야 남의 일로만 알았지 정녕 자신의 일인 줄 예전에는 몰랐었지. 수많은 홀씨들이 어디에 떨어질지는 바람만이 결정할 수 있는 일일진대, 이 바람은 도대체 어디서 생겼더란 말이던가. 이게 자연이리니 남녀의 만남이 자연 속에 인연하기 위해 흩날리는 홀씨이리라.

　인간은 자연의 기운대로 맺어지지 않고 조건을 찾아 짝을 맺으려고 안간힘을 쓰고 있다. 홀씨들은 자연의 기운대로 자라기에 분수에 맞는 땅에 안착해야 비로소 뿌리를 내리고, 거목의 홀씨였다면 거목으로,

평범한 종이었다면 평범한 대로, 풀씨였다면 풀로 온전하게 자라 자신을 필요로 한 곳을 채워, 자연을 아름답게 꾸며 다른 생명들이 생존할 수 있는 환경까지 만들어 간다.

　다 같은 홀씨라도 자신의 분수는 다 다르다. 풀씨가 거목들이 자라는 땅에 떨어졌다고 해서 거목이 될 수 있겠는가! 풀마저 채 피어보지도 못하고 사라진다.

　그러나 자연의 기운에 맡겨진 다 같은 홀씨들인데도 존재도 없이 사라져 가는 가운데 살 놈은 살고 죽을 놈은 죽고 생(生)과 멸(滅)을 반복해 지구의 생명과 같이하고 있다. 이렇게 자연의 기운에 의해 생사를 넘나드는 홀씨들도 자연 앞에서는 거역하는 몸짓일랑은 하지 않는다. 앞으로도 이 홀씨들은 지구와 생명을 같이할 것이다.

　인간도 이와 같이 자연 속에 흩날리는 홀씨들과 같은 자연 존재다. 단지 생각과 행동을 의식대로 할 수 있는 동물일 뿐이다. 이런 생각과 행동은 자연의 기운에 의해 영향을 받고 있다. 이런 자연의 기운이 인간의 잉태 시점과 출생 시점에서 복사되어 생각과 행동을 간섭하고 있다. 생년월일시에 자연의 기운이 녹아 있다는 뜻이다. 이 자연의 기운이 바로 사주팔자다. 이것이 새로 태어나는 홀씨의 자연적 분수와 같다. 지구의 사주팔자도 봄, 여름, 가을, 겨울이다. 이렇게 정해져 있는 것 같아도 단 하루도 같은 날을 보았는가! 365일 365년 3650년 같은 해, 같은 날은 없다. 같은 시(時)도 없다. 사주팔자는 정해진 것 같아도 정해진 것은 아무것도 없다는 뜻이다. 그 안에는 무수한 기운의 변화와 간섭을 받으면서 선택과 순응만이 있을 뿐이다.

이 홀씨가 어느 때 어디로 날아가서 안착할지는 자연만이 알고 있을 뿐이다. 즉, 자연에 순응하게 되어 있다. 순응만이 이 홀씨의 살 길이다. 인간도 자연의 기운이 그려져 있는 사주팔자가 자연이 부여한 모습이다. 자연의 분수를 안다는 것은 자신을 알고 있다는 말과도 같다. 이 분수를 알았을 때 분수대로 바람을 타서 뿌리를 내릴 수 있는 곳에 안착할 수 있게 된다.

이 분수란 자신이 갖고 있는 모든 분야에 해당되는 말이다. 능력에 따른 분수, 생김새에 따른 분수, 경제력에 따른 분수, 학력에 따른 분수, 실력에 따른 분수, 일에 따른 분수, 신체적 분수 등 그때그때 처한 상황에 따라 수많은 분수가 있을 수 있다.

이 세상 사람들은 대부분 자신의 분수를 모르고 살아간다. 그래서 개인적인 불행은 끊일 날이 없다. 분수를 벗어날 때는 수없는 가볍고 큰 신호를 뇌신경회로를 통해 평생 동안 수백 번에 걸쳐 감각기관에 계속 보낸다. 그러나 자신의 욕심에 눈이 가려 깨닫지 못하고 흘려보낸다. 이상 징조를 느끼기는 했으나 행동하려 하지 않고 깨닫지 못한다.

분수를 벗어난 개인사야 이루 말로 다할 수 없고, 아니 무시해도 어쩔 수 없지만 자신의 배우자 분수만은 꼭 알아서 지켜나가야 한다.

　필자도 이 분수를 몰라 당한 인생의 처절한 고통과 돌이킬 수 없는 인생의 회한과 지난날의 어리석음에 대한 절규와 인생을 되돌리고 싶은 우매함과 더 이상 일어설 수 없는 때가 되어 찾아오는 깨달음의 얄미움이 온몸으로 가득하다.

　분수를 알고 한 결혼은 싸울 일도, 화낼 일도, 괴로워할 일도, 이혼할 일도 없어진다. 오직 부부의 미래를 위해 자식들과 더불어 노력할 일뿐이다. 이 속에서 평화가 싹트고, 희망이 샘솟고, 행복이 스며들게 된다.

　독자들은 이런 자신의 자연적 분수를 상식화해야 한다.

　그래서 제1장에서는 가장 많이 선호하는 일반적이고 합리적인 현실적 결혼조건들을 가장 크게 작용하는 내용별로 타당성과 현실성을 알아보고 그 속에 내재해 있는 변화와 허상, 함정들을 함께 되짚어 각각의 조건이 갖고 있는 의미를 새로이 정립하여 부족한 부분을 인식한다. 제2장에서는 자신의 분수를 알고 미래를 예측하여 대비해 나갈 수 있는 능력과 지혜를 키울 수 있는 지식을 상식화할 수 있도록 자연의 현상을 기초로 한 이론적 단서를 제공해놓았다.

　알 수 없는 미래에 대비해 짝을 결정하기 전에 참고해야 할 내용을 파악하여 자신의 맑은 정신(精神)과 영력(靈力)으로 판단, 결정해야 할 것이며, 결혼 후에는 미래에 다가올 변화 가능성이 있는 사상(事象)들에 대해 부부가 같이 예비하거나 무장을 함으로써 불행을 예방하거나 최소화해 나가 부부 사이의 틈이 벌어지지 않도록 서로 공유하여 공동 노력해 나갈 수 있도록 해놓았다.

오늘(2010년 2월 9일)만 해도 부부싸움 끝에 엄마가 어린 두 남매를 안고 아파트 17층에서 투신하여 전부 사망한 끔찍한 사건이 일어난 보도를 접했다. 서른두 살의 한창 행복해야 할 나이에 무슨 기막힌 사연인지는 정확히 알 수 없지만 남편은 그냥 돈 때문에 좀 다투고 담배 가지러 간 사이에 일어났던 일이라는 것이다.

만약 이런 불행을 안고 있다는 것을 미리 예측할 수 있었다면 누가 결혼하겠는가. 이 사건도 상대에 따라 일어날 수도 있고, 안 일어날 수도 있는 상대적인 개념이다. 즉, 상대에 따라 발생할 수 있는 문제다. 이것이 바로 배우자 선택의 치명적인 함정이다.

어쩔 수 없이 이렇게 선택되었다 하더라도 이런 생·사별에 관한 일은 두 사람의 타고난 생년월일시에 이미 자연기운에 의해 가능성이 예고되어 있기 때문에 서로가 아는지 모르는지에 따라 부부 사이에 일어날 수 있는 사소한 일부터 이에 대처하는 방법과 각오가 달라질 수 있다.

이런 내용을 예측하고 있었다면 "우리 사이에 잘못하면 큰 충돌을 일으킬 수 있는 기운이 있으니 서로 싸우더라도 상대방의 자존심을 건드리지 않도록 하면서 타합적이고 생산적인 방법으로 의논을 하자."고 해서 미리 마음의 준비를 하고 있다면 능히 막을 수 있는 일을 이런 내용을 모름으로 결국 극단으로 치닫게 된다.

부부싸움이란 서로 주고받는 말의 질에 따라 죽이고 살리고 하는 것이다. 이것이 서로의 사주팔자의 기운을 들여다볼 수 있는 단서를 제공하는 목적이다.

혼기에 이르기까지 혼자일 경우에는 부모의 보호와 자신의 의지 속에 입지를 세워 나가면 되지만 결혼을 하게 되면 자신의 의지는 마음대로 할 수 없으며 그렇게 되지도 않는다. 서로가 마찬가지다. 즉, 남편은 아내의 팔자, 아내는 남편의 사주명에 엮이기 때문이다. 서로의 운기에 영향과 간섭을 받지 않을 수 없다.

개인적으로는 각자의 능력과 성질에 따라 생활한다고 하지만 이는 혼자일 때 이야기지 결혼을 하여 부부가 되면 각자의 성질과 기분대로 살 수 없게 된다는 의미다. 따라서 운명도 영향을 받지 않을 수 없게 흘러가게 되어 있다.

여자의 사주팔자 속에 남편의 운명이 거울처럼 나타나 있는 경우도 허다하다. 즉, 아내를 보면 남편의 모습과 미래가 다 담겨 있다는 뜻이다. 아내도 마찬가지다. 남편의 명(命) 속에 아내의 운명도 그려져 있다는 뜻이다. 그래서 남자 팔자는 여자 팔자에 달렸고, 여자 팔자는 남자 팔자에 달렸다는 의미다. 이것이 바로 자신들의 타고난 자연기운의 분수라는 것이다. 이 분수를 벗어나는 것이 불행의 씨앗이 된다.

요즘 부부 대화법이니 자기 성공 계발에 관한 기사와 책들이 범람하다시피 나와 누가 읽어보아도 긍정적이고 용기와 희망을 가질 수 있는 일리 있는 내용들이 많지만 그대로 되지 않거나 하지 않는 것은 자신들의 분수에 맞지 않기 때문이다. 사람이란 전부 분수가 다르다. 누가 성공했다고 해서 따라한다고 성공하는 것이 아니다. 그것은 그 분수에 맞아서 성공했을 뿐이다. 이 세상 사람이 아는 게 없어서, 지식이 모자라서 못하는 게 아니라 자기 분수와 맞는 일을 찾지 못하기 때문에 안 되는 것이다. 이 분수가 적성이다. 자기 분수조차도 모르고 있으니 어떻게 찾겠는가!

부부의 대화도 몰라서 못하는 게 아니라 서로 안 되기 때문에 잘 못하는 것이다. 서로 분수가 맞는 짝이 아니기 때문이다. 분수에 맞는 짝은 가르쳐주지 않아도 잘하지만, 모르고 있더라도 알 기회가 생기면 잘 실천한다. 그러나 그렇지 못한 부부가 많은 것은 분수에 맞지 않은 사람끼리 만났기 때문이다. 이런 분수를 모르고 천편일률적으로 내용만 좋다고 해서 적용하면 강요밖에 안 되며, 이렇게 해서 판단하면 많은 오류를 범하게 된다. 모든 것은 분수에 맞는 짝이라야 대화도 잘할 수 있고, 서로 지나치는 말 한마디에도 관심을 가지게 된다.

이는 독자들의 부모님이나 집안, 친지, 선배, 동료 등 잘 아는 사람들의 삶을 보고 느낄 수 있다. 이는 한 사람이 분수를 벗어나면 두 사람 모두 불행해진다는 의미다.

그래서 혼자 성공할 수 없는 이유다. 설령 남편이 사회적으로 성공했다 하더라도 그 뒤에 아내가 없었더라면 이룰 수 없는 일이다. 그래서 남편의 성공도 두 사람의 몫이 되는 것이다. 간혹 남편 자신이 유능해서 이룬 것이라고 혼자 자만하면 아내를 무시한 대가가 반드시 자신의 운명에 영향을 미치게 된다.

부부 반대의 상황도 마찬가지로 유추할 수 있다. 남편의 외조 없이는 아내의 성공도 사상누각에 불과하다.

뿐만 아니라 두 사람의 결합으로 생산된 자식도 부모의 운명에 따라 자식의 운명도 좌우된다. 그래서 부모의 팔자에 자식의 기운이, 자식의 사주에 부모의 기운이 담겨 있다. 자식은 자신의 의지와 상관없이 부모에 의해 생산되어 자식 인생에 결정적 영향을 미치게 되니 그 책임 또한 무겁다. 그러니 함부로 결혼해서 함부로 아이를 낳을 수 있겠는가.

결혼으로 삼자간의 운명이 좌우되는 것이다. 따라서 부모도 영향을 미치기도 하고 받기도 한다. 가정이 건강해야 국가의 기초도 튼튼해진다. 이를 부정할 사람은 이 책을 볼 필요가 없다. 부정하는 것도 자신의 팔자 속에 있는 기운의 작용이다.

이는 재미나는 소설책이 아니다. 일반적인 궁합 책은 더더욱 아니다. 이제까지 터부시했거나, 어떤 특수한 사람만이 하는 것으로 치부했거나, 무조건 믿기 싫거나, 난해하다고 생각되는 사람이라 해서 그만두더라도 무조건 한 번만 읽고 그만둬라. 한 번 읽은 가치는 두고두고 머리에 남은 조각과 편린들이 좋은 영향을 미칠 때가 반드시 있을 것이다.

부부란 시간을 뛰어넘는 인연이다. 50년 후를 생각해보라. 두 사람은 원수가 되어 있을지, 거대한 성공을 이루고 있을지, 작지만 행복한 한 쌍의 늙은 원앙이 되어 있을지, 비탄의 골짜기에서 허우적거리고 있을지, 흔적도 없이 사라지고 없을지, 그 모습은 무상할 것이다.

부디 이 책에 담긴 내용을 상식화해서 영원을 같이하는 성공된 부부가 되기를 온몸으로 염원한다.

2010년 가을에 아차산 자락에서

정왕주 識

CONTENTS

제3장 좋은 인연들

제4장 정해져 있는 것은 아무것도 없다

제 1 장

조건이 전부가 아니다

1. 경제력은 변화한다

　배우자 선택조건에 경제력을 최우선으로 삼는 게 일반적인 생각들이다. 이를 굳이 부정할 사람은 없다. 경제력은 행복과 사랑이 싹트는 바탕이 된다. 경제력이 인격이고 능력이며 세력으로 대변되는 현실이다. 모든 세상의 활력이 돈 때문에 생긴다. 사주팔자를 볼 때도 재물의 기운부터 먼저 본다.

　2장에서 설명되지만 남자의 경우는 여자, 즉 아내를 재물로 본다. 돈을 벌어들이는 사람은 남편이지만 모으는 것은 아내가 하기 때문이다. 그래서 재물을 모아 잘살려면 아내한테 잘해야 하는 이유가 여기에 있다. 남편이 잘못해도 안 되지만 아내가 잘못해도 안 된다. 그래서 부부의 선택이 잘못되었을 경우는 이것도 허사가 된다. 반대의 경우도 마찬가지이다.

　돈도 두 얼굴을 하고 있다. 사람을 사람답게 만들기도 하고 추잡하게 만들기도 한다. 이것은 사람이 돈을 대하는 자세에 달려 있다. 돈이 내 주인이 아니라 내가 돈의 주인이어야 한다. 돈에 끌려 다녀서는 사람 노릇 못한다는 뜻이다. 하물며 부부 생활을 하는 데 있어서 누구든 돈의 노예가 되어서는 서로의 자존감을 유지해 나갈 수 없다.

　이렇게 중요한 돈의 가치를 어디에 두느냐에 따라 경제력의 조건을 배우자 선택의 우선 덕목으로서 유지할 수 있다. 그런데 경제력이란 변화하는 계절과 같이 흥망성쇠를 거듭한다. 언제 어떻게 변화할지는 모르지만 출발부터 경제력을 앞세우지 않을 수 없는 게 현실이다. 결혼도 현실이니까.

현실적으로 경제적 수단이나 능력 없이 결혼하려는 사람은 거의 없다. 다만, 미리 사기적 수법으로 계획을 세워 행하는 범법자한테 어이없이 당하는 경우도 있다고 하니 주의할 일이다. 지금은 나오지 않지만 모 여자 탤런트가 결혼하여 외국에 신혼여행을 갔다 오다가 신랑이 공항에서 경찰에 끌려가는 황당한 일을 당했다고 한다. 알고 보니 경제사범으로 기소 중지자였다. 신혼살림도 해보기도 전에 이혼한 경우이다.

요즘은 여자도 직장 없이는 결혼하기 힘든 세상이다. 여자도 경제력이 클수록 중매시장에서 결혼조건 상위에 랭크된다고 한다. 다양화되어가는 사회구조 속에 같이 벌지 않으면 안 되는 현실적인 상황에서 경제상황을 극복하여 안락한 미래를 설계해 나가려는 의지로 볼 수 있다.

여자 수입에 안주하려는 못난 남자도 있을 수 있다. 바야흐로 남자 신부시대가 도래된 것이다. 이 모든 것이 사회 환경의 변화에 기인하지만 일반적인 남녀가 서로 경제력을 필요로 하는 시대에 살고 있다. 현실적인 사랑도 경제력을 기초하고 있다. 살다가 경제력을 상실하는 경우라도 두 사람이 그동안 얼마나 신뢰와 사랑을 쌓아 왔는지에 따라 몰락한 상황의 극복 여부가 좌우된다.

물론 출발부터 넉넉한 환경에서 시작하면 누구나 좋을 일이나 지나치게 경제력만을 원한다면 부부 연을 같이할 사람이 얼마나 되겠는가. 출발은 옹색하게 사글세방부터 시작했으나 훗날 풍요한 생활을 영위하는 사람들도 많거니와 처음에는 많은 사람의 부러움 속에 출발하였으나 나중에 힘든 환경에 처하게 되는 경우도 흔히 볼 수 있다.

경제적으로 어려워졌다고 해서 헤어지지 않고 사는 것만 해도 다행한 일이나 헤어지는 아픔을 겪는 부부도 이제 흔한 이야기가 되어 있다.

경제적 이유가 결혼의 첫째 조건이고 이혼의 첫째 원인이다. 화려하고 풍족한 환경에서 잘 어울리는 한 쌍의 원앙처럼 결혼해 파경까지 간 것이라고는 누가 상상이나 했겠는가. 우리 사회의 널리 알려진 경제적으로 유력한 인사 가운데서도 흔히 일어나는 일들이다. 사회적인 이목이나 체면 때문에 비밀에 부쳐지지만 대부분 알려지게 마련이다.

처음에는 경제력으로 시작했으나 다른 요인으로 헤어지기도 한다. 직장이나 사업의 기복과 성쇠로 경제력을 상실하는 경우는 어쩔 수 없다 하더라도 부부가 왜 헤어지기까지 해야 할까. 물론 전부는 아니지만 안으로 곪아 있기는 마찬가지다.

경제적 어려움에 처하면 경제력이 있을 때 좋아하고 사랑했던 것처럼 위로와 격려로서 서로 목숨 걸고 해로해야 하는데 주례 앞에서 맹세한 언약은 헌신짝이 되고 만다.

주례사대로 인생을 꾸릴 수 있다면 이 세상 무슨 걱정이겠는가. 아무리 명쾌한 이치를 들이댄다 하더라도 두 사람이 그 좋은 내용을 실천할 수 없는 사람끼리의 만남이라면 아무 소용이 없는 이야기이다. 단지 좋은 말에 그칠 뿐이다. 그러니 명 주례사도 근본을 모르고 이야기하는 허공의 메아리가 되기 십상이다. 그래서 요즘 주례사는 명사들 불러 괜한 폼만 잡을 뿐이지 호랑이 담배 피던 시절 이야기가 된다.

또 한편으로는 경제력은 주로 남편들이 쥐고 있는 경우가 많기 때문에 남성 쪽에서는 경제력이 상실된 상황이 되어서도 아내와 기탄없이 대화를 통해 현실적인 상황을 서로 머리를 맞대 슬기롭게 헤쳐 나갈 수 있도록 의논과 지혜를 짜 내는 노력을 하면 어떤 난관도 극복하여 가정을 온전히 유지할 수 있지만, 그 반대로 평소에 아내의 의견이나 참여를 무시하고 독선과 독단으로 잘못된 결과를 초래했을 때 어떤 아내가 희망을 가지고 그 어려움을 극복할 힘이 있겠는가. 부부는 서로 평소에 성실과 노력으로 믿음이 자라나도록 해야 한다. 신뢰가 쌓이지 않으면 그 변화를 공유하기 힘들어진다.

반대로 오히려 남편이 미안해서 아내한테 고개도 못 들고 눈치만 보는 경우에는 자신감도 없는 남자 꼴도 보기 싫다면서 여자가 먼저 보따리 싸서 떠나거나 남자를 쫓아내는 모질고 독한 경우도 있다.

요즘은 한때는 잘 나갔으나 허물어진 뒤의 남자들이 일부 몰지각한 여자들한테 핍박받는 경우가 많다고 한다. 단지 지면을 통해 알려지지 않을 뿐이다. 남자는 여자한테 당해도 체면이나 자존심 때문에 하소연도 하지 못하고 혼자만 끙끙 앓을 뿐 어느 친구한테라도 이야기하지 않는다.

그러나 여자들의 경우에는 남자한테 한 대만 얻어맞아도 경찰을 불러 바로 고소하거나 문제를 확대시켜 이혼 소송을 제기하기 때문에 온통 여자들만 남자들한테 당하고 사는 것으로 착각하게 된다. 앞으로는 피해를 보는 여성들만 구제할 것이 아니라 그런 남성들도 보호하는 제도가 생겨야 한다. 한 술 더 떠서 남성들의 이런 성격적인 약점을 악용하는 여자들도 있다고 한다.

이렇게 남성들은 꾹꾹 눌러 참다가 안 되면 욱 하는 성질에 바로 살인 사건으로 치닫는다. 교도소에 있는 부부 살인 사건의 내용을 들어보면 동정이 안 가는 사건이 거의 없다. 개중에는 잔혹한 일이 있기도 하다. 이러다 보니 남편들은 잘못하면 모두 살인자가 되기 쉬운 세상에 살고 있을지도 모른다. 여기서 부부문제로만 끝나면 다행이나 아이들이 있다고 생각해보라.

자신의 심장을 물어뜯는 아픔보다 큰 것이 자식들이 받는 고통에 대한 연민이다. 우리 주변에서 이런 류의 이야기와 아이들을 흔히 볼 수 있으나 만약 내가 이런 환경에 처할 경우를 생각해봐야 한다. 그래야만 배우자를 선택할 때 얼마나 신중을 기해 결정해야 할 것이며, 결혼을 하게 되면 서로 어떤 각오를 가져야 하는가를 뼈저리게 느낄 수 있다. 이런 내용은 서로가 결혼 전에 공유하지 않으면 소용없다.

우리는 여기서 어떤 일이 있더라도 첫째, 부모로 인한 자식의 불행을 막아야 하고 둘째, 부부로 인한 자신의 불행을 막아야 한다. 이는 마음대로 할 수 없는 인생살이의 하나로 체념해버리기 쉽다. 하지만 그렇지 않다. 이 또한 정신 일도 하면 막을 수 있다. 한마디로 이런 불행을 막을 수 있는 유일한 길은 배우자 선택에 집중해야 한다.

경제력의 변화로 오는 부부문제가 이것뿐이겠는가? 이 명제로 각 부부가 앓고 있는 경제적 문제와 갈등들을 우리나라만 수집해도 수십 권 분량의 책이 될 것이다. 여기까지 이야기는 변죽만 울렸을 뿐이다. 판단은 결혼을 앞둔 독자 여러분들의 몫이다. 이렇게 예상 못한 변화가 경제력의 흥망성쇠로 이어지고 이런 변화의 파도를 타고 넘어야 하는 게 부부의 경제생활이다.

처음에는 아쉬움 없는 경제적 여건 속에서 미래를 아름답게 수놓았으나 그것이 계획한 것과 달리 산산이 무너졌다 하더라도 처음에 시작했던 마음을 잃지 않고, 가정을 끝까지 이끌어 아이들이 성장할 때까지 보금자리가 되어주는 책임과 의무를 다하는 부부가 되어야 한다.

적게 시작해서 크게 번창하는 것은 두말할 필요도 없지만 풍파를 만나 몰락의 굴레에 빠져들더라도 다시 일어설 수 있다는 각오로 서로를 믿고 의지해 나가면 또 다른 봄날을 맞이할 수 있다. 부부의 의지에 따라 인생은 돌고 돈다. 춘하추동 변화하듯이 각자의 세상은 바뀌어 간다.

이 세상에 영원한 부자는 없다. 지금의 재벌도 언젠가는 소멸하여 흔적도 없어지는 때가 온다. 영원할 것 같은 제국의 흥망도 역사가 증명해주고 있지 않은가. 아무리 수성을 위한 성을 하늘 높이 쌓는다 하더라도 막을 수 없다. 헛된 욕심과 탐욕의 쇼일 뿐이다. 이것이 자연의 준엄한 법칙이다. 그래서 돌고 도는 것이 자연의 이치다. 이것이 둥근 지구 위에 태어난 인간의 숙명이요 팔자다.

하물며 가정의 경제력에 기초한 흥망성쇠쯤이야 항상 돌고 돌아 변화한다는 것을 상식으로 간직하고 늘 변화에 준비하는 마음으로 살면 그것이 성공되고 행복한 삶이 될 것이다. 항상 변화가 몰고 오는 경제력의 부침(浮沈)이 결혼생활의 함정이다.

물론 어떤 이는 당대를 비롯해 몇 대에 걸쳐 부를 세습할 정도의 풍요를 누릴 수 있으나 아주 특별히 희소한 경우이니 이를 부러워하거나 흉내 낼 생각은 꿈에도 하지 마라. '재(財)는 곧 재(災)다' 라는 말과 같이 자기 분수 이상을 바라지 말라는 뜻이다. 누구나 타고난 그릇이 있다. 그 그릇의 크기를 알고 순응해야 행복도 구할 수 있다. 이것이 나를 알고 상대를 알아야 하는 이유다.

재래시장에서 하루 종일 피곤한 몸을 이끌고 김만 구워 팔아 수십억 대의 재산을 이룬 여자도 있고, 최고 학부를 나오고도 거지같은 삶을 이어가는 사람도 있다. 전자는 자기 분수를 잘 지켰으나 후자는 자신의 분수를 모르기 때문이다. 이런 경우는 우리 삶 속에 허다하게 깔려 있는 일이다. 이렇게 재(財)도 분수를 찾아가게 된다.

붕어빵 장사를 하면서도 오순도순 행복하게 사는 가정이 있는 반면 누구나 부러워할만한 환경과 지위에 있으면서 매일 싸우다시피 지옥같은 삶을 사는 가정도 있다. 이런 가정에 속한 아이들의 미래는 어떻게 되겠는가.

여기까지는 현실적으로 파악이 가능한 경제력을 전제조건으로 했으나 미래에 일어날 수 있는 경제적 환경의 변화를 예측할 수만 있다면 경제적 규모의 변화는 어쩔 수 없다 하더라도 서로 부부가 이런 상황을 공유하여 지혜롭게 대비 또는 준비할 수 있다.

제2장에서는 이런 경제력의 변화를 읽어 낼 수 있도록 단서를 제공해놓았으니 이런 변화에 최소한의 지혜라도 준비해서 내처해 나가 경제력의 상실로 인한 파경은 막아야 하며 처음부터 많은 경제적 능력에 집착할 필요는 없다는 것이다. 처음부터 조금씩 이뤄나가는 행복이 더클 수도 있다.

결혼하기 전부터 둘이서 연구해서 얻은 결론은 반드시 이루어진다. 원래 성공할 결혼은 두 사람 모두 성실하고 신뢰하며 끊임없는 노력을 하게 되어 있다. 좋은 결과를 바라면서 입만 벌리고 있다면 이는 누구든지 희망이 없다. 아무리 타고난 대운(大運)을 만난다 하더라도 어려워진다.

운이란 결혼의 성공이 그냥 주어지는 것이 아니라 매일 노력해서 얻어내는 것이 성공을 이루어내는 운이다. 이보다 앞선 조건이 이런 노력들을 공유하여 실천할 수 있는 짝을 만나고, 만들어 갈 수 있는 부부라야 한다.

굶지 않을 정도의 경제력은 있어야 사랑이 꽃필 수 있다. 다만 돈이 많아야 사랑을 할 수 있고 행복할 수 있다고 믿는 사람은 어쩔 도리가 없다. 그 또한 타고난 팔자이다. 상대의 재력에 대해 타고난 강한 기운이 그렇게 쏠릴 뿐이다. 팔자는 정해진 것 같아도 정해져 있는 것이 아니다. 그 팔자 속에 무수한 변화의 기운이 있다. 그런데 그렇게 선택할 뿐이다.

즉, 선택이 자신의 운명이다. 경제적인 성공과 실패는 순환하지만 결혼의 실패는 순환하지 않는다.

2. 성격(인격)은 자신의 모든 것이다

성격은 결혼조건에서는 두말할 필요 없이 우선되어야 하지만 서로 잘 드러내지 않기 때문에 잘 알 수 없다는 데 문제가 있다. 성격은 인생사 성패의 모든 것을 좌우하는 기본적인 요소다. 즉, 사람의 품질을 결정한다.

인격은 결혼조건에서 바람직하고 인간됨의 정확성을 기할 수 있는 가장 중요한 요소이나, 불행히도 이는 너무도 알기 어렵다. 우주보다도 깊고 넓다고 하는 사람의 마음을 모두 드러내야 그 사람의 성격을 알 수 있다. 그러나 이것은 불가능한 일이다. 성경이나 수많은 불경이나 경전, 각종 심리학, 철학 등 결국은 전부 사람의 마음을 수록해놓은 것이다. 이것도 일부에 지나지 않으며 계속 변한다.

흔히 접하기 쉬운 심리학도 사람 마음의 극히 일부에 불과한 정도의 통계학이다. 이는 사람의 경험이나 체험적인 습관에 의해 알려진 내용들을 통계로 일반적 법칙성을 만들어 내는 수준이다. 이것으로 사람의 성격과 적성을 파악한다는 자체가 알려진 면만을 보는 결과이며 난센스다.

한마디로 보이는 사람의 성격은 빙산의 일각이다. 우리 인간 세상은 사람의 마음이 움직인다. 세계 경제도 사람 마음이다. 경제 정책을 입안하여 시행하는 사람도 잘될 것이라는 마음이다. 그런 정책에 대응하는 일반 사람도 각자 마음대로 반응한다. 세계 금융파동(2009년도)에도 한 사람도 올바른 사전 대책을 내놓은 사람은 없었다. 그 말 많던 경제학자들도 꿀 먹은 벙어리였다.

어느 누구도 사람 미움의 움직임을 알 수 있는 사람은 이 세상에 없다는 이야기가 된다. 사람 마음을 다 읽을 수 있다면 그 사람은 인간들을 지배할 수 있는 사람이다. 이렇게 알 수 없는 사람의 마음의 행로는 바로 그 사람 성격의 발로다. 우리가 알 수 있는 성격은 나타나는 것뿐이다. 숨겨진 성격이 무궁무진하다는 것이다. 이는 주어진 상황의 변화에 따라 다양한 모습을 드러낸다.

빙산의 일각만 보고 판단하지 말라는 것이다. 요즘은 진화심리학이니, 인지심리학이니, 문화심리학이니 해서 각종 심리학이 난무하여 전 분야를 통섭하여 경영학, 마케팅 등 돈 버는 이론으로 각 분야로 진화하고 있으나 아직 진리의 단계는 요원하게 보인다.

보통 자신의 성격을 안다고 하지만 자신도 자기의 성격을 다 알 수 없으며 죽는 날까지도 다 알지 못하고 죽는다. 우리가 일상생활에 부딪치면 그때 일어나는 일[事象]과 생각에 따라 반응하는 것이 우리의 성격이다. 그래서 늘 일상적인 같은 일이 반복되는 결과로 그와 관련하여 자기의 성격을 알고 있다고 표현한다. 대체로 분명히 좋아하고 싫어하는 감정도 경험해보지 않은 대상은 잘 모른다. 결국 알고 느끼는 범위, 체험의 범위 내서만 판단이 가능하다.

그러나 인간사 체험해보지 못한 일들에 대한 자기의 성격은 한 번도 노출이 안 된 상태이기 때문에 자신도 그런 일에 대해 어떻게 반응할지도 모르고 살아간다. 그런데 하물며 상대의 성격을 전부 파악한다는 것은 아예 불가능한 일이다. '너 자신을 알라' 는 말도 중요하지만 불가능한 말을 하고 있는 것이다. 즉, '알 수 있는 데까지 알라'는 뜻이다.

부부생활을 하다 보면 온갖 상상치도 않던 일들에 부딪치며, 새로운 생각들이 생긴다. 처음에 두 사람만이 생활하는 과정과 아이가 생기고 난 뒤의 삶은 완전히 다른 과정이 전개된다. 여기에서만 일어나는 일들만 해도 각자의 개성에 따라 천차만별하게 각양각색의 형태로 대응하며, 싸우며, 극복해 나간다.

경우에 따라서는 일정 기간 동안 전쟁을 치르는 심정일 것이다. 이때 다시 인생이 반복된다면 결혼을 포기할 사람 많을 것이다. 이때는 자기 가족문제뿐만 아니라 친정, 시가 할 것 없이 모두 관련되어 극악한 갈등으로 헤어나기 힘든 경우와 오히려 협조적으로 쉽게 풀어 나가는 가정도 있지만 묵묵히 참고 견뎌 나가는 것이 우리네 보통 가정의 현실이다.

다른 물리적인 요소를 제외한다면 대부분 자신이 체험해보지 못한 알 수 없었던 성격적인 문제의 비중이 더 높을 수 있다. 만약 잘 참지 못하는 성질상의 문제가 있다면 이를 어떻게 발산하며 극복해 나가느냐가 상대에 영향을 미치므로 자신의 행, 불행을 결정짓는 계기가 되며 이는 자신의 성격문제로 귀착된다.

물론 본인들도 결혼하기 전에 보고, 듣고, 일정 체험을 통해 이미 정신적 학습은 마친 상태라 다 아는 사실이지만 막상 자신이 현실에 닥치면 반응하는 성질은 자기도 모르는 상황을 만들어 내게 된다. 처음에 두 사람이 그렇게 굳게 약속했던 사연들도 현실에 부딪치면 그대로 반응하지 않고 자기도 모르는 본성들이 튀어나오곤 한다.

이런 데서 미처 경험해보지 못하고 서로 몰랐던 인간성과 상대적인 성격들이 드러나기 시작하면서 갈등의 골이 깊이 파일 수 있는 환경을 만들어 가게 된다. 누구나 겪는 비단 이런 문제뿐만 아니라 시누이, 시

형제, 처남, 처제, 처형 등 온갖 인간관계가 개입되면 사정은 더욱 복잡해진다. 좋게 전개되는 경우는 물론 논외다. 가정의 70% 이상은 갈등 속에 흘러간다.

이 모든 것이 성격적인 문제를 야기한다. 더욱 힘든 과정은 평탄한 경제적 여유를 가지고 생활을 유지하면 그나마 다행이나 사업의 실패, 경기 불황으로 인한 구조조정에 의한 실직, 기타 보증, 사기, 외도 등 온갖 사회적인 병리 상황에 빠져들 때 가정 경제의 충격과 좌절은 당해본 사람이나 가정이 아니면 그 뼈아픈 심정은 이해하기 힘들다. 이때 대응하는 부부의 성격은 가정의 존폐를 결정짓는 원인이 된다.

비단 경제적인 문제뿐만 아니라 부부간에 일어날 수 있는 불신의 사건들은 어떤 모습으로 나타날지 모른다. 이 모든 것들이 성질을 불러일으키는 사항들이니 이 성격이야말로 부부생활의 성패가 달린 문제가 아니라고 할 수 없다.

자존심에 목숨 거는 성격도 있다. 부부 중 한쪽이 먼저 상대의 자존심을 훼손하면 당장 마음속으로 이별을 결심하는 사람이 있다. 이런 사람은 다른 사람과 시비가 붙더라도 목숨 걸고 싸우게 되니 어떤 결과를 초래할지는 짐작이 될 것이다.

매사에 철두철미한 성격도 원칙적으로 나무랄 데 없지만 가계부의 영수증 첨부하여 회계 처리한 사항까지 점검하고 조금 만족스럽지 못하면 조직사회에 하듯이 잔소리나 시녀에게 살림 맡겨놓듯 하면 참고 산다 하더라도 당사자의 오장육부의 약한 부위부터 병이 자라기 시작한다. 상대의 숨을 막히게 하기 때문이다.

당사자는 본능적으로 생명의 위협을 느끼게 된다. 모든 병은 호흡이 고르지 못한 환경에서 오기 쉽다. 화가 나거나 초조, 불안하면 호흡의 장단, 대소의 리듬이 달라진다. 돈이 잘 안 들어와도 숨이 막힌다. 생명과 건강의 원천은 호흡에 있다. 운동도 호흡에서 비롯된다.

아기가 태어날 때 첫 호흡으로 생명이 주어진다. 호흡이 성격도 변화시킨다. 우리 주변에는 호흡의 리듬을 방해하는 요인들이 널려 있다는 사실을 알고 각별히 주의를 기울여 나가야 한다.

예를 들어 부정을 저지르면 마음을 졸이기 때문에 지속적으로 저지르면 호흡이 일정치 않아 병을 키우고 있다고 생각하면 틀림없다. 가끔 한숨을 짓는 사람의 경우 호흡이 순조롭지 못해 오는 자연적 행위이다. 이런 사람도 마음의 병을 간직하고 있다는 증거다.

필자의 경험으로 낫지 않는 지병으로 고생하며 상담해 오는 사람들을 보면 어떤 형태로든 부정을 저지르고 있다는 것을 알 수 있다. 이런 사람은 병원에 가도 병명이 나타나지 않고 약도 없다. 약을 먹어도 낫지 않는다. 엉터리 처방만 받아 올 뿐이다. 대증요법으로 낫지 않는 병들이다.

이런 병은 어떤 부위에서 발발할지 예측불허다. 특히 속을 많이 끓이고 부부간의 성격 차이, 시가와 갈등, 스트레스, 불안, 초조하게 되면 천식이 잘 오는 것을 경험하게 된다. 그런데 이런 병이 자기 일상생활에서 원인하는지는 모르고 병원에서 대증 처방을 받아 장기간 약물 복용 등으로 급기야는 약물에 의한 위장 장애 등 없던 병까지 얻게 된다.

비단 이런 성격적인 일뿐만 아니라 부부 갈등이나 싸움을 통해 생명의 위협을 본능적으로 느끼게 되면 어떤 희생을 치르더라도 앞뒤 생각 없이 무조건 이혼하게 된다. 이런 이혼은 나무랄 수 없다. 이혼한 부부를 상담해보면 많은 사람이 이에 해당되는 것을 경험하게 된다. 남녀 모두 마찬가지다. 이런 내용들은 법원의 숙려기간을 통해도, 어떤 숙련된 상담자라 하더라도 알 수 없다.

여자의 경우는 폭력이나 여러 가지 압박의 원인이 많지만 남자는 물리적인 여자의 외도나 경제적 위해(危害)를 제외하고 성격차이로 남자를 괴롭게 하는 경우가 많다. 이는 남자가 성질대로 발산을 못하고 여러 이목을 생각하여 그냥 견디려고 하니 호흡의 불균형으로 오는 신체적 압박감과 이상증세, 이상신호를 느끼기 때문이다.

이와 같은 생명의 위협을 느끼는 주원인은 조화를 이루지 못하는 성격차이가 큰 사람들끼리의 결혼이다. 즉, 서로 성격이 미치는 영향까지 생각하지 못하고 이에 대해 무관심했던 결과이다.

이런 경우의 예로, 아내와 한 집에만 있으면 머리가 아픈 남편이 있었다고 한다. 다른 질병으로 오는 두통이 아니라 이유도 없이 아픈 정도의 표현이 힘들 정도로 바늘로 쑤시듯이 아파 병원에 가도 일반적인 편두통이라면서 처방을 받아도 효과가 없었으나 떨어져 눈에 보이지만 않으면 괜찮다는 것을 느꼈다고 한다.

물론 불화한 관계에 놓여 있는 상태였다. 이렇게 부부관계가 악화되면 치료 불가능한, 알 수 없는 질병들이 자라나기 시작한다는 것을 이혼 상담자 중 90%가 느끼고 있는 것을 경험하게 된다.

여기에는 성격을 비롯해 온갖 원인 제공의 요소가 복합되어 있다. 이혼한 부부의 가장 높은 이혼 사유가 성격문제로 나타나고 있다. 그러나 지상의 통계로 알려진 성격문제는 말하기 좋게 표면에 내세웠지만 말할 수 없는 다른 요인들을 감춘 채 나타나는 빙산의 일각이다. 이는 다른 조건에서 언급될 것이다.

성격문제는 따로 떼어 내어 독립시킬 수 없다. 자신의 주위를 둘러싼 모든 일과 환경에 의해 유발되기 때문이며 이에 반응하는 것도 선악과 같이 이분법이 아니라 상대적인 반응에 따라 다르게 작용하기 때문이다. 즉, 나는 선한 마음으로 대하려고 하는데 상대가 악하게 나오면 나도 악해지기 마련인 것이 보통사람이다.

부부는 특히 그렇다. 부부싸움한 사람의 이야기를 들어보면 거의가 상대 잘못이다. 그러니 악이 악을 만들어 내는 꼴이다. '남자 팔자 여자 팔자고, 여자 팔자 남자 팔자' 라는 말을 머리말에서도 했다. 누가 누구를 탓할 수 없다. 근본적인 문제는 두 사람만이 알고 있기 때문이다. 여기에서는 솔로몬의 지혜도 소용없다.

이혼 사유가 표면적으로는 성격문제이지만 그 이면에는 누구에게도 말 못할 두 사람만이 알고 있는 근본적인 이유가 숨겨 있기 때문에 부부문제는 사회적·제도적으로 과학과 학문적인 사고를 동원한다 하더라도 풀 수 없는 영원한 문제를 안고 가는지도 모를 일이다.

성격으로 짝을 결정한다는 것이 서로 모르고 있는 부분이 너무나 많다는 것을 이해하고, 알 수 없는 성격의 영역을 서로가 인정하여 공유된 부분만을 가지고 짝을 맺을 수밖에 없으며 그 이후 일어나는 불확실한 상황에서 발발하는 문제에 대해서는 서로 이해하고, 인정해주는 노력을 경주하는 수밖에 없다.

한 걸음 더 나아가 알 수 없는 영역의 성격을 추론할 수 있는 도구가 자연의 법칙과 이치에 따라 제2장에서 참고할 수 있으니, 서로가 이 도구를 공유하여 미구에 닥칠 불확실한 서로의 돌출 언행들을 서로가 포용하며, 서로가 격려해 나가는 데 도움이 되길 바란다.

상대의 성격보다 먼저 자신을 알고자 노력하는 것이 무엇보다 중요하다. 자신을 모르고 상대에게 맞춘다는 것은 병을 키울 뿐이다. 이 책의 근본 요체는 자신을 알 수 있는 데까지 파악해 나가는 것이다. 이것이 자신의 분수요 타고난 그릇이다.

자신의 성격상 모습도 제대로 모르면서 상대의 좋은 점만을 원하면 이는 잘못된 선택이거나 헤어질 것을 전제로 한 만남이 될 가능성이 크다. 즉, 자신의 모습에 상대도 걸맞아야 서로 오래갈 수 있다. 같이 무슨 장사를 하더라도 서로 죽이 맞아야 성공할 수 있는 이치와 같다.

무엇보다 자신의 결혼을 위해서는 자신의 양심에 솔직해야 한다. 자신이 이기적이라면 어느 정도인지, 스스로 나쁘다고 생각하는 성질을 가지고 있으면 부부의 조화를 이루는 데 어떤 장애가 되는지 등을 꼼꼼히 따져보고 자신을 이해해줄 수 있고 보완할 수 있는 상대를 찾아야 할 것이다.

상대를 위해 무엇을 잘할 수 있는가도 챙겨보고 과연 상대한테 필요한 요소인지 도 맞춰보아야 할 것이다. 어떤 분야에서도 마찬가지지만 특히 부부한테 가장 중요한 것은 서로의 성격이다. 그렇다고 서로 좋은 성격만을 바랄 수 없다. 타고난 성격은 고칠 수 없기 때문에 전부 좋은 성격만을 가지고 있지 않다.

부족하면 부족한 대로 서로 이해하거나 보완해줄 수 있는 사람끼리 짝이 되어야 한다. 이런 내용을 간과하고 외형적인 조건만으로 짝을 결정한다면 실패할 확률이 더 높아질 뿐이다.

가족 관계를 보면 자신과 상대의 품성을 비교적 쉽게 파악할 수 있다. 특히 경제력이 있건 없건 부모를 둔 가정에서 자주 볼 수 있는 현상으로 부모를 무시하거나 중요시하지 않는 자세, 또는 자존심 상하는 부모나 가족에 대한 냉대나 은폐, 형제 자매간의 불화 등 가족관계가 원만치 못한 데는 반드시 인격적 원인이 있기 마련이다. 이런 내용이 사실이라면 상대가 어떠한 위치와 뛰어난 외모, 능력과 조건(가족제외)을 가졌다 하더라도 남녀 불문하고 결혼상대로는 낙제다. 자신이 그렇다면 자신도 낙제다. 낙제자는 낙제한 사람끼리 만나야 한다. 이것이 자신과 상대의 그림이며 분수다.

이는 같이 살더라도 언제나 오게 마련인 환경의 변화가 불편한 요소로 등장하면 반드시 문제를 일으키는 성격이다. 파악하기 가장 어려운 상대의 심성은 상대의 가족관계로 일어나는 평소의 행동과 생각들을 세밀히 관찰하면 가장 정확하게 접근할 수 있다. 가족들을 무시하면서 자신의 차별화를 부각시키려는 아주 못난 사람도 흔히 볼 수 있다. 가족의 우월성에 기대는 사람도 마찬가지다.

부모란 자신이 자식의 진로에 방해가 된다면 자식의 불효나 도덕성을 나무라기는커녕 오히려 덮어주려고 노력하며, 굶어 죽는 한이 있더라도 자식의 눈앞에서 사라져주는 것도 불사하는 심정이 일반적인 마음이다. 이러한 부모에게 대한민국에서 교육받고 자란 사람이 부모의 모습을 업신여긴다면 그런 상대를 배우자로 맞아도 되겠는가? 그러한 사람은 어떤 일에도 실패할 요소들을 지니고 있다.

이것이 바로 사람의 품질이 아니겠는가? 끝없는 노력과 수양이 없이는 바뀌지 않는 게 사람의 품질이며 성질이다. 결국에는 자기 성질에 맞지 않는다고 배우자를 팽개칠 가능성이 있다.

천부적으로 악한 성격을 갖고 있다면 피해 가는 게 상책일 것이다. 자기가 악한 사람인 줄 모르고 살아가는 사람도 많다. 스스로 자신을 선량한 사람으로 착각하고 있는 사람들이 많다는 뜻이다. 법 없이도 사는 사람이라는 식으로 표현을 하는데, 이는 법을 어기고 죄짓는 선악의 개념이 아니다. 부부관계는 이런 법률적인 선악으로 이해해서는 절대 안 된다.

가령 불쌍하고 가련한 사람이나 아이를 봤을 때 그에 반응하는 생각과 행동은 다 다르다. 이것은 우리가 흔히 말하는 법률적인 선악의 개념이 아니다.

부부생활도 이와 같은 선악의 마음가짐 하나하나에 의해 행·불행을 만들어 나가고 있다. 앞에서도 언급했지만 상대의 언행에 따라 거기에 반응해 나타나는 결과가 서로를 더욱 묶느냐 아니면 틈을 만드는 계기가 되는가로 귀착된다. 이런 틈이 쌓이고 쌓여 언제 어떻게 폭발할지는 자신들도 모르는 게 부부이다.

결국은 각자가 가지고 있는 품성에 의해 부부의 영속성이 결정되는 가장 중요한 요소이면서 변수라는 것이다. 이 품성만 바르면 이 부부의 세상은 아무런 문제가 없다. 이렇게 어려운 문제를 스스로 풀어 접근해 나가는 노력을 게을리 해서는 안 된다. 이는 부부의 장래를 결정짓는 가장 중요한 요소이기 때문이다.

즉, 자신들의 꿈과 희망이 경제적인 성취와 풍요에 있다 하더라도 이를 이루느냐 못 이루느냐의 요소도 되며, 못 이룬다 하더라도 가정은 평화롭게 유지해야 희망이 있기 때문이다.

단편적으로 아무리 자신을 생각해도 이기적이고, 시기와 질투가 심하고, 힘들고 귀찮은 일은 싫어하고, 편안하고 쉬는 걸 좋아하고, 게으르고 잘난 척하고 싶고, 남이 나를 위해주면 좋고, 나는 남을 위해주지 않으며, 도울 줄도 모른다고 판단되었을 때 이런 자신의 모습을 도화지에 그려놓으면 이것이 진정한 자신의 그릇이다. 여기에 안 그런 척 위장해놓아 보았자 허상일 뿐이다.

이런 그릇에 담길 수 있는 상대를 선택해야 자신의 분수를 지키는 것이다. 이런 분수를 벗어나 더 큰 그릇으로 착각하거나 흉내 내려고 하면 다가올 불행은 필자가 보장한다. 부부는 전생에 원수끼리 만난다는 말이 있다. 이게 바로 성격을 두고 한 말이며 분수를 벗어났다는 뜻이다. 그러니 '참고 살라'는 말이다.

자신의 부족하고 못난 부분을 고치려고 노력하는 것도 좋지만 고치려는 노력보다 장점 하나만이라도 찾아 살려나가는 것이 더욱 효과적이고 실천적인 삶이 될 것이다.

사람은 자신의 성격을 완전히 고치기 힘들다. 이는 우주나 지구의 성질을 바꿀 수 없는 것과 같은 이치다. 인간은 우주나 지구의 법칙성, 즉 자연의 성질을 그대로 간직하고 태어났기 때문이다. 그래서 성질대로 행하는 것이다. 다만 올바른 마음으로 살려고 노력하는 것만이 희망이 될 뿐이다. 즉, 자신을 아는 범위 내에서 행하는 것이다. 그것이 분수고 이를 지키는 것이 행복의 지름길이다.

3. 외모와 속은 다르다

　사람의 생김새는 자연생태계의 유전적 요소에 의해 부모의 건강과 상모에 유사하게 태어나게 되어 외모의 근본골격은 돌연변이나 특별한 환경의 변화를 겪지 않는 한 부모나 선대의 모습과 닮게 태어난다. 본인으로서는 부모로부터 물려받은 변동 불가한 고유한 외모를 간직한 채 평생을 살아가게 된다.

　이는 어떤 의도나 아무 의식도 없이 어머니의 자궁 속에서 열 달 동안 형성된 모습 그대로 누구나 그냥 태어난 것이다.

　거울을 들여다보면서 나는 왜 이리 못생겼을까 또는 신체의 부분적으로도 스스로 불만을 가질 수 있으나 부모를 원망하거나 탓하고 싶은 마음을 갖지는 않는다. 그냥 현실로 담담히 받아들이는 게 보통의 인간들이다. 그런데 요즘은 취직이나 결혼, 기타 인간관계 등 지나치게 외모에 치중하는 현실적인 상황과 외모의 열등감에서 자신감을 회복하고 싶은 마음과 복합되어 성형을 해서라도 자신을 변화시키고자 한다.

　여기에 성형술의 발전과 마케팅 활동을 통해 일부 옹호론자들의 의견에 편승해 사회적 분위기가 성형을 조장하는 듯한 환경을 조성하다 보니 요즘 중학생들도 기회만 되면 성형을 원하는 세태가 되었다.

아무리 외모지상주의의 현상들이 팽배하더라도 이는 일시적인 시대적 현상이라는 것을 알아야 한다. 인간의 태어난 모습은 바로 자연이다. 이 세상에 자연보다 아름다운 모습이 어디 있는가. 자연은 그 사람의 내면에 품고 있는 아름다운 마음이 그대로 나타나 있는 모습이다. 꾸민 모습은 자연의 모습을 능가하지 못한다. 자연에서 풍겨 나오는 기운은 진실된 모습이기 때문이다.

부모로부터 물려받은 얼굴이 자연인데 결코 자연을 훼손해서는 안 된다. 이 세상에 아무리 뛰어난 창작품이 있다 하더라도 자연만큼은 우수하지는 않으며 자연을 결코 뛰어넘을 수 없는 것이 인간이 갖고 있는 한계라는 것을 겸허히 인식해야 한다.

그러나 결정적인 결함이 있어 간단히 손을 볼 수 있는 범위를 넘어 아예 형태를 바꾸는 행위는 나중에 어떤 불행을 불러올지 모르는 일이다. 의학적으로 나중(노후 등)에 나타날 후유증은 차치하고라도 원래 얼굴에는 자신의 원래의 생명이 살아 숨 쉬고 있는 모습이다. 그렇게 자연스런 모습이 살아 있을 때 아름다운 마음과 능력에 따라 아름다움을 발하는 것이다.

그런데 이런 생명의 모습을 바꿔버리면 원래의 생명을 죽이는 결과가 된다. 그야 말로 양두구육이 되지 않을까. 마음과 얼굴이 따로 노니 말이다. 잘생긴 사람이 못된 심성을 드러낼 때 그 얼굴은 더더욱 보기 싫어진다. 얼굴은 바뀌었지만 심성은 바뀌지 않는다.

그러면 외모를 바꾸어 아름다워 보이려는 사람의 내면을 한번 들여다보자. 또한 외모에만 치중하거나 배우자 조건으로 외모를 중시하는 사람들의 내면을 생각해보자. 누구나 외모는 아름답기를 바란다.

그러나 바란다고 되는 일은 아니다. 그러니 인공으로 고쳐서라도 만들어보자는 마음이다. 그래서 상대가 누구든 외모에서부터 자신감을 가지려는 욕구이다. 인간의 DNA 자체가 아름다운 것을 좋아하도록 진화해 왔으니 아름다운 것을 부정하거나 싫어할 사람은 아무도 없다.

태어난 자연환경이 아름답고, 그 속에서 성장해 온 인간이 태생적으로 아름답다는 감각에서는 벗어날 수 없으니 아름다운 것을 좋아하지 않을 수 없다는 말이다.

자연은 아름다운 모습을 시시각각 달리하고 있다. 크게 춘하추동의 모습이 다 다르다. 각 계절별 모습이 다르다고 해서 어떤 계절이 보기 싫은 것은 없다. 아무리 삭막하고 추운 겨울이라 해도 겨울은 겨울대로 아름다운 모습을 가진다.

개개인 별로 다른 느낌이 있겠지만 적나라하게 바닥까지 다 드러낸 숨김없는 모습도 좋고, 눈 내리고 눈 덮인 모습은 말할 것도 없지만 이런 외형적인 외모의 아름다움보다도 궁극적으로 좋아하는 근본적인 것은 그 혹독한 겨울이 가지고 있는 진실된 내용과 성질(새 생명을 싹 틔우기 위한 생명력의 저장기능)을 좋아하는 마음이 깔려 있기 때문에 좋은 것이다. 즉, 생명의 원천이다.

이렇게 자연 속에서 자연스럽게 학습되고 훈련되어진 인간의 내면도 이와 같으리니 겉으로는 외모에 현혹되더라도 실은 이런 아름다운 외모의 내면에는 자기가 원하는 모든 것을 갖추고 있을 것이라는 무의식적 착시 내지 착각을 하고 있다. 아름다우면 착하고, 성격도 좋으며, 능력도 있으며, 순종적이며, 똑똑할 것 같은 등의 좋은 생각들을 깔고 있다는 뜻이다.

실제로 아름다운 외모와 바라던 내면의 성질과는 절대 일치하지 않기 때문에 결혼 초에는 좋았다가 서서히 냉담한 관계가 되는 경우도 이런 이유다. 하물며 외모를 고쳐 눈길을 끌고 결혼 상대자를 선택하는 데 무기로 삼거나 심지어 취직을 위한 수단으로 삼는다면 그 사람의 내면의 능력과 심성을 의심해볼 필요가 있다.

사시합격생이 이제 마음 놓고 얼굴 성형수술을 해야겠다는 이야기를 들은 적이 있다. 어떤 결정적 결점이 있어 그러는지는 알 수 없으나 와전된 경우가 아니고, 만약 위의 목적과 같은 내용이라면 아무리 개성의 시대라고 하지만 정말 미래가 불행한 일이 아닐 수 없다고 생각한다. 이런 친구가 만약 판사가 된다면 외모에 따라 형량도 달라지지 않겠는가.

아름다운 외모를 능력으로 착각한다면 그렇게 생각하는 사람 자체도 문제를 안고 있다. 그러니 결혼 상대를 외모의 기준에 맞춘다면 이를 선택하는 사람 자체도 똑같다는 이야기이다.

원래 자연은 인간에게 다 주지 않는다. 주지 않은 부분 대신에 다른 능력을 부여했다. 크게 역사적으로 보자. 이 세상을 위해 이바지한 사람이나 많은 업적을 남김으로 세상의 존경과 신뢰를 받고 있는 사람치고 아름답게 잘생긴 사람이 있었는가. 그래도 아름다움 이상으로 아름답게 보지 않는가. 이것이 진정 아름다움이 아닌가!

학생들을 생각해보자. 공부 잘하는 학생치고 외모까지 갖춘 학생이 있던가. 또한 운동 등 다른 재능과 특기를 가지고 있는 학생들도 그렇지 않던가. 이런 능력과 재능들이 자신과 국력을 향상시키고 많은 사람을 구제할 미래의 위인들이 아니겠는가. 물론 개중에는 외모도 빠지지 않는 학생들도 간혹 있다.

즉, 잘생기게 태어난 사람은 잘생긴 걸 무기로 삼고 못생기거나 평범한 외모를 지닌 사람들은 내면의 뛰어난 능력들을 한두 가지는 가지고 태어난다.

이 세상의 어려운 환경을 뚫고 성공한 사람들의 얼굴을 모아보아라. 거기에 미인 미녀가 있던가. 즉, 내면의 능력과 의지가 성공으로 이끌었지 얼굴이 성공을 이끈 것이 아니라는 것쯤은 상식이 아니던가. 각 기업이나 국가도 능력자를 요구하지 미인을 요구하지 않는다. 그러나 미인의 외모가 필요한 곳도 물론 있다.

어느 걸 선택하느냐는 본인들의 품성과 결부된 자유선택이다. 단지 외모와 능력과 인품은 일치하지 않는다는 것만 알고 선택해야 할 것이다. 만약 이 모두가 일치한다면 그것은 특수한 경우이고 이는 물론 귀하고 흔치 않은 일이다.

외모에 그 사람의 인격이 그려져 있는 것이 아니다. 외모는 그냥 외모일 뿐이다. 꽃에 비유하면 향기는 없이 아름다운 외모로 벌이나 나비를 유혹하기도 하고, 외모는 눈길을 끌 정도는 아니라도 향기를 발하여 자기의 목적을 달성하기도 하고, 외딴 절벽이나 바위틈에 외롭게 핀 꽃은 진한 향기를 피워 찾아오게 하는 자연의 치밀한 설계도 있다.

아름다움에만 현혹되어 접근했던 벌, 나비는 결코 오래 머물지 않고 그 자리를 떠나고 만다. 향기를 머금은 꽃은 꿀이나 꽃가루 등 먹을 것과 옮길 내용들이 많아 오래 머물며 번식까지 시켜주는 역할까지 해주고 있다. 사람도 이와 같이 진정한 매력은 남녀 없이 내면의 질과 향기를 가지고 있다.

그 향기는 내밀하게 갖추고 있는 인간됨이요, 심성이요, 실력이며, 실속을 지닌 참된 모습을 알차게 채우고 있는 보이지 않는, 거미줄처럼 죽는 날까지 계속 풀어내도 끝이 보이지 않는, 사라지지 않는 무한함을 지닌 사람이 발하는 기체와 같다.

사람은 그 향기를 맡기가 어렵다. 오래 사귀어보지 않고, 같이 살아보지 않고는 잘 알 수 없다. 같이 살아도 잘 모를 수도 있는 것이 사람이 가진 향기이다. 미모에 끌리는 것은 내면의 향기에 끌리는 것이 아니다. 인간이 추구하려는 아름다움, 즉 시각적인 미(美)에 대한 진화된 욕구의 자연스런 모습일 뿐이다.

　예술적 · 자연적 작품이라면 두고두고 하는 감상의 대상이거나 기타 욕구의 대상으로 충족되지만, 사람은 아름다운 얼굴만 보고 살 수 없는 대상이다. 살아 움직이고 시시각각으로 생각하고 행동하고 상대에 따라 반응하는 가운데 성격이나 인격적인 모습을 드러내게 된다. 아름다운 외모에 아름다운 말과 생각, 행동만 한다면 더 이상 바랄 게 없이 아름다운 사람을 만난 경우이다.

　모든 면에서 아름답다고 할 수 있는 사람도 있을 수 있겠으나 실제로는 흔치 않다. 하나가 차면 하나는 기울고, 한 가지를 잘하는 게 있으면 못하는 것도 있게 마련이고, 잘생겼으면 못생긴 부분도 반드시 있게 만든 것이 자연의 법칙이다.

　매력적인 부분에만 눈이 어두워지면 그 반대의 현상들은 보지 못하거나 보이지 않는다. 같이 살아봐야만 알 수 있는 요소들이 너무 많다. 실제 부부생활은 보이지 않는 부분들이 삶의 질에 영향을 더 크게 미치고 있다는 사실을 이해해야 한다. 가령 서로 외모에 끌려 결혼을 했으나 잠자리에서 실망을 느꼈다면 그렇게 잡아끌던 아름다움도 보기 싫어지기 시작한다.

　정신적인 내면은 그냥 두고 육체적인 기능만 하더라도 외모로는 알 수 없는 영역이 너무 많다. 처음에는 외모가 전부인양 덤비지만 나중에는 그게 아니라는 사실을 알게 되었을 때는 이미 늦었으며 이것도 내가 선택한 일이니 인내하며 해로할 때까지 살아야지 하는 사람은 드물다.

　한마디로 언제 터질지 모르는 폭탄을 안고 불행한 삶을 살다가 결국 터져 헤어지고 만다. 이것이 외모를 중시하는 사람들이 가지고 있는 함정이다. 특히 외모에 병적으로 치중하는 사람들이 있다. 제2장에서 어떤 사람이 이런 유형인지 알 수 있도록 설명되어 있으니 자신의 사주와 비교해서 내면을 들여다보고 사유해보라. 증명은 자신이 하는 것이다.

외모 한 가지를 가지고 전체를 좋아하는 것은 인간 감정과 필요에 따른 문제이니 시비를 가릴 필요는 없으나 오판해서 오는 불행은 막아야 한다. 그리고 외모에 치중하는 사람 자신도 내면은 알차지 못하게 마련이다. 외모와 속을 완벽하게 갖춘 사람은 거의 없다고 보면 된다. 이는 인간의 삶이 증명하고 있다.

섹시하게 생긴 사람치고 실제 생식기의 구조(기능) 자체가 섹시한 사람은 거의 없다는 것이 경험자들의 이야기다. 섹시한 외모에 이끌려 행동으로 옮긴 사람치고 거의 실망을 드러내지 않는 사람을 보지 못했다. 이것도 해본 사람만이 알고 있다. 그래서 자연은 다 주지 않는다는 이야기다. 섹시한 외모를 줬으면 성기는 섹시하게 설치하지 않았다는 뜻이다. 섹시한 외모나 스타일에 속지 말아야 한다.

그래도 외모를 선택했으면 다른 하나는 포기해야 하는 여유를 가지고 나중에 실망으로 오는 충격을 각오하고 감정의 변덕을 막아 나쁜 관계를 유지하지 않도록 마음의 준비가 필요하다. 그러나 기대하지도 않은 의외의 만족도 있을 수 있으나 이는 극히 드물지만 행운으로 생각하면 된다.

외모와 인격과도 많이 대비된다. 부부생활을 최종적으로 지켜주는 마지막 보루는 인격이다. 부부 싸움이나 이별해야 하는 일들의 밑바탕은 사물을 바라보는 인격적인 차이가 문제가 된다. 외모와 인격이 비례하지 않는다. 이것도 상반된 경우가 많으니 살아보지 않으면 모를 일이다. 사람의 인격을 관상으로 판단하려고 해서는 절대 안 된다.(관상가를 폄하하는 뜻은 아니다)

인상도 인격과 환경, 직업, 시간에 따라 살아 움직이면서 변하기 때문이다. 인격이라고 해서 성인이나 고상한 학자적 유형을 의미하는 것이 아니라 인간이면 누구나 가지고 있어야 하는 기본적인 양심을 의미한다.

관상은 어떤 경향성을 통계적으로 짐작하여 유추하는 것이지 결정적으로 사람의 인격을 속단하면 치명적 오류를 남길 가능성이 크기 때문이다.

보통 사귈 때는 서로 약점이나 부족한 부분은 서로 은폐한다. 그래서 인격적인 면을 판단하기 어렵다. 오히려 위장된 모습에 오판하기 십상이다. 결국 나중에 후회하게 되나 피할 방법도 어디 가서 호소할 곳도 없게 된다. 사귀는 동안에는 대부분 그런 선남선녀가 없다.

세상이 이런 사람들로만 구성된다면 정말 평화로울 것이다. 물론 개중에는 솔직한 자신들의 진면목을 보이려고 하는 사람들도 있겠지만 이것도 한계가 있는 언행일 뿐이다. 왜냐하면 가정생활의 실제 상황들이 아니기 때문에 상황에 따라 반응하는 부부의 형태는 천변만화를 일으키기 때문이다. 자신도 어떻게 반응할지 어떻게 변할지 모른다.

외모만을 가지고 그 사람의 전체를 판단하는 데는 자신의 체험이 극히 부분적이라는 것을 명심하고 자신이 심미안적이고 외모지상주의자라 하더라도 외모가 갖고 있는 함정들을 잘 생각하여 한두 달도 아닌 죽는 날까지 해로할 수 있는 상대를 선택하는 데 더 실질적인 지혜를 발휘해야 한다. 단지 외모에 목숨 걸고 선택했다면 다른 불만이 나타나더라도 끝까지 목숨 걸고 해로할 각오를 해야 한다.

지금은 맞선을 보거나 소개팅을 할 때 매너 교육은 물론 코디 전문가의 손을 빌려 포장하고 나온다고 하니 그 포장을 꿰뚫어볼 수 있는 안광을 가지지 못한 사람은 그 외모와 훈련된 언행에 현혹되지 않을 수 있겠는가. 막상 결혼하고 나면 그때 그 행동은 온 데 간 데 없이 사라진 모습을 보고 자신의 오판에 쓴웃음을 짓고 있는 사람도 있는 실정이다.

요즘은 연애 강의나 결혼생활을 위한 예행연습을 통한 강의가 인기라 하지 않는가. 여자뿐만 아니라 남자도 마찬가지로 똑같은 현상을 일으킨다고 한다. 남녀를 불문하고 외모에 의한 유혹을 시도하거나 외모 때문에 상대로부터 선택받았다고 생각하면 상대도 어떤 성격의 소유자라는 것도 알아볼 수 있는 능력쯤은 갖춰야 한다. 다음 장에서 잘 살펴 자신과 상대의 유형을 파악하여 참고하기 바란다.

여기서는 외모 하나만을 놓고 이야기했으나 실제적으로는 다른 선택조건들과 연관되어 있기 때문에 독자 여러분의 생각을 외모의 한 영역에 대한 확고한 판단을 할 수 있도록 독립적인 부분으로 설명하려고 한 점을 이해하기 바란다. 그러나 외모 하나의 조건만으로 배우자로 결정하는 사람도 의외로 많다는 사실이다. 또한 결혼의 여러 조건 중에 필자가 과문한 탓인지 외모가 빠진 경우는 아직 보지 못했다.

외모와 몸매에 대한 아름다움을 예찬한 서양 속담이나 유명인들의 이야기는 수도 없이 많다. 그러나 전부 여자에 국한되어 있는 점이 특징이다. 로댕은 "여성의 아름다움은 성격, 정열 속에 존재한다. 아름다움은 성격에서 나타나며 육체는 그 모습을 담는 틀이다."라고 말하였으며, 영국 속담에는 "미인이 끄는 힘은 황소보다 세다"라고 한다.

설령 이런 내용에 일리는 있다 하더라도 이는 아름다움을 예찬하기 위한 표현일 뿐이다. 극히 일부에 지나지 않으며 실제적으로는 외모와 성격, 능력, 일처리 솜씨가 모두 일치하지 않는다는 것은 누구나 알고 느낄 것이다.

'아름다운 것만이 사랑을 받을 수 있다' 고 한 아리스토텔레스의 말은 외형적인 아름다움만을 뜻하는 게 아니라 내면적인 모든 것도 함축된 의미라고 생각한다.

결론적으로 외모에는 많은 함정이 도사리고 있다는 것을 알고 선택을 해야 한다. 특히 외모를 중시하는 사람 자체도 많은 문제점을 안고 있는 사람으로 보면 된다. 외형의 아름다운 것은 그냥 감상과 감탄의 대상일 뿐이다. 가질 필요까지는 없다. 굶어 죽어도 아름다운 사람과 사는 게 소원이라면 어쩌겠는가!

이것도 팔자의 기운인 것을. 먹을 것이 없으면 벌, 나비도 떠나고, 아름다운 사람도 떠난다는 것을…….

다만 배우자의 조건으로 외모를 전적으로 부정하는 것이 아니라 외모가 가지고 있는 함정만을 새겨야 할 것이다.

4. 직업(지위)은 인격이 아니다

　직업도 경제력이다. 경제력은 직업이 없어도 있을 수 있으며, 직업이 있어도 경제력은 없을 수 있다. 대부분 직업과 경제력을 같은 의미로 생각한다. 직업이 가정의 경제활동에 미치는 영향은 가히 절대적이다.

　가정생활을 영위하는 데 현재로는 평생 어려움 없이 살아갈 수 있도록 경제력(유산, 부동산, 유가증권, 현금, 권리 등 보유자산)을 갖추고 있다 하더라도 직업이 없으면 싫다는 사람도 있고, 직업은 있으나 비전이 보이지 않거나, 희망적이지 못하면(주관적이거나 주변의 생각과 사회적 통념, 기준들에 의함) 싫다는 사람도 있다. 직업이 있어도 문제, 없어도 문제인 경우가 허다한 현실이다.

　아예 경제력도 없고 직업도 없는 사람이라면 결혼할 상대는 없을 것이다. 이런 처지에 있는 사람들에게 좌절을 느끼게 하고 싶은 생각은 추호도 없다. 다만 현실적인 이야기를 할 뿐이다.

　여기서 직업적인 우열은 분석적인 잣대를 들이대는 것이 아니라 사회적인 일반적 통념에 의거해서 판단하면 된다. 일단 자타가 인정해줄만한 직업(직장)을 가지고 있을 때, 보다 좋은 조건의 배우자 선택이 가능하다. 이것도 포함될 뿐이지 꼭 인연이 된다는 뜻은 아니다. 직업도 비교 우위 법칙이 작용하고 있기 때문이다. 이는 시대 상황에 따른 사람들의 일반적인 가치 판단에 기초하여 변화하고 있다. 옳고 그름은 10~30년이 지난 먼 훗날에 밝혀질 일이다. 직업의 질도 변화무쌍해지고 있다. 연간 새로 생기고 없어지는 직업을 통계로 잡을 수 없을 만큼 빠르게 변하고 있다.

남들이 부러워하고 장래가 보장된 직업이라 하더라도, 외부에서 보면 화려하고 좋을 것 같지만 내면으로 파고들면 거기에도 행·불행이 같이 도사리고 있다. 모두가 행복해지려고 좋다고 하는 직업을 선택하는데 그 직업과 직장이 장차 불행의 씨앗이 될 수 있다는 것은 아무도 모른다.

물론 대부분이 행복의 근원이 되지만 문제는 그 사람과 직장 간에 무슨 문제가 야기될지 아무도 알 수 없는 데서 원인을 찾아야 한다.

우리는 이와 같이 현재 마음에 드는 것만 치중할 줄 알았지 미래는 생각해 볼 겨를조차 없다. 그렇지만 한치 앞도 모르는 데 어찌 그런 것까지 생각하며 살 수 있겠는가. 차라리 미래는 모르고 사는 게 나을 수 있다. 직장으로 인한 불행 없이 잘 살기를 모두가 바라는 바이지만 항상 못 살게 되는 원인이 발생될 때 본인과 가족들의 고통이 우리 사회의 병으로 전위되는 현실이 문제이다.

현재(2009년 후반기)도 경기불황으로 인해 구조조정이라는 명목으로 감원, 해고 등이 가정의 경제를 위협하고 불안에 떨고 있는 현실이다. 또한 자신의 과오나 실수로도 직업을 잃을 수 있다. 왕년에 잘 나가던 가장들도 실직을 하게 되면 겉으로만 보아오던 인격 자체가 바뀌는 현상이 나타날 수 있다. 이로 인해 가정이 불안하게 된다.

평생을 살면서 한 직장에서 마칠 수도 있고, 한 종류의 직종에서 마칠 수도 있고, 수많은 직장과 직종을 전전하거나 변화를 일으킬 수도 있다. 이는 본인의 노력으로도 가능하지만 아무리 노력해도 타의에 의해 변화를 몰고 오기 때문에 개인으로 봐서는 불가항력의 상황에 부딪치게 되는 게 대부분이다.

이렇게 직업의 변화로 일차적으로 야기되는 경제적인 어려움 등이 부부로서의 평상심을 잃게 하고, 이런 시간이 지속되다 보면 스스로 극단의 길로 가거나, 극단의 길로 갈 수밖에 없는 상황에 봉착하는 비극을 초래하게 된다. 요즘 매일 뜨는 신문 기사나 인터넷 기사 내용에 빠지지 않고 등장하는 가정의 비극이 직업적인 변동에 근원을 두고 있는 경우가 많다.

애초에 결혼할 때 이런 상황이 닥칠 줄 누가 알았겠는가. 결혼하기 전에 현재는 어느 정도 경제적·직업적 조건을 갖춰 결혼을 결정하게 되지만 만약 훗날에 이와 같은 어려운 상황이 닥쳤을 때 어떻게 대처할 것인가 하는 생각으로 서로 전략과 각오를 예비하는 것도 하나의 방법이 된다.

직장생활을 하다 보면 자신이 몸담고 있는 직장은 늘 안전할 것이라는 착각에 빠지기 쉽다. 그러다 보면 안주하여 자기 계발이나 변화에 대한 대비를 소홀히 하게 된다. 철밥통이라 하는 공직사회나 교직사회도 앞으로는 사기업보다 더 치열한 경쟁 구조의 시대가 도래할 것이다.

앞으로 공무원이 부정·무지하거나 안주하면 국가의 존립이 위협받게 된다. 이런 시대적 통찰력이 없다 하더라도 모든 직장은 흥망성쇠의 길을 걷게 되어 있다. 마침 융성의 시기에 자신의 평생을 몸담았다면 이를 가리켜 운이 좋았다고 할 수 있다. 그 뒤 쇠운의 길에 접어들어 직장에 몸을 담은 사람은 비운이 된다.

특히 중년에 접어들어 직장을 잃게 되면 특별한 전문가가 아닌 한

오라는 데도 없고 갈 데도 없다. 그동안 저축해놓은 돈과 퇴직금을 몽땅 털어 사업이라고 자영업에 뛰어들게 되는 게 보통의 패턴이다. 정도에 따라 차이는 있겠지만 이 정도는 그래도 나은 편이다. 아예 그동안 쓰기에 바빠 준비 자체가 안 된 사람들도 많은 실정이다.

문제는 항상 직업이나 직장의 변화가 온다는 사실을 알고 미리 일상적인 생활 속에서 준비하는 자세와 막상 닥쳤을 때 부부가 대처할 방법들을 강구해놓음으로써 부부끼리 일어날 수 있는 갈등의 요인들을 제거하는 것이다. 예상과는 달리 충격을 겪지 않았다면 그동안 준비한 내용들은 저축의 결과로 남는 장사가 된다.

직장을 잃고 대책이 없다 하더라도 부부가 서로 지혜를 모아 타개해 나가려고 하면 반드시 길이 있게 마련이다. 헤어질 생각부터 한다면 길은 막힌다. 아무리 어려운 환경이 닥쳐도 부부 사이만 좋으면 무서울 게 없다. 이보다 더한 무기는 없다. 두려워 할 게 아무것도 없다. 뭐든지 헤쳐 나갈 수 있다.

부부가 최고의 자산이라는 것을 언급하였다. 이 세상 모든 것은 변하지 않는 것이 없다는 것을 부부생활의 절대 불변의 지혜로 삼아야 한다. 부부의 마음도 시간 따라, 세월 따라, 시대에 따라 변하니, 우리는 변치 말자고 맹세하는 것 같이 어리석은 일은 없다. 이런 현상은 아침에 사랑했다가 저녁에 싸우는 일이 벌어지는 것도 시시각각으로 변화하는 자연의 기운 때문이다.

이 책의 키포인트가 바로 변화에 대처하는 능력을 갖추어 변화의 파도를 지혜롭게 헤쳐 나가 하늘이 부여한 시간까지 같이 가는 데 있다. 이런 준비된 마음이 위기를 극복할 수 있는 수단과 지혜가 될 수 있다.

선망의 직장일 경우 애정이 발생하는 사람도 있다. 이는 직업에 대한 애정이지 사람에 대한 애정이 아니라는 것을 알아야 한다. 보통 직위와 직업에 매료되는 사람들을 많이 본다. 만약 그 사람이 그 직위와 직장을 잃거나 알고 보니 저급한 인격자임을 느꼈을 경우에는 애정도 급격하게 식어갈 것이다. 그 직업을 유지하고 있는 동안 쌓였던 정(情)마저도 믿을 수 없을 정도로 사라진다.

같은 직종끼리 결혼을 많이 하지만 헤어지는 경우도 많다. 같은 연예인끼리, 가수와 작곡가, 배우와 제작자, 탤런트와 기획사 등 연예 계통을 주로 예로 들었지만 일반 직업에서도 흔히 볼 수 있는 현상이다. 특히 연예인의 경우에 직업적으로는 처음에 환상의 콤비를 이루지만 결혼을 하면 이게 아니구나 하는 것을 알게 된다.

결혼 전에 같은 일을 할 때는 존경과 사랑스런 마음이 움틀 수 있으나 같이 살아보니 그게 아니라는 것이다. 즉, 일과 배우자로서의 역할을 혼동해서는 안 된다. 일 때문에 사랑이 싹텄던 것은 잠재의식적으로 그 일하는 사람을 사랑했지 그 사람 자체를 사랑한 것이 아니다. 같이 생활해보기 전에는 그 사람의 이면을 모른다.

그러나 그 직종을 풍파 없이 은퇴할 때까지 유지한 사람들은 부부관계가 이어지는 경우가 많다. 이를 굳이 사랑이냐, 일이냐를 따질 일은 아니지만 일이든 사랑이든 두 사람의 끈을 놓지 않게 하는 것은 사실이다. 그동안 쌓인 정이 없지야 않겠지만 어쨌든 해로하는 것은 다행한 일일 수밖에 없다. 직장 운도 그래서 인생의 성패를 좌우하는 요인이다.

처음에는 원만하게 결혼생활을 시작했다가 예기치도 않은 상황에 부딪혀 남편이 실직하고, 그 이후 이것저것 해보다 실패하고, 한두 해 지나면서 가정은 쪼들리기 시작하여 위기가 찾아오기 시작한다. 그러나 싸우거나 불화하지 않고 서로 위로하며 의지하고 격려하며 뒤에서 밀고, 앞에서 당기며 포장마차를 끌고 이리저리 단속을 피해 다니면서도 웃으면서 뜻을 맞춰 나가는 몰락한 중년의 부부를 보고 필자는 너무 부럽기까지 한 일이 있었다. 일부러 어묵을 사 먹으러 가면서 당신들은 반드시 성공한 삶을 누릴 것이라고 격려하였다. 부부가 이렇게 뜻을 맞춰 살아가는 것보다 강력한 인생의 힘은 없다. 본인들은 물론 궁핍한 환경이라도 아이들도 정신적으로 건강하게 자라나게 하는 원동력이며 세상을 긍정적으로 끌어가는 막강한 추진력이기 때문이다. 이와 같이 같은 상황을 두고도 양 극단의 길로 치닫는 경우에 반응하는 사람들의 생각과 언행들의 차이는 어디 기인하는 것일까. 여기에는 여러 가지 내용으로 분석될 수 있으나 평소에 신뢰를 쌓아가며 살아온 부부와 그렇지 못한 부부로 크게 양분할 수 있을 것이다. 그러나 그 바탕에는 각자가 가지고 있는 품성(인격)이 기초하고 있다.

이런 문제는 직장의 변화의 징조를 읽을 수 있는 능력을 갖춤으로써 위기에 미리 준비하고, 직장의 변동과 변화로 인해 인생의 행로가 완전히 왜곡되어버리는 현실 속에서 직업의 조건도 그 사람이 갖고 있는 직업과 인격(성격)에서 생각하고 판단해야 할 것이다.

직장이나 직업의 변화가 결혼생활을 하는 동안 반드시 찾아온다는 가정하에 미래를 설계해 나가야 한다. 다음 장에서는 직업의 변화를 예측할 수 있을 뿐만 아니라 적성에 맞는 진로의 방향도 제시하고 있다.

5. 사랑이 밥먹여 주지 않는다

　결혼은 사랑만으로 이루어지지 않는다. 여기서는 철학적, 종교적 사랑이 아니라 남녀 이성간에 서로 좋아하고, 행복을 느끼고, 옆에 없으면 그리워지는 애정을 의미한다. 사랑한다면 누구나 결혼할 수 있다는 사랑지상주의자도 있다. 현실적으로 흔하지 않은 일이기에 여기에서는 지고 지순한 사랑을 이야기하거나 배우자 선택의 조건으로 논하는 것은 아니다. 이는 현실과는 거리가 멀기 때문이다. 살아가면서 사랑을 키워 나가는 게 일반적이다.

　누구나 사랑을 나누고 느낄만한 시간적, 공간적 기회를 가지기 힘든 현실이다. 직장 동료나 학교처럼 오랜 기간 이성간에 특별한 목적 없이 업무적으로 자연스럽게 스치고 만나다가 이루어지는 사랑의 기회가 그리 많지 않다는 것이다. 인위적으로 만난 경우는 자연스럽게 생성되는 사랑을 싹 피우기에는 목적이 앞서 있기 때문에 순수성이 떨어진다. 서로 계산하기 바쁘기 때문이다. 모두가 그렇다고 단정할 수는 없지만 이렇게 만난 경우도 불 같은 사랑을 지필 수 있다. 여하튼 사랑이란 최소한의 시간을 요한다.

　일간지의 한 과학 칼럼에 의하면 우리는 흔히 사랑이란 그냥 내 마음의 현상이라고 생각하지만 과학적으로 보면 사랑의 감정이란 인체 내에서 일어나는 화학적 반응이라고 한다. 즉 좋아하는 마음, 껴안고 싶은 마음, 손잡고 싶은 마음, 기타 신체 접촉의 욕망을 느끼는 모든 좋은 감정이 인체 내에서 분비되는 호르몬인 옥시토신이 혈류에 방류되어 뇌에서 명령하는 결과로 나타나는 행위며, 감정의 상태라는 것이다.

순서를 따져 보면 상대가 마음에 들기 때문에 신체적 호르몬의 작용이 일어나는 것이지 호르몬 작용이 먼저 작동하여 좋아지는 것은 아니다. 이렇게 볼 때 화학작용이 먼저가 아니라 좋은 감정의 결과로 화학반응이 일어난다는 뜻이다. 그래서 강한 느낌이 꽂힌 경우에는 그 호르몬의 작용이 강하게 작용하기 때문에 헤어나지 못하고 눈에 꽁깍지가 씌워지는 상태로 발전한다는 것이다. 이는 부모도, 그 누구도 말릴 수 없는 그야말로 목숨 걸고 하는 사랑으로 이해된다. 부모의 반대 등으로 이루지 못할 경우에는 스스로 목숨을 끊는 일도 서슴지 않은 일들을 흔히 볼 수 있다.

이와 같이 자기 의지로서는 극복할 수 없는 인체의 호르몬 작용에 의해서 상대에 빠져들게 된 것을 사랑으로 착각한다. 인체 작용은 섹스에 대한 욕망도 포함된 개념이므로 섹스와 사랑을 동일하게 생각할 수 있는 오류를 범한다. 어느 정도 인생을 체험한 사람들은 거의 공감할 수 있는 실험내용이므로 미혼기에 있는 사람들은 반드시 인체의 반응을 의식적으로 구분할 수 있는 지각을 갖추어야 할 것이다.

이 외도 실험적, 과학적으로는 밝혀지지 않은 인체의 비밀들이 수없이 많다는 것을 스스로 깨달아 자신만의 인체의 변화와 느낌 등을 예민하게 감지하는 습성을 들여 현대 의학이나 과학이 밝힌 내용과 스스로 느끼는 자신의 반응들을 결부시켜 자신의 신체에 관해서는 자신만의 의학자나 과학자가 되어야 한다. 인체에 관한 어떤 실험결과가 발표되었다 하더라도 100%면 모르지만 그렇지 않을 경우에는 맹신해서는 안 된다. 인체란 외형상 구성은 같지만 사람마다 가지고 있는 체질과 조건 따라 결과는 다르기 때문에 일부 그렇다고 하더라도 자신의 느낌과 반응을 면밀히 관찰하여 스스로 진단 내릴 필요가 있다. 가령 사망선고를 받아도 그 기한을 넘겨 건강을 회복하여 천수를 누리는 사람도 있는 이유는 일정 선을 넘어서면 자신이 스스로 진단하고 노력한 결과이다. 반복하지만 자신만큼 자신을 아는 사람은 아무도 없다는 뜻이다. 담당의사는 기적이라고 하지만 경험과 지식으로 남의 인체를 아는 것에도 한계가 있다는 것을 의미한다.

자신에 대해서는 자신이 최고의 의사라는 말을 강조하다보니 주제를 벗어났다. 다시 논점으로 돌아오면, 상대가 돈이 많아도, 잘 생겨도, 사회적 지위, 두뇌, 학력, 근면, 신뢰, 기타 특이하거나 일반적인 사항에도 무조건 좋아하거나 사랑하게 되는 사람도 있다. 이는 사람을 사랑하는 것이 아니라 그 사람이 가지고 있는 외형적인 조건, 속성 등을 사랑하는 결과이므로 그 사람이 갖고 있는 인격은 아니다. 무엇을 사랑하든 본인들의 생각이지만 성장하면서 형성된 가치관들의 실현이나 시세의 흐름에 영합하는 약은 판단의 결과이거나 착각일 수 있다. 여하튼 사랑의 본질을 잘 파악해서 행동해야 할 것이다.

현실은 사랑만이 전부가 아니다. 오히려 우선순위가 사랑은 뒤로 밀리는 경향을 보인다. 결혼 생활을 영위하는 데 필요한 여러 가지 물질적, 사회적 조건이 충족되어야만 사랑도 있고 애정도 싹트는 것이라고 현실은 말하고 있다. 이런 선행 조건을 갖추고 사랑까지 있다면 더 논할 가치가 없지만 사랑은 있는데 필요조건들을 채우지 못할 경우 문제가 된다. 신파극처럼 '사랑을 쫓을 것이냐, 돈을 쫓을 것이냐' 이다. 이는 실로 본인들의 가장 중대한 미래를 결정짓는 갈림길이다. 왜냐하면 비록 지금은 직업적, 경제적 활동력이 없지만 나중에는 어떻게 될

지 모르는 게 인간의 운명이기 때문이다. 그러나 당장 손가락 빨면서 사랑만 나눌 수 없는 게 냉혹한 세상이다.

결혼은 냉엄한 현실이다. 아무리 사랑하더라도 최소한의 경제적 능력은 갖춰야 한다. 이것마저 안 된다면 서로를 위해 사랑은 포기해야 한다. 현실은 미래를 기다려 주지 않는다. 봄이 가을 사정 봐주고, 여름이 겨울 사정 봐주지 않는다. 자연은 똑같은 조건을 부여하되 인정을 베풀지 않는다. 냉엄하고 냉혹한 자연 운동만 있을 뿐이다. 하물며 인간이 어찌 이 대자연의 운동을 벗어날 수 있겠는가. 그러나 모험과 도전은 얼마든지 할 수 있다. 그러면 이상이 된다. 지금 경제력이 없는 사람들에게 좌절을 안겨 주고자 하는 마음이 아니다. 다만 현실을 이야기 하다 보니 드러나게 된 것을 이해해주기 바란다.

사랑이 없이 한 결혼이 순탄할 수 있을까. 살다 보면 정이 들기도 하고 책임과 의무감만 충일하더라도 아이 낳고 살다 보면 재미나게 인생을 영위해 나갈 수 있다. 사랑의 감정도 늘 신혼 때처럼 지속되는 것이 아니다. 한 마디로 이것도 수명이 있다. 위에서 이야기 했듯이 호르몬의 대사 작용으로 일어나는 감정일 수 도 있기 때문에 늘 사랑의 호르몬이 분비되는 것은 아니다. 처음에는 왕성한 활동을 보이다가 나중에는 쇠퇴하는 것이 자연 법칙이다. 이렇게 사랑이 식으면 사랑하지 않는 게 아니라 서로 가꾸어 나가는 노력이 필요하다. 더욱 현실적인 문제에 충실하게 되기도 한다. 결국 사랑이란 인생을 살아가는 가정생활에서 가장 필요하고 충분한 조건임에는 틀림없다.

이와 같이 사랑이란 단어가 갖고 있는 무한한 가능성과 함정들을 잘 분석하여 나의 미래를 결정짓는 데 함정에 빠지지 않도록 노력해야 할 것이다. 대부분 짧은 시간에 상대의 조건에 따른 좋고, 싫음에 따라 솟아나는 애정과 사랑의 감정들을 기준하여 언급하더라도 사항에 따라 반응하는 결과는 다양하기 때문에 하나의 표준 틀을 정할 수는 없다. 이는 각자의 판단이고 몫이다. 다만 감정을 떠나 신체적인 변화나 화학작용에 의해 사랑으로 착각하기 쉬운 생리학적인 문제에 국한해서 착각할 수 있는 사랑을 간추려 각성을 구해야 한다.

뛰어난 경제력, 높은 사회적 지위, 좋은 성격, 좋은 외모의 학벌의 남자를 선호하는 것은 대부분 여자들의 바람일 것이다. 신뢰감, 야망, 근면성, 건강상태 등도 여자들이 짝을 선택할 때 중시하는 조건이다. 하지만 이러한 조건을 완벽하게 갖춘 남자가 드물뿐더러 그러한 상대와 부부가 되는 행운을 누리는 여자도 많지 않다. 그러나 이러한 조건들이 문제가 되지 않는 순간이 불현듯 찾아올 때가 있다. 그 여자가 그 남자를 사랑하게 되는 것이다. 사랑한다고 믿는 마음이 처음부터 원하던 조건의 배우자를 찾지 못하는 원인이 된다는 것이다. 다시 말하면 사랑이란 다른 합리적이고, 물리적인 조건에 눈을 멀게 한다. 정상적인 감정상태가 아닐 수도 있다. 갑자기 서로가 끌리는 까닭은 여자의 생리주기, 섹스, 몸 냄새 등으로 사랑하는 마음이 싹튼다는 것이다. 남자들은 여자들이 배란기에 즈음해서 풍기는 체취에 더 끌리고, 여자들 또한 생리주기의 다른 때보다 배란기에 훨씬 더 남자의 성적 매력에 현혹되는 것으로 나타난다고 한다. 이는 목적한 바가 아니라 느닷없이 찾아온다. 본인들이 이런 느낌을 받는다면 이것이 바로 증거이다. 이런 느낌이 전혀 아닌 사람도 있을 수 있다. 이는 체질이 다르기 때문이다. 체질은 타고난다. 자신의 사주팔자가 자연적인 체질이다.

성욕과 사랑은 다르다. 사랑 없는 섹스는 언제나 있을 수 있다. 그러므로 섹스는 내가 원하는 배우자를 선택하는 눈을 멀게 한다. 이와 같이 호르몬의 작용에 빠지게 되면 이성을 잃게 되고 옳은 판단력도 상실하고 원래 바라던 이상적인 배우자선택과는 거리가 멀게 된다. 결국 이것이 사랑 이라고 굳게 믿게 되어 짝을 맺게 된다. 이렇게 맺어진 짝이 다행히 해로하면 더 없이 좋은 일이나 호르몬의 작용은 오래 가지 않는다. 호르몬 대사는 끊임없이 일어나지 않고 일정 용량을 쓰고 나면 왕성하던 대사도 줄어들게 설계되어 있는 게 인간의 신체 구조다.

여기서 과학자들의 실험 결과에 따른 호르몬 작용에 의한 사랑의 효력이 단연코 100%라고 단정할 수는 없다. 평생을 식지 않는 사랑을 하면서 사는 부부도 가끔은 있으니까. 이런 부부는 호르몬 작용이 식지 않는다는 이야기가 된다. 이러면 먼저 한 이야기는 맞지 않는다.

동물 중에도 백조, 들쥐, 회색여우 등은 일평생 한 배우자와 짝을 짓는다고 한다. 그래서 호르몬 작용의 위축으로 사랑도 식는다는 가설은 성립할 수 없다는 이야기가 된다. 이런 과학적인 실험의 결과에만 의지할 것이 아니라 모든 가능성을 열어 놓고 자신의 느낌과 반응, 행동들을 면밀히 지각해서 판단해야 한다. 이혼한 한 남자의 이야기 중에 몇 년을 상대 없이 불편하게 살다가 부부로 살 때가 그리워 지더라는 것이다. 이것이 사랑인가 정인가 고민하였으나 실은 그 동안 발산하지 못했던 정욕이 생리적으로 그리워하는 감정으로 발전된 자신을 깨달았다고 한다.

이렇게 섹스는 사람을 묶게 만들어 주는 긍정적인 역할을 한다. 그런데 문제는 단지 섹스욕구의 해결이 아니라 이를 사랑으로 승화시켜 그 열정을 순화시키지 않으면 그것은 욕심을 채우는 것으로 끝난다는 것을 잊어서는 안 된다. 그러면 또 이별이 기다릴 뿐이다. 이와 같이 사랑이란 단어가 갖고 있는 무한한 가능성과 함정들을 잘 생각하여 나의 미래를 결정짓는 데 함정에 빠지지 않도록 자신만의 번뜩거리는 영감을 발휘해야 할 것이다. 특히 섹스에 대한 감정의 대소와 강약은 2장에서 터득할 수 있다.

6. 학력은 폼이다

　현대사회에는 학력이 능력의 정도를 나타내는 말로 쓰인다. 결혼생활을 영위해 나가는 데 필요한 경제적인 능력이나 비전을 내다보는 바로미터 기능을 하고 있다. 따라서 결혼조건에서 빠지지 않는다.

　학력은 능력의 척도뿐만 아니라 인격(성격)과도 연관이 있다고 생각하기 때문이다. 사람은 선천적인 성격 바탕 위에 후천적인 교육을 통해 연마하거나 훈련받은 과정이 중대한 영향을 미친다. 이는 또 상대적이다. 학력 수준이 비슷하여 지적(知的) 수준에 따른 생각과 행동이 서로 장애 없이 소통하는 데 윤활유 역할을 한다.

　간판으로 학력을 내세우는 사람도 있으나 이는 성숙되지 못한 외형적인 과시욕의 발로로 인격적인 문제를 의심해볼 수 있다. 순수하고 진실해야 할 결혼 상대의 선택에 불순한 마음을 가지면 반드시 나중에 문제를 일으키게 되어 있다. 현재 일어나고 있는 결혼 형태에 순수한 결혼이 어디 있느냐고 반문하겠지만 그래도 결혼만은 순수한 마음으로 이루어져야 행복한 해로를 기약할 수 있음을 단언한다.

　요약하면 학력은 사회적인 능력과 비전, 부부끼리의 가치의 동질성과 사상적인 소통, 인격 수준의 측정수단으로서 가치를 지니고 있다고 할 수 있다.

그러나 학력을 요구하거나 내세울 수 없는 사람들도 있다. 그러면 학력이 부족하거나 모자라는 사람은 비전도, 능력도, 인격도 없는 것일까. 그렇지는 않다. 단지 학력은 사회 구조적인 시스템 하에서 보는 편견일 뿐 실제 사회활동을 이뤄 나가는 데는 학력이 높은 자와 낮은 자의 차이는 있을 수 없고, 있어서도 안 되는 일이다. 원래 인격이란 태어난 바탕이 중요하다. 바탕이 나쁜데 훌륭한 학력을 통해 인격도야가 되었다고 한들 바탕이 좋은 사람한테는 미치지 못하는 법이다. 부모가 아무리 무식하고 힘든 일을 하고 가난을 면치 못해도 그 속에 아이들이 훌륭하게 성장한 예를 많이 본다.

가난과 무식이 인격을 뜻하는 말이 아니다. 인격은 가난 속에서도, 무식 속에서도 피는 누구도 가리지 않고 올바른 곳이면 어디든 피는 꽃이다. 학력으로서 사람의 인격을 재단해서는 안 된다. 학력의 가장 큰 함정이 여기에 있다.

그러나 현실은 유유상종(類類相從)이다. 이것은 뭐가 부족해서, 뭐가 모자라서가 아니라 같지 않고는 어울리기 어려운 자연의 법칙과 같다.

나무나 숲도 같은 종류의 나무나 풀끼리 군락을 이루어 자연환경을 꾸미는 것과 같은 자연현상이지 어떤 차별의식을 가져서는 안 된다. 경제적인 성공 여부도 학벌로 단정해서도 안 되며 실제 그렇게 되지 않는다. 배우자를 선택할 때도 학벌을 만능으로 생각해서도 안 되며 학벌이 갖고 있는 함정을 새길 수 있도록 노력해야 한다.

또한 학력이 경제적인 활동력이나 사회적인 능력을 반드시 보증하는 것이 아니라는 현실을 똑바로 직시해야 한다. 소수로 알고 있지만, 최고의 학력을 가지고도 백수가 있고, 지나치게 똑똑한 사람이 실패하는 경우가 더 많다는 것도 간과해서는 안 될 요소이다. 요즘은 가짜 학력도 많다고 한다.

학력이 없어도 경제적으로 상당한 성공을 이룬 사람도 많다. 일일이 예를 안 들어도 여러분들이 잘 아는 현실의 인물들도 있을 것이다. 흔히 이런 기성세대들은 그런 시대적 상황과 조건이 있었기 때문이라고 치부하지만 앞으로 자라나는 세대도 어떤 시대변화가 와도 마찬가지로 반복된다는 사실을 인식해야 한다.

학력이 성공과 출세의 가능성을 가졌다고 해도 이것을 기대해서도 안 된다. 기대란 실망을 낳고 실망은 또 두 사람의 사이를 멀게 할 수 있는 원인이 된다. 기대를 하지도 않았는데 사회적으로 성공을 이루게 되면 이는 순수했던 마음에 주어지는 자연의 선물이다.

학력 차이를 감안하고 맺어진 부부의 경우에는 모든 것을 초월하는 사랑을 제외하고 볼 때 부부생활을 하다 보면 학력차로 인한 콤플렉스를 느끼는 상황에 부딪치게 된다. 남이 아무도 이런 문제에 개입하지 않았는데도 스스로 자격지심에서 우러나는 열등감과 같은 갈등을 느낄 수 있는 것이다. 상대도 자존심에 상처를 입힐까 의식하지 않으려고 하는데 괜히 혼자 느낄 때가 있다.

아예 노골적으로 이런 문제로 싸움을 벌이기도 한다. 평소 그냥 지나칠 일도 학력에다 초점을 두어 생각하므로 갈등을 빚기도 한다. 이런저런 일로 학력과 연관 지어 일어날 수 있는 개연성은 얼마든지 있다는 것을 알고 대처해야 할 것이다.

돈으로 학력을 사는 일은 절대 없어야 한다. 만약 그렇게 한다면 반드시 불행해지기 때문이다. 또한 돈에 팔려가도 마찬가지다. 학력이 일류라고 해서 사람이 반드시 일류는 아니다. 소위 일류에 집착하는 사람들은 결국 일류병으로 불행하게 된다. 이는 사회활동을 자유롭게 하는 데 하나의 족쇄가 될 수 있다. 나중에는 아이들에게마저 일류병을 전염시킨다.

학력이 좋은 사람을 무조건 좋아하는 사람도 있다. 이는 학력에 대한 콤플렉스가 심하거나, 살아온 과정에서 학력에 대한 동경적인 선입관이 강력하게 뿌리 내려 애정으로 변질되거나, 자기가 이루지 못한 것에 대한 대리만족을 느끼고 싶은 충동을 받는 경우일 수 있다. 장차 경제적 능력, 출세, 미래 등이 보장된 대상처럼 착각현상에 빠지기도 한다.

학력과 미래보장 등과 동일시해서는 안 된다. 이보다 더한 착각을 할 수 있는 여지를 가지고 있는 분야가 학력이다. 한마디로 학력에 눈이 멀어져서는 안 된다. 학력이란 내 분수에 맞는 사람을 찾는 과정이어야 한다. 분수에 벗어나면 사회적인 성취와 성공을 위해서는 학력이 장애가 될 때도 있다. 다음 장에서는 학력에 의해 인생의 성패와 운명이 결정되는 것이 아니라는 것을 알 수 있다.

7. 섹스(성)는 내세우지 않는 결혼조건이며 숨겨진 이혼사유이다

　표면적인 결혼조건에 등장하지 않지만 짝을 이루고 살기 위해서는 먹는 것(경제력) 다음의 본능적인 조건이 섹스다. 이제 경제력은 경우에 따라 각자가 자력으로 해결할 수 있는 시대가 되었으나 섹스는 시대와 상관없이 혼자서 해결할 수 없기 때문에 결혼을 피해 갈 수 없다. 섹스만을 위한다면 동거나 기타 방법도 있으나 여기서는 결혼조건에 대한 이야기를 하는 장(場)이다.

　솔직히 섹스 때문에 결혼하는 것이다. 섹스가 없으면 결혼할 필요가 없다. 결혼해야 할 목적이 없기 때문이다. 자연은 때가 되면 섹스란 도구를 매개체로 해서 서로 짝을 짓지 않으면 치밀어 오르는 성욕을 참을 수 없도록 강제해놓았다.

　인간을 창조할 때 섹스 장치가 없으면 아무도 힘든 번식활동, 즉 생명활동을 하지 않을 것이기 때문에 음양(여, 남)이 짝을 스스로 이루게 하기 위해 극치에 이르는 황홀과 즐거운 감각기능을 느낄 수 있도록 설계해 놓은 것이 바로 섹스다. 이렇게 섹스를 하다 보면 번식이 자연적으로 확장되고, 반대로 번식을 위해 섹스를 적극적으로 하게 하는 작용을 한다.

이것이 바로 자연이 설계한 섹스의 목적이고 숭고한 생명의 뜻이다. 이렇게 가장 귀하고 아름다워야 할 섹스에 대한 관념이 언제부터인가 시대적 · 사상적 영향에 따라 은폐되어 오면서 왜곡된 섹스 가치관이 형성되어 쾌락만을 추구하며, 온갖 비행과 범죄의 원인으로까지 사회생활 깊숙이 자리 잡아 자라나는 청소년 세대들의 가치관을 흔들어놓고 있는 실정이다.

한술 더 떠 성 접대문화라는 허울까지 쓰고 이를 상품화하여 즐기고 있으니 한심한 현실이다. 더욱이나 섹스 산업이라는 탈을 쓰고 포르노 사업이 세계적으로 만연한 가운데 우리나라도 단연 톱의 대열에 끼여 있다는 보도를 접한다. 인간들이 섹스를 쾌락으로만 생각하는 무서운 질병을 앓고 있다.

세계적으로 방치하고 있는 일이라 하더라도 우리는 이런 현실을 자각하고 자신의 성(性)적 관념을 고귀하고 성스럽게 순화시켜 나가야 할 번식활동이며, 여기에는 사랑과 책임과 의무가 반드시 따른다는 것을 자각해야 한다.

섹스가 결혼조건에 등장하지 못하는 것은 사전에 실험을 해볼 수 없는 혼전순결을 생명으로 하는 가치에 뿌리를 둔 사후적인 일이고, 결혼을 하려고 할 때는 누구나 기본적으로 갖추고 있는 기능이며 신체조건이라고 생각하기 때문이다.

그러나 현실은 이와 일치하지 않은 경우가 많아 문제가 되고 있다. 이와 관련하여 야기되는 부부문제의 가장 중요한 부분이 숨겨져 있기 때문에 이 부문에 대한 인식을 환기시키고 다시 한 번 섹스에 대한 선입관과 편견, 지식에 올바른 인식의 수정이 있어야 한다.

우선 섹스로 인해 일어나거나 일어날 수 있는 부부의 문제점부터 한번 살펴보기로 하자. 이 세상 부부들이 안고 있는 섹스에 관한 문제를 전부 열거할 수도 없거니와 전부 알 수도 없다. 흔히 일어날 수 있고 알 수 있는 내용들을 위주로 변죽을 울릴 것이나 이 외에도 얼마든지 다른 문제를 야기할 수 있는 가능성을 열어두고 스스로 생각을 확장하여 예비할 수 있는 지혜와 지식을 독자 스스로 갖춰나가야 한다.

섹스는 자연이 생명을 생산하여 끊임없이 생명활동을 이어나갈 수 있게 치밀하게 설계된 수단이며 여기에 필요한 생식기능 및 생식기와 연관된 기관 일체의 작용들이다. 이 기능을 자발적이고 적극적으로 원활히 수행할 수 있도록 즐거움과 아름다운 희열을 보너스로 뇌 중추신경회로를 통해 호르몬의 조절, 대사 작용으로 환희의 극치에 이르게 프로그램 해놓은 자연의 지극한 배려다.

그래서 봄, 가을의 계절을 통한 음양 기운의 작용으로 각종 생물들이 서로의 짝을 찾아 헤매듯이 인간도 똑같이 서로 짝을 찾아 헤매게 해놓은 것이 연애나 중매 행위다. 이렇게 인간이 무심코 행하는 행위도 자연의 기운을 한 치도 벗어날 수 없다는 것을 알아야 한다.

인류사를 통해 이렇게 섹스의 숭고한 자연의 본질을 왜곡하여 쾌락의 대상으로 전락시킴으로 오늘에 이르렀으니, 인간의 탐욕에서 비롯된 이 문제를 이제라도 모든 인간의 참다운 삶을 위해서 환경문제뿐만 아니라 섹스문제도 세계 모든 지도자나 지식인, 정치권력이 나서지 않고는 섹스의 가치를 바로 잡기에는 불가능한 상황이다.

사람들이 이런 환경에서 생활하다 보니 섹스에 대한 올바른 가치관을 정립하지 못하고 쾌락의 가치에 무게를 두게 되니 부부 갈등이 더욱 커지게 될 요소를 태생적으로 안고 있다고 할 것이다.

현재 표면적으로 나타나는 이혼 사유 중에 섹스의 부조화 때문에 이혼했다는 이야기는 보도 상으로는 아무도 들어본 일이 없다. 이 이야기는 결혼조건에도 숨겨져 있고 이혼 사유에도 숨겨져 있다는 사실을 알고 특히 결혼을 앞둔 사람들은 어떻게 대처해야 할 것인가를 깊이 생각해봐야 한다.

특히 이혼 사유 중에 제일 많은 이유가 성격차이와 경제적 문제다. 크게 보면 성격차일 수 있으나 이 성격차이를 느끼게 한 원인 발생이 어디서 왔는지를 아는 사람은 거의 없다. 어떤 사소한 문제로 인해 다투게 되면 성격차이를 느낄 때는 가까운 가족이나 주변에 이야기를 해서 직·간접적으로도 알 수 있지만 섹스의 불만으로 야기되는 심리적 변화로 상대를 대하는 행위는 당하는 사람은 잘 알지 못한다. 즉, 섹스로 불만을 느끼게 되면 솔직하게 표현을 안 하면서 상대에게 사소하고 엉뚱한 일로 사사건건 트집과 불만스런 행동을 표출하므로 이를 당하는 사람은 무슨 이유인지 알 수 없어 속만 끓이게 된다. 물론 섹스 커뮤니케이션을 평소 솔직하게 하는 사람도 있으나 아직 익숙하지 않은 사람들이 더 많다.

서서히 말수가 줄어들고, 표정이 어두워지며 혼전의 다정하고 상냥한 행동은 사라지게 된다. 이런 상황이 하루 이틀도 아니고 지속되면 엉뚱한 일로 서로 언쟁의 빈도는 늘어나게 되며 그나마 믿었던 애정도 싸늘하게 식어가고 있다는 것을 느끼게 된다. 급기야는 서로 모든 게 보기 싫은 단계까지 발전하게 되어 서로 이혼이라는 수순을 밟게 된다. 이런 때는 그렇게 좋아하던 외모, 돈, 학력 등도 소용없다.

이럴 경우 한쪽은 근본적 이유를 모른 채 성격차이로 이해할 수밖에 없다. 그리고 이런 일은 둘만이 간직한 채 표면화되지 않고 묻혀가는 경우가 더 많다. 자신의 치명적 약점이라고 생각하는 경우이거나 창피하고 자존심 상하니 가족이나 친구한테도 이야기하기 싫은 것이다. 누가 물으면 성격차이로 이혼했다고 말한다.

섹스란 결혼의 최고 가치이며 목적이며 절정을 이루는 아름다운 관계를 만들어가는 것이다. 이것의 조화 없이는 결혼이 아무 의미가 없어진다. 심하면 돈(경제력)의 위력도 필요 없어진다. 그만큼 큰 폭발력을 일으키곤 한다.

이상적이거나 종교적인 이야기를 하는 것이 아니다. 이런 문제는 통계조사나 설문조사로서 밝혀지지 않는다. 설령 이런 부분을 질문하더라도 순순히 털어놓을 사람은 거의 없다. 법률적으로 이혼 상담을 하더라도 자신의 치부는 잘 드러내지 않는다. 결혼정보회사나 기타 조사기관 등의 이혼 설문조사에도 나타나지 않는다.

이렇게 드러나지 않으면서 결혼생활을 위협하는 복병이 바로 섹스의 부조화에 있기 때문에 결혼 전에 아무리 마음에 드는 일반적인 조건을 충족시킨다 하더라도 혼전에 성 생활의 장애 요인을 알아내야 한다. 서로 솔직히 밝히면 좋겠지만 자기 약점을 밝힐 사람은 거의 없다.

예를 들면 심지어 발기부전인데도 버젓이 결혼하는 사람도 있다. 일류학벌에 외형적인 건전한 신체까지 일반적인 조건을 훌륭히 갖춘 사람이 이런 일을 저지르니 뭘 믿어야 할지 아연해질 때도 있다. 그 이후 이혼은 했지만 그 남자에게 왜 결혼했느냐고 물으면 결혼하면 괜찮아질 것 같아서 했다고 한다. 그러면 그 여자의 운명은 어떻게 되었느냐. 지금은 먼 나라로 도피성 유학을 떠났다고 한다.

한마디로 한 사람의 어처구니없는 처신에 꿈 많던 아름다운 한 여인의 인생을 완전히 망치는 결과를 초래하게 된 것이다. 물론 재혼해서 새 출발할 수도 있겠지만 이는 먼 훗날 이야기에 불과하다. 사람이란 원래 자신감과 자존감을 가지고 있을 때와 그렇지 못한 때는 같은 행복의 조건이라도 행복의 질이 다르게 와 닿는 법이다.

혼전에 섹스로 인해 일어날 수 있는 이야기들을 할 수 있는 단계까지 발전시켜 나가게 되면 서로 상대의 조건들을 공유하여 서로 연구하고 노력해서 조화를 이뤄 나갈 수 있도록 섹스에 관한 한 기탄없는 대화를 해야 한다. 결혼 후 만족을 못하면 무슨 이유인지도 서로 같이 따져보고 해결책을 같이 찾아보아야 한다.

가령 생식기의 구조적인 문제로 서로 불만족하더라도 서로 미워하는 마음이나 원망을 하지 않고 현대 의학으로 풀 수 있는 일인지도 알아보고 서로 머리를 맞대고 해결방법을 연구하는 노력이 필요하다. 이는 부모로부터 부여받은 자연의 모습(병적인 요소는 제외)인데 자신이나 누구의 잘못도 아니기 때문에 서로 이해하고 탓하는 마음을 가져서는 안 된다.

만약 서로 끝까지 노력해도 도저히 같이할 수 없다면 애매한 성격 탓이 아니라 확실한 이유를 알고 헤어지는 것이 서로에게 상처가 덜할 것이다. 성(섹스)적인 이유로 같이 살 수 없다면 이는 부모도, 돈도, 하늘도 말릴 수 없는 일이다.

어느 인터넷 기사에 의하면 어떤 사람은 결혼 후 삽입을 해도 발기를 유지할 수도 없고 사정도 안 된다며 아내에게 불평하며 싫다는 것을 억지로 요상한 시술까지 시켰지만 그래도 허사였다. 그래서 아내가 함께 병원에 가보자고 권해도 듣지 않고 결국 이혼했다고 한다. 몇 년 후 이 남자가 재혼했으나 역시 마찬가지여서 여자 탓과 궁합 탓만 하다가 혹시나 하는 마음에 혼자 병원에 가보니 발기부전에 지루문제까지 있더라는 것을 알고 치료 후 정상으로 돌아올 수 있었으나 첫 아내와의 이혼에 대한 죄책감은 영원히 지울 수 없게 되었다. 이렇게 엉뚱한 쪽에 누명을 씌워 씻지 못할 인생의 과오를 저지른 경우도 허다하다고 한다.

부부 사이의 성문제에 엉뚱한 쪽이 오해를 받는 경우도 많다고 한다. 발기부전으로 찾아온 남성이 사실은 아내의 질 경련증이나 극도의 성교통 때문에 성 흥분과 발기 반응을 잃었던 것으로 진단된 경우가 있는가 하면, 불감증을 치료하러 온 여성이 실제는 남편의 조루로 인해 충분한 성 흥분 시간이 부족한 것이 문제였던 경우도 있다.

부부의 성문제는 어느 한쪽을 탓하면 안 된다. 서로가 같이 문제의식을 가지고 함께 고통을 나누고, 고민하고, 해결하려고 노력해야 한다.

특히 혼전에는 몰랐는데 결혼 후 부부관계를 하면서 펠라티오, 커닐링구스, 애널 섹스 등 이상한 섹스 행위를 요구할 경우에도 서로 의지가 맞지 않으면 문제를 야기할 수 있으니 원치 않는 행위는 자제할 수 있어야 한다. 만약 강압적이 되면 강한 수치심과 모멸감으로 부부 관계가 악화될 수 있는 원인이 된다.

님포마니아, 성도착증이나 변태적인 증상을 일으키는 남성들이 흔히 있으니 혼전에 이런 상황을 일으킬 경우에 대한 대비책도 세워두어야 할 것이다.

세계적인 골프 선수의 스캔들로 인해 섹스 중독증이란 말이 흔히 등장하고 있지만 남녀 물론하고 이런 가능성은 누구나 잠재하고 있다고 보아야 한다.

섹스를 대하는 태도나 인식, 습관에 따라 누적되어 나타나는 현상으로 생각한다. 섹스를 재미나 쾌락으로만 생각하기 때문에 이런 방향으로 탐닉하게 된다. 인류 역사 이래 우리 생활의 환경 전부가 이런 데서 헤어날 수 없으니 더더욱 자신의 건전한 섹스 철학을 정립하지 못하고 휩쓸리고 있는 현실이 안타까울 뿐이다.

남녀 모두 이런 중독현상이 자신한테도 일어난다고 생각하면 전문의를 찾아 상담과 약물치료를 통해 진정시켜야 된다. 결국 심한 섹스는 신체의 면역기능을 저하시켜 자기도 모를 각종 질병을 자라게 하여 생명을 단축시키는 원인이 된다는 것쯤은 상식이다. 이런 중독현상은 초조, 불안, 우울 등에서도 유발하니 자신이나 상대를 잘 관찰할 필요가 있다. 결국 이혼할 가능성이 가장 높다.

이런 사실들이 대부분 결혼 후에 발생하니 사전에 예방하거나 배우자를 선택할 때 미리 알 수 없으니 답답한 노릇이다. 설령 자신이 이상한 증세를 느끼고 있다고 해서 사전에 말할 사람은 아무도 없다. 만난지 얼마 되지 않아 이런 대화는 사실상 힘들기 때문에 이 책을 한 번 읽기를 권하여 서로 소신이나 의견을 나누는 것도 자연스런 방법이 될 것이다. 어떤 방법으로든 이런 내용을 읽어보고 서로 공유할 수 있도록 유도해보거나 반응을 느껴볼 수밖에 없다.

섹스를 본능이란 시각으로 합리화해서는 안 된다. 섹스는 반드시 사랑과 책임, 의무를 수행하는 행위로 인식해야 한다.

원래 남자로 태어난 사명은 여자가 만족할 수 있는 선까지 채워주는 능력이다. 그렇다고 해서 여자는 입만 벌리고 기다리기만 해서 안 된다. 여자 자신도 케겔 운동 등을 통해서 성감을 발달시켜 남편과 밸런스를 맞추기 위해 노력해야 한다.

이게 안 되면 남자로서 일단 자격 미달이다. 자신의 일방적인 만족으로 끝나는 남자는 남편으로는 한없이 부족한 남자일 뿐이다. 이런 일도 결혼을 해보지 않고 어떻게 알 수 있을까. 스스로의 경험으로 거의 알 수 있다. 특히 남자는 결혼 상대자라면 혼전에 자신이 갖고 있는 문제점을 이야기해서 서로 공유한 후 결혼 후 발생할 수 있는 일을 밝혀 같이 노력해 나가야 한다.

뿐만 아니라 성욕의 차원을 넘어 습관적으로 아내를 두고 다른 여자에 한눈을 파는 바람둥이 속성을 지녔거나 반대로 여자도 이와 같은 속성을 지닌 경향성을 보이는 내용들을 다음 장에서 경험하게 될 것이다. 혼전에 꼭 참고할 내용들이며 수백 년 동안 경험해 내려온 결과이며 현재도 우리 주변에 흔히 일어나는 일들이니 간과해서는 안 될 것이다. 또한 자신을 분석하는 일이니 스스로 판단이 선다.

만약에 긍정적인 판단 하에 결혼했으나 사후적으로 불만의 요소가 나타난다 하더라도 이 정도의 노력이면 얼마든지 서로 조화를 만들어 나갈 수 있다.

또 한 사례로 딸이 가벼운 우울증을 앓고 있는데 착하고 성실한 꿈 많은 은행원에게 이를 숨기고 결혼을 시킨 한 학교 교장의 이야기이다. 이 신부의 집안은 대부분 교직에 몸담고 있는 교육자 집안이고 앞에서 밝혔듯 부친은 교장이다. 이 남자는 누군가의 소개로 여자를 알게 되었는데 전부 교육계에 몸담고 있는 집안이라 의심 없이 결혼했다고 한다.

결혼 후 얼마 동안 모르고 지내다가 아내의 이상한 모습을 보고 병원에 데려가 진단을 받아보니 우울증 증세였다. 이때까지도 자신이 잘못하여 이런 병이 온 줄로 생각한 이 남자는 성심성의를 다하여 아내를 극진히 돌보면서 아내를 위해 휴가를 사용하며 유명하다는 의사를 전국으로 수소문하여 양, 한의를 불문하고 다 찾아다녔으나 점점 더 우울증이 심해져 갔다고 한다. 심지어 점집, 무당까지 찾아가 굿도 해봤다고 한다. 은행원 수입은 물론 대출, 가불까지 하여 쏟아 부었다고 한다. 이런 과정을 겪으며 꿈 많던 남자의 모습도 점점 퇴락해 갔다.

이런 자신의 처지를 한탄하며 보내던 중 누군가로부터 아내가 혼전에 병을 앓고 있었다는 사실을 듣고는 어이가 없어 장인을 찾아가 따졌다고 한다. 장인은 "그래 미안하다. 결혼을 하면 좀 나을 줄 알고 그랬다."고 한다. 이 모든 현상들이 자신들에게 유리한 생각들로 상대의 운명에 대하여는 안중에 없다는 공통성을 지니고 있다.

여기서도 한 가지 느낄 수 있는 것은 사회적 지위나 직업, 학력, 외형, 집안 등이 인간 최후의 보루인 양심, 즉 인품과는 등호(=)가 성립되지 않는다는 사실이다. 이런 사항이 누구나 갖고 있는 공통적인 함정이라 할 수 있다.

부모도 부모지만 자신들도 자신을 속이고 이런 일들이 벌어지고 있는 현실을 알고 대처해야 할 것이다. 발기부전이나 기타 성기능 장애를 갖고 있는 경우, 부모는 모를 수도 있다. 그래서 자식이 이혼을 해도 외형적인 것만 파악되거나 알 수 있지 이런 이유가 있는지는 솔직히 이야기하지 않는 한 부모도 모른다.

이런 일들은 대부분이 믿고 간과하기 쉬운 일들이기 때문에 스스로 혼전에 비뇨기과를 찾아가든지, 해당 병원을 찾아 결혼 전에 알아야 할 사항들을 체크하여 사전에 예방하는 자세를 가져야 한다. 이런 문제는 반드시 사전에 알아야지 사후에 알아본들 땅치고 통곡할 일 뿐이다.

이런 이야기를 하다 보니 전부가 그런 양 오해하기 쉬우나 전부 그런 것은 아니며 만에 하나라도 이런 함정이 도사리고 있다는 것을 인식하고 대비해야 한다는 것을 강조하기 위함이다.

그 외 조루증, 지루, 성병 등 섹스의 기능이나 장애요인들을 철저히 체크해봐야 한다. 상대뿐 아니라 자신이 부족한 부분이 있다면 완벽하게 치료나 노력을 통해서 자신을 갖춘 후에 배우자를 찾아야 한다. 특히 성병 같은 경우는 겉으로는 멀쩡하나 잠복해 있는 경우가 많기 때문에 전력이 있는 사람은 철저한 검사를 하여 완치해야 한다. 증상이 없다고 해서 방심하면 안 된다.

증상이 없다가도 술을 많이 먹는다든지 과중한 업무에 또는 과로로 몸이 극도로 피로하거나 감기, 몸살 등으로 성병균이 활성화되어 전염성을 나타낼 수도 있다. 몇 년씩이나 잠복하는 경우도 있다고 한다. 이런 경우 여자의 몸에 침투되면 자궁경부암 등 자궁에 관련한 어떤 질병을 유발할지 의학적으로 밝혀지지 않은 분야도 있다는 것을 자각하고 스스로 조심해야 한다. 이는 자신의 예민한 감각에 의지할 수밖에 없을 것이다.

더욱이나 보균한 상태에서 임신을 하게 되면 태어날 아이한테 어떤 영향을 미칠지 확실히 알 수 있는 의학적 지식이나 입증적 이론은 아직 없다. 왜냐하면 워낙 다양한 형태로 나타날 개연성을 안고 있기 때문이다. 신체적으로 한 부분의 부실이나 불구를 안고 태어나거나 처음에는 멀쩡하나 자라나면서 질병을 일으킬 수도 있다. 이런 경우에는 한마디로 어디서 왔는지 이유도 모른 채 당하는 것이다.

그리고 그 아이의 운명은 누구를 탓해야 하겠는가? 또 그 아이는 자신의 처지를 자신의 운명으로 알고 불행과 싸우면서 살아가야 한다. 이는 또 아이의 불행으로 끝나는 것이 아니라 부모의 불행으로 부메랑이 된다.

부모 중 한 사람의 실수와 착오로 빚어지는 결과가 후세에까지 뼈저리고 되돌릴 수 없는 영향을 미칠 수 있다는 사실을 알고 결코 일시적으로도 이기적인 마음을 가져서는 안 된다.

한마디로 자신에 대해서는 자신이 의사가 되어야 한다. 그만큼 성병균을 가볍게 생각해서는 안 된다. 병원 검진을 받을 때도 부부가 같이 가서 확인 절차를 밟아야 한다. 이런저런 이유로 가볍게 생각하거나 가지 않고 거짓말을 할 수 있기 때문에 이는 반드시 부부가 서로 확인해야 하는 이유가 있다. 이는 눈에 보이지 않고 입증할 수 있는 수단이 없기 때문이다.

성병은 남자에 국한된 문제가 아니다. 옛날에는 여자들이 제도적·

사회적으로 억눌려 살아 특별한 경우를 제외하고는 외도라는 것은 생각하기 어려웠으나 현대는 혼전 무경험자를 찾아보기 힘들 정도로 여자의 섹스도 개방되어 있어 결혼 후에도 남자의 외도에 맞춰 경쟁이라도 하듯 같이 외도하는 경우도 심심찮게 알 수 있을 정도라고 한다.

이렇게 되면 완전히 표리가 부동한 부부생활을 이어가게 되며 겉으로는 떳떳한 부부의 모습으로 행세할 수 있으나 이런 이중생활에는 고통이 반드시 따르게 되니 이 세상에 진실은 반드시 드러나게 마련이다. 무덤에 갈 때까지도 비행이 드러나지 않았다 하더라도 불가(佛家)에서는 후세에 걸쳐 응징을 받게 되어 있다고 한다. 차이는 있지만 각 종교에서는 간음을 큰 죄로 다스리고 있다. 간음의 죗값은 어떤 형태로든 돌아온다는 의미이다. 설령 본인이 피해 가더라도 후세까지 영향을 받는다는 사실이다. 업보로 돌아오는 구체적인 이야기는 여기서 생략하기로 한다.

이런 외도는 부부생활의 불만을 늘 간직하고 있다가 어떤 유혹이나 기회가 생기면 쉽게 이루어진다. 아예 손쉬운 방법으로 적극적으로 유흥가를 찾아다니는 사람도 있다. 서로 불만이면 차라리 이혼을 할 일이지 이렇게 엉뚱한 일로 사건을 만드는 것은 이혼을 하려니 위자료 줄 돈이 없거나 아깝기도 하고 사회적인 체면이나 주위의 시선 등 이목 때문이기도 하고, 막상 헤어지려니 여러 가지 생활의 불편도 따를 것 같고, 집안의 눈치도 보이고, 아이들 때문에 차마 결단을 못 내리는 경우 등 각양각색의 이유로 외도로 해소하게 된다.

그러나 남녀를 막론하고 꼬리가 길면 확증이 잡히지 않더라도 초감각기능이 발동하게 되어 있다. 그래서 부부는 하나라는 말이다. 한쪽이 엉뚱한 짓을 하면 감각적으로 전달되게 되어 있다.

오래도록 아이까지 낳고 살림을 차려놓고 있는데도 모르는 경우는 드물지만 한쪽이 극히 둔감하거나 치밀한 연출을 한 경우이다. 이런 경우는 둔감하게 모르고 지낸 것이 다행일 수도 있다. 사전에 알았다면 불행이 그칠 날이 없었겠지만 오래도록 모르고 있다가 되돌릴 수 없는 현실로 나타났으니, 인정하고 이해하며 원만하게 가정을 이끌어가는 지혜로운 사람도 가끔 있다. 이런 경우는 일단 경제력이 뒷받침되어 줄 때의 이야기인 경우가 많다.

남편과 싸워봤자 창피하고, 아이들 활동에 지장 있고, 서로 득 될 것도 없고, 이미 인생의 후반전에 앉아 상처만 남는 결과를 초래하기 때문이다. 이때는 자존심도 버려야 한다. 그러나 이런 사연도 기성세대들의 이야기이지 지금 자라나는 세대들에겐 어림없다.

이렇게 섹스로 일어나는 사건들도 의도된 행위와 그런 목적이 전혀 없이 우연적으로 발생한 경우의 두 얼굴을 하고 있는 면이 있다. 사악한 목적 없이, 계획한 바 없이 어느 순간에 본능적으로 일으킨 일로 인해 야기되는 결과를 최악의 상황으로 몰고 가야 최선인가 하는 문제이다. 이는 결론적으로 이런 상황에 처한 당사자 감정의 처리 문제이다.

인간의 이성이 치솟는 정욕을 완전히 억제하지 못한다. 이렇게 인간도 불완전하게 만들어졌다. 치밀어 오르는 욕구만 주었지 이를 완전히 통제할 수 있는 능력을 주지 않았다. 초월적인 인격자가 아니고는 불가능에 가깝다.

예를 들어 계획하지 않고, 어떤 의욕이나 생각조차 없었으며 도덕적으로 더더욱 그래서도 안 되는 지위에 있는 사람이 아무도 없는 사무실에 업무적으로 여직원과 단 둘이 있을 때 찰나적으로 섹스욕이 솟구쳐 오른다면 이를 도덕과 이성을 떠나 통제할 수 있는 수단이나 방법이 없다. 이때는 자신의 지위와 위치, 이로 인해 야기될 수 있는 결과들에 대한 생각이 침범할 틈이 없다. 즉, 이성의 망각이다.

오직 동물적 뇌만 작동할 뿐이다. 즉, 동물로 변한다. 이것이 남자들한테 설계해놓은 한계적 능력이다. 도덕적으로 그래서는 안 될 사람들이 이런 사건으로 보도되는 기사를 심심찮게 볼 수 있는 것도 이런 이유가 클 것이다. 이 외에 알려지지 않는 사건은 무릇 얼마이겠는가. 이런 상황에 처한 당사자의 감정과 가치관에 의해 상황에 대처하는 결과는 달라질 것이다.

물론 이런 면을 남자들이 이용하거나 악용한다면 이 이야기의 목적과는 다르다. 도덕적으로나 상식으로도 이루어질 수도 없는, 해서는 안 되는 관계에 있는 사람들의 섹스 추문뿐만 아니라 심지어 아동성범죄 사건들까지 끊임없이 일어나는 이유가 여기에도 기인하고 있다는 것을 이해해 둘 필요는 있을 것이다.

예를 들어 북아일랜드 자치정부의 총리 부인이 20대 청년과의 정사로 인해 남편이 총리직을 사임한 일이 있었다. 아내가 정신을 차렸을 때는 되돌리기에 이미 늦었던 것이다. 이렇게 남녀를 막론하고 잠깐잠깐 자신을 잊는 게 성욕이라는 유혹의 그물이다.

지금은 모두가 스스로 동물로 변하지 않도록 그런 환경과 타이밍을 만들지 않거나 피하는 지혜를 스스로 발휘하는 수밖에 더 있을까. 부부간에도 서로 성욕을 채우지 못해 언제 터질지 모르는 시한폭탄을 안고 사는 경우에 앞에서 언급한 외도를 통해 해소하지만 이를 알았더라도 파탄으로 몰고 가지 않고 말없이 이해해주는 부부의 경우도 있다. 젊은 세대들은 왜 이해해주느냐고 반문할 수 있으나 악의나 고의성이 없이 실수를 두고 하는 말이다. 그러나 성격에 따라 이런 실수라도 용납 안 되는 사람한테는 어쩔 수 없는 일이다.

한쪽이 정력이 모자란다고 느끼면 상대가 바람을 피우는 것을 감지하더라도 가정을 내팽개치지 않고 기본적인 본분을 지켜 나가면서 틈나는 시간을 이용해서 욕구를 해소하는 경우에 자신이 부족한 것을 인식하고 서로 평화롭게 유지하면서 부부의 연을 이어가는 경우도 있다.

특히 아이들도 장성하고 남의 이목도 있고, 공직이나 사회적 지위나 명예가 있는 경우에는 더욱 덮어 나가는 경우가 심하다. 지혜롭다고 표현은 했지만 그러한 인고의 세월이란 당시지기 이니면 알기 어려울 것이다. 이것도 기성세대의 이야기지 신세대들에게는 용납되기 어려운 일이다. 과거와 현재의 가치를 엿보는 이야기다.

사실적인 예로 10여 년 전의 삼풍백화점 붕괴 사고 때 현직 고위공직자의 아내가 내연의 관계에 있던 남자와 함께 사망한 사고가 있었다. 이는 가족과 주변에서도 이미 소문이 자자하던 상황이라고 한다. 결과적으로 아내는 남편에게 많은 사망 보상금을 남기고 남편의 지위에 누를 끼치지 않고 남편의 그동안의 마음고생을 하늘이 깨끗이 정리해줬다는 웃지 못 할 에피소드이다.

그 후 남자는 떳떳이 재혼 가정을 꾸릴 수 있었다고 한다. 그러나 먼저 아내의 이런 불행도 타고난 성욕과 성 능력의 부조화에서 오는 비극이라 아니할 수 있겠는가. 가령 남편과 아예 이혼을 하고 만족을 취할 수 있는 남자를 만나 정상적으로 살았다면 남의 눈을 피해 가며 낮에 만날 필요도 없었을 테고, 그 백화점에 갈 일도 없었을 것이며, 붕괴사고의 희생자가 되지 않았을 수도 있었을 것이다.

결국 이런 비극의 근본 원인은 두 부부의 성(性)적 부조화에 기인한 것이다. 즉, 남자가 아내의 성적 욕구를 채워 줄 체력적인 결함을 지니고 있었다는 것을 의미한다. 그런데 이 부부의 운명은 극명하게 갈라진 것이다. 이런 우연이 필연이 되는 것이 운명이다,

그러나 누구에게 돌을 던질 것인가. 도덕, 윤리, 사회통념, 관습 등 일반적인 상식으로는 여자를 나무랄 것이나 자신의 의지와 상관없이

작동하는 가공할 섹스의 욕구를 이해하려고 하는 사람들은 오히려 이 남자에게 돌을 던질 수도 있을 것이다. 아내를 놓아주지 않았다는 아쉬움이 든다는 것이다. 이 남자는 자신의 입신출세를 위해 자신의 이력에 오점을 남기지 않으려고 여자가 이혼을 원해도 응하지 않았을 수도 있었을 것이다.

이뿐만 아니라 평소에 아무 문제없이 잘 지내오던 부부가 출근했다가 돌아와 보니 쪽지 하나 남기지 않고 사라지는 아내를 심심찮게 볼 수 있는 것도 이런 성적인 부조화가 말없는 가운데 활화산처럼 언제 폭발하지 모르게 내부적으로 타오르고 있다는 증거이다. 이런 사실은 소리 소문 없이 덮여 나가지만 우리 주변에 흔히 접할 수 있는 부부문제이다.

그러니 섹스문제는 부부가 서로를 챙기면서 부족한 부분을 채워 나가도록 공동의 노력을 하지 않으면 안 된다는 것을 의미한다. 돈만 잘 벌어 준다고 해결되는 것도 아니요, 기타 물리적인 조건이 좋다고 해결되지 않는 것이 섹스의 조화를 이루는 것이다. 이는 남녀의 구분이 없으나 현실적으로 남자의 몫이 더 크다.

다음은 아내의 외도가 남편한테 발각되어 결국 이혼한 경우이지만 나중에 남편은 그 외도의 현장을 확인하기 위해 찾아 나선 것을 크게 후회하게 되었다고 한다.

경제력을 크게 갖춘 중년 후반의 아내가 서울에 유학을 보낸 딸들을 돌보기 위해 주말이 되면 늘 항공편으로 왕래를 하다가 비행기에서 만난 남자와 내연관계로 발전했다고 한다. 이 사실을 남편이 몰랐으면 되는데 서울에 있는 남편의 친구가 호텔에서 나오는 아내를 보고 이런 상황을 남편에게 이야기해줬다고 한다. 물론 이 남편은 흥분하여 다음 기회에 미행을 통해 확인 후 아내와의 관계를 정리했다.

정리하는 과정에서 아이들 문제, 지역사회 유지로서의 명예, 나이, 기타 주변 상황 등을 고려하여 용서하고 그냥 살려고 했으나 오히려 아내가 거부했다. 이미 죄인처럼 들킨 문제를 안고 같이 살 수 없다는 것이다. 즉, 자존심이 허락하지 않는 경우이다. 평소 부부 사이에 아무도 의심하지 않을 정도로 사이가 좋았다고 한다. 그러나 아내의 가슴 한켠에는 성(性)적인 불만으로 채울 수 없는 공허감이 아이들이 다 성장하여 중년을 넘어 노년을 바라보는 시점까지도 한쪽 가슴에 간직되고 있었기 때문에 그런 환경이 주어졌을 때 여태까지 참고 견뎌온 자신의 도덕성과 윤리성은 봄눈 녹듯이 사라지고 넘어서는 안 된다고 믿고 있었던 경계선마저 쉽게 넘어서게 된 것이다. 이런 마음을 남편은 평소에 알 리가 없다.

이 아내의 경우에도 그동안 유지해 왔던 이성적 생각과 행동은 완전히 마비되어버렸다. 아마 그 순간에 정말 인생을 잘못 살아온 것을 후회하면서 모든 것을 다 버렸을 것이다. 현실은 이 아내에게 손가락질을 하겠지만 이런 숨겨진 부부만의 문제를 알고 이해하려고 할 때는 제도와 인간의 본성과는 너무나 큰 괴리에 빠져 있는 환경에 살고 있는 부부의 모순성이라 할 것이다.

인간이 일과 사업 등 직접적인 관련 없이 예상치도 않게 인생의 행, 불행, 흥망, 화복(禍福)을 결정짓는 가공할 폭발력을 지닌 섹스란 파워가 오늘의 우리 부부 사이에 존재하고 있다는 사실을 젊은 세대들은 한시도 잊어서는 안 될 것이다.

앞으로도 섹스로 인한 일들은 끊임없이, 소리 없이, 결혼이 존재하는 그날까지 일어날 것이다. 아마 이 남자는 성적 불만이 수많은 세월이 흘러갔는데도 뒤늦게 섹스 사건을 일으켜 인생이 바뀔 것이라고는 상상조차 하지 못했다.

지금 신혼을 꿈꾸는 독자들에게 주는 훗날의 교훈이 아니겠는가. 상담을 하다 보면 여자가 섹스욕이 약한 경우가 많이 있다. 남편이 자주 다가오는 것이 공포스러울 때가 있다고 호소하는 아내도 많다. 남편과 떨어져 있을 때가 가장 행복하다고 하고 남편과 자주 접촉하는 것이 귀찮고 몸이 편치 않고 알 수 없는 짜증이 솟아오르는 것을 느낀다고 한다. 반대의 경우도 있다.

이는 체력이 받쳐주지 못하거나 태생적으로 섹스에 대한 욕구가 강하지 않아 호르몬 대사 작용이 원활치 않음으로 해서 일어나는 육체적인 거부 반응이라 할 수 있다. 그러면 애초에 결혼을 하지 않으면 될 텐데 왜 결혼을 해서 고생을 하느냐고 반문할 수 있으나 이런 현상은 본인도 결혼하기 전에는 모르던 일이었다.

이런 아내는 남편이 경제력만 유지하면 밖에서 외도를 하든, 다른 여자와 무슨 짓을 하든 집에만 데려오지 않고, 눈앞에 보이지만 않으면 상관하지 않는다. 이렇게 섹스 욕구의 차이에 따라 삶의 방식이 180도로 달라지는 모습을 보인다.

그런데 남자가 아내를 두고 하루 이틀도 아니고 늘 바깥으로만 돌 수도 없는 노릇이다. 이러다 보면 헤어지기 쉬운 환경이 조성된다. 이런 경우 남자가 이혼을 요청하면 아내도 미련 없이 이혼을 받아들인다.

이는 여자가 건강(생명)의 위험을 직감적으로 느끼고 있기 때문이다. 이렇게 되면 만사가 다 싫어지는 법이다. 성교통이나 구조적인 부조화로 오는 불편이 있는 것이 아니고 어떤 이유나 증상 없이 기운이 빠져나가면서 이러다가 내가 죽겠구나 하는 생명력이 상실되는 느낌이 엄습한다고 한다. 이는 현대 의학으로 고칠 수 있는 병도 아니고 알 수도 없다. 단지 이렇게 태어난 체질일 뿐이다.

아내가 혼자 있을 때는 그렇게 즐겁고 건강한 생활을 할 수가 없다. 이런 아내의 체질은 이혼하면 삭아가던 얼굴도 피어나고 달덩이처럼 고운 얼굴로 돌아온다. 인간의 육체란 과학과 의학 논리라는 잣대로만 들이대서는 다 알 수 없다. 그중에 섹스는 더더욱 그렇다.

부부생활을 할 때는 얼굴에 기미투성이에 활력을 잃은 모습이었으나 이혼 후 살도 오르고 건강한 모습으로 변하는 사람을 주위에 본 사람들도 있을 것이다. 물론 반대도 있다. 결혼 후 건강과 얼굴이 피어나는 사람도 있다. 이런 내용을 제2장에서 알아볼 수 있다.

이런 상황으로 50세에 이르도록 참고 살아온 아내가 지금도 남편이 이혼해주기를 속으로 바라고 있는 경우도 있다. 여태까지 살아온 것은 아이들이 생겨난 이후 벗어날 수 없었다고 한다. 지금은 다 성장하여 자기 몫을 해 나갈 수 있는 때가 되니 이제라도 남편으로부터 해방되기를 바라고 있다.

이런 경우 또 문제는 이런 아내를 아내로 맞이한 남편이 불행해지는 것이다. 그렇다고 남편이 아내를 괴롭히는 사람이 아니고 성실하고 가정밖에 모르며, 아내 한 사람만을 소중하게 생각하여 아내 곁을 맴도는 남편을 구박할 수도 없고 참고 견디지만 남편은 그런 아내의 고통을 모르고 있는 것이다. 서로 부부관계 중에 성에 차지 않더라도 으레 아내의 스타일이 그런 것이려니 이해하면서 지낼 뿐이다. 남편도 불만이 다소 있어도 내색하지 않고 아내의 마음을 상하게 하기 싫어 그냥 넘어간다. 이런 남편에게 아내가 자기 약점을 이야기할 수가 없다.

아예 이혼을 각오하고 이야기한다면 할 수는 있겠지만 이혼만은 하기 싫을 때는 못하게 된다. 만약 이혼을 하게 되면 이 남자의 인생이 또 어찌 되겠는가.

세상에 아내밖에 모르고 살아왔는데 그 상실감은 오만 간장이 다 녹

아내리는 심정일 것이다. 아마 남편이 아내의 체질을 알았다면 앞으로 잠자리는 같이 안 할 테니 이혼만은 하지 말자고 남편이 매달리지 않을까.

　그렇다 하더라도 때만 되면 차오르는 섹스 욕구를 어떻게 감당해 나갈지 걱정되지 않을 수 없다. 여러분들의 지혜로운 생각과 행동을 요구하고 있는 현실이기도 하다. 먹고 사는 것도 힘들고 바쁜데 섹스까지 고민과 노력을 해야 되는가 하고 생각하면 큰 오산이다. 섹스가 직접 밥을 먹여주지 않지만 밥을 벌어먹을 수 있는 인간 생기(生氣)의 바탕에 깔린 능력을 활성화시키기 때문이다.

　섹스는 모든 활력의 원천이며 무한한 사랑의 최종 목적이다. 짝 없이는 인생의 진정한 성공을 맛볼 수 없다. 위 여인의 경우 오직 인생의 성공보다 더 중요한 것은 생명을 보존하려는 본능의 작용이다. 그러나 부부는 인생의 최고 가치이다.

8. 한 가지가 마음에 들면
   열 가지가 좋아진다

건강, 종교, 근면, 성실성, 가치관, 환경(배경), 나이, 지혜, 모성, 자상, 효심, 비전, 야망, 지위, 키(몸매) 등은 앞에서 서술한 조건들과 연관성을 어느 정도 띠고 있기 때문에 유추해서 판단하면 된다. 이렇게 한 단면만을 보고 마음이 동하거나 애정이 싹트는 경우가 많다. 이는 이때까지 살아온 환경이나 인생관에서 형성된 굳어진 자신의 생각이다.

여기에 생활하다보면 생각이 미치지 못했던 엄청난 함정들이 도사리고 있다는 것을 헤아리고 스스로 반대되는 현상들을 가정하여 추리해 나가기 바란다. 여기서는 특별히 한 번 더 강조되어야 할 부분만 언급한다.

건강은 누구나 기본적으로 갖추고 있다고 생각하기 때문에 간과하기 쉬운 요소가 많다. 부부가 되기 위해서는 서로 건강해야 한다는 것은 당연한 일이다. 그러나 그렇지 못한 특별한 경우도 있으나 여기서 논할 대상은 아니다.

건강문제는 상대에게 묻는다고 해서 본인 스스로 잘 알 수 없는 부분도 많고, 겉으로 봐서 잘 알 수 없는 요소들이 많기 때문에 부득이 의학적인 절차와 검증을 서로 거쳐야 한다. 그러나 서로 건강검진을 받은 결과만으로 모든 것을 믿을 수 있는가 하는 문제도 있다.

여하튼 의학적인 점검과 검사를 병행하면서 제2장에서 타고난 건강을 추론할 수 있는 방법을 참고하면 판단에 도움이 될 것이다.

주변 인물을 수소문해서 소문으로 내려오는 여러 가지 정황들을 종합하여 그 사람의 가족만이 가지고 있는 유전병이나 가족력도 체크해 볼 필요가 있다. 건강문제는 나중에 결혼 후 자신뿐만 아니라 후세에게 영향을 크게 미치므로 철저하게 준비해야 할 요소이다. 점검 소홀로 나중에 후회할 일이 생기면 그땐 모든 게 늦은 때이니 후회해도 소용이 없다.

정신병을 앓고 있는 사람이 버젓이 결혼하여 나중에 배우자를 때려죽이는 사건들도 보도 상으로도 접하고 있는 실정이다. 이는 본인이 이야기하지 않는 한 아무도 알 수 없다. 이리저리 옮겨 다니면 주변에서도 모르는 일이다. 주변에서 안다고 한들 누가 알려 주겠는가. 그러니 이런 사람을 중매하거나 결혼정보회사를 통해 알게 되어 결혼한다면 어떤 결과를 초래할지는 아무도 예측할 수 없다. 중매하는 사람도 모르고 할 수 있다. 만약 중매 비용을 치르고 이런 중매 절차에 의해 결혼하게 되면 뒤에 일어날 수 있는 법률적 책임한계를 명확히 계약서 상에 민·형사상 보상받을 수 있는 확고한 사전 조치가 필요하게 된다. 그래서 중매도 함부로 해서는 안 된다. 결혼정보회사에서는 서류를 받아 철저히 점검한다고 하지만 건강문제는 본인이 숨기는 한 알수 없다. 만약 중매를 알선하는 회사나 중매자에게 배우자 조건으로 건강문제를 강력하게 요구하면 미비한 법률적 환경을 이용하여 법률적으로 빠져나갈 구멍을 먼저 마련해놓을 수 있다는 것도 잊어서는 안 될 일이다.

이런 후일에 일어날 문제를 고려하여, 서로 문제점이 있으면 솔직하게 털어놓고 의논을 해야 하나 숨기고 결혼하는 경우를 흔치 않게 볼 수 있기 때문이다. 특히 유전병이나 특별한 병력이 없다 하더라도 성병 같이 본인이 자각하지 못하는 섯은 잠적해 있는 질병균들을 철저히 체크해야 된다. 증상으로는 자각하지 못하지만 잠복해 있는 병이 많으므로 이런 성병균 같은 종류는 섹스 편에서 언급한 내용과 같이 전 가족의 불행을 초래할 가능성이 있다는 것을 자각하고 대비해야 할 것이다. 한 번 더 1장 섹스 편을 철저히 새겨야 한다.

특히 외도의 경우는 상대를 불문하고 증상이 없다고 무시하면 안 된다. 누구든지 외도를 한 번 했으면 스스로 정밀 점검을 받아 가족에게 갈 피해를 사전에 막아야 한다. 반드시 확인 검사를 받아야 한다. 상대 스스로도 자신을 정확히 모르고 정상적인 것으로 착각하고 있는 사람들도 많다는 것을 인식해야 한다. 요즘은 외도하는 것도 무서운 세상이다. 콘돔이 만능이 아니라는 것도 알아야 한다. 품질이 다양하기 때문에 실험을 통한 완벽한 제품으로 믿을 수 있는 제품을 사용해야지 불완전한 제품들이 워낙 많이 범람하므로 이것만 믿었다간 낭패를 보게 되는 경우는 얼마든지 있을 수 있다.

반대로 아내도 마찬가지이다. 아내가 외도를 했으면 상대 남자의 상태는 알 길이 없을 것이다. 콘돔을 사용했다 하더라도 사후 병원 점검을 철저히 받고 난 후 남편을 받아들이라는 것이다. 성병균으로 인해 남편에게 전염되어 외도한 사실이 발각된 경우를 심심찮게 볼 수 있다. 이는 변명의 여지가 없다.

여기서 필자가 부부간의 외도를 인정하는 것은 아니다. 철저히 스스로 관리해야 된다는 뜻이다. 결혼 전에 서로 건강진단서를 교환한다

하더라도 상대가 지정하는 데서 검사를 거친 결과라야 어느 정도 신빙성이 있을 것이다. 자기가 아는 의사나 병원에 부탁하여 적당하게 해줄 것을 부탁하면 사실과 다른 결과를 얼마든지 가능할 수 있지 않겠는가. 물론 의료기관의 신뢰를 무시하는 뜻은 아니다.

여하튼 건강문제는 천금 만금을 쌓아놓고 있는 상대라 하더라도 매 정하리만큼 철저히 점검을 해야 된다는 사실이다. 나중에 진단서 결과와 달랐다고 해서 어떻게 하겠는가. 결국 당사자만 땅을 치게 된다. 왜 그 때 좀 더 냉정하게 알아보지 않았는지 후회막급이다. 자주 일어나는 일은 아니지만 만에 하나를 주의해야 한다.

만약 서로를 위해 철저히 체크를 요구하는 데 반응이 좋지 않으면 아무리 그 외 훌륭한 조건을 갖췄다 하더라도 그 상대는 포기하는 것이 현명하다. 건강진단을 했다고 해서 상대의 건강이 완벽한 것은 아니다. 건강진단의 한계가 있기 때문에 알 수 있는 영역만 알았다는 것이지 100% 완벽한 것이 아니라는 것을 알고 항상 건강문제는 유의해 나가야 할 사항이다.

건강을 잃으면 모든 것을 잃는다는 것을 당해서 느끼지 말고 사전(事前)에 담아두고 체크해야 한다. 건강은 사람의 나타난 모습과는 반드시 일치하지 않으며 내부에 자라나고 있는 병(암)이 있다면 이는 아무도 알 수 없는 일이니 운명에 맡기는 수밖에 없다. 특히 성병, 각종 종양에 잘 노출될 수 있는 체질은 제2장에서 참고할 수 있다.

앞으로는 혼전에 상대의 건강문제로 이런 걱정은 안 해도 되는 시대가 올 것 같다. 혼전에 유전자 검사를 통해 유전병 등 불치의 병을 일으킬 소인들을 찾아낼 수 있는 기술이 계속 개발되어 현재 실현 단계에 있다고 한다. 미국에서는 돈 있는 사람들은 암암리에 이용하고 있다고 한다. 이런 검사가 실현되기 위해서는 제도적 장치도 뒤따라야 한다. 100% 적용한다면 과연 결혼할 수 있는 사람이 몇이나 될는지 의심스러울 것이다. 앞으로는 결혼을 하기 위해서도 자신의 건강관리를 잘해야 하는 시대가 된다.

종교는 독실한 믿음의 징도에 따라 결혼소건으로 등장하는 경우가 많다. 강한 믿음에 의한 선택은 어쩔 수 없다 할 것이나 종교를 맹목적으로 신봉하면서 사람의 가치 기준을 종교를 믿고 있으면 행동이나 성격, 마음 등이 선하거나 착한 범주에 들 것으로 일방적으로 단정해놓고 판단하는 경우가 있다.

종교를 선택하는 것은 자유이나 믿음의 깊이에 따라 종교에 대한 가치 기준이 다를 것이며 또한 이로 인해 표현되는 일상적인 생활 양태도 다르게 나타난다. 한마디로 종교라는 카테고리 속에 상대를 집어넣고 판단한다는 것은 아주 추상적이고 일반적인 잣대를 들이대는 결과로 오판일 가능성이 많다.

심지어 결혼을 위해 종교를 선택하는 경우, 상대의 요구에 의해 개종을 하는 경우 등도 결혼을 위한 방법으로 등장하는데 과연 옳은 일인지 한번 생각해봐야 할 일이다. 이렇게 무난하게 종교와 결혼생활을 이끌어 간다면 바람직한 일이지만 종교가 결혼을 위한 액세서리로 작용했다면 이것이 원인이 되어 불행의 씨앗이 될 수도 있다.

어차피 신앙이란 순수한 영혼의 구현 과정이라고 본다면 결혼에 굳이 종교를 조건으로 한다는 것은 독실한 신앙인이 아니고서는 고려해봐야 할 일이다. 여러 가지 좋은 결혼조건을 갖춘 상대라고 해서 맹목적인 종교로 위장하거나 위선의 탈을 쓸 필요는 없다. 본인의 자유 의지이나 바람직하지 않다는 것이다.

사귀는 과정에서 상대에게 진실한 사랑을 느꼈다면 사랑하는 이를 따라 평소에 무관심하거나 믿지 않았던 종교를 그와 함께한다는 것은 자연스러울 수 있다. 단지 계산이 깔려 있는 종교는 자기 양심을 속이고 있기 때문에 나중에 어떤 불행의 단초가 될지 모르는 일이다.

모든 것은 혼전에 종교 여부와 관계없이 신앙에 대해서는 순수한 마음으로 접근해야 한다는 사실이다. 현실은 종교를 이용해 치부하는 성직자도 있고, 신도들을 상대로 사기행각을 벌이는 신자도 있고, 이 세상의 온갖 악행을 일삼는 신자도 있으나 이는 어느 조직이나 사람이 모이는 곳에는 반드시 선악이 공존하고 있음을 보여준다.

그러나 결혼은 서로의 혼이 맺어지는 것인데 서로가 순수하고 깨끗해야 한다. 이런 정신이라야 2세들도 맑고 영민한 아이들이 탄생하게 된다. 탁한 마음을 유지하게 되면 그대로 2세에게 전달된다는 사실을 알아야 한다. 오직 신앙만을 결혼조건으로 내세운다면 같은 조건이 아닌 한 이루기 어렵다.

환경(배경)

상대의 성장배경과 현재의 가족관계 및 이와 관련된 사항을 일컬어 알아보는 결혼조건이다. 포괄적으로 이야기하면 환경적인 조건에 포함되지 않는 게 없을 정도로 그 범위가 넓다. 위에서 조건 별로 항목을 나눠놓은 부분도 여기에 다 포괄할 수 있는 영역들이다. 앞에서 구체적인 배경 조건들을 언급했기 때문에 여기서는 본인과 가족 관계에 한해 고찰해보기로 한다.

첫째, 본인의 성장배경을 알아볼 필요가 있다. 이는 본인의 한 시점을 기준으로 한 개인 역사이기 때문에 정확히 파악하기는 본인이 정직하게 이야기하지 않는 한 어렵다. 주위의 소문이나 지인들이나 부모의 이야기를 참고하거나 본인이 이야기하는 내용들을 종합하는 정도일 것이다. 중매자일 경우는 짝을 맺게 하는 목적이 앞서 있기 때문에 대부분 듣기 좋은 내용뿐이니 날카로운 분석력을 발휘해야 한다.

이는 건실한 사상이나 올바른 인격형성의 과정을 추리해보는 정도로 파악해야 할 것이다. 부귀와 빈천의 환경 가치를 가지고 상대의 인격과 됨됨이를 재단해서는 안 된다.

둘째, 부모의 인격이 그 자식에게 상당한 영향을 미친다. 부모나 조부모, 더 나아가 선대의 직업이나 출신배경, 지나온 행적, 인간적인 사회기여도, 인간관계 등 에 따라 자식의 인격형성은 물론 후세에까지 영향을 받을 수 있다.

가령 선대나 조부 대에서 특수한 재능과 지혜를 가진 사람이 있었거나, 불쌍한 사람들을 위해 좋은 일을 많이 하여 주위의 덕망을 쌓았으면 후대에도 대를 건너뛰는 일이 있다 하더라도 좋은 덕을 입어 선대와 같은 사람들이 많이 배출될 수 있다는 것은 자연의 기운 법칙이다.

그 반대로 악명을 떨친 선대가 있었다면 그 후대가 언젠가는 보상을 해야 하는 후손이 있게 마련이다. 이는 과학적으로 증명할 수 없는 우리 주변의 실증적 사실임을 알아야 한다.

부모가 교육을 못하고, 험하고, 힘든 생활고 속에 아이들을 부양했다고 해도 그 부모의 인격이 흠이 있거나 부족한 사람이 아니라는 것도, 아무리 좋은 조건을 갖춘 부모라 해도 형편없는 인격의 소유자도 있다는 것을 꿰뚫어볼 수 있는 안목도 갖추면 더욱 좋을 것이다. 당사자도 마찬가지가 아니겠는가.

부모의 지위와 배경이 높고 유력하다면 나쁠 것은 없지만 무분별하게 부귀에 현혹되어서는 안 된다. 그렇다고 가난이 좋다는 뜻은 아니다. 이는 결국 본인의 가치관의 문제일 뿐이다. 딸을 가진 어떤 어머니가 나중에 거지가 되는 한이 있어도 가난한 사람한테는 절대 결혼시키지 않을 것이라고 단언하는 경우를 보았다. 이런 어머니만 있다면 가난한 사람은 전부 혼자 살아야 할 운명이다.

그러나 자연은 그렇게 놓아두지 않는다. 가난한 사람들끼리라도 짝을 찾게 한다. 가난한 자 부자 되고, 부자 가난한 자 되고, 이렇게 돌고 돌게끔 자연이 설계해놓았다. 그래서 부자는 영원히 무너지지 않으려고 있는 사람끼리 성을 쌓고 있지 않은가. 그러나 자연이 볼 때는 인간이 가련한 존재일 뿐이다. 모든 욕심은 헛되다는 것을 알아야 한다. 분수를 지키는 삶이 가장 훌륭한 지혜이다.

셋째, 모두가 가족을 다 갖춘 것은 아니다. 부모와 사별한 경우, 부모가 이혼하여 편부, 편모슬하에서 자란 경우, 고아로 자란 경우, 친인척의 손에서 자란 경우 등 부모의 어떠한 유고로 인하든 어렵게 성장한 사람들도 많다. 여기에서 인격적인 결함이 있을 것이라는 편견과 선입견이 같이 작용한다. 실제 성격적인 결함을 가지고 있는 경우도 있을 수 있다.

이렇게 결함이 있는 환경에서의 성장을 두고 판단하기가 가장 어렵다. 전부 매도하는 어리석음을 저질러서도 안 되고 부족한 부분을 오판해서도 안 된다. 이는 두 사람의 인생이 걸린 문제이다. 그렇다고 값싼 동정심을 발휘해서는 더더욱 안 된다. 감상과 인정에 이끌려서도 안 된다. 오직 냉철한 자신의 관찰력과 분석력을 발휘하는 수밖에 없다. 그리고 냉정한 생각과 평정심을 유지해야 한다.

그래도 알 수 없는 게 사람의 마음이다. 이 불가한 부분은 제2장의 도구를 통해 익혀 나가서 활용해야 한다. 맹목적인 사랑에 눈이 멀어져서도 안 된다. 단지 오랜 시간을 통해 사귐으로써 서로의 마음을 들여다볼 수 있는 경지까지 가서 결론을 내려야 할 것이다.

근면 성실성, 가치관, 지혜, 모성적, 가정적, 효심, 비전, 야망, 지위 외

사람이란 한 가지 단면만을 가지고 결혼상대로 판단하기에는 많은 함정이 있다. 누구나 자기가 살아온 환경에서 형성된 가치이든, 나면서부터 유지된 본성이든 나는 이런 사람이 좋더라는 식의 경향성을 가지고 있다.

여기 열거된 단어의 의미를 분석적으로 살을 붙여 나가면 많은 양의 콘텐츠를 만들어 낼 수 있을 것이다. 그렇지만 거의가 앞에서 큰 부류로 설명한 영역에 포함되지만 이 영역의 범위에서 파생시켜 나온 하나의 구체성을 드러내는 부문이다. 거의가 인격, 성격, 경제력, 직업, 외모, 사랑의 범위에 해당되며 이렇게 포괄적인 영역에서 두드려져 보이기를 바라거나, 원하는 부분이기도 하다.

결혼의 상대를 관찰하거나 분석을 할 때는 숲을 보면서 나무도 관찰하는 치밀성과 다양성 면에서 보아야 실패를 줄일 수 있을 것이다. 한 가지 특징만 두드러지면서 그것이 내가 좋아하는 부분이라면 일반적으로 호감을 갖게 되며 특별한 곡절이 없는 한 이로서 애정과 사랑으로 발전하여 결혼까지 가는 경우가 많다.

그런데 이렇게 이루어진 결혼은 나중에 결혼생활을 해나가는 과정에서 생각지 못했던 복병들을 많이 만난다는 것이며 이를 극복하기에는 너무도 준비가 안 된 상태이다 보니 많은 갈등을 느끼는 경우를 많이 보아 왔다. 가령 효심이 지극한 사람이라는 한 가지 사항만 보더라도 고전에 나오는 백행의 근본이라는 말이 있으나 현대 사회에서 결혼생활을 해나가는 데 얼마나 실효를 거둘 수 있는가 하는 문제이다. 효심은 있으면서 항상 착하고 선한 성격의 소유자라 하더라도 다른 일반 경제적인 조건을 갖추지 못하거나 무능할 수도 있다. 다 갖췄다면 말할 필요가 없지만 한 가지 면에만 도취되거나 빠지면 다른 중요한 면을 놓칠 수 있다는 것을 명심해야 한다.

비전과 야망이 있으면 매력적일 수 있다. 이 정도 되면 차마 처자식 하나 건사 못하겠나 생각하게 된다. 먹고 사는 경제적인 문제와 출세와 명예에만 집착하다 보면 그 사람의 인격문제는 간과하게 되어 나중에 먹고 살만은 한데 외도, 학대 등 속을 썩이는 일들로 갈등을 불러일으켜 불행해질 수 있다.

사람은 완벽할 수는 없다. 나 자신도 부족함 투성이인데 어찌 상대를 완전하다 싶은 사람을 찾겠는가. 지피지기하는 마음으로 서로 보완해 감으로써 뜻을 맞출 수 있는 사람과 부족하더라도 동질성을 강하게 욕구하는 사람도 있다. 상반된 타입이다. 부부생활은 서로 맞춰나가는 과정이다. 맞추기 싫으면 혼자 살아야 한다. 맞추는 방법과 생각도 맞아야 한다.

단지 한 면만을 강조하다 보면 다른 면을 놓칠 수 있다는 것을 고려하여 자신이 부부생활을 위한 기본적이고 기초적인 면을 놓쳐서는 안 될 것이다. 무엇보다 중요한 것은 자신을 정확하게 파악하는 일이다. 자신을 모르면 남의 이목이나 타인의 의견에 휘둘려 자신을 결국 잃게 될 가능성이 크다. 자신을 알아야만 자신에 맞는 사람을 찾을 수 있다. 자신도 모르는데 어떻게 자신에 맞는 사람을 찾을 수 있겠는가. 그렇지 않으면 상대에게 끌려 다니는 사람밖에 안 될 것이다. 그러므로 자신에 대하여 모르는 부분은 제2장에서 찾길 바란다.

9. 의리와 은혜가 결혼조건은 아니다

　어떤 사람이 중학생 시절부터 남의 집 가정교사로 아르바이트를 해 가며 학구 생활을 영위해 나가던 학생이 대학생이 되어도 그 생활은 계속되었다. 학비뿐만 아니라 생활비까지 벌어 써야 했다. 대학 4학년이 되어 취직 시험 준비도 해야 되니 시간에 쫓기었다. 얼마 남지 않은 시간을 좀 쉽게 공부해볼 요량으로 해외 취업으로 나가 생활하고 있는 알고 지내던 고향 후배 여자한테 마지막 남은 학기의 생활비와 학비의 구원을 요청했다. 상대가 원한다면 결혼할 생각을 하고 했던 것이다.

　상대도 결혼을 원해 결혼 신고부터 해놓고 도움을 받아 졸업하고 여자가 귀국하여 정식 결혼식까지 올리고 결혼생활을 하게 된 경우이다. 그 뒤 가정생활을 영위해 가면서 누구나 일반적으로 겪을 수 있는 우여곡절 속에서 아이도 낳고, 생활이 경제적 · 정신적으로 점점 안정되어 갔다. 그러던 중에 어떤 동기(動機)에 의해 그랬는지는 모르지만 아내가 남편을 의심하기 시작했다. 즉, 남편이 자기를 버리고 다른 여자를 구할 것이라는 생각에 경제적 손실을 입기 전에 미리 이혼을 원했다. 남편은 절대 그런 일은 없을 것이라고 입에 침이 마르도록 설득했지만 막무가내였다. 사후적으로 남편이 알게 된 것은 어느 사주쟁이한 테서 사주를 보고는 그 결과의 내용이 남편의 사주 지지에 도화 투성이고, 도화끼리 충도 있고, 비겁 양인까지 있어 본처와 오래 살지 못한다고 했던 것이다. 이렇게 어설픈 역술인이 남의 가정을 파괴하는 행위를 거침없이 행하고 있었으니 사전에 이런 내용을 남편이 알았다면 아마 무슨 일이 벌어졌을지 모를 일이다. 이 남편은 뒤늦게 깨달은 것이다. 이 남편으로서는 이를 믿는 아내를 탓해야 할지, 혹세무민하는 이 역술인을 탓해야 할지, 둘 다 탓해야 할지는 독자들의 몫으로 남겨둔다. 이렇게 하여 이 남편은 한 역술인에 의해 인생이 뒤바뀔 줄은 꿈에도 상상하지 못했을 일이다. 이로서 파생되는 주변의 일은 덮어두고 결과적으로 이혼하게 된 경우다.

여자의 생각은 자기가 공부시켜 대학 졸업을 시켜놓으니 자신을 배신한다는 생각이 떠나지 않는 것 같고, 더욱이나 이런 소리를 주변 사람들한테 알리고 다니니 이 소리를 전해들은 남자의 자존심은 둘째 치고 할 말을 잃은 것이다. 그래도 이 남자는 배신하거나 이혼할 생각은 꿈에도 하지 않았다. 그러나 결과는 여자가 원하는 대로 되었다.

이 이야기의 본질은 은혜를 입은 이 남자는 의리를 저버리지 않으려고 결혼도 하고 해로할 것이라고 철석같이 믿고 노력해도 상상치도 않던 엉뚱한 일로 복병을 만나 꿈 많은 인생을 접어야 했고, 은혜를 준 아내는 남편이 의식하지 못하는 사소한 일이라도 은혜를 준 자신의 위치에서 사물을 보고 판단했던 것이다.

또한 남편은 은혜를 입었다는 생각은 까마득히 잊고 수혜자로서 다소곳함이나 겸손하고 자상스런 모습은 없었다. 반대로 아내가 이런 남자의 행동을 원하고 있었는지도 모른다. 그러나 이 남자는 그런 것까지 생각하면 불편해서 어떻게 사느냐고 했을 것이다. 오히려 그런 내막을 의식하지 않는 게 서로 더 자연스럽지 않느냐는 식일 것이다.

여하튼 주고받은 거래라는 의식이 여자의 마음속에 자리 잡고 있어 끝까지 인생의 발목을 잡았다는 것이다. 이는 어찌 보면 두 사람의 교양이나 의식 수준의 차이에서 오는 괴리 현상일 수도 있고, 남자로서 따뜻한 사랑의 언행이 결핍된 결과일 수도 있다. 결국은 이 두 사람의 비극은 결혼을 담보로 주고받은 돈 때문에 한 번밖에 없는 인생의 꿈을 이루지 못하게 되었다. 이 두 사람의 내용과 형식은 다르더라도 서로 은혜와 거래, 의리에 묶여 결혼을 하게 될 가능성은 얼마든지 있을 수 있는 일이다.

사업자금의 지원, 유학, 학비자금 지원이나 보조, 경제적 위기에 처했을 때 도와준 은혜, 승진에 대한 은혜, 생명을 구해준 은혜, 돈을 벌게 해준 은혜, 취직시켜준 은혜, 출세를 도와준 은혜, 돈을 빌려준 은혜, 가족에게 베푼 은혜, 사업을 도와 준 은혜, 집안 간 은혜, 기타 도와준 은혜를 나열할 수 없을 정도로 종류도 많고 규모도 다를 수 있다. 이런 은혜를 알고 지켜 나가는 것이 의리다.

이런 은혜 때문에 호감을 갖게 되고 접촉이 잦다 보면 정(情)도 들고 급기야는 결혼도 하게 되는 것이 일반적인 인간사다. 은혜를 은혜로 갚지 않고 결혼을 한다는 것은 표면적으로는 그렇지 않다 하더라도 계산이 깔려 있는 잠재의식의 발로다. 모두 의식하지 못하는 사이에 전부 호의적이고 긍정적인 시선을 보낸다. 근본을 파고 들어가 보면 순수성을 이미 잃고 있다는 것이다. 순수성을 잃었을 때의 문제는 그로부터 유발될 결과는 아무도 보장할 수 없는 데 있다. 즉, 어떤 형태로, 어떤 복병이 도사리고 다가올는지는 본인들은 물론 아무도 알 수 없다.

보도 상으로도 이런 일들로 결혼했다가 헤어지는 경우를 심심찮게 접할 수 있다. 일반인들이 잘 알 수 있는 경우는 아무래도 연예계 쪽이다. 특히 연예인들이 의리 때문에 엮이어 결혼하는 경우를 흔히 감지할 수 있다. 대부분 결과는 좋지 않다. 보도 대상과는 거리가 먼 일반인들이야 더 많을 것이라는 정도로 그냥 추측할 뿐이다.

최근에도 모 재벌 출신이 조강지처와 헤어지고, 직장생활을 통해 여러 가지로 은혜를 주고 입은 사람으로 잘 알려진 여인과 결혼하였으나 결국은 갈라서고 만 보도를 보았을 것이다. 이런 한 예만이 아니라 우리 주변에서 흔히 일어나는 일이라는 것을 다시 한 번 자각해야 한다.

그렇다고 모두가 은혜로 엮인 결혼이 반드시 불행한 결과를 가져온다고는 할 수는 없다. 이는 모르는 가운데 덮여 나가고 있을 뿐 그 행·불행의 깊이는 단정할 수 없다. 다만 자연의 이치에 입각한 인간의 행동이 분수를 벗어날 가능성을 항상 가지고 있기 때문에 동기가 순수하지 않으므로 오는 결과의 오류를 추론할 수 있기 때문이다.

인간 생활 자체가 전부 거래로 엮이어 나가기 때문에 그 속에는 금전 대차뿐만 아니라 크고 작은 서로의 욕구의 필요 충족을 위해 은혜로움이 필수적으로 존재하게 되며 이로써 인간관계가 더욱 돈독해지는 가운데 특히 남녀관계는 엉뚱한 방향으로 이끌려 갈 개연성이 많다는 데 경각심을 가져야 한다. 즉, 결혼과 은혜, 의리는 반드시 분리되어야 한다는 것이 필자의 생각이다.

더 나아가 은혜를 주고받은 관계 속에서 서로 너무 사랑한다고 하더라도 이 사랑은 포기해야 하는 것이 서로의 미래를 위해 떳떳하다고 생각한다. 은혜를 입은 사람의 생각과 은혜를 준 사람의 가치는 항상 일치하지 않는다는 데 문제가 있다.

돈으로 사랑을 주고받는 일은 더더욱 없어야 할 것이다. 돈 때문에 사랑한다는 것은 있을 수 있는 일이지만 돈 때문에 사랑을 놓지 못한다는 것은 불행할 짐을 이미 짊어지고 있다. 그러나 현실은 돈을 사랑하는 사람이 많다. 은혜는 은혜로, 의리는 의리로 갚아야지 결혼으로 갚아서는 안 될 것이다.

제 2 장
천부적인 배우자 **인연법**들

1. 2장을 보기 전에

　2장에서는 태어난 사주 팔자를 기준으로 해서 자신과 상대를 들여다 볼 수 있도록 되어 있기 때문에 우선 사주팔자에 대한 이 때 까지 줏어 들었던 생각이나 선입견을 머리에서 완전히 지우고 백지 상태에서 다시 그려나가야 한다. 사람이 태어나는 순간의 년, 월, 일, 시를 포착하여 이 때의 시간과 공간상의 기후조건을 8자의 압축파일로 나타낸 것이 사주 팔자이다.

　지구상의 모든 생물은 이 기후 조건에 따라 생사를 넘나든다. 역사적으로는 국가의 존망도 좌우한 일도 있으며 지금도 지구상에는 사막이나 극한지방 등 기후조건에 따라 인간이 생존할 수 없는 지역이 많다. 이와 같이 모든 생물이 기후에 따라 생활의 터전을 잡아 살아가게된다. 인간도 여기서 예외 일 수 없는 존재이다. 다만 인간은 자연의기후 조건에 순응하는 부류와 역행하는 부류로 대별할 수 있다. 순응하는 사람은 자신이 태어난 사주팔자의 기후조건이 현실적으로 닥쳐오는 자연기후와 조화를 이루기 때문에 순응하면서 살아가게 되고 학업, 직장이나 사업도 순응 하다 보니 발전하게 되는 것이다.

　역행하게 되는 사람은 타고난 기후조건이 현상기후와 서로 반대되는 기운으로 부딪치거나 다른 성질의 기운으로 조화를 이루어 내기 힘들어 지기 때문에 어떤 일이 닥칠 줄도 모르고 위험한 길을 선택하게 되는 것이다. 그래서 순천자는 흥하고 역천자는 망한다는 말을 하게 되는 것이다. 다만 자연의 기후 조건은 정해진 법칙에서 벗어나지 않는다.

그렇다고 역천자는 정해져 있는 것이 아니다. 자신의 사주팔자인 기후조건을 알면 반대되는 기운이 오더라도 그 기운을 피해 갈 수 있는 지혜와 의지를 발휘하여 극복할 수 있는 능력이 다른 생물과 다르게 인간에게는 부여돼 있다는 것이 다른 점이다. 사주팔자의 기후조건이 정해져 있다 하더라도 그 조건속에 선택할 수 있는 길이 무수히 많기 때문에 정해져 있는 것처럼 보이거나 정해져 있다는 식으로 이야기하는 사람은 기후 조건의 의미를 제대로 이해하지 못하여 오는 결과이며 이런 사람으로 인해 미신으로 인식하게 되는 원인이 된다. 다시 이야기 하건대 사주팔자 여덟 글자의 모양은 정해져 있으나 살아가야 할 미래의 운명은 정해져 있지 않다는 것을 명심해야 한다. 왜냐하면 선택해야 할 길이 많으며 선택한 결과로서 나타난 것이 운명이다.

올해 봄만 하더라도 다른 때 같으면 3월 초 중순이면 봄을 알리는 목련, 개나리, 진달래, 벚꽃 등이 만개하는데 4월이 되어도 필동 말동 하여 그것도 오래 견디지 못하고 금방 지고 마는 현상이 일어나고 있다. 아무리 피고 싶어도 기후가 따라 주지 않으면 피지 못하는 게 자연의 법이다. 사람들도 봄 옷은 커녕 준비성이 많은 사람들이 일찍 빨아 넣어 놓았던 겨울 옷을 다시 꺼집어 내 입어야 했다.

누가 이렇게 하라고 시켜도 귀찮아 잘 하지 않을 일들을 기후 조건에 따라 한마디 대항도 못하고 스스로 순종하고 있다. 그러면 행동만 따라 하는가 하면 이에 따른 심리적 변화도 함께 발생하게 된다. 날씨와 기후에 예민하게 되며 감기 등 건강에도 더욱 신경을 쓰게 되어 정신적으로 위축되기도 한다. 진취적인 생각도 다소 후퇴하며 소극적인 태도로 변하게 될 수 있다.

사업적으로 옷 장사의 경우에는 다음 계절이 오기 전에 준비한 봄 옷들은 팔 수 없는 기후로 인해 엄청난 피해를 볼 수 도 있으며, 남이 보기에는 미련할 정도로 겨울 재고를 처분하지 않고 버틴 사람들은 예상치 않은 매출의 상승으로 이익을 보게 된다. 이렇게 기후조건에 따라 성패와 희비로 엇갈리게 된다. 이 모든 행위가 자기 의지로는 어쩔 수 없이 기후 따라 움직이는 것이 인간이다. 여기에 따르는 심리적 상태도 변화하며 변화된 생각에 의해 행동이나 실천사항도 다르게 작용할 수 있다. 이와 같이 자연의 기후조건에 대항할 수 있는 인간은 존재하지 않는다.

그렇다면 각자가 타고난 사주 팔자인 기후 조건과 자연의 시시각각으로 변화하는 기후조건과의 끊임없는 마찰과 조화의 작용이 일어나는 현상에 의해서 자신의 현재나 미래 상황을 유추할 수 있게 된다. 즉 독자의 사주 팔자의 전체적인 기후 조건이 여름의 기운이라면 겨울이 왔을 때 가장 견디기 힘든 때가 된다. 겨울의 기운과 여름의 기운은 상반되고 마주치기 때문이다. 이렇게 되면 겨울에는 도무지 발전할 수 있는 계기가 어렵게 되는 것은 누구나 알 수 있을 것이다. 그래서 운이라는 것이 자기가 가지고 있는 기후조건과 현상적으로 닥쳐오는 기후조건과의 관계에서 추론하는 것이다. 다시 정리하자면 첫째는 자신이 타고난 기후조건인 사주팔자에서 자신의 내면을 들여다 볼 수 있고, 둘째로 닥아 오는 기후조건에 따라 미래를 예측할 수 있는 것이다.

따라서 상대의 기후 조건을 알면 상대의 심성도 들여다 볼 수 있게 된다. 사주 팔자란 미신이 아니라 자연법칙 즉 자연과학에 입각한 자신의 태어난 기후조건이라는 것을 새로이 인식하고 자신과 상대를 간파해 나가야 한다. 이러한 이치를 이해하는 바탕 위에서 2장의 내용에 접근하면 이해가 쉽게 다가올 것이다.

1장에서는 현실적인 생각과 판단에 의해 배우자를 선택하는 조건의 합리성과 타당성을 점검해 보는 과정에서 잘못된 결과를 초래할 수 있는 오류와 함정을 살펴 보았다.

또한 사회적인 사명감과 도덕성을 갖추고 임한다 하더라도 상업성을 떨 칠 수 없는 결혼 정보회사의 중매로 배우자를 선택하고자 하는 일부 사람들의 자기 함정에 빠져 있는 모습들도 엿보았다. 나아가서 분수를 모르고 조건 일색으로만 배우자를 선택하려는 어리석음을 함께 범하고 있다.

이런 과정에서도 짝을 이루어 서로 화합하여 평화롭게 해로해 나가는 경우에는 더 말할 나위 없이 누구나 바라는 일이지만 문제는 아무리 고민하고 나름대로 다 따져보고 해도 결국 잘 못 되는 부부의 경우를 앞으로 풀어나가야 할 일이다.

일반적으로 배우자를 선택할 때 주로 일정 조건 속에서 모든 것을 가늠해 보는 생각과 행동 패턴을 보이고 있다. 현실적으로 이 외는 방법이 없을 수 도 있다. 그런데 이 조건을 충족 시켜 짝을 맺었는데도 파경으로 끝나는 경우가 많다는 데 문제가 있다. 이런 일반인들의 경우는 그렇다 하더라도 보통사람들이 보기에 완벽한 조건을 갖췄다고 생각되는 유명인사들의 자제나 가족의 파경 경우도 보도를 통해 심심찮게 접하여 알 수 있다.

사회적 체면이나 이목은 일반인들의 그것과는 비교가 안될 것이지만 이혼으로 마감하게 된다. 한 마디로 오죽했으면 '그렇게 되었겠나'가 일반인들의 생각이다. 하물며 일반 서민들이야 흔해 빠진 이야기라 진부하기 까지 한 일이다. 그러면 조건이 가진 의미가 무엇인지 한번

음미해 볼 필요가 있을 것이다. 이는 인류가 명예와 부를 알게 되면서부터 이루어진 인간관계이다.

앞에서도 틈틈이 언급은 했지만 그 조건들이 부부의 평화와 해로를 결정지우는 요소로는 불확실 하다는 것이다. 즉 그 조건들도 상황 따라 변화해 간다. 처음에는 조건들이 맞아서 했는데 이것이 시간 따라 변질이 되니 사람도 따라서 변해 처음에 상상치도 않던 삶의 파편들이 자꾸 생겨나 이를 극복하고 적응할 준비와 각오가 부족하거나 안돼 있었기 때문으로 볼 수 있다.

여기서 사람이 변할 때가 가장 위험한 요소다. 사람은 누구나 여유로울 때의 성격이나 행동이, 궁핍해 졌을 때는 찾아 볼 수 없다. 여기서는 인격파탄과 같은 특수한 경우는 논외다.

그렇다면 이 조건들의 변화에 대한 예측과 이에 따른 자신들의 행동 변화에 대한 준비를 미리 해 놓는다면 능히 조건들의 변화를 극복해 나갈 의지력과 방법을 갖추게 된다. 이 변화의 구체적인 패턴을 읽는 데는 상당한 시간의 노력과 능력이 필요하나 큰 개념으로 파악하는 데는 2 장을 익힘으로서 누구나 가능한 일이다.

예를 들어 큰 개념이란 국가 경제나 국제 경제도 경기 싸이클이 있듯이(이는 항상 일정치 않음) 부부의 삶도 부부가 태어난 생년월일시에 따라 자연환경의 싸이클을 그리면서 흘러간다. 이는 어느 누구도 어떤 과학도 부정 못한다. 인간은 누구나 해마다 춘하추동을 반복하듯이 부부도 춘하추동을 반복하며 인생이 흘러간다. 하루에도 춘하추동이 있듯이 이런 춘하추동이 바로 과학이고 자연이다.

단지 그릇의 크기나 규모에는 차이가 있으나 하강 국면에 처하게 되면 부자나 중산층이나 서민층이나 지식인이든, 아니든, 지위가 높든, 낮든 답답함을 느끼거나, 심한 스트레스를 받는 정도는 거의 같다. 이는 봄, 여름, 가을, 겨울을 사람의 능력과 지위에 따라 다르게 느끼지 않는 것과 같은 이치다.

이렇게 상승과 하강의 싸이클을 그리면서 흘러가는 시기는 부부 누구나 알 수 있도록 본 장에서 이야기 하고 있다. 부부 스스로 이것만 알아도 가정생활(인생)을 영위해 나가는 데 어떤 난관이 와도 헤쳐나갈 준비와 무기가 된다. 또한 조건의 불확실성에 대한 변화도 알 수 있다. 일단 하강 국면이라면 먼저 경제력의 변화나 건강, 직업, 가족환경 등 위험요소가 뒤 따른다는 것을 예고 해 준다.

그러면 어떤 구체적인 모습을 드러낼 지는 자신이 처해 있는 현실적인 환경에서 추론해 낼 수 있으며 이에 대한 케이스별 대비를 할 수 있을 것이다. 준비된 자와 안된 자의 차이는 양극으로 치달을 수 있다. 늘 잘돼 온 일이라 안주하면 돌이킬 수 없는 결과를 초래할 수 도 있다. 준비해서 손해 날 일은 없다.

경제는 인간의 욕심과 행동이 만들어 간다. 한 마디로 인간들의 욕심과 관련한 총체적인 심리변화의 무쌍한 행동의 발로 현상이 바로 실물적인 경제현상을 나타내고 이끌어 간다. 그래서 요즘 합리적인 인간 활동을 모델로 만들어진 경제학도 예측이 맞지도 않을뿐더러 뭇매를 맞고 있다. 경제도 결국 인간 욕심의 싸이클 이다. 여기다가 서투르고 탐욕적인 인간들의 정책이 불을 부치고 있을 뿐이다.

그러나 인간의 심리와 행동도 자연의 기운 따라 상승과 하강을 그리면서 가게 되어 있기 때문에 자연만이 이와 같은 변화를 예고해 주고 있다. 분명히 하강 국면일 때는 눈앞에 보이는 욕심이 발호하더라도 모든 지출을 줄이고 상승 국면 전환의 때를 위해 몸을 웅크려야 하는데 어리석게도 욕심이 눈을 가려 구체적인 파국 상황이 벌어지기 전까지는 감지하지 못하는 데 인간의 비극이 도사리고 있다.

지금(2009년)은 전 국가적으로 하강국면에 처해 있으니 전 국민이 스트레스를 받게 된다. 정도의 차이는 있지만 부자나 중산층이나 서민층이나 같은 심정이다. 이런 경우를 예측하고 준비했다면 어떤 결과가 나타날지는 독자들의 생각에 맡긴다. 이런 상황을 개인이나 부부 문제로 대입하면 이해가 될 것이다.

따라서 부부의 성공여부는 이와 같이 불확실한 조건들의 미래를 부부의 운명에서 예측해 냄으로서 항상 준비하는 마음을 가지고 철저히 대비할 때 이뤄질 수 있다는 것을 알고 본 장에서의 내용들을 한달이 걸리든 1년이 걸리든 숙지하여 남이 아니라 자신이 자신을 분석함으로서 내가 모르던, 남도 모르던 자신의 모습을 먼저 그려내고 그리고 배우자의 모습도 그려낼 수 있는 능력을 키움으로서 부부의 미래를 가꿔 나갈 수 있다는 것을 명심하고 익혀 나가기를 당부한다.

공부에 1년을 투자하더라도 평생의 운명을 결정짓는데 아까운 생각은 들지 않아야 한다. 스스로 분석해 낸 예측들이 맞느냐, 틀리느냐는 살아보면 알게 된다. 단지 자연의 이치에서 깨달은 바를 내 인생의 지혜와 지식으로서의 방향성을 갖춘다면 무지로서 오는 불행을 막고 미래를 위한 평화로운 가정을 꾸려 나가는 데 도움이 되도록 상식화 하기를 바랄 뿐이다.

다음은 어떤 사람이 나와 가장 잘 맞는 사람인가를 알 수 있는 게 배우자 선택의 핵심이다. 직업, 학력, 외모, 능력, 집안, 환경 등 다 갖춘 상대인데도 선뜻 마음이 내키지 않거나, 결혼 결정을 해 놓고도 내가 잘한 일인지 의심을 품게도 된다. 이는 다른 심리적인 이유가 있을 수도 있지만 정확한 것은 내가 알 수 없는 그 무엇이 나를 끌어 당기는 듯한 불안한 기운이 있기 때문이다.

이것이 바로 양파 껍질처럼 쌓여 있어 좀체 내 보이지 않는 자신과 상대의 본질적인 모습이다. 문제는 여기에 있다. 이것만 알 수 있다면, 아니 추론만이라도 할 수 있다면 한결 자신 있게 부부 생활을 시작할 수 있을 것이다. 그래도 불안한 요소가 있다면 이런 요소를 극복해 가면서 사는 게 인생이다.

서로 불안한 요소들을 드러내어 같이 극복해 내려는 투명한 각오를 하면 된다. 인생은 누구나 평생 불안한 생각을 갖고 살아가기 때문에 불안감을 제로상태로 만든다는 것은 어리석고 불가능한 일이다. 다만 불안한 요소들을 공동으로 극복할 가치만 공유하면 성공이다.

그러나 대부분의 사람들이 알기도 어렵고 힘든 일이니 체념하고 조건이 좋으면 모든 게 좋아지겠지 하는 경험적 사실에 기댄 채 기대 반, 의심 반 하여 출발을 하게 되는 것이 현실적인 상황이다. 이리하여 출발한 부부들의 해로할 성공율이 높게 잡아 50% 수준일 것으로 추정한다. 통계에 잡히지 않고 법률적 수속을 밟지 않은 이혼과 다름 없는 삶을 사는 사람도 상당수 있는 것을 감안하여 볼 때 절반 정도라 할 수 있다. 이는 시대에 따라 계속 변할 것이다. 이 50%를 구해야 한다. 이는 세상을 구하는 일과도 같다. 이는 먼저 자신부터 잘 알고, 상대를 분석하여 아는 길뿐이다. 그리고 서로 알았으면 이제 맞춰 나가는 일뿐이다. 이는 동서고금을 통해 어떤 경전이나 책에서도 찾아 볼 수 없는 일이다.

사랑으로 통하는 성경에도 어떤 배우자를 선택해야 이혼하지 않고 해로할 것인가에 대해서는 한 마디도 찾아 볼 수 없다. 단지 간음이나 외도를 제외하고는 이혼을 금하기만 해 놓고 있다. 모든 것을 하느님에 대한 믿음만으로 해결하려 하고 있다. 전 인류가 하느님을 굳게 믿는다면 이 세상 가정을 모두 이혼으로부터 구원하게 될 지도 모른다.

필자도 이렇게 되기를 바란다. 그러나 이것이 가능한 일이겠는가?

이 세상 사람 모두가 하느님을 진실로 믿을 때 까지는 스스로 해결해 나갈 수 밖에 없다.

이 해법은 독자 여러분 자신을 아는 데에 있다는 것을 다시 한번 상기하고 본 장에서의 자연의 법칙들을 활용한 내용을 자신을 아는데 적용함으로서 타인에 의해 사신의 운명을 그르치지 밀고 자신의 내면을 잘 들여다 보고 자신과 상대를 알아 서로 공유 함으로서 함께 노력하여 해로하는 아름다운 부부가 될 수 있을 것이다.

2. 음양의 현실적인 모양들

여자는 음(陰), 남자는 양(陽)에 비유한다. 찬 공기(기운)는 음, 따뜻한 공기(기운)는 양이다. 음양이 서로 다른 성질이면서 합하지 않을 수 없고, 합해서는 또 다른 성질인 구름도 만들고, 빛, 비, 눈, 더위, 추위, 시원함, 온화함, 바람 등 모든 생물이 생장하는 데 필요한 기운들을 만들어 양식과 결실을 위해 끝없는 이합집산을 거듭하고 있다. 이것이 자연의 음양운동이기 때문에 인간인 여자, 남자도 이 자연의 법칙에 순응하여 생산활동을 계속하게 맺어지는 것이 부부다.

이런 음과 양이 합하지 않을 수 없는 이유는 새로운 싹을 틔워 결실(양식)을 만들어 내지 않으면 생명들이 존재할 수 없기 때문이다. 이렇게 합하여 생산되는 모양이 봄에 싹 틔우고 여름에 무성하고 가을에 결실하여 양식을 만들어내는 생명활동이다. 겨울 즉 음은 얼어 붙은 땅 속에서 먹고 남은 또는 미래의 결실을 위한 씨앗을 품고 싹을 틔우기 위해 봄을 기다리는 인고의 시간이다. 이 씨앗은 여름 즉 양이 왕성한 생장활동을 통해 만들어진 결실의 씨앗들인 것이다. 여기서 겨울의 역할은 여자, 여름의 역할은 남자이다.

이렇게 해서 모든 생물이 생사를 반복하며 돌고 도는 것이 음양의 법칙이며 인간도 이렇게 자연이 설계하여 만들어진 생물이기에 음양

합을 통해 이 자연이 영속할 수 있듯이 인간도 남녀 합을 통해 이 세상이 유지되는 필연의 결과다. 이래서 자연적으로 맺어져서 생산활동을 계속하는 이유다.

그래서 인간은 봄에는 봄의 생각과 행동을 하고, 여름에는 여름, 가을에는 가을, 겨울에는 겨울의 사고와 행동들을 한다. 여름에는 옷을 벗어라고 하지 않았는 데도 스스로 벗고, 겨울에는 두껍게 입는다. 봄, 가을 마찬가지다.

그래서 봄과 가을은 음양이 합하여 제 고집대로 작용하지 않고 서로 조화를 이루어 새로운 생명들을 싹 틔워 결실하며 평화롭고 온화한 살기 좋은 환경을 조성하여 물질과 풍요를 누리도록 생활하기 좋게 만든 것이 음양 합으로 인해 만들어 낸 조화의 산물이다.

이런 음양 작용 때문에 이 지구가 영생토록 존속하는 것이다. 그래서 봄 가을에 결혼을 많이 하는 이유도 누가 시킨 것도 아니고 인간 스스로 자연에 순응하여 선택하는 자연기운의 지배하에 있기 때문이다. 자연의 음양 이치 때문에 인간도 음양으로 탄생케 되어 끝없는 음양 합을 통해 생명활동을 지속케 설계되었기 때문에 배우자 선택을 통한 결혼이란 인간이 평화롭게 질서를 유지하기 위해 만들어 낸 시스템인 것이다.

음양이 합한다고 해서 늘 붙어 있어서는 생명활동을 할 수 없다. 음양의 조화란 붙었다가 떨어지기를 반복하는 과정이다. 여기서 다소 떨어져 있는 과정이 겨울과 여름이다. 떨어져 있다고 해서 완전히 떨어진 것이 아니고 한쪽 기운으로 강하에 치우쳤다는 뜻이다. 따라서 음양이 자기 성질을 강하게 드러내는 모습이 여름과 겨울이다.

여름은 자기 성질대로 뜨거울 대로 뜨겁게 작용하여 음의 기운을 머금은 채 양의 기운이 최고조에 달한 성질이고, 음은 음대로 양의 기운을 내포한 채 음의 기운이 가장 강한 기운이 겨울이다. 그러니 모두 살기가 다소 불편하고 편치 않다. 부부 관계도 뜸하게 되는 것이다.

그러다가 여름에는 음양의 심한 불균형으로 강풍, 태풍, 번개, 천둥, 벼락 등을 동반한 폭우, 비바람, 홍수 등을 일으키는 것도 서로 고집스럽게 살다가 한번씩 치고 박고 싸우는 과정을 통해 생활의 동기나 활력을 회복해 보려는 기 싸움과 같다. 겨울의 모진 추위도 마찬가지다. 이렇게 언 땅속에서 봄의 꿈을 품고 씨앗은 추운 시간을 보낸다. 이런 뒤에는 반드시 새 생명, 재생, 재건의 노력이 뒤 따른다.

즉 음양의 기운끼리 조화를 이루지 못하고 부디 치고, 조화를 이끌어 내기 위한 힘겨루기를 하는 작용으로 인간으로 하여금 똑 같이 파란 풍파와 부부 싸움을 통해 조화를 모색해 나가도록 만들어 놓았으니 어찌 자연의 설계에 감동하지 않을 수 있겠는가.

겨울에 일어나는 음양의 작용과 변화도 마찬가지다. 양이 까불면 혹한을 몰고 오기도 하고 양이 다소곳하면 온화한 기온을 유지하기도 하는 변화 무쌍한 작용을 하게 되는 것이 어쩌면 인간이 그렇게도 따라 하는지 우습기도 할 것이다. 그러다가 봄을 열고, 가을을 열어 가듯이 부부도 싸우면서 서로를 더 알게 되고 또 이해하게 되고, 서로 도우게 되며 화합과 행복을 만들어 가게 되는 것이다. 즉 자연의 극복하는 기술을 습득하게 되는 것이다.

자연의 기운인 음양이 서로 부딪쳐 싸운다고 해서 영원이 갈라서는 것을 보았는가? 그랬다면 지구상에 인간은 존재하지 못했을 것이다. 자연 속의 음양은 아무리 싸워도 결국은 화합해서 더 더욱 찬란한 빛을 발하지 않던가? 폭우(음양의 불균형)가 끝난 뒤의 빛(음양의 조화)이다. 인간이 이런 자연의 가르침을 깨닫지 못한다면 비극은 영원히 지속될 수 밖에 없다.

그래서 결혼을 하게 되면 내가 아닌 두 사람이 하나되는 노력을 게을리하면 안되는 원리가 두 사람의 운명이 하나로 엮인다는 사실을 인식해야 한다. 결국 두 사람의 운명이 잘 엮일 수 있는 조화력이 각자가 타고난 자연조건의 기운에 잘 반영되어 나타나고 있는 것이다.

이렇게 인간이 자연의 법칙을 벗어나지 못하듯이 자신이 타고난 생년월일시(사주) 여덟 글자로 된 압축파일 속에 자연의 기운 변화와 지혜가 있다. 겉으로는 배우자 조건을 얼마든지 판단할 수 있다 하더라도 알 수 없는 미래의 사항들이나 숨겨진 내용들은 본인과 상대의 생년월일시 여덟 글자 속에 담고 있는 자연의 조건으로 스스로 추론해 낼 수 있다.

이는 사주쟁이나 역술인이나 무속인에 의뢰해서 되는 것이 아니다. 필자가 주장하는 것은 스스로 자신과 상대를 알 수 있다는 것이다. 남의 것은 못 보더라도 자신과 배우자 상대의 성질은 능히 알 수 있다. 자신의 운명을 남한테 맡겨서는 절대 안 된다는 것이며, 해답은 자신 속에서 자신을 찾는 데 있다. 자신의 심장소리는 자신만이 들을 수 있다. 이 소리를 들을 수 있어야 하고 이 소리에 책임 질 줄 알아야 한다.

왜냐하면 자신에 관한 일은 자신보다 잘 알 수 있는 사람은 아무도 없으며 귀신도 자신만큼 알 지 못한다. 자신을 위한 일은 스스로 영동(靈動)하는 영혼의 힘을 각자 가지고 있기 때문이다. 자신에 닥치는 위험과 불안은 자신의 영적인 신호체계를 통해 전달되거나 감지되는 경험을 누구나 할 것이다. 이것을 어찌 남이 알 수 있다는 말인가? 이 세상에 도사라는 말은 모두 헛된 것이다.

어쩌다 남의 운명을 맞췄다면 우연의 일치일 뿐이다. 그렇다면 이 세상 모두를 다 맞춰야 하지 않겠는가? 그런 사람은 이 세상에 존재하지 않는다. 하기 좋은 말로 만들어 낸 헛것에 불과할 뿐이다. 물론 자신이 도사라고 하는 얼빠진 사람은 없다.

다 남이 붙여준 브랜드일 뿐이니 앞으로 이런데 현혹되어 자신의 운명을 맡겨서는 안 된다. 심지어 남의 중요한 가정을 파괴하거나 불화를 일으키게 하는 원인을 제공하는 몰상식하고 비양심적인 경우도 허다하다는 것을 알아야 한다.

이와 같이 자신의 평생을 좌우하는 문제를 두고 고민할 때 이 책에서 제시하는 도구를 통해 익히면 책에 있는 내용을 능가하는 자신만의 자연적인 영감과 판단력을 구할 수 있는 지혜가 샘솟을 것이다. 이렇게 하여 스스로 자신을 탐구해 나가서 지혜로운 인생을 개척해 나가야 한다. 모든 국민이 상식화 해야 한다. 그러면 쓸데 없이 점 보러 다니거나 사주나 궁합 보러 가서 운명을 그르치는 일은 없을 것이다.

자연의 기운과 법칙에 의하여 간단히 납득할 수 있는 음양운동의 예를 하나 더 들면 여자는 음의 기운이며, 겨울도 가장 강한 음의 기운이다. 음의 기운이 강한 여자가 음의 기운이 강한 겨울을 나기에는 막강한 양의 기운을 필요로 하고 있다. 그런데 음이 음의 터널을 통과한다는 것은 엄청난 에너지의 소모를 일으켜 몸 속에 조금이라도 남아있는 양의 기운을 모조리 다 소진하게 된다.

이렇게 지내다가 봄이 오면 아지랑이 피어나듯이 양(따뜻한 기온)의 기운이 스며들기 시작하여 새로운 생명력의 희열을 맛보게 된다. 무한히 양의 기운을 빨아 들인다. 즉 오래도록 굶주린 늑대처럼 본능적으로 양의 기운을 찾아 나서게 된다.

찾아 나서지 않더라도 간절하게 기다리게 된다. 이렇게 양의 기운이 바람 되어 찾아오는 것이 바로 봄 바람이다. 이 봄바람이 처녀들의 오만 간장을 녹아 내리게 한다. 이런 현상은 누가 계획한 것이 아니고 누가 시켜서 하는 것도 아니고 하지 않으려고 해도 하지 않을 수 없이 자기도 모르게 끌려가는 현상을 어찌 과학으로 입증하겠다는 것인가.

일전에 미국에서 '봄에 왜 여자들이 바람이 나는가' 라는 문제를 과학적으로 입증하려고 시도했으나 아직 실마리를 찾지 못했다는 신문 보도를 본 적이 있다. 과학이라는 신앙 하에 홀몬과 뇌의 분석을 통한 이유만을 찾아내려고 하니 그냥 우스울 뿐이다. 동양의 자연철학은 과학의 상위 개념이다. 자연철학을 알기 위해 풀어가는 것이 과학이다. 물론 인체 메커니즘의 작용은 기온에 따라 반응하겠지만 그걸 알아서 어디에 쓸 것인지는 과학자들의 몫이다.

이것이 여자이면 누구라도 가지고 있는 자연적인 공통의 팔자인 것이다. 여기서 강약과 정도의 차이가 있겠지만 이것도 각자가 타고난 사주 팔자의 기운과 상호 연관되어 나타나는 현상이다. 누가 이것을 미신이라 하는가. 미신은 정확히 모르는 데서 출발하는 것이다.

자연현상은 입증하기에 너무나 모르는 것이 많기 때문에 이런 점을 악용하여 견강부회하고 궤변을 일삼아 혹세무민하여 수 백 년 동안 흘러 왔기 때문에 그 동안 불신이 쌓여 미신이라 하는 것이다. 자연은 절대 거짓이 없다. 인간은 누구나 자연운동의 지배를 벗어날 수 없다. 도구도 쓰는 사람에 달렸다.

자연이 어떻게 인간의 미세한 마음과 행동까지 지배할 수 있겠는가 하는 의문을 품을 수 있지만 정확하게 자연의 운동을 이해하게 되면 이런 의문이 명쾌히 해소 될 수 있다. 아침에 애인 만나 기분이 좋았다가도 저녁 되면 별로인 경우도 시시각각으로 자연 기운의 변화에 의해 마음이 변화하기 때문이다.

사주 팔자란 타고난 자연의 기운현상을 자연 법칙에 의한 방법으로 나타낸 기술이며 이것을 올바르게 이해 못하고 부족한 부분을 이치에 닿지 않는 내용으로 채우려고 하면 사이비가 되고, 미신이 되는 것이다. 필자는 여기서 미신의 소지가 있는 이론이나 견해는 완전이 배제하고, 실제 인간 생활에서 입증되는 순수한, 누구나 알 수 있는 자연의 법칙에서만 정리한 내용임을 밝혀 둔다.

자연의 변화에 대해서도 모르는 부분이 많기 때문에 자연의 법칙으로 이해하기 힘든 부분은 우리의 일상생활에서 경험하고 증명되는 내용만을 발췌 정리한 것이다. 그리고 중학교만 졸업해도 누구나 알 수 있도록 쉽게 이해하도록 했다.

독자 여러분은 상대가 사이비인지 사기꾼인지 구별도 하지 못한 채 거의 한번씩은 경험해 봤으리라 생각한다. 특히 인터넷을 통해서라도 사주나 궁합 한번 안 본 사람 없을 것이다. 아무리 오락 삼아 본다고 하지만 마음 한 구석을 차지하여 영향을 미칠 수 있는 것이다. 포러(버냄)효과라는 것도 알아야 한다. 좋은 영향이면 다행이지만 거개가 나쁜 결과를 초래 한다. 왜냐면 자신의 자연적 이치에 닿지 않았기 때문이다.

모든 해답의 조건은 바로 자신 속에 있다는 것을 평생토록 가슴에 새겨야 한다. 그 단서를 가지고 사건의 실마리를 풀어가는 능력을 이제 자신이 자신을 위해 갈고 닦아 풀어나가야 한다. 독자 여러분을 모두 사주쟁이로 만들려고 하는 것이 아니라 자신에 대한 자연 법칙의 상식인이 되어야 한다는 뜻이다.

불행한 일들도 반드시 원인이 있다. 파고 들어가 보면 한 순간의 잘못된 판단으로 한 실수가 도사리고 있다. 즉 한 순간의 판단이 갖고 온 실수가 한 평생을 망쳐놓는 결과가 된다. 이것이 부부의 만남이 초래할 수 있는 치명적인 함정이다.

하물며 결혼이란 남자와 여자의 만남인데 상대의 선택을 두고 하는 실수는 수도 없이 일어날 수 있는 가능성을 가지고 있다. 해마다 결혼한 쌍의 3분의 1 정도가 법률적 이혼이요, 그 나머지 대부분은 속으로 앓고 병을 키워가고 있다. 배우자를 선택함에 있어 외모와 언행, 남의 이목, 직업, 돈, 성격, 건강, 사랑, 비전 등 수많은 각자의 생각과 판단에 따라 나름대로 생각을 집중하여 선택하려고 할 것이다. 다른 사람의 견해(부모, 친지, 사주, 관상, 궁합)까지 덧붙일 수 도 있다.

결혼정보회사에 가입한 사람들은 본인이 요구하는 조건과 회사가 제공하는 조건들과 결합 시키려고 노력한다. 이는 회사에 따라 고액의 가입비를 요구하고 있기 때문에 어느 정도 형편이 되는 사람들한테 적용된다. 물론 불신하는 사람들은 가입 하지 않는다. 이렇게 해서라도 평화롭게 해로만 한다면 이 보다 더 좋은 일은 없다.

아직 결혼정보회사를 통한 결혼의 역사가 일잔하기 때문에 이의 성공여부는 짧게는 10년 길게는 20년 내에 결과가 나타날 것이다. 이게 흔히 우리가 말하는 합리적 사고방식에 입각해서 상대를 고르는 일반적인 조건에 의한 방법이라면 대부분이 이런 식에 의지할 수 밖에 없을 것이다.

이렇게 해서 결혼한 부부들의 이혼이 현실적으로 매년 30%선을 넘나든다는 사실이다. 파경까지 안 갔다 하더라도 속으로 이혼하고 있는 경우나 불행한 사이를 참고 견디는 부부를 감안하면 훨씬 더 많을 것이라는 것쯤은 독자들도 느끼고 있을 것이다.

이런 상황이 나와는 상관없다는 생각을 해서는 안 된다. 누구나 일어날 수 있는 개연성을 갖고 있다. 부부 문제는 돈이나 권력, 어떤 막강한 힘이라도 절대 내 마음대로 되지 않는다는 것을 항상 염두에 두고 자신을 각성시켜 나가야 한다.

자신의 의지와는 전혀 상관없이 끌려가는 경우도 허다하게 일어난다는 사실도 알아야 한다. 자신의 육체에서 일어나는 화학작용(옥시토신 홀몬작용에 의한 정욕의 노예가 됨)은 억제할 수가 없으니 이 그물에 걸려들면 아무도 빠져나오지 못하는 게 인간이며 즉 자신이다.

이는 합리적 생각이나 이성적 판단 이전에 육체가 먼저 빨려 들어가는 형국을 연출한다. 1장 섹스편에서 이미 설명되었다.

이는 그 사람의 문제가 아니고 음양의 성질을 자연이 그렇게 만들어 놓았다. 음양은 서로 필요한 기운에 의해 언제 어디서든 합을 이룬다. 정신적이든, 육체적이든 어떤 조건이든 상관하지 않는다. 인간에게는 이렇게 휩쓸리지 않도록 이성(理性)을 주었다. 그러나 홀몬의 발작 앞에는 이성도 한갓 폼에 지나지 않는다.

음은 양의 세력과 기운을 따르는 것이지 양이 잘나서 따르는 게 아니다. 양의 세력과 기운이 떨어지면 자연적으로 음은 떨어져 나갈 준비를 하거나 아예 음이 지배하게 된다. 자연은 이렇게 냉정하게 설계해 놓았으나 인간에게는 情과 사랑, 책임과 의무라는 정신적 요소를 심어 놓았으니 이로서 음을 가꾸어 나가거나 음 스스로도 잔인하게 굴지 말라고 기회를 주고 있다.

인간이 자기 마음대로 행동하는 것 같지만 자신에게 부여된 음양의 성질을 한치도 어긋날 수 없는 자신의 그릇에 담고있다. 그러니 자기가 가지고 있는 논리나 생각만으로 세상을 보는 것이 얼마나 편협하고 어리석은지도 알게 된다. 자기 생각 이면은 보이지 않기 때문이다. 대부분의 인간들은 한 면만을 보고 있을 뿐이다. 자기 성격도 다 모른다. 그래서 부족한 투성이가 인간이다.

이런 자신의 오류와 함정들을 되새겨 이 책에 기초하여 자신이 가진 깨끗한 마음과 영(靈)적 기운으로 성공된 음양 짝을 이루어 가기를 소망한다.

3. 음양(陰陽)이란?

　앞에서 음양이란 단어에 쉽게 접근되도록 약간의 세뇌를 시도했지만, 자신을 연구해 가는 가장 기초적이고 무한한 깊이와 뜻을 가진 단어이다. 이것은 개인의 이론이나 주의, 사상이 아니라 우주, 자연의 근본적 생성 이치에서 나온 것이다. 누구나 음양이란 말에는 익숙하게 듣고 있으나 깊이 알고 있는 사람들은 흔치 않다. 그만큼 심오하다는 뜻이다.

　그러나 여기서는 독자 본인과 배우자 관계 및 성쇠부침을 분석할 수 있는 개념만 확립하는 데 주안점을 두고 있기 때문에 어렵거나 난해한 것은 없다. 앞으로 시간이 있거나 공부에 취미가 있어 더 할 사람은 각자의 몫으로 남겨둔다.

　한 번 더 언급하지만 앞으로 전개되는 모든 기초적인 자료나 원리는 자신의 운명을 분석하는 데 알기 쉽게 단순화하여 핵심적인 사항만 전개해 나갈 것이며, 그것의 이론적 배경이나 원초적인 이론의 바탕 등은 오히려 책 분량의 방만함과 초심자들에게 혼란과 권태와 싫증을 가중시켜 중도 포기할 수도 있으므로 독자들이 쉽게 접근할 수 있도록 감안하여 간편하게 보고 이해할 수 있도록 주로 결과론적으로 엮었다는 것을 이해하고, 더 발전하고 싶은 독자는 얼마든지 혼자서 공부해 나갈 수 있는 기틀이 될 것이다.

음양이란 상반된 기후조건이나 상반된 기운 사이를 단적으로 표현한 말이며, 사람의 관계에서는 부부를 의미한다. 그러나 음양이라는 진정한 의미는 우주의 생성과정은 물론 지구의 생성과정 그리고 별들의 탄생과 소멸을 다루는 순수한 기운이라는 것이다. 또한 지구상의 모든 생물들의 생장과 소멸의 원인이 되는 기운이다.

쉽게 이야기해서 사철이 변화하는 기운이다. 음양의 기운이 없으면 사계절이 생기지 않는다. 자연의 음양운동의 모습을 하늘에 떠다니는 구름과 날씨를 연상하면서 생각을 확장해 나가면 이해하기 쉽다. 구름이 모였다 흩어지고 심하게 모이면 햇빛과 하늘도 보이지 않고 그러다가 언젠가는 그 많던 구름은 온데간데없이 맑은 하늘이 되어 이런 운동을 끊임없이 반복한다.

따라서 음양의 기운들이 모였다가 흩어지고 대립하다가 혼합되는 견제와 균형을 끊임없이 이루어 나가는 것이다. 다른 이야기로 찬 기운과 더운 기운끼리, 펼치려는 기운과 수축하려는 기운끼리 모였다, 흩어졌다, 균형을 이루었다가 깨지기도 하는 운동을 현재 독자들의 주변에서 끊임없이 계속하고 있다.

만약 둘 중에 어느 하나의 기운이 지나치게 강하거나 약하다면 견제와 균형의 역할은 무너지게 되며 그러한 작용에 의해 우리의 삶에 막대한 영향을 미치게 된다. 독자 여러분의 사주 속에도 음양이 한쪽으로 심하게 기울어져 있으면 삶에 있어서 많은 변화와 기복을 일기예보하듯이 예고하고 있다.

우리 역시 우주의 기운인 음양의 영향을 받으면서 살고 있기 때문이며 그로 인해 인생의 향방이 천차만별로 달라지기 때문이다. 그러면 음양이 있기 전에 우주에는 어떠한 기운이 있었을까? 한마디로 혼돈이라는 기운이 우주에 존재하고 있었을 것이다. 그것을 다시 말하면 무극 또는 태극이라는 하나의 기운(어쩌면 아무것도 없는)이라 한다.

그러나 하나의 기운으로는 물질(별)을 탄생시킬 수 없었기에 서서히 태극이라는 기운이 양분화 현상을 보이면서 흩어지고 생성되기 시작한 것이나. 아마 그러한 기운으로 나누어시기 위해서는 엄청난 시간과 에너지가 필요했을 것이며 하나의 기운에서도 조금이라도 더운 기운은 더운 기운끼리 모이기 시작했고 차가운 기운은 차가운 기운끼리 모여 나누어지는 양극화 현상을 보이기 시작한 것이 바로 음양의 시초라고 본다.

하늘과 땅 사이에 존재하는 만물, 즉 사람을 비롯한 모든 생명체는 모두 음양의 상호작용에 의하여 생성되었으며, 또한 태어나는 순간부터 모두 음양의 순환원리에 따라 변화하면서 생로병사의 과정을 밟게 된다. 그러므로 생명체는 유한하나 생명의 순환은 무궁하며, 이 세상에는 음양의 범주를 벗어나서 존재하는 것은 없다. 부부의 존재도 음양의 존재 결과다.

따라서 하늘과 땅[天地], 해와 달[日月]을 비롯한 만물은 모두 음양의 상대를 이루고 존재하며, 또한 음양의 순환원리에 따라 변화하는 것이다. 사람이 태어나서 자라고, 성장해서, 최절정의 활동기를 거쳐 점점 쇠퇴하기 시작하여 병들고 죽어 사라져 가는 과정을 되풀이하는 게 인간팔자인데, 이 활동기까지가 양 운동이고, 쇠퇴하기 시작하여 비활동기로 접어들면 음 운동이다.

계절에 비유하면 봄, 여름까지는 양 운동이고, 가을, 겨울은 음 운동이다. 모든 생물은 봄에 성장하여 여름에 한껏 펼치고, 가을에 결실하여 수확하고 씨를 남겨 겨울에 죽거나 다음 생을 위해 응축하여 죽어 지내는 과정을 영속하고 있다.

또한 봄, 여름을 연결선상에서 양 운동을 하지만 봄은 봄대로 여름은 여름대로 자체 음, 양 운동을 하면서 크게는 양 운동을 펼치고, 가을, 겨울도 크게는 음 운동을 하면서 자체적으로 음양 운동을 하고 있다는 것을 이해해야 한다. 예를 들면 여름에 뜨겁기만 하면 다 타버릴 것이나, 습한 기운(음)이 공존하기 때문에 여름으로서 온전해지는 음양 운동을 하고 있다는 것이다.

이 지구상의 지표면에 있는 물의 양만큼 대기 중이나 허공중에 물이 존재하고 있다는 사실이다.

이와 같은 음양 운동을 벗어날 수 없는 것이 인간이며, 인간이면 누구나 이와 같은 운을 똑같이 갖고 태어나 똑같은 운의 흐름 속에서 살아간다고 생각하면 된다. 여기서는 대 음양의 운을 뜻한다. 아래로 세분화되어 가더라도 모두 음양이 존재하기 때문에 이해를 돕기 위해 대음양이라는 최고 상위 개념으로 구분 지었다.

이 세상의 모든 유형, 무형의 사물에는 음양이 존재한다. 몇 가지 예를 들어보면 화(火)는 양이고 수(水)는 음이 되고, 더위와 추위, 건조함과 습함, 밝음과 어두움, 위와 아래, 맑음과 탁함, 강함과 부드러움, 흩어짐과 집합, 가벼움과 무거움, 새와 물고기, 손과 발, 움직임과 정지, 나아감과 후퇴, 맑음과 흐림, 바람과 비, 선과 악, 홀수와 짝수, 기쁨과 슬픔, 낮과 밤, 하늘과 땅, 육부와 오장, 강자와 약자, 부와 가난 등 수많은 예를 들 수 있는 바와 같이 우리 주변뿐만 아니라 모든 삼라만상이 음양으로 이루어져 있다는 것을 알 수 있다. 크게 사람은 양, 삼라만상과 다른 생물들은 음이라 할 수 있다. 인간이 모든 세상을 주도해 나가기 때문이다.

인간이 살아 움직이는 것도 호흡을 하고 있기 때문이다, 들이마시면 음이요, 내뿜으면 양이니 호흡도 음양 작용이다. 음양 운동을 하고 있기 때문에 살아 움직이고 있는 것이다. 음양 운동은 모든 게 상대적이다. 부부싸움도 음양 운동이다. 부부 싸움을 안 하고 평생을 산다는 것은 음양 운동을 거스르는 일이다. 부부의 화목도 음양 운동이다. 부부도 상대적이니까 모든 불씨를 내포하고 있다. 이게 정상이다.

우리 인간도 한 치의 오차 없이 음양의 변화 속에서 살아가고 있다. 자연과 기후의 변화에서부터 세상사의 변화, 부부관계, 사업관계, 직업, 인간관계, 가족관계 등 우리가 살아가는 일거일동이 음양의 관계가 아닌 것이 없다.

예를 들면 천둥, 번개를 동반하여 금방 세상을 집어삼킬 듯이 청천벽력과 비바람을 몰고 대낮이 캄캄해지는 상황을 종종 경험할 것이다. 이를 기상대에서는 기압골의 불균형으로 일어나는 현상이라는 상투적인 표현도 귀에 익었다. 이 역시도 음양의 급격한 변화 현상이다.

음양도 힘이 서로 팽팽할 때는 한쪽으로 치우치지 않고 균형을 이루고 있으나 한쪽이 급격히 치우치기 시작하면 다른 한쪽도 균형을 취하기 위해 급격한 반동을 시작하는 원리와 같다고 할 수 있다. 그래서 결국은 안정, 균형을 이뤄나가는 과정상에 있는 변화현상이 그렇게 공포의 상황으로 돌변한다. 인간관계도 이렇게 해서 생각에도 없던 사건을 일으킨다.

이렇게 음양의 변화가 세상을 무서운 공포의 세상으로 몰아넣기도 하고(쓰나미의 경우) 아주 평온한 기상을 만들기도 하는데 이와 같이 눈으로 볼 수 있는 상황이나, 눈에 보이지 않는 상황까지 우리 생활 자체가 알게 모르게 지배를 받고, 또는 순응하면서 살아가고 있다.

또한 흔히 하는 우리의 행동을 보면 기분 나쁠 때 뭔가 기분을 풀려고 무의식적으로도 탐하고 있기 때문에 술을 찾아 풀기도 하고, 친구를 찾아 대화하면서 풀기도 하고 하는 것은 기분 나쁜 음기의 상황이 양기를 갈구하는 것과 같은 현상으로 양기(기분을 좋게 하는 상황)를 찾아 행동하게 된다. 이와 같이 상대적이면서 끊임없이 우리의 생활을 변화시켜 나가면서 행동을 제약하고 있다. 사람은 누구나 양기를 지향한다. 양기는 발전적 의미를 전부 나타내고 있기 때문이다.

독자의 사주 속에도 음양의 기운들이 분포되어 있다. 이 기운이 균형을 이루고 있는 경우와 불균형이 심한 경우에 마음의 변화에도 차이가 나게 된다. 따라서 우리 마음도 끊임없는 음양의 변화를 일으키면서 모습을 드러낸다. 음양은 한시도 쉬지 않고 운동한다. 즉, 시각과 청각적으로는 정지된 것 같지만 정지된 것도 결국 움직이는 것이다.

흔히 극은 극으로 통한다는 말을 자주 들었을 것이다. 움직임의 극은 정지요, 정지의 극은 움직임이라는 말이다. 즉, 양의 극은 음이요, 음의 극은 양이다. 자동차 바퀴나 선풍기의 프로펠러를 보면 최고 속도에서 돌아가는 모습이 정지된 것처럼 보이는 것과 같다. 그래서 음양은 둘이면서 하나이고, 하나이면서 둘이다.

떼려야 뗄 수 없고 어느 한쪽으로만 존재할 수도 없고, 서로 싸우고 의지하고 도우면서 이 우주, 지구, 자연, 우리 주변, 우리 속 존재하지 않은 곳이 없고, 대립 속에 균형을 위해 움직인다. 부부싸움도 이와 같다. 그래서 일심동체다. 네가 있으므로 내가 있다는 것이다. 우리나라 태극기의 문양을 상상하면 이해가 빠를 것이다.

부부싸움도 처음에는 정중동의 상태로 계속 진행되다가 감정의 불균형이 심하게 왔을 때 부닥치게 되는데, 이 음양의 충돌이 평화를 회복하기 위한 진통의 과정이다. 더 격렬한 충돌이 되면 영원히 돌아올 수 없는 다리를 건너게 되는데 우주는 영원한데 유한한 인간의 한계로 궤도를 이탈한 별과 같은 존재가 되기도 한다.

그러나 근본은 하나인 부부가 음양의 충돌을 일으키는 것은 결국 안정을 찾기 위한 자연현상, 즉 음양 운동과 같은 맥락에서 추론할 수 있다. 인간은 이렇게까지 음양의 변화 속에 영향을 받고 있다.

성공한 남편 뒤에는 반드시 훌륭히 내조한 아내가 있고, 훌륭한 자식 뒤에는 희생과 사랑으로 뒷바라지한 훌륭한 부모가 있게 마련이다. 반대로도 생각할 수 있다. 튼튼한 기업의 오너 뒤에는 반드시 훌륭한 참모가 있고, 명군 뒤에는 훌륭한 신하가 있는 것과 같다. 모두 음양 조화를 의미한다.

한때 잘 나가면 또 한때는 내리막길을 걷게 되고, 영원할 것 같은 절대 왕권도 결국 몰락하듯이 권력도, 부유함도, 행복도, 사랑도, 기쁨과 즐거움도, 슬픔도, 괴로움도, 고통도, 모두가 잠시 왔다가 가는 과정을 되풀이하게 된다. 이는 음양의 배합과 조화가 균형 있게 이뤄진 음양 운동의 결과로 볼 수 있다. 이와 같은 이치만 알아도 각자 인생을 경영하는 데 많이 활용할 수 있을 것이다.

앞에서는 음양의 관계만을 보았는데 어떤 물체나 사리에는 반드시 대립적인 양면상이 있고, 어떤 현상이 생기려면 반드시 양면적인 구별이 있게 되고, 개체적인 어떤 현상과 다른 현상과의 관계에서도 대립상으로 나타나게 된다.

남녀의 성질을 보면 여자는 내강외유하고, 남자는 내유외강 하다고 할 수 있다. 여자는 음인데 내면과 외면은 양, 음의 성질을, 남자는 양인데 내면과 외면은 음, 양의 성질을 가지고 있다. 여름과 겨울을 보면 양과 음인데 여름은 덥고, 습하고, 겨울은 춥고, 건조하다.

양 속에 양음이 있고, 음 속에 음양이 있다는 것이다. 유무형의 모든 형상이나 정신의 작용에도 음양 양면의 이치가 있으며, 주관에 따라 음양이 서로 달라진다.

우리가 사는 공간도 뒤에는 산(양), 앞에는 강(음)을 끼고 동네가 만들어진다[背山臨水]. 우리의 생활 곳곳에, 행동하는 일거일동이 음양 활동이 아닌 것이 없다는 것을 이해하고 관찰하면서 생활의 지혜로 활용하면 된다.

양 운동은 확장, 펼침, 음 운동은 수축, 응축하는 성질의 운동이다. 음양이란 운동성이나 성질을 두고 하는 뜻이지 어떤 고정된 물체를 의미하는 것이 아니다. 즉, 상대적 개념이다. 남자는 양이고 여자는 음이라고 하는 것은 외형상이나 하는 행동이나 성격 등을 두고 그렇게 구분되지만 여자가 양이고 남자가 음일 요소도 있다는 것이다.

또한 여자가 남자처럼 행동하면 행동 면에서는 양인 것이다. 반대로 남자가 여자처럼 행동한다면 음인 것이다. 결국 음양은 고정된 것이 아니라 보는 관점, 운동 방향에 따라 달라지는 개념이라는 것을 염두에 두고 사물을 관찰해야 한다.

사물은 말할 것도 없이 사람은 한시도 음양을 떠나 살 수 없고 음양 운동을 하면서 생명을 유지하고 있다. 쉬운 예로 '가야 돼 말아야 돼' 하면서 망설이는 행동도 음양의 조화를 위한 자신의 행동발로이다. 여기에 음양적인 행동을 나열하자면 한이 없으니 독자 여러분이 눈에 보이지 않는다고 부정하지 말고 머리로서 마음의 눈으로 추리해보기 바란다.

대자연의 운동 속에 음양 아닌 것이 하나도 없다는 것이며, 먼지까지도, 인간도 음양적인 기운의 영향을 한시도 쉬지 않고 받고 있기 때문에 인간의 사고와 행동도 음양기운의 영향 하에 있다고 할 수 있다. 따라서 독자들의 팔자에도 음양으로 구분되어 구성됨으로 인해 행동양식이나 생각, 배우자 선택, 직업선택과 판단 그리고 운명에 영향을 미치고 있다.

불행한 일이지만 가족동반 자살 또는 투신자살하는 기사를 종종 보지만 다른 요인도 있겠지만 음양이 조화를 이루지 못하고 한쪽으로 기울어져 있으면(조후실조라고 함) 극단성을 나타내기 쉽다. 자연도 음양이 조화를 이루지 못하는 현상이 기후 불안, 자연재해, 천재지변을 일으키는 원인이다. 자연도 음양의 균형, 불균형, 조화, 부조화를 반복하고 있다.

인간의 생활을 간섭하고 지배하는 대전제가 음양 운동이며, 이 운동에서 인간 각 자의 위치를 찾기에는 너무나 광범위하여 음양의 자연현상을 문자로 그 운동을 압축 표현하여 십간십이지로 나누어 만들어놓은 22간지가 각자가 걸어가야 할 이정표이면서 좌표점이라고 이해하면 된다. 이것이 여러분 자신의 자연형상과 기후조건을 설명할 수 있는 압축파일이다.

그러나 우리 인간은 이정표가 있어도 이정표대로 가지 않고 자기 나름대로 선택할 수 있는 의지가 있기 때문에 앞에서도 언급했지만 인간의 운명이 이정표대로 정해져 있는 것 같지만 정해져 있는 것은 아무 것도 없다는 사실도 알아야 한다.

단지 선택의 문제일 뿐이다. 사주가 똑같아도 살아가는 길이 다른 이유가 여기에 있다. 그러나 이 모든 것이 음양 운동의 범위 안에서 놀고 있다. 음양은 끊임없이 지금 이 시간에도 변화하고 있다.

4. 오행(五行)의 상생(相生)과 상극(相剋)

　사계절의 성질과 운동성을 표현한 木(봄), 火(여름), 金(가을), 水(겨울)와 각 계절이 변하는 사이에 土의 운동을 합하여 오행이라 한다. 여기서 土의 성질은 만물을 생육시키고 결실을 맺게 하는 땅의 기운을 제공하는 운동성으로 사계절의 마디마디에 걸쳐서 지속적으로 계절의 변화를 일으키는 요소이다. 태양의 거리에 따라 지열이 다르게 작용하여 계절의 변화에 영향을 미치기 때문이다.

　형식적으로는 木, 火, 土, 金, 水를 오행이라고 하지만 독자 여러분이 이해할 때는 글자 자체를 생각하지 말고 글자의 의미와 함께 그 계절과 그 글자가 갖고 있는 운동성과 방향성, 상징성 등을 망라하여 추리해 내는 습관을 가져야 한다. 여기서 오행(五行)은 다섯 가지의 기운이 모였다 흩어지는 운동을 가리킨다.

　독자 여러분의 사주를 펴놓고 보면 22간지 중의 여덟 글자로 표현되어 있으나 오행을 세분화시켜 놓은 것이기 때문에 사주 여덟 글자에는 오행이 갖고 있는 운동성과 성질들을 음양으로 구분하여 나타내고 있어 이를 추론함으로써 본인의 타고난 본질을 바로 볼 수 있으며, 이것을 바탕으로 자신의 천성적 성격이나 천부적 재능의 분야, 천부적인 배우자 분수를 가늠할 수 있게 된다.

앞으로 오행을 이해할 때 木, 火, 土, 金, 水라는 문자만을 생각하지 말고 봄, 여름, 가을, 겨울의 성질과 기운의 운동 상태를 연상하면 자신과 배우자의 성질과 성향, 적성을 파악하는 데 필수요소가 된다.

예를 들면 木을 보고 나무만 생각하지 말고 봄의 성질과 운동성, 木의 성질과 운동성, 봄의 기운, 목의 기운을 떠올리라는 뜻이다. 즉, 솟아오르는 생명력, 싹을 틔우기 위해 차가운 겨울을 참아내고 언 땅을 뚫고 나오는 생명력과 정신, 지상에 새 생명의 출현을 알리는 몸부림, 무에서 유를 창조하는 정신. 곧게 뻗어 오르려는 강직성, 꽃들로 뒤덮이는 봄의 화려함, 낭만성 등. 이외에도 무수히 많지만 이와 같은 봄과 목의 운동성이 갖는 작용이나 상태를 목(木)이라는 하나의 문자, 즉 하나의 압축된 파일로 상징적으로 표현해놓은 것이다.

가령 독자의 사주에 木이 많은 사람은 봄의 운동성과 같은 성향을 갖고 태어났다고 단정해도 된다. 예를 들면 木은 봄의 운동 성향을 나타내는 대표적 실물을 대신해 표현된 문자이며, 봄에 싹을 틔우고 성장하는 대표적 운동성과 성질을 나타내고 있기 때문에 적극적이며, 새로운 일에 대한 도전정신, 고집과 곧음, 독선적인 성격의 경향이 강하고, 학문적인 탐구력이 강해 정신이나 예술(봄의 낭만성) 분야에도 관심을 많이 갖는 성향을 띤다. 서로 돕고 의지하며 자신의 모습을 나타내므로 측은지심과 동정심, 자비심이 많다. 한마디로 어진 성질[仁]의 소유자라 할 수 있다. 그러나 시기심, 질투심도 강하다. 木은 자신의 생장을 방해하는 기운을 싫어하기 때문이다. 이는 木 하나만을 두고 추리하는 것이기 때문에 다른 글자에 의해 조정이나 간섭을 받을 경우에는 다른 성질을 나타낼 수 있다는 것을 알 수 있게 된다.

봄은 무릇 세상을 아름답게 수놓기 때문에 낭만적이고 로맨틱한 성향과 아름다움(세상을 초목으로 물들이기 때문)에 대한 감각과 추구력이 더욱 강하다. 진취성, 개혁 성향도 함유하고 있어 정치 및 경영자적인 경향을 띠기도 하며, 사회나 조직생활의 적응력도 민첩하고 뛰어난 성향을 나타낸다.

이러한 성질이 봄이라는 환경과 운동성이 내포하고 있기 때문에 이런 추리가 가능한 것이기에 이외에도 독자 스스로가 얼마든지 확장해서 추론해 낼 수 있다. 따라서 배우자의 성향도 마찬가지로 파악하여 맞춰 나갈 수 있다.

만약 우리나라 인구 중 1,000만 명만 이 책을 보면서 이런 추리를 한 번씩만 생각해본다면 엄청나고 기상천외한 추리가 가능한 소재가 등장할 것이다. 그래서 필자가 단서를 제공하는 역할을 맡아 한다는 이야기를 하는 것이다. 다른 오행도 같은 방법으로 운동성과 성질을 분석 추리하면 된다. 세계적으로 하면 가공할 결과가 나오기도 할 것이다.

나머지 火의 성질도 木과 같이 추론하면 되지만 중복을 막기 위해 다음 절의 천간(丙, 丁), 지지(巳, 午)의 성질을 참고하면 전체적인 火의 운동을 의미하게 되며, 土는 천간(戊, 己), 지지(辰, 戌, 丑, 未), 金은 천간(庚, 辛), 지지(申, 酉), 水는 천간(壬, 癸), 지지(亥, 子)의 성질을 찾아보면 각각의 오행의 성질을 종합하여 파악할 수 있게 된다.

앞에서 木은 전체적으로 성질을 밝혔지만 천간(甲, 乙), 지지(寅, 卯)로 분류되는 것도 같은 맥락이다. 천간은 하늘의 기운을 음양으로, 지지는 땅의 기운을 음양으로 표현한 것이 10개의 천간과 12개의 지지가 된다.

1) 오행의 상생(相生)

봄이 여름을 낳고, 여름은 土의 기운(지열)이 왕성하다가 식으면서 가을을 열고, 가을은 겨울을 낳고, 겨울은 또 봄을 잉태한다. 글자로 표현한다면 木은 火를 돕고(木生火), 火는 土를 돕고(火生土), 土는 金을(土生金), 金은 水를(金生水), 水는 木을 돕는다(水生木).

생각하기 좋게 사계절의 흐름대로 서로 生해준다고 이해하면 된다. 단, 여름과 가을 사이에 토를 끼워서 이해해야 한다. 土는 무르익은 양기의 기운으로 마지막 생육의 기운을 다하고 가을을 열어주는 운동을 하므로 오행상의 土는 여름과 가을 사이에 위치하게 된다.

일반적으로 이해하기 쉽게 木生火, 火生土, 土生金, 金生水, 水生木하는 식으로 자연스레 외워진다. 여기서 한 가지 명심해야 될 것은 生해준다고 해서 모두 좋거나, 바람직한 상황으로 전개되는 게 아니라는 것이다. 음양의 조화력을 요하기 때문에 서로 균형 있는 기운을 필요로 한다. 그래야만 순조로운 발전을 할 수 있는 것이다.

필요할 땐 도움이 효력이 있지만, 그렇지 않은데 도움을 준다는 것은 오히려 해가 되는 이치와 같다는 정도로 이해해두면 된다. 도움도 과다하면 해가 되고 너무 적어도 부족하게 된다. 그러니 필요한 만큼 적당한 기운이 필요하다는 뜻이다. 인간관계도 이와 같다.

2) 오행의 상극(相剋)

서로 대립되고 반대되는 성질과 운동성을 가지면서 없어서는 안 될 필요한 존재 사이를 가리켜 서로 극하는 관계[相剋]라고 한다. 극한다는 한문적 의미가 상대를 아주 심하게 훼손하거나, 죽이는 듯한 의미를 많이 느끼고, 실제 그렇게 해석하는 사람들도 많다는 사실도 참고로 알아두면 된다. 실제로는 그런 뜻으로 이해하지 말고 서로 완급, 조정, 통제함으로써 상대의 위치와 역할을 갖게 하는 의미로 이해하면 된다. 여기서 서로 대립되는 성질이란 음양의 성질이 부딪치는 것과 같으므로 서로의 균형 있는 상태에서의 상극관계는 아주 발전적인 모습이 된다. 만약 한쪽으로 지나치게 치우친 상태에서 극한다면 불행한 상황이 전개될 수 있는 것이다. 균형을 이루면 이상적인 음양 짝이 된다. 음양 짝을 이루는 것이 가장 이상적이다.

木은 土를 뚫고 뿌리를 내려 솟아오른다. 그래서 봄의 土는 겨울에 얼어 있다가 녹아 木이 뚫고 나오니 무르고, 푸석푸석함을 느낄 것이다. 그래서 木은 土를 발판으로 해서 뻗어나는 운동을 계속할 수 있는 것이다. 결국은 土의 힘을 받는 것 같이 보이나 土를 뚫어야 하니 훼손도 하면서 나중에는 낙엽이 썩어 土를 비옥하게 하는 영양분도 木이 제공하는 의미도 내포하고 있는 것이다.

이를 가리켜 목이 토를 극한다고 해서 목극토(木剋土)라고 표현한다. 한마디로 서로 극하고, 극을 당하면서도 서로 병존하는 것이다. 우리의 가정을 예로 들면 자식 이기는 부모 없다. 그러면서 자식은 끔찍이도 사랑한다. 즉, 자식이 부모를 이기니 극하는 것이고, 그래도 부모는 자식이 없어서는 안 될 존재이니 극으로서 서로의 존재의 의미를 새기는 것이 된다는 것이다.

이해의 폭을 넓힌다면 자식이 존재하기 때문에 부모는 자식 때문에 경거망동하지 못하고 자식 앞에는 어른이나 부모의 자세를 흐트러져서는 안 되며, 자식의 장래를 위해 부모는 열심히 뛰지 않으면 안 된다. 어찌 보면 자식 때문에 사업도, 직장도 목숨 걸고 다니고, 모든 생활력의 원천이 자식과 아내한테서 나온다고 할 수 있으며 부모의 부모다운 행동과 자세도 자식들을 위한 것이다. 이것이 상극관계의 존재이유다.

따라서 배우자도 마찬가지다. 남자나 여자나 배우자는 모두 상극관계에 놓이게 된다. 부부는 전생에 원수끼리 만난다는 말이 있듯이 음양이 부딪치면서 하나가 되는 것과 같다. 여기서 木이 남편이라면 土

가 아내가 되어 木剋土의 관계에 놓이게 된다.

土는 水를 극한다고 한다(土剋水). 우선 물리적으로 보면 水의 운동을 제한할 수 있는 게 土라는 것이다. 水의 운동성은 수축, 응축, 응고, 저장 등이지만 土가 水를 흡수하면서 영양분을 만들거나 비축하면서 水를 잡아 가두기도 하는 기능을 추리할 수 있을 것이다. 물을 가두어 가뭄에 대비할 때도 제방을 쌓듯이 土가 아니면 물을 제어할 수단은 없는 것이다.

요즘은 콘크리트로 제방을 쌓지만 원재료는 土에서 산출되는 물질들이다. 결국 水를 통제할 수 있는 수단은 土라는 것이다. 또한 水는 어둡고, 조용하고, 많은 비밀이 간직되어 남의 눈에 잘 띄지 않는 성질을 가지므로 우리의 정신세계와 연관이 많다.

土는 모든 생물이 살고, 죽고 하는 터전이므로 인간으로 비유하면 육체와도 같은 성질이다. 육체(건강)와 정신세계의 상관관계도 土剋水의 관계로 유추할 수 있을 것이다. 마음과 정신도 몸의 영향을 벗어날 수 없는 것이다.

水는 火를 극한다[水剋火]. 이 부분은 이해가 빠를 것이다. 당장 물이 불을 끄는 것은 어린아이도 아니까. 그러나 이런 식으로 이해하지 말고 水는 수축하려는 운동성이 펼치려는 火의 운동을 잡아줌으로써 음과 양이 조화를 이루는 형태를 유지하려는 서로의 운동을 생각하면서 사물의 판단에 접목하여 추리해 내야 한다.

물리적으로 보면 火의 세력이 막강한데 미약한 水가 다가가면 水는 오히려 火의 세력에 말라버리고 화력은 더 치열해질 것이다. 극하는 오행과 극 당하는 오행을 누가 강한지 약한지를 생각하지 말고 서로 반대의 기운을 가졌으니 서로 균형을 유지키 위해 극하는 작용이 필요하면서 중대한 역할을 하는 것이다.

사람의 동작에 비유하자면 자기 성질에 미쳐 날뛰는 사람이 있을 경우, 자기 스스로 자제하는 능력을 발휘하든지 그렇잖으면 누가 말리거나 강제로 행동을 구속하지 않고는 뒤에 일어날 수 있는 불행한 사태를 막을 수 없을 것이다.

여기서 스스로 자제하는 능력은 본인 사주에 극하는 세력이 균형을 이루고 있는 사람이고, 외부의 강제된 힘에 의하여 통제될 경우는 자기 스스로를 극할 수 있는 기운이 없기 때문에 결국 법의 신세를 지든지 명예에 금이 가는 아픔을 맛보아야 하는 것과 같은 이치다. 부부싸움도 같다. 극이 균형을 이룬 사람은 싸움도 잘하지만 자기 통제도 잘한다.

처음에는 한쪽 기운이 치고 올라와 싸움이 치열해지다 보면 이것 너무한 게 아닌가 하는 자책을 느끼면서 평정심을 찾아가듯이, 그와 반대로 막다른 절벽으로 치닫는 경우도 있을 것이다. 이 모든 게 극되는 기운이 균형 있게 분포되어 있을 경우와 아닌 경우로 판단해볼 수 있는 것이다.

火는 金을 극한다[金剋木]. 반복하지만 오행을 물리적으로만 이해함으로 인해 나중에 자신의 본성적인 운동성을 분석해볼 경우에 많은 혼란과 논리라는 괴물이 갈등을 불러일으키는 중요 요인이 된다. 어찌 보면 음양오행과 22간지가 기본이면서 이 학문의 전부이다.

필자가 몸소 체험해보고 느낀 점을 독자 여러분은 쓸데없는 시간과 노력을 낭비하지 말고, 나아가 엉뚱한 길에서 헤매지 말고 바로 목적지를 찾아갈 수 있도록 이렇게 기초 개념을 확실히 하라는 것이다.

기초 개념을 확실하고 정확하게 정립하지 않으면 10년, 30년 공부해도 구름 잡는 일만 하다가 세월 보내게 된다.

필자가 책을 쓰다 보니 본론보다 잔소리가 많아지는 것을 느끼는데 이 글의 원천은 중국 고전에서 출발하여 수백 년 동안 흘러오다가 지금의 우리 현실에 부합되는 부분을 이론화해 가다 보니 워낙 잘못 전해진 부분이 많고, 지각없이 견강부회하며, 왜곡하여 사용하는 내용도 많다 보니 내용마다 독자 여러분의 정확하고 바른 이해를 돕기 위해 유치할 정도로 잔소리를 많이 하게 된다는 것을 이해해주기 바란다. 그리고 이 글을 보는 독자는 중고생부터 20, 30대와 부모님들에 이르기까지 다양할 것이라는 점도 감안하였다.

火의 펼치려는 기운과 운동이 가을의 움츠리는 기운을 제압한다. 움츠리고자 하는 세력이 강하면 火의 극함을 반기게 된다. 그러므로 음양의 균형을 유지하게 된다. 반대로 火(여름)의 기운이 너무 강하면 金(가을)의 결실하려는 기운을 쫓아내고 결실을 방해하게 됨으로써 흉작을 초래하여 삶에 그늘을 만들 수도 있는 것이다.

결과적으로 가을의 선선한 기운은 여름의 火를 이길 수는 없으나 적당히 균형을 이룬 서로의 존재는 융성하게 발전시킨다는 것이다. 물리적으로도 火力이 金屬을 제련하여 필요한 재화나 기계를 만들 수 있으므로 발전을 예측할 수 있는 것이다.

예를 들면 가을 햇볕이 여름보다 더 뜨거움을 느낄 것이다. 사람의 피부도 여름보다 가을 햇볕에 더 탄다. 이와 같이 가을의 뜨거운 火가 열매를 더욱 영글게 하고, 가을도 깊어가게 하는 이유다. 이렇게 균형을 이룬 극의 운동이 생활을 풍족하게도 하는 것이다. 한 가지 예를 더 들면 조직생활을 해보면 주변이 전부 상급자이고 통제나 간섭을 많이 받는 직장일 경우가 많다.

그런데도 잘 적응하고 나아가 신바람이 나는 사람이 있는가 하면, 이 직장 언제 때려치워야 하나 하고 불만으로 시간을 보내는 사람들을 우리 주변에서 어렵잖게 볼 수 있다. 물론 성공과 성취의 귀착점은 확연히 달라질 것은 뻔한 일이지만 왜 이런 현상을 나타내는가.

자기와 직장은 서로 극하는 관계에 놓이므로 본인 사주에 자기를 극하는 글자가 균형 있게 분포되어 있으면 복종, 인내, 업무처리능력, 계급사회에서의 적응이 탁월하다는 것이다. 이런 사람은 출세와 성공을 위해 뚜벅뚜벅 한 걸음씩 올라가는 타입이다.

그렇지 않고 극해주는 세력이 균형을 잃으면 조직 및 계급사회에서 인내하기 힘든 양상을 보이게 되며 직장생활을 하더라도 그야말로 목구멍이 포도청이라 어쩔 수 없는 직장생활이 되므로 직장에서의 발전이란 기약할 수 없는 것이다. 독립해서 하자니 형편이 안 되는 타입이 되고 만다. 형편이 되는 사람은 하루라도 일찍 독자적인 길을 열심히 영위해 나가는 것이 발전적이라는 것이다.

부부의 예를 들면 아내한테는 남편이 극하는 관계에 놓인다. 먼저 언급한 내용과 같이 남편이 극하는 관계가 아내라는 것이다. 옛날을 회상하면 아내가 남편한테 꼼짝 못하고 살던 시절이 있었다. 지금도 이런 가정이 있을 것이나 이렇게 매여 살던 사회적·제도적 환경에 있을 때의 남편과 아내의 관계가 잘 표현해주고 있다.

아내가 金이라면 이를 극하는 火가 남편이 되는 것이다[火剋金].

마지막으로 金이 木을 극한다는 것이다[金剋木]. 어떤 책에 보면 금속으로 만든 도끼가 木을 찍어 내리는 형상으로 이해를 시킨다. 한마디로 장작 패듯이 하는 상황을 金克木이라고 설명한 책이 있다. 처음 공부하는 사람이야 이것을 철석같이 믿고 따르니 엉터리 결과가 나올 것은 뻔한 이치일 것이다. 이렇게 보면 金과 木은 원수지간이 되어 木은 金을 보면 도망가기 바쁠 것이다. 사주에 金과 木이 있으면 木은 못쓰는 존재가 될 것이다. 항상 운동성을 가지고 추리하는 습관을 가지라고 했다. 木이 자라는 운동의 결과 또는 목적은 金과 같은 열매가 단단해지려는 운동을 하면서 결실을 이뤄내는 것이다. 그러면 왜 金이 木을 극한다고 하느냐. 金과 같이 견실한 열매를 맺기 위해서는 木의 성장 운동이 끝나야 하는 것이다. 결국 木은 金과 같은 결실과 쇠같이 단단한 씨를 남기고 더 이상의 생장운동을 마감하는 것이다. 이 성장 운동을 마감시키는 동작을 金의 운동에 의해 이루어지므로 金剋木이라 하며 떼려야 뗄 수 없는 훌륭한 짝이라는 것도 동시에 이해해야 한다. 따라서 金도 木의 기운이 왕성해질 때는 힘을 잃게 된다. 즉, 봄바람 부는데 가을바람은 견디지 못한다.

물리적인 면에서도 추론해보면 金을 금속성 도구나 장비로 볼 수 있기 때문에 이 도구들로 木을 손질해 훌륭한 모습으로 변형해 낼 수 있으므로 木의 위치나 성질에 따라 나라에 필요한 동량의 재목으로 볼 수도 있기에 극하는 관계가 아주 중요한 짝이라는 것을 염두에 둬야 한다.

🫶 오행도(五行圖)

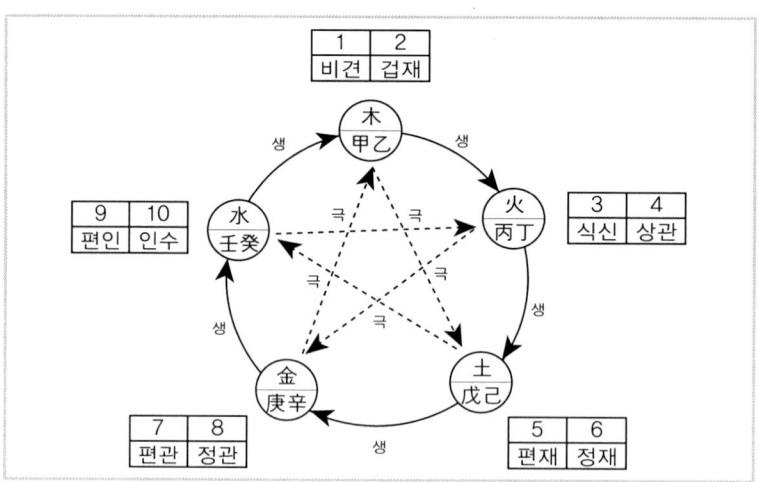

* 木(甲乙) 일간으로 볼 때 :

5. 천간(天干)과 지지(地支)

　2장에서는 평소에 생소한 낱말들이 많은데 이를 순수한 우리말로 바꿀 수도 있으나 우리에게도 수백 년 동안 귀에 익은 단어들이기 때문에 오히려 혼란을 초래할 수도 있고, 또한 이 이론의 이치가 수천 년 동안 이어져 온 중국의 역학(易學)에 뿌리를 둔 자연사상의 이치를 현실적으로 재정리하여 각자의 이론과 사상에 접목하여 왔기 때문에 사용하는 단어들이 중국 고전에 근거하여 거의 통일이 되어 있다.

　모든 논리가 여기서 가지를 쳤기 때문에 혹시 독자 여러분들 중에 더욱 확장하여 공부를 하려는 사람들을 위하여 혼란을 막기 위한 것이다. 그러므로 제목의 단어들을 중심으로 해설을 가하면서 본 저서가 시도하는 목적에 도달하려고 한다.

　자연 현상을 말이나 글로써 표현하자면 양적으로 방대하고 서로의 작용 관계를 설정하기에도 난해하기 때문에 옛 선각자들의 지혜로 기호, 즉 문자화하여 자연의 변화를 이해하는 데 도구로 제공하게 된 것이다. 문자를 시간적으로 좌표점으로 생각하면 된다. 좌표점과 좌표점 사이를 점으로 이을 때 직선으로도 이을 수 있고 곡선으로 이을 수도 있는 것과 같다.

　비록 점과 점을 잇는다 해도 그 속에는 무수한 점들이 존재하듯이 여러 가지 일들이 일어날 수 있다는 것도 알 수 있다. 점의 운동 방향을 보면 무슨 운동 성향을 갖는지도 좌표를 아는 중학생 정도만 되어도 능히 예측하거나 추론할 수 있다.

예를 들면 봄[春]의 성질을 나타내는 풀과 꽃, 나무를 상징하는 木을 봄으로, 여름은 뜨겁고 더움을 발하는 태양의 기운은 火이기 때문에 火로 나타내고, 가을은 결실과 수확이므로 모든 결과물들은 견고하고 단단한 성질을 지니며 시원한 기운을 띠기 시작하므로 차고 딱딱한 金으로, 겨울의 기운은 무엇보다 추위가 대표되므로 웅크리는 기운과 응축하는 차가운 물질인 水로 나타낸 것이다.

그러므로 문자 하나가 그 모든 기운의 운동성과 성향을 담고 있는 압축파일이라는 이유가 여기에 있다. 즉, 이 파일을 풀면 된다. 여기에는 무수한 量이 담겨 있다. 이는 어떤 특정한 사람이 아니라 누구나 생각하고 느끼는 대로 풀 수 있다. 대표되는 문자에만 얽매이지 않으면 된다. 오행은 문자로 표현한 상징적 의미일 뿐이다. 木이라 해서 나무만 생각하지 마라는 뜻이다. 계절의 변화를 가장 잘 나타내는 것이 木의 변화와 生死에 달려 있기 때문에 木이 활발한 성장을 통하여 결실로 변하여 그 결실의 씨를 남기고 죽고 그 씨는 다시 겨울을 견디고 봄에 새싹을 돋우고 하는 변화를 나타내는 대표성을 지니고 있을 뿐 木의 성질과 운동성은 물론이고 木이 담기는 봄의 계절 성질과 시간성, 운동 방향, 그 속에 미세한 기운의 움직임을 읽어 가면 된다. 초등학교 자연 공부와 같다. 상상력과 추리력을 발휘하면 된다.

이와 같이 자연 현상에는 하늘이라는 허공에 있는 기운(태양의 변화)을 天干이라 하고, 땅에 발을 딛고 사는 인간의 실제 모습들을 담고 있는 땅의 기운을 地支라고 한다. 사람은 모태의 자궁에서 빠져나오면서부터 하늘의 기운과 땅의 기운을 동시에 받으면서 더우면 더운 대로, 추우면 추운 대로, 따뜻하면 따뜻한 대로 자연의 기운인 기후조건 그대로를 받아 태어난다.

누구든 따뜻한 방안에서 태어나지만 방안의 기운 자체가 자연의 기운 속에 있다. 이는 누구도 피해갈 수 없는 기운이다. 이 기운이 유전인자에 기록되는 것과 같다.

천간, 즉 하늘의 기운에도 열 가지로 변하는 기운이 있어 십천간(十天干) 또는 십간(十干)이라고도 하고, 지지, 즉 땅의 기운에는 열두 가지 기운의 변화가 있어 이를 십이지지(十二地支) 또는 십이지(十二支)라고 하는데, 이를 합하여 십간십이지(十干十二支)라고 한다. 이렇게 22자의 성질과 운동성을 이해하거나 가지고 놀 수 있으면 여러분의 공부는 끝난다. 한문이 아무리 싫어도 22자만 죽어라고 익히면 된다. 이 지구상의 자연의 기운 형태와 변화를 22글자에 압축해 표현한 초인적인 그 지혜와 능력을 가졌던 선각자들에게 감사해야 할 일이다.

천간에는 갑(甲), 을(乙), 병(丙), 정(丁), 무(戊), 기(己), 경(庚), 신(辛), 임(壬), 계(癸)의 열 가지 하늘의 기운으로 나타낸다. 지지에는 자(子), 축(丑), 인(寅), 묘(卯), 진(辰), 사(巳), 오(午), 미(未), 신(申), 유(酉), 술(戊), 해(亥)의 열두 가지 땅의 기운으로 나타낸다. 요약하면 표와 같다.

운동성	陽운동					陰운동			
오행	木		火		土		金		水	
十干	甲	乙	丙	丁	戊	己	庚	辛	壬	癸
十二支	寅	卯	巳	午	辰戌	丑未	申	酉	亥	子
음양	양	음	양	음	양	음	양	음	양	음

* 다른 것은 외우지 않아도 되지만 십간십이지만은 외워두는 게 좋다.

십간(천간)은 갑을 병정 무기 경신 임계 순으로 익히면 된다. 십간 (천간)의 土운동은 戊己로 나타내지만, 십이지(지지)의 土운동은 辰戌 丑未로 각 계절이 바뀌는 시기의 운동 상태를 나타내기 때문에 천간보 다 지지가 두 개 더 많은 이유다. 십이지(지지)는 인묘진(봄) 사오미(여 름) 신유술(가을) 해자축(겨울) 순으로 외우면 된다. 또는 子丑 寅卯辰 巳午未 辛酉戌 亥 순으로 외워도 좋다. 子는 생명의 출발점이기 때문 이다.

十干(天干) 열 자와 十二支(地支) 열두 자가 순서대로 짝을 이루어 天地운행(운동)의 표본으로 삼아 자연현상과 인간의 삶을 결부시켜 읽 어나가는 도구이며 수단이 된다. 천간 한 글자와 지지 한 글자가 짝을 이루어 한 바퀴 돌면 60개의 형태로 나타나 이것을 60甲子라고 표현 한다. 천간이 지지보다 두 글자가 부족하기 때문에 제 자리로 돌아오 는 데 60번째가 된다.

60甲子를 두 바퀴 돌면 인생은 거의 끝이 난다. 옛날에는 한 바퀴 돌기가 힘들었지만 현대는 계속 수명이 늘어나고 있다. 구약성서에 보 면 그 당시에는 100살 넘는 게 보통생활로 묘사되어 있는데 문명의 발 달이 수명을 단축하다가 더한 발달이 또 늘리고 있다고나 할까.

나중에 나오는 대운은 10년 단위로 변하기 때문에 60甲子 두 바퀴 가 봄(30년), 여름(30년), 가을(30년), 겨울(30년)을 한 바퀴 순환하는 시간이 된다. 흔히 우리가 알고 있는 현실로 봄에 나고 자라서, 여름에 만개하고, 가을에 열매 맺고, 결실하고, 겨울에 죽고, 다시 다음 세대 로 연결되는 자연의 삶을 모르는 사람은 없을 것이다. 그래서 인간의 자연스런 수명은 120세까지란 계산이 된다.

甲子	乙丑	丙寅	丁卯	戊辰	己巳	庚午	辛未	壬申	癸酉
甲戌	乙亥	丙子	丁丑	戊寅	己卯	庚辰	辛巳	壬午	癸未
甲申	乙酉	丙戌	丁亥	戊子	己丑	庚寅	辛卯	壬辰	癸巳
甲午	乙未	丙申	丁酉	戊戌	己亥	庚子	辛丑	壬寅	癸卯
甲辰	乙巳	丙午	丁未	戊申	己酉	庚戌	辛亥	壬子	癸丑
甲寅	乙卯	丙辰	丁巳	戊午	己未	庚申	辛酉	壬戌	癸亥

十干 甲乙丙丁……의 순서와 十二支 子丑寅卯…… 순서로 짝을 지우면 地支 두 字가 남게 되어(공망) 다시 甲과 남는 지지 순서로 짝을 맞추면 60번째 한 바퀴가 되며 처음부터 다시 甲子로 시작하게 된다. 이 한 바퀴가 만 60세를 말하며 환갑(還甲)이라고 하는 이유다. 모든 사람의 명식은 이 안에 다 들어 있다. 프로로 나서지 않는 한 외울 필요는 없다.

하늘과 땅의 기운을 합쳐 22간지(干支)라고 한다. 사람은 누구나 이 중에서 천간 4자와 지지 4자의 자연기후조건을 가지고 태어난다. 생년에서 하늘과 땅의 기후조건, 생월, 생일, 생시에서도 마찬가지로 하늘과 땅의 기후조건을 받으므로 합쳐서 네 기둥이라고 하여 사주(四柱) 또는 전부 8자로 구성된다고 해서 8자(字)라고 하는 이유다. 합쳐서 사주팔자라고 한다. 죽는 날까지 팔자는 변하지 않으므로 귀신은 속여도 팔자는 못 속인다는 말이 이렇게 생긴 말이다.

22간지의 조합에 따라 자연이 천변만화를 일으키는 것과 같이 태어난 사주팔자인 기후조건을 간섭하면서 삶의 변화를 암시하게 된다.

이렇게 자연의 기운 변화에 따라 인간의 사고와 행동의 패턴이 변화를 일으키며 모방하게 된다. 자연은 자연 조건에 맞게 성장하다가 사라지게끔 모든 생물들을 설계해놓았다. 자연 조건에 맞지 않은 생물은 이 지구상에 나타나지 못한다.

그렇다면 인간의 능력으로 범접하기 어려운 자연 조건의 기운을 단지 22가지 압축 파일만으로 파헤칠 수 있느냐는 의문을 가질 수 있다. 물론 더 쪼개어 세밀화할 수도 있지만 그것은 무한대에 가까운 작업일 뿐이다. 여기 22간지의 단서를 가지고 자신이 가지고 있는 무한대의 사고력과 상상력의 확장으로 최소한 자신과 관련한 문제의 본질은 들여다볼 수 있다는 것이다.

그래서 22개의 좌표점을 가지고 점과 점 사이를 이어놓는 것은 바로 자신이다. 이어놓는 방법은 사람에 따라 천태만상으로 나타날 수 있는 것이다.

그리고 22간지의 출생 배경은 독자들의 공부 목적에 거리가 있으므로 불필요하게 원리적인 측면을 파고들면 오히려 혼란스러울 수 있어 도구로서 유용하게 활용하는 내용만 익히면 된다.

왜 하필이면 22자인지 과학적·논리적 근거를 알고 싶은 독자들도 있을 것이나 이는 자연철학적으로 근거를 갖추고 있기 때문에 여기에서는 불필요한 시간과 낭비를 막고 독자들의 흥미를 잃지 않기 위한 방법이라는 것을 이해하고 필자가 앞으로 주장해놓은 모든 내용들도 수백 년의 경험적 통계로 우리 생활 속에 입증된 내용이므로 수학공식처럼 제시된 도구들이라 하더라도 믿음을 갖고 자신의 주변 상황들을 추론해 나가면 자신만의 긍정적 결론에 도달하게 된다는 것을 알고 앞으로 더 이상 재론하지 않기 위해 미리 밝혀둔다. 뿐만 아니라 이론을 가능한 단순화하여 어린이가 이유도 모르고 학습을 빠르게 익혀 나가듯이 책의 분량이 작도록 노력했다.

이 책에서 언급하는 내용들은 독자 자신과 상대 운명의 흐름을 파악하여 더욱 조화롭게 인생을 설계해서 해로하는 데 목적이 있으므로 더 이상의 깊은 공부를 하여 직업적으로 상담역을 하고 싶은 독자들은 이를 기본으로 더 깊이 연구해서 얼마든지 펼쳐 나갈 수 있다. 단지 여기서는 독자들이 권태롭지 않게 극히 필수적인 배우자 선택과 선택 후 해로할 수 있는 이치를 단순 명료화시켜 누구나 이해할 수 있도록 핵심만을 추구했다.

이 핵심에 독자들의 논리적 확장과 상상력으로 살을 붙일 정도 되면 날개를 달게 되는 것이다.

6. 지장간(地藏干)

　지장간은 지지(땅) 속에 숨겨진 기운을 천간(하늘)의 기운으로 나타낸 것이다. 즉, 지지에 천간의 기운이 녹아 있는 것이다. 즉, 하늘의 기온이 땅의 기온에 영향을 미치므로 기온이 차고, 덥고 하면 땅의 기온도 마찬가지로 변하여 차고, 더운 상황을 연출하게 된다. 특히 여름에 해가 졌는데도 땅에서는 열기가 후끈거리는 것과 같다. 땅에 저장된 열로 인해 밤새도록 열기가 올라오기도 한다.

　열대야도 그런 현상이다. 반대로 겨울도 마찬가지로 생각하면 될 것이다. 봄, 가을은 견디기 좋은 기온을 유지하는 것도 천간(하늘)의 기운과 지지(땅)의 기운의 조화로 균형을 이루고 있기 때문이다.

　모든 만물이 태어나 자라서 죽고[生長滅] 하는 과정상에 우리는 땅의 성질을 제일 먼저 떠올릴 수 있다. 어찌하여 땅에서 싹을 틔워, 자라게 하여, 죽이고 마음대로 할 수 있는가. 그것은 하늘의 기운을 받아 땅의 성질이 시간에 따라 변하기 때문에 땅을 딛고 있는 생물들은 땅과 하늘의 기운의 변화에 따라 생장멸을 반복하게 되는 것이다.

　땅을 딛고 사는 모든 생물들은 땅속 기운의 변화에 조금도 자유로울 수 없는 것이다. 천간(하늘)의 기운을 그대로 받아 지지(땅) 기운이 유지되기 때문에 땅(지지)속 기운의 성질을 천간의 기운으로 나타낸 것이 지장간이다. 인간은 걷기 시작하면서부터 땅의 기운을 받아 성장하기 때문에 땅의 기운은 벗어날 수 없이 직접적인 영향을 받게 되는 것이다.

　지지의 성질을 지장간의 성질로 이해하면 된다. 지지의 글자 속에는 두세 가지 천간의 기운으로 표현되어 있다. 지지는 현실적인 환경이나 실현된 결과물로 나타나기 때문에 지지 속에 있는 천간의 기운(지장간)은 외형상으로는 지상에 드러나지 않은 상태이나 내면적인 기운은 가지고 있다. 예를 들어 甲이 나의 배우자라면 지지에 亥가 있다면 아래 지장간 표를 보면 亥 중에 甲이 있으므로 지상에 드러나지는 않았지만 나의 배우자가 亥 중에서 자라고 있다는 것을 알 수 있다.

　여기서는 배우자의 성질에 한정해 활용하기 때문에 다른 것은 논외의 일이다. 독자 여러분은 지지 속에 어떤 천간의 기운이 들어 있는지만 알면 된다. 실제 적용하는 내용은 사례 분석을 통해 이해하게 될 것이다.

🫰 지장간 표(31分比)

지 지	여 기(餘 氣)		중 기(中 氣)		정 기(正 氣)	
子	壬	10.35			癸	20.65
丑	癸	9.30	辛	3.10	己	18.60
寅	戊	7.23	丙	7.23	甲	16.54
卯	甲	10.35			乙	20.65
辰	乙	9.30	癸	3.10	戊	18.60
巳	戊	5.17	庚	9.30	丙	16.53
午	丙	10.35	己	9.30	丁	11.35
未	丁	9.30	乙	3.10	己	18.60
申	己 7.20 戊 3.10		壬	3.10	庚	17.60
酉	庚	10.35			辛	20.65
戌	辛	9.30	丁	3.10	戊	18.60
亥	戊	7.23	甲	5.17	壬	18.60

위 표에서 여기(餘氣)는 바로 앞의 月에서 넘어오는 기운을 말한다. 亥월에서 子월로 넘어 왔다고 해서 亥월의 기운이 완전히 없어지는 게 아니라는 것이다. 亥월의 마지막 정기(正氣)인 壬의 기운이 31일 기준으로 다음달 子월에도 10여 일간 남아 있다는 것이다.

각월에 여기(餘氣), 중기(中氣), 정기(正氣)의 숫자를 다 합하면 한 달 31일이 된다. 독자들의 이해를 돕기 위해 한 번 더 설명하자면 여기(餘氣)는 전달[前月]의 정기(正氣)의 기운을 그대로 이어받아 일정 시간 동안 유지되는 상황을 나타내고 있다.

즉, 겨울에서 봄으로 넘어왔다고 해서 바로 봄의 기운이 만개하는 것이 아니고 초봄에도 쌀쌀한 겨울의 기운이 남아 있듯이 이를 가리켜 전 계절의 여기가 남아 있다고 하는 것과 같다. 중기(中氣)는 다음 계절의 기운을 잉태하고 있는 기운을 뜻한다.

다시 말하면 겨울은 해자축(亥子丑)이며 겨울의 시작은 해(亥)월 부터인데 亥월의 여기는 전월 술(戌)의 마지막 정기가 무토(戊土)이므로 戊가 되고, 중기는 다음 계절이 봄이므로 갑(木)이 자라고 있다고 한다(長生). 부연하면 가을의 수확이 끝나고 다음 가을의 수확을 준비해야 하기 때문에 씨앗을 품고 겨울을 나야만 봄에 새 싹을 틔워 가을의 수확을 준비할 수 있게 된다.

그래서 겨울의 초입(해월)부터 씨앗(甲)을 품어 나무를 자라게 하는 원초적인 단계를 나중에 나오는 12운성에서는 장생(長生)한다고 표현을 하니 그 이치가 여기서 출발한다는 것을 밝혀둔다. 그러므로 한 계절의 초입월에는 다음 계절의 기운이 長生하는 곳이라고 하여 장생지(長生地)라고 한다. 이 장생의 기운이 바로 중기의 기운을 뜻한다.

확실한 이해를 위해 한 번 더 예를 들면 봄은 인묘진(寅卯辰)월인데 초입월은 인(寅)월이므로 寅의 지장간 여기는 전월이 축(丑)월의 마지막 기운 정기가 土의 기운이므로 戊가 되고, 중기는 봄의 다음 계절인 여름의 기운을 품고 가야 하므로 여름의 기운은 丙(火)이므로 중기가 丙이 되고 寅목에서 丙이 장생한다고 한다. 또한 나무는 따뜻한 기운이 없으면 자라지 못한다. 그래서 지지(땅) 寅은 항상 火를 품고 있는 이치와 같다.

그러므로 각 계절의 초입월에 있는 중기는 모두가 다음 계절의 기운이 장생하게 되므로 발전적인 기운을 간직하게 된다. 이렇게 중기에 해당되는 장생이 남편이 되거나 아내가 되면 다른 글자의 간섭이 없다고 했을 때 성장 발전과 진취적인 기상의 요인을 안고 있다고 보면 된다.

나머지 초입월인 사(巳)월, 신(申)월도 같은 방법으로 추론하면 된다. 그런데 자오묘유(子午卯酉)와 같이 각 계절의 중앙에 있는 지지 중기의 기운은 없다. 다만 계절의 한복판이므로 그 계절의 음양 기운만을 나타낸다. 한겨울 子월의 경우 전월인 亥월의 정기인 양기인 壬水를 여기로, 음기인 癸水를 정기의 기운으로 중기 없이 한겨울의 기운으로 나타낸다.

무르익은 봄 卯월의 경우도 전월인 寅월의 정기인 양기인 甲木을 여기로, 음기인 乙木을 정기로 삼는다. 나머지도 동일하게 위 표를 참조하여 적용하면 된다.

각 계절의 마지막 월(辰戌丑未)의 중기 기운은 직전(前) 계절의 음의 기운을 삼는다. 가령 인묘진 봄의 진월의 경우에는 직전(前) 계절인 겨울의 음기운인 癸水를 중기로 삼아 겨울의 기운을 완전히 묻어버려 그 기운이 없어짐을 뜻한다. 가을의 신유술의 마지막 戌월도 전달의 기운인 火 중에서 음기운인 丁火를 중기로 삼아 여름을 완전히 닫는 역할을 한다.

나머지도 같은 방법으로 알 수 있을 것이다. 다시 종합하면 각 계절의 초입월인 寅巳申亥는 다음 계절을 열 준비를 하고, 가운데 월인 子

午卯酉는 그 당해 계절의 기운만을 나타내고, 마지막 월인 辰戌丑未는 직전 계절의 기운을 완전히 닳아버리게 한다.

마지막으로 정기(正氣)는 그 당해 월이 갖고 있는 본래의 기운을 말하며 다음 달에 넘겨주기 위한 기운을 뜻하게 된다. 정기는 그 달의 기운을 바로 나타낸다. 그리고 다음 달로 넘겨준다. 일반적으로 사주에서 지지를 읽을 때는 정기로 읽고, 모든 육친관계(뒤편에서 설명됨)도 정기를 기준하여 설정해서 해석하면 된다. 또한 지장간의 기운에 따라 해석에 영향을 미칠 수 있다.

예 己 辛 戊 壬(여, 48세)   庚 庚 庚 戊(남, 52세)
　　丑 卯 申 寅　　　　　　辰 午 申 戌

여기서 부부 인연이 된 원인을 찾을 때 아직 익히지 않은 내용이 뒤에 나오기 때문에 우선 여기서 지장간의 이해를 위해 앞당겨 사례를 든 것이니 이해가 안 되는 부분은 덮어두고, 뒤에 나오는 내용을 보고 난 후 다시 보면 더욱 선명해질 것이니 이 점을 잘 이해하고 활용하면 된다.

모든 인간관계를 일단은 시(時), 일(日), 월(月), 연(年)의 순으로 천간에 표시되어 있는데 일(日)의 천간을 일간(日干)이라 하여 여기서 여자의 경우에는 신(辛)이 되며, 남자의 경우는 일(日)의 경(庚)이 된다. 이렇게 일간을 기준으로 나머지 7자와의 관계를 육친관계라고 하는데 이런 육친관계를 가지고 배우자의 기운이나 위치를 찾아내면 된다.(뒤에서 다시 상술됨)

우선 배우자만 예를 들면 여자의 경우 신(辛)에게는 배우자(正官)가 병(丙)이 된다. 그런데 사주에는 배우자가 천간에도 지지에도 나타나 보이지 않는다.

지지 인(寅)의 지장간에 병(丙)이 중기로서 장생(長生)하고 있다는 것을 위 지장간 표에서 알 수 있다. 이럴 경우 남자를 만나기 전에 자기의 배우자감은 건실하며 튀지 않으면서 실력과 실속을 갖춘 조용한 남자와 인연을 맺어야만 자기 설계도에 있는 배우자가 되는 것이다. 연애나 미팅을 하기 전에 이미 나의 배우자감의 일차적인 모양의 그림(외양, 직업까지)은 그려지게 된다. 여기서 진행 과정을 전부 설명하자면 익숙하지 않은 상황에서 혼란이 가중될 수 있으므로 배우자로서 적격성과 필연성(인연) 위주로만 개괄하니 이런 것이로구나 하는 정도만 느끼면 된다.

반대로 남자 쪽에서 보면 일간(日干) 경(庚)의 배우자(正財)는 을(乙木)이 된다. 그러나 천간이나 지지에 드러나 있는 乙은 보이지 않는다. 그런데 끝에 시간(時干)의 辰속 지장간에 을목이 여기(餘氣)로 자리 잡고 있다. 그래서 辰생 여인이 나타나기는 했어도 썩 끌리지 않았다. 왜냐하면 시간의 위치는 노년의 시기이므로 먼 훗날의 위치에 있고, 여기(餘氣)라고 하지만 세력이 약해 여러 가지 태도나 모습이 마음이 내키지 않은 것이다.

이 남자의 배우자 자리(日支)에는 午火가 차지하고 있다. 아내 자격은 을木인데 안방(日支)에는 午(丙, 己, 丁) 火가 자리 잡고 있는 형국이니 마음은 일지에 끌릴 수 있다. 그런데 寅, 午, 戌은 삼합(三合)운동을 한다(후술됨). 이렇게 만나면 인생관이나 가치관이 비슷한 성향을 띠므로 싸울 때 싸우더라도 잘 조화를 이루어 나가는 성질을 지니고 있다.

마침 남자의 사주 지지에 午와 戌이 있고 寅이 빠져 있으니, 이것이 여자의 사주에 있으니 많은 여자 중에 寅생 여인을 배필로 맞이하게 된 것이다. 여자도 마찬가지로 다른 남자를 만나 봐도 끌리지 않다가 戌생 남자를 보고 결혼을 승낙하게 된 경우이다. 인오술(寅午戌) 삼합

운동은 바로 火의 기운이기 때문이다. 이런 경우는 아주 잘 만난 경우이다. 이런 인연을 두고 헤매는 남녀들이 얼마나 많은가.

이런 경우에도 서로 사주를 알고 누가 따져주고, 궁합을 보고 만난게 아니다. 여러 사람을 사귀다 보니 서로 만나게 되어 인연이 된 경우이다. 한마디로 그 많은 사람들 중에 자연스럽게 서로 끌린 경우이지만 각자가 타고난 사주의 설계대로 인연이 맺어졌다는 것이 신기한 것이다. 잘못 살면 말이 안 되지만 지금 아주 화목하게 살고 있는 부부다.

이런 부부의 경우에 만약 결혼하기 전에 여러 사람을 두고 아무리 합리적이고 현실적인 조건에 따른다 하더라도 어떻게 해야 할지 불안하고 자신이 없을 때 이런 내용의 지식을 확보하고 있을 때는 현실적인 조건과 병행하여 자기 판단을 하는 데 아주 유효적절하게 활용하면서 미래의 인생을 설계하는 데 둘도 없는 후원자가 될 것이다. 미혼인 독자 여러분들도 이 공부를 잘해놓았다가 쾌도난마와 같이 사용하기 바란다.

얼마 전에 400억대 재산가 딸의 배우자를 찾는다고 결혼정보회사를 통해 공개 모집한 경우가 있다. 수백 명의 지원자 중 힘들게 배필을 정했다고 한다. 아무리 재력이 뛰어나고 객관적이고 경험적인 감각을 발휘한다 하더라도 미래는 알 수 없는 일이다. 이렇게 공개모집한 이유도 미래에 대한 보장 때문일 것이다. 이는 앞의 예와 같이 2장의 도구를 빌리지 않고는 알 수 없기 때문에 필자가 관여한 일은 아니지만 누군가의 손을 빌려 이를 참작했음을 단언한다. 단, 올바른 적용과 판단이었기를 바라는 마음이다.

그리고 전문적으로 공부할 사람이 아니면 골치 아프게 지장간 표를 외울 필요는 없으나 자주 찾아보다 보면 일정한 규칙성을 느끼게 되므로 저절로 머리에 담긴다. 그렇지 못할 경우에도 지지를 적어 놓고 표를 찾아서 지지 밑에 지장간을 미리 적어놓고 보면 된다.

7. 천간(天干)의 성질

여기의 천간글자 한문 모양은 허공중에 또는 하늘에 가득한 기운의 운동성을 사물의 모양에 비유하여 나타낸 글자만 보아도 운동의 성질을 느낄 수 있도록 표현되어 있다. 이는 선학자의 지혜의 발로이겠지만 눈에 보이지도 않는 자연의 기운과 운동의 의미를 글자 하나로 압축하여 이끌어 냈다는 것은 필자로서는 경외감을 느낄 수밖에 없다.

압축된 글자 하나에서 담긴 의미를 후세 사람들이 끌어내는 것마저 통일이 안 되고 여러 갈래의 설을 낳고 또 설이 설을 낳고 하여 오늘에 이르렀다. 예를 들면 팔자에 乙, 己라는 글자가 포진해 있는 사람이 있다면 글자 모양이 어쩐지 연약해 보이면서 마디지게 굽어 있어 보는 사람에 따라 여러 느낌이 있을 수 있겠으나 임상에서 관찰해보면 약해 보이거나 대부분 몸이 불편하거나, 뜻대로 움직이기 힘든 사람이 많거나, 병약하거나, 잘 다치는 경우가 많은 것도 어떻게 설명할 수 없는 일이다.

글의 모양이 사람을 그렇게 만든다고 할 수 있겠는가. 과학적인 사고와 논리로는 설명할 수 없다. 어쨌거나 글자도 사람을 영동(靈動)시키는 힘이 있구나 하고 생각할 수밖에 없을 것 같다. 그래서 작명에도 영향을 미칠 수 있는 것이다. 앞으로도 알겠지만 이런 예는 한두 가지가 아니다.

여기 열거되는 천간과 지지의 운동성이나 속성들은 추리하는 방법의 단서를 제공하는 것이니 독자 여러분 누구나 추리할 수 있는 일이라는 것을 명심하고 본인도 모르는 내면의 문제도 끄집어내어 미래를 설계해 나갈 수 있는 좌표점 또는 이정표로 삼기 바란다.

그리고 천간은 정신적 뜻이나 의지의 경향성, 형이상학적인 상황을 주로 나타낸다는 것을 인식하고, 지지는 현실적 결과물, 실현된 상황과 이루어진 현실의 뜻, 실상을 나타낸다는 것을 동시에 생각하면서 관찰해야 한다. 즉, 천간은 실현되지 않은 폼이고 지지는 실현된 실력의 개념 차이가 있다. 이는 자신과 배우자 될 사람의 성질과 성향을 분석하는 기초와 단서가 된다.

천간은 외형적으로 잘 드러나지만 지지는 폼은 잡지 않지만 실속은 다지고 있는 형태이다. 예로 천간에 甲이 있고, 지지에 같은 세력이나 기운이 없다면 甲이 갖고 있는 뜻만 하늘에 닿아 있지, 현실적으로 甲이 의도한 실적과 결과물은 없다는 뜻이다. 甲이 있고, 지지에 寅이나 卯가 있으면 寅과 卯가 뜻하는 바를 현실적으로 실현시킬 의지와 능력이 있으면서 실제로 실현시킨다는 것이다. 지장간에만 있는 경우에도 그 힘은 다소 약하지만 실현 가능성을 나타내고 있다.

천간에 甲은 없고 지지에 寅이나 卯만 있다면 이미 그 뜻은 이루어져 있다는 것이며, 지지는 피할 수 없는 환경으로서 실현되어져 있다는 뜻이다. 그래서 사주에 있는 여덟 글자를 버리고 없는 글자를 찾아 살리려고 하니 인생이 더욱 꼬이고 어려워지는 것이다.

독자 여러분이 명심할 것은 자기 사주 여덟 글자는 자기의 분수라는 것을 잊어서는 안 된다는 사실이다. 자연의 운동은 분수를 넘어서면 반드시 응징이 따르는 법칙 속에 움직이고 있다. 분수는 자신의 자연적 궤도와 같은 것이다. 궤도를 이탈하게 되면 어려워질 수밖에 없다.

자신의 성질뿐만 아니라 배우자의 성향을 분석하는 데 많은 도움이 되니 잘 익혀 응용 내지 활용하면 된다. 즉, 자기 사주를 펼쳐놓고 대입시켜 자신을 해석해 나가면 알 수 있다. 이미 알고 있는 자신의 내면세계의 영역도 있으니 이를 바탕으로 모르는 자신의 내면도 들여다볼 수 있으며 아직 체험하지 못하므로 해서 느끼지 못하는 부분도 많을 것이다.

누누이 반복하지만 여기에 있는 설명은 방법론과 단서를 제공한 것이지 전부가 아니라는 것을 알고 독자들도 자신의 모습을 무궁한 상상력을 발휘하여 그려나가면 자신만의 그림이 그려진다. 이는 이 세상 아무도 대신해줄 수 없는 영역이다. 그래서 자신만이 자신을 알 수 있다는 이야기를 수없이 강조한다.

혹시 사주카페나 점집에 가서 한두 마디 과거사나 현재에 일치하는 말이 있다고 해서 자신의 미래를 거기에 의지하는 어리석음을 범하지 말아야 한다. 이제 자신의 미래를 가장 잘 꿰뚫어볼 수 있는 도사는 바로 자기 자신이라는 것을 알아야 한다. 아래에 설명한 천간이 갖고 있는 성향이나 운동성의 단서를 가지고 자신을 관통할 수 있는 지혜를 발휘할 수 있다.

甲(갑): 봄의 계절이며 사람에 비유하면 청년시기이므로 일관성, 불굴, 첫째를 추구하는 성향. 외부적 환경에 굴하지 않고 밀고 나가는 기질과 새로운 일을 잘 벌이거나 동업 가담을 잘한다. 무에서 유를 창출하는 창의력과 적응력, 긍정력이 뛰어난다. 나중에 알게 되겠지만 갑은 흙(土)이 재물이 되므로 재물에 대한 집착력이 있어 금전이나 재화를 다루는 분야에서도 재능을 발휘할 수 있다. 봄과 나무가 의미하는 운동과 뜻을 확장하면 된다. 의욕이 넘치다 보니 실수도 많이 한다. 주머니에 돈을 잘 떨어뜨리지 않는 성질도 여기에 기인한다고 할 수 있다.

갑은 항상 흙을 붙여 놓아야만 생명력을 유지할 수 있으니 말이다. 어둠과 추위를 뚫고 나오는 陽氣의 운동을 뜻하니 정신적 분야에 두각을 나타내거나, 관심을 갖는 성향을 나타낸다. 환경을 중시하니 자연적으로 분위기나 감상적인 감각이 좋다. 정감이 많다 보니 지나치면 실속이 없다.

甲木의 높고 꼿꼿한 자태는 상처입고 아파도 속으로 울고 웃는다. 겉으로 잘 나타내지 않는다. 뿌리가 흔들리면 꺾이기 쉽다. 자신의 뿌리를 튼튼히 하는 데 노력을 아끼지 않아야 한다. 죽는 날까지 자리를 꼿꼿이 지키고 있어 책임감이 강하다. 큰 나무 밑에는 풀이 잘 자라지 못한다. 따라서 이기적인 성향을 지니고 있다. 반면에 측은심도 있어 도울 때는 남을 잘 돕기도 한다.

자라나는 방향이 직진성과 태양을 향하는 성질을 가졌으니 강직하면서 과격한 면과 진취성도 내포하고 있다. 부러졌으면 부러졌지 잘 굽히지 않는다. 그래서 이런 성질의 소유자는 환경과 주인을 잘 만나면 거목처럼 크게 뻗어 나갈 수 있지만 잘못되면 꺾이고 만다. 이러면 좀체 재기가 힘들어지는 성향을 지닌다. 치료법은 격려와 칭찬뿐이다.

더욱이나 자존심을 건드리면 어떤 희생도 불사하는 성향도 지닌다. 甲 부부끼리는 첫째도 둘째도 셋째도 서로 자존심을 건드리는 말이나 행동은 절대 해서는 안 된다. 설령 몇 번 그랬다고 해서 당장 사건을 일으키지 않더라도 언젠가는 폭발하게 되어 있다. 언제, 어느 날, 무슨 말을 했는지 토씨 하나 빠트리지 않고 뇌리 속에 각인되어 있다. 죽는 날까지 잊지 않고 있다.

대부분의 부부가 그렇다고 하지만 甲木이 특히 더하다는 사실이다. 그래서 甲木끼리는 시가, 친정까지 끼어들면 좀체 조화를 이뤄 나가기 힘들어진다. 甲木 부부는 자존심 때문에 이혼하는 경우가 많다. 표면적으로 다른 이유가 있어도 그 밑에 깔린 근본문제는 서로 자존심의 손상에서 비롯된 경우가 많다.

물상의 모양으로는 거목, 고목, 광대한 수림, 재목, 견고한 나무 등으로 확장하여 이해하고, 봄의 시작을 뜻하며, 동쪽방향과 녹색(나중에 일상생활의 지혜로 활용 가능한 요소—색채조화, 패션 컬러, 컬러링에 적용)을 뜻한다. 글자의 모양이 머리 부분이 커서 과민하거나, 생각이 깊거나 많을 수 있다. 그러니 가끔 두통, 편두통이 따를 수 있다.

또한 글자가 침이나 바늘처럼 생겨서 의술에 능할 수 있다. 이와 같은 성질의 글자가 명식에 포진해 있으면 거의 틀림없다. 앞에서도 언급했지만 자의(字意)나 자상(字象)에 의해 유추해보면, 실제 임상에서 80% 이상이 적중한다는 것이다. 요즘 의술은 성적순이니 문제를 많이 안고 있다. 명의(名醫)는 성적순이 아니라 타고나는 재능이다. 재능은 타고났는데 성적 때문에 의술의 길을 포기해야 되는 경우가 허다하다.

이런 경우는 본인이나 배우자의 적성이 뭔지, 내 재능이 뭔지 도저히 감이 잡히지 않을 경우 활용가치가 높다고 할 것이다. 이외에도 무수히 연상하여 추론해 낼 수 있으나 여기서 방법론과 단서를 독자 여러분에게 제공하므로 이제 자신과 배우자의 성향들을 여덟 글자가 가지고 있는 시간과 계절, 물상의 성질과 운동성 등을 스스로 생활에서 느끼고 확장해서 상상력을 발휘해 풀어갈 수 있을 것이다.

위에서 언급한 것도 일부에 불과하다. 갑이라는 계절 속에서 일어나는 미세한 운동성향은 여러분의 미세한 마음까지 움직인다는 사실을 느껴야 한다. 앞에서도 언급했지만 자신에 대해서는 자신만큼 자신을 분석해 낼 수 있는 사람은 이 세상에 아무도 없거니와 어떤 귀신도 자신보다 잘 알 수 없다.

乙(을): 같은 봄의 계절로서 木 중에서 甲목은 양의 목이고, 乙목은 음의 목 기운을 나타내며, 글의 모양을 보면 날아다니는 새, 담장이 덩굴처럼 느껴진다. 날쌔고 가벼운 느낌을 주며, 활동적이며, 연약하지만 좀처럼 끊어지지 않는 줄기와 같이 강인한 생명력을 느낄 수 있다. 봄이 갖고 있는 운동성이나 뜻을 나타내지만 甲木은 뻣뻣하여 폼을 잡지만 乙木은 유연하게 환경에 따라 굴신을 해가며 생명력을 키워 나간다. 새처럼 눈치가 빠르고 예민한 감각을 지니고 있다. 따라서 환경에 대한 적응력이 대단히 발달되어 있는 성질이다.

乙木은 아무데서나 잘 자란다. 심지어 추운 겨울도 바위틈에서 뿌리를 내려 봄을 준비한다. 부연하면 바위틈에 실뿌리를 많이 만들어 주변에 습기를 가능한 최대로 모아놓았다가 기온이 영하로 급강하했을 때 습기가 얼어 부피가 늘면서 바위가 벌어지고 그 틈새로 뿌리를 깊이 내리는 것이다.

독자들도 산에 가면 바위틈에 뿌리를 내려 자라나는 나무나 풀들을 흔히 볼 수 있을 것이다. 연약한 乙목이 이렇게 치밀하고 강인한 생명력으로 성장해 가도록 해놓은 자연의 설계에 전율을 느낄 뿐이다. 이런 기운이 바로 乙木이 가진 대표적 운동성이고 뜻이다. 밟혀도 밟혀도 잡초같이 일어나는 기운이 乙木이다. 아예 뿌리가 통째로 뽑혀도 물과 빛만 있으면 다시 뿌리를 내리는 것이 乙의 운동이며 생명력이다.

이와 같이 새로운 일을 추구하는 동작, 여행하는 동작(새들처럼 여행을 즐김), 잘 구부러지는 성질(굴신), 뜻을 세워 행동하는 구호나 말, 교사, 설명을 주로 하는 일(즉, 입으로 하는 일 등), 살기 위해 천리만리를 마다 않고 날아다니는 철새와 같은 시야와 생명력, 생활력(금전에 대한 집념), 융통성. 변화의 성향을 나타내고 있다. 항상 바쁘다. 자신의 모습을 잘 대입해서 파내려가 보라.

그런데 좋은 기운과 성질을 나타내지 못하는 경우에는 을의 기운과 운동을 방해하는 기운의 글자가 있으니 이는 뒤에서 알게 될 것이다. 도와주는 기운이 있는가 하면 방해하는 기운도 있어 조화를 부리는 게 우리네 인생살이와 같다. 여기서는 천간의 한 글자만의 기운을 이야기한다.

甲은 폼이 앞서지만, 乙은 실속이 앞선다. 성장력이 甲보다 작으므로 치밀성, 분석적, 논리적 사고가 두드러지며 교육적 능력도 뛰어나다.

자연의 환경정리는 甲도 하지만 乙이 온 천지에 깔려야 제대로 조화가 되고 풍성하듯이 꾸밈, 장식, 인테리어 등 미적 감각에 능하기도 하지만 관심이 다방면에 많은 성향을 띤다.

甲과 乙의 상반된 성향으로 직진성과 굴신성이 대표적으로 나타나므로 인간관계 면에서 또는 부부끼리의 성질 면에서의 조화를 잘 고려해야할 것이다. 행동적으로 나타날 때는 상황에 따라 여러 가지 모습을 드러낼 수 있다. 단지 봄과 木이 갖고 있는 공통적인 성향이라는 것이다.

물상으로는 작은 수목(관목), 넝쿨식물, 곡식, 약초, 풀, 꽃, 잡초 등이며 동쪽과 녹색을 나타낸다. 보통 큰 나무에 비해 연약한 나무나 식물들을 일컫는다.

丙(병): 여름의 양(陽)기운이다. 태양의 火를 먼저 떠올려라. 먼저 정열, 치열, 빠름, 온 세상을 밝히고 생명력을 부여하니 넉넉하고 예(禮)가 분명하니 숨기는 행동, 즉 거짓을 가장 싫어한다. 여기에 함부로 덤벼들 수 없을 터, 그래서 지기 싫어하고, 숨기는 게 없이 환하게 구별하고 떳떳하니 명확한 것을 좋아한다. 판단이 분명하여 가장 좋은 기회 포착 능력이 있으며, 두려움이 없다. 맹렬함, 선봉, 용기, 명확, 불 같은 특성을 지녔다. 싸움에서 물러서지 않는다. 싸우다 죽더라도 항복은 없다.

여기까지는 누구나 추리가 가능할 것이다. 이런 성정이 자기 자신과 상대의 성향을 나타내며 서로 조화를 이루어 낼지에 대한 판단과 재능의 연결고리를 갖고 있기 때문에 자기를 잘 들여다보라는 것이다. 이외도 여러분 스스로 추론의 날개를 펼치면 더 많은 소재를 찾아낼 수 있다.

불과 빛의 성질에 관련한 유 · 무형의 사업이나 일에 능력을 발휘할 수 있다. 그리고 추진력, 지도력도 뛰어나다. 다만 자신을 포장하고 숨기는 데는 재주가 없다. 상대 잘못도 잘 찍어낼 뿐만 아니라 이해해주려고 하지 않는다. 반드시 밝혀내야 한다. 이런 면에서는 적이 많을 수 있다. 오직 드러내는 능력이 탁월하다. 즉, 세상을 밝히는 영웅이라면 더욱 좋을 것이다.

물상으로는 태양의 빛, 용광로의 불, 화력 등 남쪽과 붉은색을 나타낸다.

丁(정): 여름의 음 기운이다. 火의 기운이 다 펼치진 운동 상황, 즉 꽃이 만개한 상태와 물리적으로 丙火보다 힘이나 크기가 작은 불꽃, 촛불과 같은 분위기를 추론해보면, 탐구적 · 사색적 성향을 띠며, 구체적 행동으로 실현할 수 있는 성질을 가진다. 즉, 실천력이 강하며, 불색이 좋아 야간의 조명 치장, 장식의 분위기를 띠는 성향을 나타내며 자연적으로 멋과 유행, 디자인을 창조하거나 민감하여 스스로 그 멋에 젖으며 따라서 낭비도 일으킬 수 있다.

특히 자기표현을 잘하므로 실속 없이 말이 앞설 수 있다. 백열등이나 수많은 촛불의 향연과 같이 감각에 뛰어나 아름다움을 추구하는 일. 요염, 미려. 행동적으로 남의 시선을 끌어 모을 수 있는 성향과 튀는 성질도 띠고 있다. 낮이 丙火의 기운이라면 밤의 조명은 丁火의 기운이다. 무더운 여름날에 습기를 머금어 습도가 높아 불쾌지수가 높은 날도 丁火의 기운이다. 그래서 인자한 면과 잔인한 성향을 동시에 간직하고 있다.

꺼질 듯 꺼지지 않는 불씨를 간직하고 있듯이 절대로 포기하지 않는 인내심을 지니고 있다. 주위의 어둠에 타협하지 않고 나름대로의 밝음, 고집을 포기하지 않는다. 영원히 꺼지지 않을 듯 순수한 열정을 상징한다.

물상으로 보면 병화는 태양의 빛이 온 천지를 에워싸 지상에 도달하여 천지만물을 밝히고 생장에너지를 공급하는 운동이라면 정화는 지상에 형성된 열운동을 하는 것이다. 陽 중에 陰의 성질이다. 남쪽과 붉은색을 뜻한다.

戊(무): 확실한 계절에 속하지 않으므로 독자들한테는 개념을 잡기가 처음에 좀 난해한 부분이다. 지상에 있는 모든 생물들은 土의 생육기운에 의해 성장하고 멸해 간다. 土의 생육기운은 태양의 火기운에 의해서 土가 머금고 있는 기온이 변화하므로 해서 봄의 싹을 지상으로 밀어 올리고, 여름의 작열하는 열과 물에 의해 土의 마지막 생육작용으로 나무나 식물들을 최고 절정으로 무성하게 해서 가을을 열어 간다.

이와 같이 인간이 느끼거나 눈에 보이지는 않지만 土의 운동은 끊임없이, 소리 없이 생육운동을 하고 있다. 결국은 土가 외부 기운의 변화를 전부 품은 채 생육작용을 하기 때문에 전 계절에 걸쳐 土의 작용을 하고 있는 것이다. 그래서 여름을 마감하면서 서서히 잎이 지고 가을의 결실을 열어주는 통로를 土(戊)의 운동으로 표현해놓은 것이다. 대음양이 바뀌는 시점이다. 봄과 여름을 합쳐 대양(大陽)이라 하고, 가을과 겨울을 합쳐 대음(大陰)이라 하여 대양과 대음이 바뀌는 여름의 끝과 가을의 초입 사이를 土의 천간 기운으로 대음양의 교차하는 시점을 뜻한다. 뜨거운 토가 식지 않으면 가을은 열리지 않는다. 좀 추상적인 개념이 되어 정확히 와 닿지 않으면 더 넓은 대지와 큰 산들의 변화를 연상하면 감(感)이 잡힐 것이다.

즉, 봄, 여름을 묶어서 大陽氣 운동의 끝에 土의 陽氣 戊土로서 생육작용의 끝을 나타냈으며, 이를 이어 음기로 접어드는 가을을 여는 陰土를 己土로 표현해놓은 것이다. 크게 봄, 여름의 양 운동 끝과 가을, 겨울의 음 운동 처음을 戊와 己의 운동으로 일 년 중 절반의 양 운동과 절반의 음 운동을 연결하는 통로를 천간의 戊, 己 土로 이해하면 될 것이다. 이를 음양이 서로 바뀐다고 해서 음양교역(陰陽交易)이라 표현하기도 한다.

이렇게 반복해 설명해도 개념이 뚜렷이 잡히지 않은 독자들은 자연의 현상을 반복하여 음미하면서 시간을 가지고 이해의 폭을 넓혀 나가면 된다. 앞으로도 이해가 잘 안 되는 부분이 있으면 시간을 두고 만화책 보듯이 반복하면서 사유의 폭을 넓혀 나가면 언젠가는 뚜껑이 열릴 것이다.

다시 한 번 반복하면 봄, 여름을 거쳐 가을을 열기 전, 양 운동의 끝인 상태, 대 음양이 바뀌는 운동 상황. 마지막 꽃을 다 피우고, 열매를 맺는 준비운동 동작이 오므로 폼을 많이 잡는다. 형식과 격식을 따지길 좋아한다. 밖으로 규격을 맞추고 외형, 외격에 집착. 명분을 세우며, 폼은 나지만 실속은 없는 모양. 보수성과 포용성, 전통적인 의식을 띠며, 아직 풋과일이다.

대지나 산에 비유하면 싫거나 좋거나 모든 것을 끌어안는다. 우직함과 중용의 덕을 지니고 있다. 건강하고 장수하는 사람의 모습이다. 색깔이 없는 것 같지만 주변상황에 맞추어 내고, 뒤로 물러서지 못할 것 같지만 꾸준히 따라와 주는 보통 아이들의 학과 성적, 특별히 잘하는 것도 없지만 못하는 것도 없는 재주, 필요 없는 사람처럼 보이지만 절실하게 필요한 사람이 되어 있다.

다 큰 늙은 호박과 같아 겉은 쓸모없이 보이나 속은 여러 가지 영양가가 있는 용도가 많고 속이 깊어 표리가 다른 면을 나타내기도 한다. 신의를 중시하고, 신망이 두텁고, 근면하다. 직업으로는 영업 방면은 전혀 아니다. 심지어 손님을 맞이하는 종업원도 힘들다. 고독하고 고지식한 내면을 유지하다 보니 손님하고는 거리가 멀다. 그러나 포용력은 넓다. 잔재미는 없는 편이다. 종교적인 일에 많은 관심을 띠기도 하며 실제 종사자도 많다.

물상으로는 산과 광대한 땅, 대지, 거대한 제방 등이며, 중앙과 노란색(황색)을 의미한다.

근(기): 앞에서 戊의 성질을 설명하면서 언급되었지만, 다시 반복하면 대지의 체온이 저하되어 나뭇잎은 떨어지며 목의 생장은 멈춰지고 열매만을 남기는 본격적인 가을을 여는 음 운동을 시작하여 일종의 내면적 활동을 한다.

어디를 가든 말이 없이 조용한 사람이다. 봄, 여름의 양 운동은 戊土를 마지막으로 닫고 己土의 음 운동을 시작으로 가을, 겨울의 음 운동으로 진행된다. 대음양이 바뀌는 중개 역할을 수행하는 것이다. 그래서 주변상황에 민감하므로 매사에 섬세한 성향을 드러낸다.

甲은 여기서 모든 것을 묻어버린다. 甲의 운동을 끝낸다. 즉, 갑(木)은 봄에 싹을 틔어 여름에 큰 나무로 자라 열매를 맺고 마지막으로 씨앗을 남기고 사라지는 때의 형국을 뜻한다. 열매나 결실을 남기고 죽는 가을의 나무를 연상하면 이해가 될 것이다. 여기서 나무가 죽는다는 것은 결실을 끝내고 활동을 멈추고 다음의 봄, 즉 生을 위해 기다린다는 뜻이다.

甲木의 씨앗들은 다시 땅으로 돌아가 저장되거나 묻혀서 또는 나뭇가지에 붙어서 혹독한 겨울을 이겨내고 다시 봄을 기다리는 형세가 된다. 남들은 비밀이 많다고 하지만 천성적으로 덮어주는 성격이다. 음운동의 시작이니 남자라도 여인의 이미지를 풍긴다. 조용한 성향을 지닌다. 남한데 싫은 소리 한마디 안 한다. 대평원처럼 모든 것을 가슴에 품는 형상이다.

예술적, 감성적, 창조적, 종교적, 철학적 성향과 교육, 중개, 상담하는 일에 능할 수 있다. 조용하면서 내면에 충실하기 때문이다. 액티브한 사람이 볼 때는 다소 답답하고 재미없는 사람으로 비칠 수 있다. 다소 느리기도 하다. 그러나 사람은 다 똑같을 수는 없다. 그래서 맞는 사람끼리 만나야 하는 것이다.

어려운 시기에는 조용히 자신을 변화시켜 상황에 맞추어 나가는 인내의 상징이다. 대지는 사철 따라 아름다운 색채를 달리한다. 많은 결실을 맺을 수 있는 발판이 되어준다. 희생적이고 헌신적이면서 나타내지 않는다. 안기고 싶은 어머니의 젖가슴 이다. 어쩌다가 대지가 한 번 노하면 모두 집어삼킬 기세가 된다. 물불을 가리지 않는다. 조용한 사람이라고 깔보면 안 된다. 오지랖이 넓어 스스로 손해를 보기도 한다. 남의 심중도 잘 헤아려준다.

물상으로 대지, 초원, 문전옥답, 도공의 진흙, 농부의 퇴비, 밭과 같은 땅으로 생각하면 된다. 중앙과 노란색을 뜻한다. 戊와 己土의 성질은 손에 꼭 잡히지 않을 수 있으므로 독자들의 많은 상상력을 요하는 부분이다. 戊, 己를 가진 사람으로 자신과 상대의 성향을 분석할 때도 모호성과 애매한 성향을 많이 느낄 수 있을 것이다. 이것도 속성이다. 드러나 보이기는 한데 속은 보이지 않는다.

庚(경): 가을의 양(陽) 기운으로 가을의 첫 달인 초가을을 의미하며 결실을 맺고 나뭇잎도 단풍으로 물들기 시작하면서 나무도 추운 겨울을 준비하기 위해 얼지 않도록 스스로 수분을 洩(설-빼낸다)하고, 더욱 단단해지는 운동을 한다. 열매, 과일로 움츠러들고, 수축하며, 여물고 단단해지는 운동으로 만물이 결실하고, 굳고 단단한 모양이 강건, 의리, 견강, 변화, 확실, 권력(실속), 실력자, 시비판단의 결론(재판)이 분명한 성향을 띠며, 강건한 성질의 면모를 나타낸다. 이 기운을 가진 운동선수도 많다. 직업적인 성향을 비유하면 권력 계통이나 군인, 철강과 금융, 농·목축업을 다루는 분야에 적합하다 할 것이다. 富의 의지와 실행력이 강한 성향을 띤다. 결실은 풍요의 상징이다. 인간의 일차적인 본능을 채워주는 양식을 제공하는 기운이니 빈부가 여기서 결정되는 기운이다.

이 하나를 위해 땀 뻘뻘 흘리며 달려온 뒤의 평온함, 이렇게 결실을 이루게 해준 자연의 기운에 대한 감사와 자연에 대한 경건과 겸손한 마음을 가지고 있다. 그래서 실수를 점검하고 과잉과 낭비를 막는 절제하는 마음이다. 이 결실은 생존의 현실성을 뜻한다. 이렇게 경금(庚金)은 절제와 지혜(결실을 만들어 낸)로 뭉쳐져 방종을 하지 않는다.

우리나라 사람은 木의 성격을 지닌 사람이 많아 앞으로 나아가는 데는 따를 자가 없으나 시기와 질투가 강해 남이 잘되는 꼴을 못 보는 마음이 있다. 木은 경쟁적으로 크면서 자기 성장에 장애가 되는 목초들은 못 자라게 하는 성질 때문이다. 金의 마음은 정의롭다. 그래서 목이 금을 만나면 서로 보완이 되어 훌륭한 동량이 될 수 있는 것이다. 국가의 발전에는 경금(庚金)의 기운을 많이 필요로 한다.

그 모진 추위를 견뎌 아직 얼어붙어 있는 땅을 뚫고 새 싹을 틔워 작열하는 태양의 불볕 아래 치열한 생존경쟁을 통한 이 결실, 庚을 맺기 위해 온몸을 던진 것이다. 이렇게 봄(甲乙)부터 여름(丙丁戊)까지 陽의 운동을 통해 陽의 기운을 다 빼는 이유가 이 庚의 결실 하나만을 위한 처절한 몸부림이고 의지다. 이렇게 庚의 결실을 통해 다음 생명을 이어가도록 하는 영생의 계획이 자연이 설계해놓은 은혜인 것이다. 인간은 태어나서 이와 같은 자연의 운동과 같이 활동력이 있는 시간까지 노력을 하여 활동력이 끝나는 이후의 자신과 生을 이어갈 후세를 위해 사력을 다하는 자연의 이치와 같은 것이다. 그래서 庚은 陽의 생명활동을 끝내는 분기점인 동시에 새 생명을 위한 陰(가을, 겨울) 운동의 출발점이다. 고로 庚은 끊고 맺는 것이 분명하며 박력 있는 성향을 띠게 된다. 이렇게 심오한 庚의 의미에 자신과 상대를 놓고 상상의 날개를 펼쳐 성질과 성향의 본질에 대한 자신의 완전한 밑그림을 그려 보라.

물상으로는 세공되지 않은 금속, 광물, 원광석, 무시무시한 무기, 큰 바위들, 단단한 물체 등의 성질로 생각하면 된다. 서쪽과 흰색을 의미한다.

辛(신): 가을의 陰 기운으로 무르익은 가을이라 모든 결실이 구분되어 수확을 위해 떨어지는 시기이며 수확하여 담아내는 최종 결과물들이다. 庚은 결실들이 나무에 맺혀 익어가고 있는 상태이고 辛은 무르익어 따거나 떨어지는 상태로 구분하면 이해가 빠를 것이다.

벼가 고개를 숙이면 庚이고 수확하면 辛이다. 辛의 계절에 들면 무수한 나뭇잎도 한 방에 다 떨어진다. 이 한 방이 辛의 운동력이다. 이것이 바로 해뜨기 전에 온 대지를 흰색으로 물들여 놓는 백설 같은 서리다. 흰 서리가 신금의 상징이다. 그래서 金을 흰색으로 나타낸다. 금속들의 광채도 흰빛에 가깝다.

이 글을 쓰다가 앙드레 김 선생의 상징이 흰색이라는 것이 떠올라

분명히 사주에 金을 깔고 있을 것이라고 짐작하고 진짜 사주(時는 모르지만)를 알아보니 가장 강력한 기운이 비치는 자리를 전부 金이 차지하고 있었다. 이것을 어찌 과학으로 설명할 수 있겠는가? 이것이 바로 자연공부이고 자연이 담고 있는 철학이다.

辛의 字意도 매섭다는 뜻이 있다. 천간 중에 가장 매섭고 날카로운 성질이 辛이다. 확실히 구분되면서 결실을 마감하는 운동성을 지니고 있기 때문이다. 침 중에도 대침에 해당한다. 날카로움의 대명사다. 칼도 庚은 무디지만 辛은 면도날처럼 예리하다. 남녀 물론하고 자존심을 건드리면 안 된다. 부모 자식 간에도 그렇다. 만약 그렇다면 예상치 못한 그에 상응한 사건을 일으킬 개연성을 열어놓고 있다는 것을 명심하면 된다.

수술, 이별 등의 아픔도 있고, 판단, 정확성으로 성하기도, 패하기도 한다. 너무 정확하니 적이 많이 생기기도 한다. 그러나 본인 잘못은 아니나 상대가 이를 따라올 수 없기 때문에 스스로 멀어져 가는 것이다. 그러나 인간관계에서 플러스가 될 것은 없다. 의약, 공학 및 유자격자(자격증 소지자)가 많다. 한마디로 인간됨의 품질 보증서와 같다.

보석감정서와 유자격자처럼 말이다. 즉, 마음이 아주 깨끗한 사람이다. 여기에 티가 묻으면 용서가 안 된다. 한마디로 잘 세공된 금속이나 보석의 반짝이는 표면과 같다. 따라서 날카로움과 화려함도 겸비한다. 辛 여자는 재물을 가까이 두고 있거나 자립능력을 갖고 있으므로 남편의 경제적 보살핌이 꼭 필요한 것은 아니니 금전을 이루되 배필 덕을 바라지 않는다. 보석같이 투명하고 멋도 있지만, 그 모서리는 칼날보다 더 예리할 때가 있다. 사리가 분명하다. 엉큼하고 불분명한 것은 못 본다. 외도한 남자가 辛금 아내한테 걸리면 어떤 이유로든 끝이다.

庚과 구분되는 성향 외에는 대부분 공통적으로 공유되는 성질을 유지한다. 직업적으로 비유하면 정밀과 정의를 요하는 업무나 일의 성질이 제격이다. 한 치의 오차도 허용치 않는 정확성을 요하는 분야에는 타의 추종을 불허한다. 책임감 또한 마찬가지다. 매사가 분명하다. 절대로 주위의 상황에 굽히지 않고 꾸려나가는 보스의 능력과 법이나 경찰업무도 제격이다. 그러나 부패한 곳에서 서식하기는 힘들다.

직원을 채용하거나 일을 맡길 때도 아주 유용하게 활용할 수 있다. 그러나 고용주 자신이 분명치 않은 사상을 가지고 있으면서 辛金을 쓸 생각은 말아야 한다. 처음에는 모르고 와도 얼마 안 있어 떠난다. 흐리멍덩한 사람이 신금한테 걸리면 질식할 정도이니 아예 인연이 안 된다. 인연이 되더라도 언제 터질지 모르는 문제성을 내포하고 있다.

물상으로 예리한 무기들이나 연장, 도구, 칼, 세공된 보석(다이아몬드 등), 날카롭고 세밀한 금속류, 서리(霜)이며 서쪽과 흰색을 나타낸다.

壬(임): 겨울의 시작이니 아주 추운(陰 중 陰 기운) 시기보다 덜 추운(陰 중 陽 기운) 陽의 기운이다. 가을이 끝나고 모든 수확이 마무리되어 남은 것이라고는 대지에 흩어져 있는 씨앗뿐. 그 씨앗을 안고 흩어지지 않도록 응축된 단단한 모습으로 보호하며 감싸는 운동이 壬의 기능이다.

즉, 추수가 끝난 대지 위에 마음대로 흐트러진 씨앗들이 땅속에 묻혀 추운 겨울을 견뎌내기 위한 준비 과정이다. 그래야 다시 봄에 새로운 생명을 꽃피우기 위한 인고가 시작되는 곳이다.

임신한 것과 같이 이해하면 된다. 그리하여 추운 겨울을 이겨낸다. 그 씨를 보호하고 있는 물이 바로 壬水다. 아무리 작은 씨에도 그 씨의 가장 바깥 부분에는 물(濕)이 막을 이뤄 보호하고 있다. 사람에게는 양수가 있어 태아를 보호하듯이, 그리고 壬水는 있는 힘을 다하여 압축하는 운동을 하고 있는 것이다.

그래야만 부서지지 않고, 얼어 죽지 않고 안전하게 씨앗을 보호할 수 있기 때문이다. 지혜와 지능이 발달돼 있다. 사교적이며 수완이 뛰어나다. 壬에는 생명을 이어 가도록 하는 지혜와 의지가 담겨 있기 때문이다. 씨앗뿐만 아니라 나무들의 껍질들도 다르고 제각기 다른 구도를 가지고 있더라도 겨울을 살기 위해 각자 체질에 맞는 자기 보호운동을 한다. 그래서 겨울나무 껍질은 단단하기 이를 데 없다.

심지어 나무의 숨구멍이 얼어 막히는 것을 방지하기 위하여 스스로 얇은 피막을 씌워 생명을 유지하기도 한다. 이런 신기한 관찰들은 식물학자나 수목의 진화에 대한 전문적인 학자들한테 얼마든지 자료를 얻을 수 있으나 필자의 감각적인 관찰로만 설명해도 충분히 이해할 수 있을 것으로 본다.

이렇게 껍질도 버릴 것은 버리고 겨울을 위해 입힐 것은 입혀 자신을 보호하는 노력을 한다. 이 모두가 壬의 운동성을 나타내고 있다. 겨울을 나는 데 가장 중요한 것은 수분이다. 최소한의 수분만 간직하고 나머지는 버리고 얼지 않도록 유지하는 것이다. 그래서 물이 있는 곳에 생명이 잉태되는 이유가 여기에 있다고 할 수 있다. 壬은 이렇게 치밀하게 생명을 이어가기 위한 활동을 한다. 가장 연약한 가운데 끈질긴 생명력과 먼 훗날을 기약한다.

그러므로 壬의 운동성이 가을에 흩어져 있는 씨앗들을 주워 담거나, 붙들어 모으는 속성이 강해 재물을 모으는 지혜와 능력이 발달되어 금전 인연이 강하게 작용한다. 한마디로 부자로 살 수 있는 성질이 되는 것이다. 잘난 척도 안하고 소리 소문 없이 부지런히 이것저것 축적하여 후일을 준비하는 운동 성향을 지니고 있다.

새로운 생명을 잉태하는 출발점이라 창조능력이 강하다. 모든 것을 주위 담기 때문에 포용하는 능력과 옹색한 마음이 아니다. 경영능력의 자질을 가지고 있다. 많이 담으려다 보니 공부나 학문 또한 지식의 탐구력이 강한 성취의 기운이다. 원래 水는 생명의 시작이며 창조를 뜻한다. 우주에서 물을 찾는 이유가 바로 여기에 있다.

물상으로는 넓은 바다나 큰 강, 큰 비, 홍수 등이며 북쪽과 검은색에 비유한다. 그래서 바다를 무대로 하는 일의 성향도 이에 해당한다. 바다를 이루고 퍼져 있는 것 같지만 물의 기본 성질은 가장 작은 모습으로 응축 내지 수축하려는 기운이다. 이렇게 수축된 분자들이 모여 큰 바다를 이루고 지구의 생명을 잉태하고 유지하고 있는 것이다.

癸(계): 겨울의 한가운데로 陰 중에 陰의 기운을 가지며, 壬水와 비슷한 속성을 가지고 운동을 계속하지만 壬의 압축이 계속되어 결국은 터지려고 하는 음의 극단에서 양 운동으로 전환되려는 시점의 상태를 말한다. 밖으로는 외부의 음기에 의해 위축되어 있으나 내부적으로는 양기의 힘을 받고 있다. 다시 말하면 압력이 강하면 결국은 튀어나오려는 성질이 강하게 작용하듯이 壬水는 얼어 죽게 하지 않으려고 압축할 수 있는 대로 압축을 가하게 되어 가장 작은 형태로 목숨을 이어가려고 하기 때문에 음기(水)의 극단적인 상태가 된다. 이때 땅속에서 태양열을 받은 미약한 열(火)기를 품게 된다. 甲으로 넘어가기 직전의 단계이다. 이 미약한 열기에 의해 얼어 죽기 직전의 음기의 압축된 水氣가 팽창하여 뚫고 터져 나오려는 힘을 얻게 된다.

겨울에 한껏 움츠려 있던 씨눈이 막 터질 듯 부풀어 오른 모습과도 같다. 壬水가 생명을 잉태했다면 癸水는 막 나오려는 순간을 기다리고 있는 상태이다. 둘 다 생명의 저장 운동을 한 것이다. 여기에는 하나의 티끌도 용납되지 않는다. 가장 깨끗하고 순결한 상태다.

그러나 끈질긴 생명의 보호 능력을 가지고 있다. 모성애와 같다. 그래서 壬癸는 부드럽고 친절하면서 지혜로운 성향을 띤다. 인내하는 정신도 강하다. 즉, 영혼이 순수한 경향이 있다.

성정으로는 편집성이 강하고, 맑고 깨끗한 정신을 간직한다. 가령 癸水 일간을 가진 여자의 남편도 부정을 저지르면 용서가 잘 안 된다. 그래서 癸 일간 판사가 많다. 맑고 깨끗한 마음이 성공인자이면서 사회를 살다 보면 저해 요소도 된다. 정신적으로 소극적 측면도 있으면서 침착, 온화한 편이다.

물과 같이 화합하고 조정하는 능력을 지니고 있다. 水가 범람하면 무서운 재난을 일으키듯이 많은 것은 조정되어야 한다. 재건의 힘도 발휘된다. 물론 壬과 마찬가지로 지혜와 지능도 발달되어 있으며 직업적으로 비유하면 학자나 유흥사업 분야에 많다. 물과 관련한 사업이나 일을 하는 사람치고 임, 계수 없는 사람이 없다.

밴쿠버 동계 올림픽에서 코리아의 이미지를 세계적으로 업그레이드한 김연아 선수의 태어난 시간을 제외한 사주만 보아도 청년기에 강력한 金水로 이루어져 있다. 독자들도 김연아 선수와 金水의 성질을 연관하면 금방 답이 나올 것이다. 이 안에 물론 재물도 들어 있다. 재물이 따로 안 들어 있어도 金水가 조화를 잘 이루고 있으면 金 자체가 재물과 연관된다. 앞에서 庚辛 金을 설명할 때 언급한 내용을 상기하면 바로 金이 재화다.

그래서 김 선수의 재능은 얼음이 된 물 위에서 금속성 스케이트를 타고 춤을 추듯이 운동하는 것이다. 이렇게 잘 갖춰지면 누가 시키지 않더라도 주변의 모든 기운이 그렇게 인도하게 된다. 여기에 과학성의 잣대를 들이대지 마라. 이는 자연의 기운이 사람으로 하여금 움직이게 하기 때문에 아무도 증거를 내밀 수 없다. 결과가 말해줄 뿐이다. 이게 인간에 미치는 자연과학이다.

그렇다고 처음부터 돈을 목적으로 한 게 아니다. 이는 가지고 태어난 순수한 기운을 따라갔을 뿐이다. 이렇게 되면 힘들어도 즐길 수 있는 것이다. 그러니 즐기는 자를 당할 사람이 이 지구상에 누가 있겠는가? 복잡한 해석도 필요 없이 타고난 사주 글자 구성으로만 뚜렷해지는 운명이다.

여기서 우리가 추구하는 배우자 분수는 따로 있다. 프라이버시 문제이니 여기서 언급을 접겠다. 경쟁자인 아사다 마오도 김 선수와 거의 같은 사주의 성질을 지니고 있다. 곽민정 선수도 그렇다. 아직은 어리지만 앞으로 유망하다.

참고로 다른 금메달리스트인 이상화, 모태범, 이정수 선수는 長生하는 金을 지니고 속도전의 모습을 나타내고 있고, 이승훈 선수는 얼음 위에서 장기전의 기운을 나타내고 있다. 그러니 악조건 속에서도 죽자 살자 덤벼들게 되는 것이다. 이만큼 22간지 글자의 기운이 인생에 연결되어 있다.

물상으로는 이슬과 같은 성질, 계곡물, 개천, 비, 안개 등 壬水와 대비해 양적으로 적은 水氣에 비유된다. 북쪽과 검은색을 의미한다.

이상으로 천간의 성질을 구체적으로 짚어보았으나 독자 여러분은 한 번 보았다고 해서 사고하는 훈련이 안 되어 금방 이해가 가기에는 무리가 따를 수 있으니 좀 난해한 부분이 있더라도 반복해서 자신과 자연의 기후조건을 대입시켜 가면서 사유의 폭을 넓히면 필자보다 더욱 자신을 간파하는 능력이 샘솟을 것이다. 항상 자신이 가지고 있는, 알고 있는 내면에서 연상의 가지를 넓혀라. 이는 아무도 대신해줄 수 없는 자신의 고유한 영역이다.

8. 지지(地支)의 성향

　지지는 하늘(천간)의 기운을 받아 형성되지만 인간은 변할 수 없는 지지의 환경에서 태어나고 활동하다가 다시 지지로 돌아간다. 즉, 흙에서 태어나 다시 흙으로 돌아간다는 뜻이다.

　지지는 내가 타고난 고향과도 같은 것이다. 고향의 환경에 의해 성장하지 않는 사람은 없을 것이다. 사정에 따라 고향을 떠나는 사람, 뜻을 세워 목표를 향해 도시로 해외로 가는 사람 할 것 없이 고향에 태어났던 환경은 버릴 수 없는 것이다. 고향 터, 태어난 터가 바로 지지다. 지구 표면이 지지다. 지구를 둘러싸고 있는 텅 빈 듯한 우주 공간이 하늘이고 천간이다.

　사람은 이름도 바꾸고, 얼굴도 바꿀 수 있고, 심지어 성(sex)도 모두 바꿀 수 있어도 태어난 사주 여덟 자만은 영원히 바꿀 수 없다. 바꾸려고 해도 바뀌지 않는다. 사주 모양이 좀 좋은 사람이나 사회적·가정적으로 자기 위치를 지켜나가는 사람들의 사주를 보면 거의가 八字 안에서 진로와 배우자 선택을 잡아나가고 있다는 것을 알 수 있다.

　이는 누가 시켜서가 아니고, 팔자를 따져서가 아니라 자연적으로 그렇게 이끌려 간 것을 의미한다. 그래서 팔자에 따른 운명의 진로는 정해져 있는 게 아니라 자기 선택의 문제이다.

이것은 이미 자기 사주를 알고 일부러 그렇게 한 것이 아니라 자연스럽게 스스로 찾아 간 길이 八字 안에서 일치하고 있다는 사실이다.

그렇지 않고 좀 힘든 삶을 사는 사람들 중에는 대부분 자기 八字와 어긋난 길을 걷고 있다는 것이다. 결국 타고난 사주는 타고난 자기 분수라는 이야기다. 이게 타고난 분수를 모르고 살기 때문에 일어나는 결과일 수 있다는 것이다.

이 책을 읽는 독자들 중에서도 사회생활을 몇십 년 한 사람이라면 자기 사주와 여기 있는 천간과 지지 글자를 비교하면서 그 속에 있는 속성들을 추리해서 지나온 과정과 현재의 상황을 비교 파악할 수 있다.

지지를 관찰하거나 추리할 때 지지와 같은 천간의 성질을 실천적으로 이행하면서 그 지지 글자가 갖고 있는 운동성, 시간성, 지장간, 지지가 의미하는 동물의 운동성과 속성들, 계절성, 후술하는 12운성, 지지 간의 관계, 지지 글자가 갖고 있는 字意, 자상(字象)의 의미를 생각하는 습성을 들이면 쉽게 숨겨진 자기 모습도 찾아갈 수 있다.

여기에는 영감도 작용한다. 과학적 · 논리적 사고보다는 감성적인 사고가 생각을 뻥 뚫리게 할 수 있다. 자연의 기운은 눈에 보이거나 손에 잡히는 것보다 느낌으로 마음으로 생각으로 판단하거나 접근해야 할 영역이 많기 때문이다. 영감이라는 말이 나왔으니 한번 짚고 넘어가겠다. 영감적인 일들을 누구나 한 번쯤은 경험했을 것이다. 영감이 발달한 친구라는 말도 들은 사람도 있을 것이다. 어떤 사람은 神氣가 있다는 표현도 쓴다. 이 말도 틀린 말은 아니다.

神氣란 정신, 즉 마음에서 자연적으로 우러나오는 기운의 발로 현상이므로 낱말 풀이로서는 틀린 말이 아니라고 할 수 있다. 그러나 영감은 우리가 알 수도 없는 마음 깊은 곳에 자리 잡은 사건이나 일, 욕망, 희망 등이 불현듯 우리 뇌의 지각공간에 뿌려주는 신호이면서 동작이다. 특히 불교에서 '화두' 라는 말을 많이 들었을 것이다.

즉, 내가 풀어야 할 문제를 가지고 단식을 해 가면서, 면벽(벽을 보고 마주 앉는 형태)하여, 생각하며, 해답이 있을 때까지 고뇌의 시간을 보낸다. 기도도 같은 맥락으로 생각할 수 있다. 그렇게 집중하다 보면 응답이 있다는 것이다, 이 응답이 바로 영감이라는 도구를 타고 흐르는 것이라고 할 수 있다.

필자는 심리학자나 정신분석학자이거나 독실한 신앙인은 아니다. 다만 상식과 이치로서 느낄 뿐이다. 독자 여러분도 여러분이 갖고 있는 상식과 이치로서 접근하면 누구든지 자기 문제 해결의 실마리를 찾을 수 있다. 누누이 강조하지만 자기의 근본문제는 자신만이 해야 하고, 타인이 영감을 줄 수도 있지만, 자기만이 알 수 있고 타인이 대행해서는 안 되며, 남이 내 운명의 진로를 제시한다는 것은 있을 수 도 없으며 있어서도 안 된다는 것이 필자의 소신이다. 만약 남의 이야기를 듣고 내 운명을 거기에 맡긴다면 나라는 존재는 없어지는 것이다. 나라는 존재가 없이 어떻게 나라는 운명을 만들어 갈 수 있겠는가? 결국 나라는 존재는 상실한 채 남의 말에만 귀 기울이게 되고 의존하게 되어 나라는 인간은 존재가 불가능하다.

그 종말은 독자 여러분이 결론지을 수 있다. 그래서 자기만큼 자신을 정확하게 분석해 낼 수 있는 사람은 이 세상에 아무도 없기에 사고할 수 있는 모든 단서를 독자 여러분에게 던지는 것이다.

반드시 지지 네 글자와 관련해서 자기와 짝을 맞춰나갈 배우자의 기운이 스며 있다는 것을 잊어서는 안 된다. 퍼즐게임 하듯이 하라. 그리고 판단은 본인 스스로 해라. 남이 판단해줘서도 안 된다. 자기 스스로 고뇌하고, 몇날 밤을 지새워 가면서 생각하여 만들어 내야 한다. 한 번 결정한 배우자라면 목숨을 걸어야 한다. 타인이 내 길을 정할 수 없는 이유가 여기에 있는 것이다. 책임도 자신이 져야 한다. 드물게 자신의 사주팔자 속에 배우자의 기운이 전혀 보이지 않는 경우도 있다. 이는 뒤에 나오는 배우자 인연법 정리에서 다시 언급하기로 하겠다.

여기에 추론해놓은 것이 전부가 아니라는 것을 알고, 추리하는 방법적인 단서를 가지고 독자들도 같은 방법으로 추론하면 엄청난 내용들이 담겨 있다. 이러한 무수한 점과 점을 이어가며 자신의 참 모습을 만들어 내는 작업이다. 점(간지)과 점(간지)을 이을 때 어떤 모양으로 잇는가는 독자 여러분의 몫이다.

간단하게 예를 들면 내 사주 지지의 성질들이 여러 가지 있지만 상대가 내 지지의 운동성과 방향성이 일치하면 첫 인상이나 외모는 마음에 안 들어도 좀 지내거나 경험해보면 뭔가 나와 일치하거나 마음에 드는 구석을 발견하게 되며 끌리는 자신을 발견하게 된다.

그러니 여기 예시된 것에 한정 짓지 말고 생각을 무한 확장해서 사고의 범위를 마음껏 넓혀 추론하라는 뜻이다. 공식을 응용하는 것은 자신을 위한 절대적인 집중력을 요구하게 되는 것이다. 천간은 의지와 생각, 의도, 상상, 이념이고 추상, 관념적이라면 지지는 실현된 결과물, 즉 실지로 부여된 환경과 실제상황이다. 지지는 피해갈 수 없으며 반드시 거쳐야 할 좌표점이다. 인간의 삶은 현실적으로 이뤄져 있는 환경에서 직·간접적인 심리상태의 호·불호나 지향하고자 하는 행동의 모습이나 양상을 나타낸다. 지지는 살아가면서 반드시 밟고 가야 할 땅이다.

지지는 내가 담겨 있는 그릇이다. 그릇이 비틀어져 있으면 담겨 있는 물도 그릇 모양으로 비틀어진 모양으로 담겨져 있다는 뜻이다. 생긴 모양대로 살면 그것이 분수고 분수대로 살면 그 비틀어진 그릇에 행복이 담기는 것이다. 그런데 반듯한 그릇을 찾아 나서면 인생이 병들게 되는 것이다.

지지는 앞에서 공부한 천간의 성질을 그대로 간직하면서 실현된 상태로 이해하면 된다. 즉, 천간이 뜻이라면 지지는 그 뜻이 실현된 모습이다.

子(자): 계절로는 한겨울이고, 하루의 한밤중, 날이 바뀌는 시점이다. 밤 11시에서 다음날 새벽 1시까지를 나타낸다. 경도와 태어난 지역에 따라 시간이 다소 변동될 수 있다. 사람은 보통 이 시기에는 활동이 위축되고, 행동력이 둔화되는 때이다. 대낮처럼 활발히 움직이지 않고 조용한 성격이나 성향을 띠게 된다. 子는 새 생명의 잉태의 의미를 갖고 있어 남녀관계가 가장 많이 일어나는 시점이라 여러 가지 말 못할 애정사를 간직하거나 발생할 수 있다.

아주 작은 씨앗의 상태이므로 예민하고 민감한 감각의 소유자이다. 어둠속에서 지혜를 연구하고 찾는 형상이니 학문성이나 미래에 대한 예지능력이 뛰어나다. 쥐가 번식력도 강하기 때문에 자식 생산에 대한 의욕이 강하며 배우자에 대한 배려가 깊은 편이다. 섹스 욕구가 강한 성향을 띤다. 정액의 기운이 강하기 때문이다. 천간 癸水의 뜻을 子에 실현시켜놓았다. 사주팔자에 水의 기운이 많이 포진해 있으면 남녀 불문하고 정욕이 강하다. 이의 반대 기운이 강하면 강한 척하지만 실속 없이 약하다. 정욕 차이로 그 골을 메우지 못해 헤어지는 경우가 많으니 상대를 고를 때 자신과 비교하여 고려해야 할 첫째 조건이다. 후술한 배우자 인연법을 참고해서 종합적인 판단을 요한다.

丑(축): 겨울에서 봄으로 계절이 바뀌기 위한 준비 구간을 얼어 있는 땅으로 표현했으나 子의 성질상 연장선상으로 이해하면 된다. 시간상으로는 子時의 다음 두 시간을 끊어 보면 된다. 子와 같이 겨울과 새벽을 여는 깊은 밤 시간에 속해 신비스러운 성향을 띤다. 철학이나 종교, 학문 등 심오하고 깊은 연구 분야에 적당한 성향을 가지고 있는 이유다. 내성적인 성향이다.

필자가 글로 통해 가장 납득시키기 어려운 부분이 지지의 土에 해당하는 辰戌丑未에 관한 개념을 확실히 정립하는 것이다. 천간 편에서 戊己의 기운에 대한 설명을 하였지만 土의 본질은 모든 영양을 함축하여 모든 생물의 활동처와 생육작용을 하는 데 있다.

각 계절의 마디마다 있는 土의 기운이 다 같을 수는 없다. 왜냐하면 가장 생육이 왕성한 여름과 얼어붙어 모든 수목이 생장을 멈추고 있는 겨울의 土의 성질 기운은 같을 수가 없기 때문이다. 봄과 가을의 土 기운도 봄은 성장을 하고 가을은 성장을 거두기 때문에 계절마다 土의 생육적 기능은 일정치 않다.

가을, 겨울의 土도 저장기능을 통해 다음 생을 위해 준비하는 역할은 하지만 가장 중요한 기능은 활발한 생육활동이 土의 기운을 뜻하는 본질이다. 모든 인간의 왕성한 활동구간 봄, 여름이다. 즉, 하루 중 낮에 해당한다. 이 구간이 활동의 전성기다. 인간의 삶도 마찬가지다. 젊음과 활동, 성취구간이 동시에 갖춰 있을 때 전성기를 이룬다. 이것이 봄, 여름을 거쳐 마무리하는 가을까지가 된다.

이렇게 보았을 때 土의 기능을 제대로 하는 구간은 여름(巳午未)이된다. 봄은 시작이요, 가을은 마무리이기 때문에 여름, 봄, 가을, 겨울순이 된다. 여러분의 이해를 돕기 위해 이렇게 순서를 정했으나 실제로 土의 역할을 제대로 하는 구간은 여름뿐이다. 그러면 나머지 土는 뭐냐고 하면 그냥 그 계절의 기운을 연장하는 마지막 시점이라 생각하면 된다. 즉, 봄을 寅, 卯, 辰이라 하면 辰은 土의 모양을 하고 있으나,

즉 껍데기만 土이지 그 기운은 앞에 있는 卯木의 기운으로 생각하라는 것이다.

따라서 辰이 巳午未를 지날 때는 土의 역할을 하게 된다. 다시 가을로 접어들면 土의 기능은 약화되면서 겨울, 봄에 이르기까지 土의 기능을 잃게 된다. 이는 나중에 배우자 선택 및 운명의 미래를 밝힐 경우 엄청난 해석의 차이를 만들어 내기 때문에 장황하게 이해시키려고 한다. 이런 내용은 어떤 책에도 없다. 있다 하더라도 필자의 이론과 다른 내용이라는 것을 밝혀둔다.

예를 들면 후술하는 육친을 공부하면 배우자가 될 사람이 천간과 지지의 글자로 정해지는데 그때 辰이 남편 될 사람이라고 하면(아내라고 해도 마찬가지로 해석함) 옳은 남편 역할을 다 못하고 4분의 1 정도밖에 못한다는 것을 예측할 수 있는 것이다. 그러니 배우자 역할이 계절에 따라 변화하듯이 변화한다는 것이다. 未土도 여름 동안에만 토의 역할을 하듯이 나머지 계절에는 토의 역할이 죽게 된다. 戌土, 丑土는 더더욱 토의 역할을 못하고 주변 인자에 따라 변색되기 때문에 뒤에서 사례를 들어 다시 설명할 것이다.

다시 말해서 辰戌丑未가 남편이 되거나 아내가 되면 주변 인자나 환경에 의해 변질이나 변색의 과정을 밟게 되니 그런 과정을 잘 가꾸어 나가야 한다. 배우자 역할을 잘 할 때도 있고 못할 때도 있어 불안정한 환경이 조성될 수 있다는 것이다. 이런 걸 모르면 죽어라고 욕이나 하고 싸움박질이나 하며 불만 속에 살게 될 것이다.

그러므로 지지의 土를 해석할 때는 그때그때의 부여된 조건과 상황에 따라 변색된다는 것을 알아야 한다. 즉, 사람도 환경이나 조건에 따라 행동과 말이 달라지는 사람과도 같은 현상을 일으킨다는 것을 염두에 두고 후술하는 육친을 공부한 후에 자기 사주와 비교 분석하는 데 착오가 나지 않도록 미리 설명해둔다. 지금 여기서는 도저히 무슨 말인지 이해가 되지 않을 수도 있으나 뒤에 내용을 이해하게 되면 자연적으로 터득할 수 있다.

축시(새벽 1~3시, 경도차에 따라 다소 달라짐)에서 다음 寅시(3~5시, 하루가 시작되는 여명을 밝히는 시간)를 열어주는 전 단계이므로 새로운 일을 위한 준비 작업을 하는 시간이므로 여러 가지 준비성이나 계획성이 치밀한 성향을 띠게 된다. 표현은 잘하지 않지만 마음속에는 많은 뜻을 함축하고 있다.

끈질긴 인내와 노력의 소유자이다. 만약 이런 노력을 무시하면 강한 폭발력도 지니고 있다. 왜냐하면 소의 기질을 내포하고 있기 때문이다. 소는 평소 말없이 주인의 일에 충성을 다한다. 그만큼 소도 소중히 다뤄야 한다. 그러므로 열심히 살아가는 성실한 성향을 유지한다.

속설에 소는 죽도록 일만 하고 잡아먹히니 소띠를 타고난 사람은 액운이 많다고 하는데 이런 말에 현혹될 필요는 없다. 만약 소가 소처럼 살지 않고 다른 동물처럼 살 수는 없지 않은가. 모든 것은 제 분수를 지키는 것이 가장 행복에 이르는 길이라는 것을 잊어서는 안 된다. 소가 소처럼 안 살려고 하니 액운이 그칠 날이 없는 것이다.

丑의 지장간에 癸, 辛, 己가 내포되어 있으므로 세 천간적인 성향을 동시에 띠고 있다. 단, 정도의 차이는 여기, 중기, 정기에 따라 적용하여 활용하면 된다. 옆에 글자의 간섭이 없을 경우에는 子의 기운과 같이 이해하면 된다.

앞에서 설명한 대로 배우자 될 사람이 丑이라면 丑은 겨울의 土로서 土의 기능을 제대로 못하고 子의 기운을 주로 유지하므로 배우자 역할을 달리하거나 때로는 병들거나 약해서 힘들게 된다. 그대로를 인정하고 보살피면서 살면 인연을 오래 할 수 있다.

寅(인): 봄을 여는 천간 甲의 기운을 지상에 심어놓아 새싹을 틔움으로써 봄을 시작한다. 호랑이를 상징하기 때문에 한 성질 한다. 생사여탈권을 쥐고 있을 정도의 파워를 지니고 있기 때문에 권위적이면서도 보수적인 성향을 띤다. 순발력이나 기회를 포착하는 민첩성을 가지고 있다.

새벽을 여는 하루 생활의 시작 시간이므로 적극적이며 활동적이며 근면하다. 집에만 있는 것보다는 사회적인 활동을 하는 것이 건강이나 본인의 능력을 발휘할 수 있다. 여자일 경우라도 밖에서 활동할 여건이 안 되어 집안 살림만 하는 데도 남편 하는 일에 문제가 생겨 부득이 바깥활동을 많이 하게 되는 운명적인 상황을 많이 보았다. 삶에 많은 변화를 겪는 경향이 있다.

여행도 좋아한다. 어떤 위험에 봉착해도 극복해 나가는 지혜가 있다. 봄을 여는 시기이므로 만물이 소생하고 희망에 가득 찬 기운이므로 새로운 일이나 사업에 가담하려는 경향이 많다. 그렇지만 무조건 덤벼들어서는 안 될 것이다. 승산이 있는 일을 벌여야 한다. 앞장서기를 좋아하고 우두머리 격이다.

여자 호랑이 띠라고 해서 팔자가 세다는 속설에 현혹되지 말라. 자기 분수에 맞는 짝을 제대로 찾지 못했을 뿐이다.

卯(묘): 천간 乙의 지지로서 봄의 중심, 5~7시 사이로 봄이 무르익는 계절, 기지개를 활짝 펴는 시기이므로 새로운 시작과 희망과 용기가 충만한 기질을 내포한다. 자존심이 꺾여서는 못 견딘다. 그래서 뛰어나지 않으면 안 된다. 경쟁력도 강하다. 출세 지향적이다. 외모도 잘 가꾼다. 봄은 세상을 아름답게 단장하니, 미적 센스가 뛰어나다.

卯의 字象은 두 개의 침이 쌍립된 모양으로 쌍칼처럼 생겨 날카롭고 매서운 성향을 띠기도 하며 글자 모양이 갓 돌아나오는 새싹의 떡잎처럼 양쪽으로 쪼개지기도 쉬운 구조라 조금이라도 의가 상하면 헤어지기도 잘한다. 여기에 배신을 하면 더욱 강한 자국을 새겨둔다. 사주 일지에 卯가 있으면 한번은 헤어진다는 단정을 하는데 이를 알면 헤어지지 않도록 미리 노력하는 게 중요한 일이다.

계절적 의미로 문학성·낭만성을 띠므로 센티멘털한 성향을 지니고 있다. 따라서 정감적이다. 토끼는 집이 없이 잘 옮겨 다니므로 여행을 즐기며 다변화하는 성향을 띤다. 깡충깡충 뛰는 토끼와 갓 돋아난 새싹처럼 식물이나 아이들을 좋아하며 아이들과 인연이 되어 하는 일에는 재능을 발휘할 수 있다. 배우자와의 조화를 잘 이끌어 낸다. 동화적인 내성도 지니고 있다.

봄의 절정에 있는 시기이므로 어떤 분야이든 그 분야에서는 알아주는 사람이 되도록 노력하며 개척해 나가는 정신력이 강하다. 학문, 교육, 의술 분야에도 재능이 있다.

辰(진): 봄의 끝자락, 즉 만춘(晚春)의 자리에 위치하여 시간상으로는 7~9시 사이로 土의 모양을 하고 있으나 앞서 설명한 土의 내용을 참작하면 된다. 지장간에 乙, 癸, 戊가 있어 주로 乙의 기운을 나타내고 있다.

그러나 辰時에는 용모를 꾸미고 일터로 나가는 시점이므로 단정한 용모와 세련된 모습을 항상 유지하는 성향을 띤다.

용이라는 상징성을 지닌 동물이므로 이상적인 상상과 생각을 지니고 실현해 보려는 의욕이 잠재해 있다. 용은 만인이 우러러보는 대상이므로 여기에 도전이나 잘못은 용납되지 않는다. 항상 빈틈없이 꾸미고 행동한다. 격이 떨어지면 폼생폼사의 양상을 보이며 실속 없는 사람일 수 있다.

그 대신 상대에게 철저한 봉사와 자기 책임과 의무를 다한다. 남에게 아쉬운 소리할 정도로 자신을 관리하지 않는다. 항상 자존감을 지켜 나가도록 노력한다. 봄을 닫고 여름을 열어주는 시기에 있으므로 조건에 따라서 변화무쌍한 상황을 연출할 수 있다. 다변화할 수 있는 성향을 지녔다.

巳(사): 여름의 시작으로 丙이 실현된 지지이며, 9~11시 사이로 뱀을 의미한다. 뱀은 여름에 주로 활동하며 독성이 있는 동물로 자신을 흐트러지지 않게 유지하며 재빠르다. 속도전에 능한 선수들이 많다. 세상을 밝히므로 정의를 실현하는 무서운 힘을 뱀의 독성으로 비유한다. 土의 운동이 활발해지므로 이 세상 모든 것을 품는다. 즉, 인간 활동의 절정을 향해 간다.

巳월(양력 5월)은 계절의 여왕이라 낭만적이며 예술적 성향을 띤다. 일을 시작할 시간대이므로 분명하고 명석한 성향을 띤다. 후술하는 12운성으로 庚을 장생시키므로 남모르는 실력을 갖추고 있다. 즉, 실속적인 성질이다.

午(오): 천간 丁의 실현된 지지이며, 11~13시 사이로 하루 중 가장 밝은 시점이라, 조명과 관련되고 비밀이 없는 성향이다. 활달하고 명랑하다. 세상을 밝히니 속이고 엉큼한 것을 대단히 싫어한다. 午는 말(馬)을 상징하니 항상 분주하다. 생각과 행동이 빠르다. 뛰기를 좋아한다. 그러므로 매사에 유능한 면모를 가지고 있다. 午 중에 들어 있는 지장간 중 己가 가장 강력한 土의 기운을 가지고 있다. 지열이 뜨거운 여름의 가운데에 있기 때문이다.

未(미): 여름의 끝으로 丁火의 기운을 강하게 품고 있으며 13~15시

사이로 천간 己의 土로서 기능을 다한다. 맛과 관련된 글자의 의미로 대부분 요리 솜씨가 좋거나 미식가다. 한여름을 닫고 가을을 열어주는 시기이므로 결실을 위한 마지막 단계이므로 목표를 향한 강한 집념을 보인다. 내성적이면서 여러 가지 꿈을 간직한다.

가장 더운 마지막 열기를 품어 내는 시기이므로 정열과 열정을 함께 품고 있는 기질이다. 한낮의 오후에 진입하는 시간대로 뜨거웠던 한때를 넘기므로 여유로운 품성과 때로는 게으른 듯한 성향을 보일 수도 있다.

未가 羊을 뜻하므로 양도 한곳에 머무르지 못하고 먹이를 찾아 오만 곳으로 찾아다니는 역마성을 띠므로 분주한 성격을 나타낸다. 분주함으로써 오히려 건강해진다. 지체, 정체의 성향도 띠며, 균형을 이룬 미적 감각을 지녔다. 침과 같은 자상(子像)을 지녀 의술과 기술 분야에도 능한 잠재력을 갖추고 있다.

申(신): 천간 庚의 지지 실현으로 강한 금속성이므로 강인한 성질이다. 15~17시 사이로 가을에 접어들어 결실을 맺어 모든 열매가 단단한 모습으로 영글어 가는 시기라 항상 실속과 실리를 챙기는 분명한 성향을 띤다. 오후 마감이 다가오는 시간이므로 정리정돈, 미화를 잘한다. 申은 申子辰 삼합운동(합에서 설명됨)의 시작이므로 이는 새 생명활동의 시작을 알리는 신호로 남녀애정에 남달리 민감하게 반응한다. 애정적인 성향이 높다. 처신을 잘해야 구설을 면할 수 있다.

申의 글자가 날카로운 바늘의 형상을 띠어 예민한 성질을 지니고 있다. 금전적인 계산에 빠르며 정확하다. 타산적이다. 申은 재물이므로 뒤에 나오는 酉와 申 있는 자는 분수만 잘 지키면 한 번은 번영할 날이 온다. 창조적인 모방성이 뛰어나다. 역마성을 지녀 크게는 세계를 무대로, 좁게는 운동과 활동적인 분야나 일에 능력을 발휘할 수 있다.

酉(유): 가을 한가운데로 천간 辛의 지지 실현이며, 17~19시 사이로 酉金은 결실이 무르익어 떨어지기 시작하는 단계의 시기와 과정이므로 상황 판단의 정확성과 예리한 분석력을 갖추고 있다. 물상으로 날카로운 금속이나 보석류를 나타내는 모양으로 강인하고 냉철한 성향을 지니고 있다. 서리가 와서 나무의 모든 결실과 잎들을 전부 떨어뜨리는 흰 서리와 같은 성질이 酉이니 시비가 분명하며, 책임과 의무감이 강하다. 때로는 흉기나 무기로 변할 수도 있다. 이런 종류를 연장으로 사용하여 하는 일에 능하며 성취 가능하다.

酉의 자상이 술병이나 약병처럼 생겨 술을 좋아할 수 있으니 유의할 일이다. 여기에 물 水 자만 갖다 붙이면 酒(술)가 된다. 따라서 사주에 子酉가 붙어 있으면 자연적으로 酒(술)로 변하니 주의할 일이다. 이는 인생과 가정생활에 치명적인 영향을 미칠 수 있다. 뒤에 나오는 인연법에서 사례를 들어 언급된다. 또한 술(酒)로서 작용할 때는 닭이 모이를 쪼아 먹듯이 술로서 건강을 쪼아 먹는 형상이 된다. 酉는 닭이므로 인간에게 유익한 일만 하니 남에게 폐를 끼치거나 해로운 일을 하지 않는 정직성과 강직성을 가지고 있다. 酉가 워낙 예리하므로 정밀한 작업이나 일을 요구하는 분야에 적격이다. 저장성, 발효성 식품 분야에도 능력을 발휘할 수 있다. 물론 양조기술에도 능할 수 있다.

戌(술): 가을의 마지막으로 모든 인간 활동을 마감하는 곳이다. 19~21시 사이로 土의 모양은 하고 있지만 앞의 酉 기운을 강하게 나타내고 있다. 戌의 지장간에 辛, 丁, 戊의 성질을 내포하고 있다. 寅午戌(火) 삼합운동의 묘지(墓地) 역할을 한다. 즉, 모든 활동성(火)을 잡아 가두는 동작이나 축소 또는 압축하는 기능을 하므로, 즉 여름(火)을 완전히 닫는 운동성을 지녔으므로 저장성 분야의 직업, 저축성, 예술성이 강한 성향을 띤다. 밤을 준비해야 하므로 학문성도 발달하게 된다. 다양한 능력과 변화를 일으킨다. 요양, 숙박, 접객업소, 호텔 등 사람들이 모여 휴식하는 사업이나 시설에도 적합하다.

戌時는 초저녁이므로 공부를 주로 하며 학문과 관련된 여러 분야에 관심과 재능을 소지하게 되어 지혜로우면서 문예에 뛰어난 면모를 보인다. 인간관계는 능동적이기보다 수동적인 성향이 강하다.

戌은 개를 의미하므로 상대에 따라 충성심과 책임감이 강한 면모를 지닌다. 아무리 순종적이라 하더라도 주인이 잘못하거나 마음에 안 들면 달려들듯이 무조건 순종적이지 않다는 점을 알아둬야 한다. 戌을 배우자로 자리 잡고 있을 경우에 앞에서 언급한 土의 성질을 상기하여 그에 상응하는 포용력을 가져야 한다.

亥(해): 천간 壬의 지지 실현이며, 亥時(21~23시)는 잘 시간이며, 야간의 운동성이므로 학문성과 예술성, 교육적인 성향을 많이 띤다. 부부끼리 껴안고 잘 시간이므로 애정적인 성향도 강하게 띠게 된다. 시간적으로 밤중이지만 亥의 물상으로는 바다, 물과 관련하므로 사해 만리로 떠돌아 밤낮없이 물 위를 떠다녀야 하므로 해외와 관련하거나 주변일로 바쁜 일상을 보내면서 역마성, 활동성의 분수를 지킴으로써 발전할 수 있다.

또한 한밤중이라 노출하는 것을 꺼리고 비밀스런 면도 나타난다. 겨울의 시작이므로 동면을 나기 위한 준비를 완료해야 하므로 준비성이 많으며 풍요한 환경을 만들어 낸다. 亥는 돼지를 의미하여 무엇이든지 잘 먹으므로 물질적으로 풍요함을 의미하니 수집력이나 생활력이 강한 특성을 지닌다.

9. 육친(六親)

　배우자 선택에 따른 문제를 풀어나가는 가장 중요한 활용이론이니 빠른 사람은 하루만 하면 되고 천천히 익히고 싶은 사람은 일주일 정도면 알 수 있다. 숙달하려면 몇 번의 반복학습을 하면 된다. 학교 공부보다는 훨씬 쉽다.

　육친에 대한 설명을 성질부터 다 하자면 책 1권도 부족하며 본 저서의 목적과 동떨어진 내용과 시간으로 허비하거나 머리 아파할 필요가 없기 때문에 배우자와의 선택 관계를 파악하는 데 필요한 요소와 성질만을 발췌하지만 여기 나열하는 것만이 전부라고 생각해서는 안 되며, 방법론을 제시하는 것뿐이니 독자 여러분의 상상력과 추리력으로 끝없는 날개를 펼치기 바란다. 때로는 영감으로 와 닿기도 한다. 자신의 자연심리학과 같다.

　여기 나오는 열 개의 단어들은 고유명사로 생각하고 한문은 몰라도 되니 외워두면 도움이 된다. 그렇다고 억지로 외울 필요는 없고 필요할 때 들여다보면 된다. 순수한 우리말로 알기 쉽게 풀어헤치고 싶지만 혹시 흥미가 있어 공부를 더 하고 싶은 사람들은 시중에 있는 모든 책들이 중국 고전을 중심으로 그대로 베껴놓다시피 해 혼란을 막기 위해 그대로 사용했음을 이해하기 바란다.

참고로 현재 시중에 팔자를 풀어주는 방식이나 궁합을 이 육친의 성질을 가지고 설명해주고 있으나 여기에는 수많은 변화와 추리가 가능하므로 자칫 코걸이, 귀걸이 식으로 견강부회하는 경우가 허다하니 만약 그런 기회가 있을 때 내 마음에 와 닿지 않은 내용들은 모두 지워나가면 된다.

육친이란 가족관계를 의미하며 인생의 모든 일이 가족과 주변의 인간관계로부터 시작하기 때문에 육친이란 단어를 사용하여 나타낸다. 오행 서로간의 여섯 가지의 관계를 말하며 木을 중심으로 했을 경우에 木, 火, 土, 金, 水와의 관계 다섯 개와 중심으로 삼은 木(자신)을 포함하여 六親(육친)이라고 이해하면 된다. 여기서 중심으로 삼은 木을 일간 또는 나라고 표현하기 때문에 실제로는 다섯 가지의 관계가 설정되며, 각각 음양으로 나누어지니 열 개의 관계가 성립된다. 다른 오행도 돌아가면서 관계설정을 같은 방법으로 하면 된다.

木은 甲乙, 火는 丙丁, 土는 戊己, 金은 庚辛, 水는 壬癸로 천간의 음양 관계와 지지도 마찬가지로 천간과의 음양 관계에 따라 열 가지 명칭으로 분류되어 해석의 기초가 된다. 오행의 생극에서와 마찬가지로 생극 작용을 하면서 음양끼리의 관계가 형성된다. 가령 사주에 甲(陽의 木)이 일간이라고 했을 때 甲과의 관계가 열 가지로 분류되는데 예를 들면 다음과 같다. 앞에 나온 오행도를 참고하면 이해가 빠르다.

甲과 甲은 비견(比肩): 일간과 오행이 같고 음양이 같은 관계를 비견이라 한다.
甲과 乙은 겁재(劫財): 일간과 오행이 같고 음양이 다른 관계를 겁재라고 한다.
甲과 丙은 식신(食神): 일간이 生하면서 음양이 같은 관계를 식신이라 한다.
甲과 丁은 상관(傷官): 일간이 生하면서 음양이 다른 관계를 상관이라 한다.
甲과 戊는 편재(偏財):일간이 극하면서 음양이 같은 관계를 편재라 한다.

甲과 己는 정재(正財): 일간이 극하면서 음양이 다른 관계를 정재라 한다.

甲과 庚은 편관(偏官): 일간을 극하면서 음양이 같은 관계를 편관이라 한다.

甲과 辛은 정관(正官): 일간을 극하면서 음양이 다른 관계를 정관이라 한다.

甲과 壬은 편인(偏印): 일간을 生하면서 음양이 같은 관계를 편인이라 한다.

甲과 癸는 정인(正印): 일간을 生하면서 음양이 다른 관계를 정인이라 한다.

다른 천간과 지지도 일간과의 관계를 같은 방식으로 읽어 가면 된다. 자연적으로 외워지면 좋지만, 억지로 외우려 하지 말고 알기 쉽게 다음 도표를 참고해서 익히면 될 것이다.

日干	비견	겁재	식신	상관	편재	정재	편관	정관	편인	인수
甲	甲,寅	乙,卯	丙,巳	丁,午	戊,辰,戌	己,丑,未	庚,申	辛,酉	壬,亥	癸,子
乙	乙,卯	甲,寅	丁,午	丙,巳	己,丑,未	戊,辰,戌	辛,酉	庚,申	癸,子	壬,亥
丙	丙,巳	丁,午	戊,辰,戌	己,丑,未	庚,申	辛,酉	壬,亥	癸,子	甲,寅	乙,卯
丁	丁,午	丙,巳	己,丑,未	戊,辰,戌	辛,酉	庚,申	癸,子	壬,亥	乙,卯	甲,寅
戊	戊,辰,戌	己,丑,未	庚,申	辛,酉	壬,亥	癸,子	甲,寅	乙,卯	丙,巳	丁,午
己	己,丑,未	戊,辰,戌	辛,酉	庚,申	癸,子	壬,亥	乙,卯	甲,寅	丁,午	丙,巳
庚	庚,申	辛,酉	壬,亥	癸,子	甲,寅	乙,卯	丙,巳	丁,午	戊,辰,戌	己,丑,未
辛	辛,酉	庚,申	癸,子	壬,亥	乙,卯	甲,寅	丁,午	丙,巳	己,丑,未	戊,辰,戌
壬	壬,亥	癸,子	甲,寅	乙,卯	丁,午	丙,巳	己	丑,未	庚,申	辛,酉
癸	癸,子	壬,亥	乙,卯	甲,寅	丁,午	丙,巳	己,丑,未	戊,辰,戌	辛,酉	庚,申

* 일간을 기준으로 천간과 지지의 육친관계 표

예1	(정인)	(일간)	(상관)	(식신)
	丙	己	庚	辛(천간)
	寅	卯	子	亥(지지)
	(정관)	(편관)	(편재)	(정재)

예2	(식신)	(일간)	(편관)	(정재)
	癸	辛	丁	甲(천간)
	巳	酉	丑	戌(지지)
	(정관)	(비견)	(편인)	(정인)

예 1, 2에서 일간을 중심으로 각 천간, 지지의 관계를 위의 육친관계 표를 참조하든지 또는 스스로 따져가면서 비교해보면 쉽게 이해할 수 있으며 본인의 사주도 펴 놓고 일간을 중심으로 육친의 관계를 설정해 나가면 자신을 파악할 수 있다.

원래 육친이 의미하는 내용은 가족관계로부터 천간과 천간, 천간과 지지 관계의 성질 등에 관한 내용이 수없이 만들어질 수 있는 분야이다. 왜냐하면 육친의 관계도 서로의 심리적 기운의 작용이므로 이로 인해 일어날 수 있는 운동성이나 성질, 성향은 자연이 발하는 무수한 잠재성을 내포하고 있기 때문이다.

아래 설명되는 육친의 성질과 행동양식들을 독자들의 명식을 펼쳐 놓고 대입시켜 가면서 생각해보면 수긍이 가는 부분도 있고 이것은 아 닌데 하는 부분도 있을 것이다. 아닌 부분은 속단하지 말고 두고두고 생각해보면서 자기 계발을 하기 바란다. 그리고 용어에 100% 매달리 지 말고 핵심 줄거리에 여러분의 풍부한 감성으로 가지를 만들어 나가 자기의식과 접목해서 종합하여 결과를 만들어 내면 된다.

1) 비견(比肩)

비견은 서로 어깨를 견주는 성질이다. 즉, 누가 더 나은지 서로 재는 것이다. 그러니 자연 경쟁적인 관계에 놓이게 된다. 가족관계로는 형제를 뜻하는데 밥 한 그릇을 놓고 먼저 차지하려고 다투는 식이다. 가난한 시절 이야기지만 요즘은 밥 가지고 다투는 형제는 없겠지만 부모재산 가지고 다투는 형제는 심심찮게 볼 수 있다. 힘으로 안 되면 어떤 수단이든 이루려고 한다. 그러다 보니 이기적이고 옆 사람을 배려하지 않는 욕심이 앞선다.

땀 흘려서 열심히 일해서 합리적인 방법과 수단으로 이루려는 것보다 한 방에 성취하려는 성향으로 투기성이나 횡재를 꿈꾸는 성질을 내포한다. 그래서 요즘은 부모 상속재산을 많이 차지하려고 형제간에 목숨 거는 사람이 흔하다. 그러나 이런 성향이 진취적으로 활용되면 독립성과 경쟁력, 행동력, 실천력을 갖추게 된다. 특히 독립적인 요소가 강하다. 남 밑에서 월급생활을 견디기 어려워하는 성향이어서 호시탐탐 독립할 기회를 엿보는 타입이다.

비견이 많으면 형제간의 의가 좋지 않은 성향이 있다. 자연 형제가 많다 보니 먹을 것은 한정되어 있는데 입은 많으니 서로 으르렁거리는 꼴이 되기 쉽기 때문이다. 단지 이런 환경 속에서 독립심과 경쟁력이 배양되는 것이다. 그러면 비견 없는 사람의 속성은 그 반대가 될 것이다. 그래서 형제 많은 가정의 아이와 없는 가정의 아이의 성질은 독자 여러분이 판단해도 자명해질 것이다.

또한 비견은 친구와 동료를 의미하기 때문에 비견이 많으면 친구나 주변 사람들과 어울리는 것을 좋아할 수 있는 성향을 지니므로 자칫 가정에 혼자 있는 아내를 아랑곳하지 않고 바깥에서 친구나 동료들과 어울리는 시간을 많이 가지므로 부부관계가 악화될 수 있는 가능성도 있다.

물론 남자가 바깥에서 친구들과 어울리는 것을 더 좋아하는 아내라면 더 말할 필요가 없겠지만 대부분 그렇지 않다. 신혼여행 첫날에도 친구들과 술 마신다고 신부 혼자 첫날밤을 새게 하는 남자들 이야기가 가끔 들리는 것도 이와 같이 그 남자는 비견이나 비겁이 많으면서 다른 글자의 도움을 받지 못하는 남자임에 틀림없다. 이는 두 사람의 미래에 불행을 예견할 수 있는 징조이며 전주곡이다.

그렇다면 나 자신과 배우자는 어떤 성질이 더 조화로운가를 파악할 수 있다. 즉, 나는 아무리 경쟁력과 독립심이 강하여 많은 재력을 과시한다 하더라도 과정을 무시하는 비합법적·비합리적인 성질의 사람은 싫다고 하면 판단의 재료가 분명해지는 것과 같다. 이와 같이 독자들도 비견의 본질을 가지고 여러 가지 장·단점에 관련된 성향들의 가지(枝)를 만들어 나갈 수 있기 때문에 상상력을 발휘하라는 것이다.

재운(財運)이 동행해준다면 사업적 독립의욕이 더욱 강하게 작용한다. 독립성은 강하나 본인의 능력이나 환경, 조건 등을 고려치 않은, 고려했다 하더라도 간과한 요소가 많아 다소 경솔한 과감성 요인도 내포하고 있다.

남의 밑에서 인내하지 못하는 성정으로 인해 성급한 행동유발 가능성이 있다. 그리고 상급자와 조화를 이루기 힘든 상황으로 몰고 갈 수 있는 가능성이 있다. 그러나 동료, 부하들에게는 잘한다. 지혜롭지 못한 우월감, 자존심으로 상황 오판 가능성 요인도 있다. 건강할 수 있는 요소다. 비견 없으면 독립성, 건강성, 사업성 인자 모두 약하다.

사업성 조건이 안 좋아도 할 것이다. 운이 안 좋아도 호시탐탐 독립의 기회를 노린다. 운이 도와주면 뒤에 나오는 겁재와 함께 大財를 장악할 수 있는 힘들이다.

육친관계로는 형제, 동료, 친구를 나타내며, 이들과 횡적 관계 속에서 크니 경쟁심이 유달리 발달되어 있다. 먹을 것은 하나인데 먹을 사람은 많으니 자연히 동작이 빨라야 먹는다. 비견이 많은 사람들 중 스포츠, 군인, 특수 조직 등에서 능력 발휘하는 사람이 많다.

유년시절(연월)에 비견이 많으면 친구들이 많아 공부에 지장을 받기도 한다, 공부 안 할 때는 비견 있는 아이일 경우에는 경쟁심을 유발하면 잘할 수 있다. 그렇다고 지나치면 안 된다. 공직이나 자기사업 모두 가능한 재능이 있으나 환경조건을 잘 고려해야 한다.

사주의 연월에 비견과 겁재로 채워져 있으면 공부로서 어떤 목적을 성취해야겠다는 생각보다는 경쟁과 투쟁적인 일에 역점을 두는 경향이 있다. 밖에서 뛰놀기 바쁘다. 여기서는 비견이라는 하나의 성질만을 두고 설명하는 것이니 최종 결정은 다른 글자와의 관계를 종합하여 결론을 내려야 한다.

예를 들면 형제나 친구관계가 많더라도 원만하려면 뒤에 나오는 식신이나 상관이 있어줘야 한다는 것이다. 식신과 상관의 역할은 능력을 발휘하고 재능을 발산하는 성질이므로 자신이 갖고 있는 투지나 의지력도 이와 유기적 관계를 유지할 때 경제적인 활동 능력과 인간관계도 원활하게 갖추게 된다. 그래서 하나의 성질만 가지고 속단해서는 안 된다는 것이다.

시중에 있는 거의 모든 책들이 비견(겁재, 상관, 편인, 편관)을 흉신이라 하여 나쁜 역할과 성질에 비유해놓았는데 수백 년 동안 전해온 중국 고전들이나 일본 책을 무조건 베껴 쓰다 보니 하나같이 그와 같은 현상을 빚어내어 억지로 끼워 맞춰 해석하고 있는 실정이니 다른 책들을 본 경험이 있는 독자들의 이해를 위해 언급해 둔다. 수백 년 동안 현실 상황의 변화를 고려하지 않은 채 무비판적으로 전수받아 중국 고전을 무슨 바이블처럼 맹신하고 있는 결과라는 것을 참고하면 된다.

한마디로 무조건 중국 한자의미에 끼워 맞추고, 자기도 잘 모르는 한문을 가지고 희롱하고 있는 꼴이다. 잘 모르거나 설명이 잘 안 되면 고서에 어쩌고, 저쩌고 하는 식이다. 이현령비현령 식으로 운명을 풀이하는 경우도 허다하니 함부로 해서 남의 운명을 그르쳐서는 안 된다는 것을 새겨두어야 한다.

각자 사주에 필요 없는 육친은 하나도 없다. 전부 다해도 열 가지인데 실제 사주에는 일간으로 중심으로 모두 일곱 가지밖에 짝이 안 되는데 어찌 안 좋은 게 있을 수 있겠는가. 그래서 인간은 사주가 아무리 잘 짜여도 누구나 모자라게 되어 있다.

가령 한두 가지의 글자로 몰려 있다 하더라도 없는 글자 찾아다니지 말고 있는 글자를 써야 자기 분수에 맞는 인생을 살게 되며, 없는 글자를 찾아 살게 되면 일시적으로 좋아지는 경우도 있겠지만 결국은 꼬이는 인생역정이 되고 마는 법이다. 이는 운의 흐름에서 없는 글자가 들어와 일시적으로 변화를 주었다가 그 운이 사라지면 일시에 사라지는 현상과 같은 것이다. 봄이 왔다고 해서 늘 봄이 아니듯이 때가 되면 변하게 되어 있는 게 자연법이다.

이와 같은 인생이 우리 사회에 무수히 많다. 어쩌면 이런 현상들이 개인적·가정적·사회적 불안의 한 요인이 될 수 있다. 문제는 모든 게 본인의 선택에 따라 운명의 행로는 달라지며, 또한 선택의 여지가 많은 기운이 사주 속에 녹아 있다.

2) 겁재(劫財)

겁재는 같은 오행에 음양만 다르기 때문에 비견과 대부분 비슷한 경향이지만 획득하는 능력에서는 강약의 차이가 있다. 재를 겁탈할 수 있는 능력과 겁탈 당할 인자도 동시에 갖고 있다. 겁탈이란 불법성의 의미도 내포하고 있지만 획득하기 위한 각고의 노력을 할 수 있다는 뜻이다. 의욕이 넘치거나 욕심이 앞서다 보면 불법도 저지를 수도 있는 성질이다.

여기서 재(財)는 재물만이 아니라 남자의 경우에는 여자(배우자)에 해당하기 때문에 남의 여자도 탐할 수도 있는 기질과 가능성은 경우에 따라 항상 상존할 수 있는 성향이다. 또한 여자를 밝히는 성향이기도 하다. 이는 성적(性的) 호기심 때문이지 애정문제가 아니다. 가정과 아내를 지키면서 이런 일을 저지를 수 있기 때문에 이런 배우자를 가진 여자는 신경을 써야 할 대목이다.

재화의 획득 면에서도 더욱 강력한 힘과 기질을 발휘한다. 큰 부자들이 겁재가 많은 이유는 빼앗고 획득하기 위해 갖은 수단의 노력은 물론 다재다능한 능력을 발휘한다. 이렇게 비견이나 겁재가 많아 많은 재물을 취득한 사람들이 아내도 한두 사람이 아닌 현상을 나타내는 것도 財의 맥이 상통하기 때문이다. 현대를 살아가는 데는 유익한 존재다. 현대사회는 합법과 합리의 테두리에서 일종의 전쟁을 치르고 있는 양상이니 더욱더 유능한 존재일 수 있다. 그러나 인간적인 면에서는 양면성을 지니고 있다.

겁재는 억눌려 있다가 터지는 폭발성과 같은 힘을 발휘한다. 겁재는 큰 재물을 장악하는 힘이다. 상경계열, 행정계열에서 능력을 발휘하는 사람이 많으며, 자기사업으로 나가는 경우가 많다. 굉장한 에너지를 함축하고 있기 때문에 좋지 못한 환경에 처하면 범죄의 유혹에 빠지기 쉬우며, 포악성, 난폭성도 나타낼 잠재성도 있다.

재물을 획득하려다 보면 무리하거나 분에 넘칠 수도 있어 오히려 재물을 거들 내거나 많은 손실을 초래할 요인도 함께 가지고 있어 재물 분탈, 사업부도, 배신, 손재의 요인이 되기도 한다.

육친관계는 비견과 대부분 같으나 형제 중에 여형제, 이복형제를 의미하기도 한다.

3) 식신(食神)

일간이 生하면서 음양이 동일한 오행이므로 자신의 타고난 재능이며, 능력을 발휘하고, 배설하는 자리이기도 하다. 여기서 배설은 정신과 육체 전부를 의미하므로 표현과 연출의 능력이며 건강과 직결된다. 인간의 모든 활동이 첫째는 먹는 것과 연결되어 있다. 먹기 위한 모든 활동인자가 식신이다. 의식주 활동을 위한 일, 지식, 육체적 근로행위, 생산 활동을 통한 제반 활동영역을 내포하고 있다.

모든 직업 활동의 근거와 능력이 여기에 있다고 할 수 있다. 재화를 획득하기 위한 직접적 능력인자이기 때문이다. 성격적으로 총명, 명랑, 표출, 원만하다.

자신의 능력과 내면을 표현하는 인자이기 때문에 낭만적이고, 명랑하며, 예술적 감각을 띤다. 한마디로 요약하면 어떠한 생산을 하더라도 생산의 동력(능력)이라는 점이다.

육친으로는 여자한테는 자식(아들), 남자한테는 조모, 장모, 남녀 모두에게는 아랫사람(부하, 종업원 등), 생식기가 된다. 아무리 좋은 성질을 많이 가진 육친이라 하더라도 너무 많거나 세력이 미약하면 고유한 능력을 발휘하지 못하는 부작용이 따른다는 것이다. 너무 지나쳐도, 너무 모자라도 좋지 않다는 자연의 이치에 기인한다(過猶不及).

식신이 있는 여자와 없는 여자는 결혼 의욕의 강도가 다른 이유가 여기에 있다. 즉, 식신이 있는 여자는 자식 생산의 의욕이 강하게 작용한다. 사주에 식신이 없더라도 식신 운이 들어오면 결혼하고 싶은 마음이 불현듯 드는 이유이기도 하다. 나도 모르게 환경적·심리적·육체적으로 그런 의욕과 환경이 조성된다. 사주에 식신이 건강하게 자리 잡고 있는 경우에는 이혼을 해도 자식은 여자가 책임지는 경향이 높은 이유이다. 자식에 대한 애착이 남자보다 강한 이유도 식신과 연관한 육친관계에서 알 수 있으나 뒤에 나오는 내용을 알아야 이해가 되기 때문에 뒤에서 다시 언급할 것이다.

남자의 식신은 위에서 언급한 활동력과 건강을 망라하지만 성욕의 강약을 가늠할 수 있는 척도가 된다. 자신의 생식기를 의미하기 때문이다. 그러면 남자가 식신이 없으면 생식기가 없느냐 하면 그런 게 아니고 왕성한 건강성을 의미한다.

여기서 많다, 적다 또는 세력이 있다, 없다는 용어가 자주 등장하는데 그 개념의 차이로 혼란을 일으킬 수 있으므로 언급해둔다. 사주팔자 중에 천간에 한 자만 있을 경우는 세력이 약하다, 미약하다고 표현하고, 천간 하나와 지지 하나가 있으면 가장 바람직한 기운의 힘이다. 그중에 천간과 지지가 한 줄로 나란히 서 있을 때가 가장 아름답다. 이때는 그 기운을 실현하기 위해 반드시 노력을 다한다. 그리고 다른 방해가 없는 한 이루어 낸다.

더 나아가 월간, 월지로 이루어 져 있을 경우가 최상이다. 많은 것은 위 경우 외에 천간, 지지 어느 쪽이든 한 자라도 더 있는 상태이며, 더 많은 것은 득보다 해로움이 클 수도 있는 것이다. 그 글자가 사주 속에서 어떠한 위치에 있느냐에 따라 또는 균형을 이루고 있는 모양에 따라 반갑게 쓸 수도 있고 해가 될 수 있다. 이는 사례를 들어 설명하면 이해가 빠를 것이다. 미약한 것도 없는 것보다는 좋은 영향을 미치는 것이다.

예	(정인)	(일간)	(정관)	(비견)
	戊	辛	丙	辛(의대생 男)
	子	丑	申	丑
	(식신)	(편인)	(겁재)	(편인)

여기서 일간 辛(金), 월지 申(金), 연간 辛(金)과 같이 천간 두 개, 월지 한 개가 같은 오행의 음양 기운을 가지고 있어 세력이 강하다고 표현한다. 특히 申월(초가을)에 태어나 계절의 기운이 가장 뚜렷한 곳이 월지이기 때문에 특별한 장애가 없는 한 어떤 기운도 월지의 기운을 압도할 수는 없다. 아이가 태어날 때 태어난 월의 계절 기운이 가장 강하기 때문이다.

즉, 봄, 여름, 가을, 겨울이 뚜렷하기 때문이다. 그중에서도 각 계절의 한가운데가 가장 강한 계절의 기운이다. 따라서 일간 辛의 세력이 가장 강하게 작용하고 있다고 보면 된다. 그러니 자연히 자기주장이나 고집도 세고 자아가 강한 성품의 소유자라는 것을 사람을 보지 않아도 알 수 있는 것이다. 辛(金)이 갖고 있는 성질을 추론하여 그대로 적용하면 된다.

지지 丑(丑 중 辛금) 두 개가 일간을 도우면서 받쳐주고 있어 더욱 힘을 받고 있으며 이렇게 축적된 힘을 발산하지 못하면 쓸모가 없어질 수 있으니 식신 子(金生水) 가 능력을 뚜렷하게 발휘하게 하니 학생으로서 공부도 잘하게 되는 것이다. 이 사주의 성정을 파악하기 위해서는 비겁의 세력과 식신이 좋은 관계로 연결되어 있으므로 비겁(비견과 겁재)의 좋지 않은 성향들은 식신을 통해 배설되므로 순화되어 더욱 밝고 건강하며 총명한 성정을 품게 된다는 것을 식신의 성질을 그대로 적용하면 된다. 독자 여러분은 '여기에 나오는 용어가 이렇게 쓰이는 구나' 하고 개념만 파악하고 숙달되면 자기 자신을 적용시켜봄으로써 상대의 관찰도 더욱 명료해질 것이다.

필자가 이 예를 들어 할 이야기가 수도 없이 많지만 지금 그 이야기를 풀어놓으면 다른 관련 내용을 아직 모르기 때문에 여러분의 혼란이 가중될 것을 염려하여 용어의 적용에 이르는 이해만을 목적으로 지나간다는 점을 밝혀둔다. 모두 연관성을 갖고 있기 때문에 앞으로 계속 반복될 것이다.

4) 상관(傷官)

상관의 능력은 어떤 환경에서도 적응해 나갈 수 있는 다양한 소양을 지니고 있다. 식신과 비슷한 성향을 나타내지만 식신은 자연적인 생산이라면 상관은 인공적인 노력을 가미한 가공생산의 성질에 가깝다. 즉, 어떤 물건을 만들든지 팔든지 하더라도 여기에 각종 장식을 가하여 한껏 남의 시선을 끌 수 있도록 멋을 부린 행위를 뜻한다. 창의적이라고 할 수 있다. 옷을 입어도 스타일과 외형에 신경을 많이 쓸 뿐만 아니라 센스 또한 탁월하다.

천재성 인자가 있으나 자만(自慢)이 병(病)일 수 있다. 살아가는 데 있어서는 만능선수와 같다. 어떤 상황에 처해도 무슨 짓을 해서라도 먹고 살 수 있는 수단을 강구하는 인자의 소유자다. 사람의 위치에 따라 차이가 있지만 거의 안 본 것 없이 다 해보고 사는 사람들이 많은 이유가 여기에 있는 것이다. 그래서 인생의 파란곡절도 많을 수 있다.

식신과 상관은 풍류심, 유흥성이 있으나 상관이 더 유흥적이라 특히 남녀 모두 자칫 음주 가무에 빠지다보면 색정으로 인해 풍파를 초래할 수 있으니 조심해야 할 일이라는 것을 부언해둔다. 식신과 또 다른 차이는 목적 성취를 위해서는 법과 규정을 어기고, 허물 수 있는 인자를 가졌다는 것이다. 어찌 보면 법을 초월할 수 있는 유능한 요소로 볼 수도 있지만 허물어질 때는 걷잡을 수 없이 무너진다.

운전을 하든지 보행 중에 단속이 없으면 교통 신호나 법규를 예사로 위반하는 사람들은 대부분 상관이 제어 받지 못하는 사주 구조를 가진 사람이다. 거의 99%다.

법창에 비치는 대부분의 사람이 이 상관을 한두 개 이상은 가지고 있다. 다 보지도 않고 어떻게 그렇게 단언할 수 있는가? 단언할 수 있다. 인간이 이런 자연의 기운을 벗어날 수 없기 때문이다. 시간이 있는 사람은 조사해보면 된다.

타인의 비리나 잘못은 예리하게 꿰뚫어볼 수 있는 능력의 소유자가 많으며 남의 잘못은 잘 용서하지 못하나 자신한테는 관대한 성향을 보인다. 이런 사람은 어떤 일을 선택하느냐가 성패를 결정하는 중요한 요인이 된다.

인생을 살면서 가장 신경 써야 할 부분이다. 만약 이런 사람이 검사나 판사가 되었다고 한다면 어찌 되겠는가. 만약 판, 검사가 안 되었다면 아마 판, 검사 앞에 서는 사람이 될 가능성이 크다. 상상해보시라. 만능의 재주와 능력을 가지고도 임자(운)를 잘못 만나면 변태를 낳게 된다.

자존심과 명예심은 강하여 이를 건드리면 분개하며 칼같이 관계를 잘라버린다. 복수의 칼을 갈 수도 있다.

육친관계는 식신과 같다. 여자한테는 보통 딸로 본다. 그러나 식신과 상관이 꼭 아들과 딸로 구분되지 않을 수도 있다. 육친관계는 사주 모양이 혼잡스럽지 않고 뚜렷한 구조일 경우에 일치할 확률이 높다. 육친관계는 참고내용이지 100%의 정확한 결과를 뜻하는 게 아니라는 것이다. 이런 걸 두고 맞는 사람이 있고 안 맞는 사람이 있어 혼란을 주고 미신의 탈을 쓸 수 있는 것이다. 이런 것도 모르고 마구 휘두르는 사이비들 때문이다. 맞으면 쪽집게고 안맞으면 말고 식이다.

5) 편재(偏才)

재화(財貨)를 획득할 수 있는 강력한 성질로서 무엇이든지 수단으로 삼으며, 얼마나 버느냐가 편재가 가지고 있는 본질이다. 재를 위한 역동적 활동성으로 횡재, 투기적인 일도 마다하지 않아, 재의 흥망이 교차할 수 있다. 세상의 돈이 다 내 돈처럼 느껴질 정도로 묘한 자신감으로 충만해 있으니 자신의 욕망과 흥망성쇠의 기복을 얼마나 조절하느냐가 관건이 된다.

활동무대(시장성, 국제무역, 세계시장), 융통성, 사업성, 공익재산(관리), 유통성, 비조직적 활동 성향이 대표적이라 할 수 있다. 財的인 성쇠부침을 심하게 겪을 소인도 내포하고 있다. 한때는 수천억을 만지다가 운이 다하면 길거리의 담배꽁초도 주워 피우는 신세일 수 있다. 그래도 큰 소리 친다.

입담도 좋고, 포용력도 있으며, 일 처리도 뛰어난 편이다. 그러나 운이 기울면 포악성, 방탕, 방종, 변태적 성행위 등 전혀 다른 양면성을 드러낼 수 있는 기운을 내포하고 있다. 좋을 때는 아주 정(情)이 두터운 양상을 띤다. 즉, 상황에 따라 변하는 복잡 다양성을 지녔다.

식상(식신과 상관)의 도움을 받는 별이 편재이기 때문에 사주에 식상이 없고 편재만 있을 경우에는 도박, 사기, 투기성에 휩쓸리기 쉬운 성향을 띤다.

육친 가족으로는 남자에게는 아버지, 아내, 애인, 첩, 여자에게는 아버지와 시어머니를 의미한다. 남자에게 편재가 많으면 여자가 많을 수도 있고, 없을 수도 있다. 이는 과다로 오는 조절 기능이 상실된 탓이다. 남녀 막론하고 적용되는 아버지의 기운이 젊은 시절에 가장 영향력을 많이 미치며 미래를 결정하는 중요한 요인이 된다. 남자로서는 다음에 나오는 정재가 없을 경우 정부인으로 대용하기 때문에 남자의 배우자 운명에 결정적 요인이 된다. 편재인 아내는 가정적이기보다는 대외 활동적이다. 직업을 가진 아내면 더욱 편재 기운이다. 편재 아내에게 모든 걸 바라면 안 된다. 자연적으로 가정에는 소홀하거나 빈틈이 생기기 마련이기 때문에 남편이 외조를 해야 인연을 오래할 수 있다. 이게 싫으면 인연을 오래할 수 없거나 서로 떨어져 살면서 발전해 나가거나 해외업무 등으로 직업상 헤어져 살면 오랜 인연이 된다.

6) 정재(正財)

정당한 노동의 대가만을 취득하는 안정적 수입, 고정적 · 합법적 수입 요소를 갖고 있다. 고정적 봉급생활자, 임대 또는 이자 수입 등 고정수입자 성향을 가지고 있으므로 직업과 전공은 다양성을 가지고 있다. 월급생활자는 전 분야에 걸쳐 있기 때문에 전공은 어떤 분야이든 안정적 환경을 땀 흘려 추구하는 성향을 띠고 있어 직업도 다양할 수밖에 없다. 단지 월급으로 재산을 불려가는 타입이다. 가장 안정적이고 정상적인 길을 선호한다. 한마디로 모범생이다. 반대의 입장에서 보면 고지식하고 융통성이 없어 보인다.

철밥통 같은 직업분야는 정재들의 선호 대상이 된다. 정재의 본질은 재(財)가 보장되지 않으면 움직이지 않는다. 이를 기본으로 사고력을 확장하시라. 그렇다고 수전노 등의 성질과 관계 짓지 마라. 거리가 멀다. 정재 있는 사람은 배우자의 경제적 조건을 먼저 떠올린다.

성실, 노력, 근검, 보수, 인색, 책임, 안정, 정확, 명예, 신용, 번영, 고정성 등이 트레이드마크다. 모험이나 변화, 도전, 투기성과는 정반대의 성질이다. 대부분 국가나 사기업이든 조직의 성실한 일꾼들이다.

육친관계로는 남자에게는 본처이면서 모범 아내를, 여자에게는 편재가 없을 경우 아버지, 시어머니로 대용(代用)한다. 편재와 정재를 다 갖추지 않았을 경우에는 아버지도 아내도 없다는 이야기인가. 그렇지 않다. 사주 이전에 인간이란 팔자가 있다.

인간으로 태어나면 누구나 겪는 일을 인간이 가지고 있는 공통적인 팔자라고 말한다. 인간이면 누구나 때가 되면 짝을 맺도록 만들어놓았다. 그렇기 때문에 누구나 짝이 있게 되어 있다. 그래서 사주팔자에 없다고 해서 없는 것이 아니다. 사주에 나타나지 않은 것은 그만큼 드러나지 않았으므로 약한 모습(병들거나, 미약한)이나 보이지 않는 모습(일찍 죽거나, 떨어져 있는 상태)으로 존재하기 쉽다는 추론을 할 수 있다. 앞으로 구체적인 육친의 상호관계를 재론해 나갈 것이다.

그래서 세력이 뚜렷한 것과 그렇지 않은 것을 구별하게 되는 것이다. 즉, 남자에게 정재는 없고 편재만 있다고 하면 편재 성질의 배우자를 얻게 된다.

정재는 현모양처 형이다.

7) 편관(扁官)

편관의 본질은 내가 마음대로 할 수 없는 환경 조건이라고 생각하면 된다. 편관은 일간인 나를 제어 통제하는 힘이 가장 강한 성질을 가졌기 때문에 나를 꺾을 수 있는 유일한 상대다. 이를 칠살(七煞)이라는 말로 표현하기도 한다. 천간이나 지지의 순서에서 일곱 번째로 오는 일간을 제압하는 기운이란 뜻이다. 질병이나 세균을 의미한다.

그러나 편관이 없으면 조직생활하기가 힘들어진다. 직장생활의 환경은 일면으로는 편관들로 둘러싸여 있다고 볼 수 있다. 즉, 일이나 직장을 의미한다. 반대로 편관이 있으므로 난관들을 극복해 나가는 힘이 생기는 것이다.

메기와 미꾸라지를 같이 넣어놓으면 혼자 있는 미꾸라지보다 더 생명력이 길고 활발하며, 눈알이 또록또록해지면서 더욱 오래 산다. 사람도 대적할 적이 있거나 경쟁할 상대가 있어야 발전하고, 대적할 강한 힘을 갖추는 이치와도 같다. 그래야 생기(生氣)를 유지해 나간다. 직장생활을 오래하다가 정년이 되어 나와서 하는 일 없이 세월을 보내면 빨리 늙고 시들어 가는 것도 같은 맥락이다. 심지어는 건강하던 사람이 갑작스런 죽음을 맞이하기도 한다.

뒤에 나오는 인성과 짝을 짓게 되면 출세 지향적이 된다. 출세나 목표를 위해서는 엄청난 인내력을 발휘하는 심리구조다. 자기를 희생시킬 능력이 병존해 있다. 보수적이고 권위적인 양상을 띤다. 집에 오면 왕 노릇하는 타입일 수 있다. 여기에 순응할 수 있는 여자가 짝이 되어야 가정이 순탄할 수 있다.

가족 육친으로는 남자에게는 자식, 여자에게는 남편이 된다. 자식이 아버지를 극하고, 남편이 아내를 극하는 관계이다. 여기서 극한다는 의미를 못살게 괴롭히는 뜻이 아니고 그 기운을 누르고 지배한다는 뜻으로 이해하면 된다. 앞에서 언급했던 克(극)도 음양 짝이라는 개념을 기억해두자. 인생을 살아가는 데 가장 중요한 것이 짝이다. 짝이 없으면 발전이 힘들거나 지연요소이며 어려운 삶이다.

그러나 요즘은 남편이 아내를 제압하려고 해서는 안 되는 시대에 살고 있다. 그렇기 때문에 편관이 옳은 편관 역할을 못하고 있다는 점을 감안해야 한다. 편관의 남편은 남편으로서 한쪽이 결핍된 모양을 취하고 있다. 즉, 애정, 동거, 돈 등을 다 갖추기에는 무리가 따른다는 뜻이다. 이 중 하나를 포기하면 오래 인연할 수 있다는 의미다.

그러나 자기 사주에 뒤에 나오는 정관이 없고 편관밖에 없을 경우에는 편관 남편과 살아가라는 게 기본 설계이다. 그런데 이를 무시하고 욕심을 피워 이상적인 조건을 찾아 헤맨다거나 설령 이런 조건을 충족시키는 정관 남편을 만나 결혼했다 하더라도 레일 위를 달리는 인생열차가 목적지에 도착하기 전에 탈선할 수 있는 가능성을 예견해준다. 왜냐하면 설계도, 즉 분수에 벗어난 길을 찾아가기 때문이다.

배우자 선택에 다음에 나오는 정관과 더불어 결정적 요소가 되니 잘 익혀야 한다. 육친관계로는 배우자 의미 외에도 직업, 일, 승진, 출세(명예) 등을 의미한다.

8) 정관(正官)

정관의 본질은 모범생, 모범 공무원, 모범 가장, 모범 자식, 모범 남편, 상품으로는 정품, 규격품으로 생각하면 이해가 빠를 것이다. 어느 분야로 가든 모범인이라는 것. 관료나 조직 계통의 진출 분야는 편관과 비슷하지만 편관보다는 온화하고 합리적인 사고를 내포하고 있어 공평무사, 정의, 질서, 규정준수, 단정한 면모를 갖추고 있는 것이 특징이다. 사상이 규칙과 합법적이다.

특히 명예를 중시하므로 남을 딛고 자기목표를 추구하지는 않는다. 어떤 조직이든 명신(名臣)에 이르기까지 참모 역할을 감당할 수 있는 능력을 갖고 있다. 자기 제어, 통제나 조절능력을 갖추고 있다. 국가 조직에 알맞은 성질이다. 사기업은 경영목표를 달성하기 위해서는 수단 방법을 가리지 않는 도전과 저돌성은 좋으나 필요에 따라 불법이나 탈법을 불사하는 경우도 있기 때문에 서식하기가 힘들어진다.

이런 환경과 동떨어진 일을 할 수 있다면 상관없다. 이런 내용을 알 수 있는 인사 담당자가 있다면 적재적소에 인재를 배치할 수 있다. 육친으로는 남자에게는 자식, 여자에게는 모범 남편이 된다.

편관 자식과 편관 남편의 차이는 자식과 남편이라도 편관과 정관의 성질을 가진 남편과 자식일 것이다.

여기서는 독자들의 배우자 선택만을 위한 공부가 목적이기 때문에 공부를 더하여 가족 간의 관계와 운명적인 내용을 더 많이 알아보고 싶은 독자들은 그 방면으로 공부하면 되지만, 필자 생각으로는 소소한 운명과 미래는 알 필요가 없다고 본다. 자칫 잘못 알거나 알았다 하더라도 목표점이 보이는 것과 보이지 않는 것에 대한 심리와 행동, 추진력은 달라진다. 이에 대한 판단은 독자들의 몫이다.

큰 흐름으로 볼 때, 나아가고 물러설 줄 아는 능력 정도만 알면 되지 더 깊이 안다는 것은 오히려 삶에 방해만 된다는 생각이 든다. 흔히 미래를 알아 준비한다고 하지만 사실은 뜻한 대로 되지 않다는 데 있다. 또한 미래를 다 안다고 가정하면 무슨 희망으로 인생을 살아가겠는가.

인생의 맛은 결과야 어떻든 희망이라는 것을 간직하고 살아가는 데 있다고 생각한다. 만약 미래를 알고 싶어 하는 인간의 본능적인 욕구라 하더라도 미래에는 달콤한 내용만 있는 게 아니다. 그 속에 좌절과 절망의 내용으로 미래가 점쳐져 있다면 무슨 가치를 발하겠는가.

그렇다고 암울한 미래만을 생각하고 살 수 있겠는가. 여기에 저자의 구구한 설명이 필요 없이 현명한 독자들 판단의 몫이라고 하는 이유다.

곁들여 남의 운명과 미래를 정확하게 꿰뚫고 있는 사람이 전국에 몇 명이나 있겠는가. 그리고 22字라는 간지의 좌표점을 가지고 100% 읽어 낼 수도 없다는 한계를 근본적으로 갖고 있다. 그러나 가장 근사하게 접근하여 알 수 있는 영역만을 놓고 이야기할 경우 남의 운명을 그르치지 않고 담아낼 수 있는 위인은 아마 한두 사람이나 될까 의심스럽다.

저자가 전국 구석구석을 살피고 다니면서 조사해본 것도 아닌데 어떻게 한두 명 이내 정도로 추정하느냐 하면 언론이나 인터넷 기타매체로 통해 알려진 도사라는 분들을 만나본 결과다. 물론 그분들을 폄하하는 뜻은 전혀 아니다. 한둘이라는 숫자는 저자가 모르는 미지의 세계가 있을 수 있다고 가정하고 무조건 던진 여백일 뿐이다. 그리고 이 학문이 갖고 있는 한계성을 초월할 수는 없다는 것이다. 초월한다면 그것은 神일 뿐이다.

여하튼 독자들 중 미래에 대한 상담 기회가 있더라도 이런 점을 참고하고 자기 운명은 자기만큼 알 수 있는 사람은 이 세상에 아무도 없다는 것을 알고 임하기 바란다. 전국에 무속인을 포함해 역술업에 종사하는 사람이 약 50만 명 이상으로 추산되고 있으나 남의 인생을 그르치지 않도록 할 수 있는 사람은 거의 없다고 보면 된다. 이를 할 수 있는 사람은 자신뿐이다.

가령 사주를 보거나 점을 보러 갔는데 무슨 동에 살고 있다든가, 사귀는 사람이 김 씨 성을 가진 사람이라든지, 어디로 이사를 간다든지, 아파트 몇 층에 살고 있다든지, 남편이 바람을 피우고 있다든지, 당신의 성씨가 박 씨라든지, 자녀가 가출했다든지 등등 족집게처럼 맞혔다고 해서 100사람을 앞에 세워놓고 다 맞히는 게 아니다. 이렇게 일치될 때가 있을 뿐이다. 독자들도 이 공부를 하다 보면 이런 기교를 부릴 수 있는 능력을 포착할 수 있다.

이렇게 족집게 같이 신변잡기를 알아맞혔다고 해서 자신의 인생에 뭐가 달라지느냐? 이런 걸 믿는 마음으로 신뢰를 보내니 자신 스스로에게 속게 되는 것이다. 사기꾼한테 속은 것이 아니라 내가 나한테 속은 것이라는 것을 알아야 한다.

그래서 내 운명을 남한테 맡기지 말라는 말을 수없이 반복하는 것이다. 길거리나 인터넷에서 부담 없이 싸다고 해서 재미로 보다가는 자신의 인생을 그르칠 수 있다는 것을 명심해야 한다. 재미로 끝내지 않는 일이 허다하기 때문이다.

9) 편인(偏印)

나를 生해주지만 본질은 계모라고 이해하면 된다. 여기 계모는 친엄마보다 잘해주는 계모가 아니라 구박하고, 못살게 굴고, 밥도 잘 안주고 굶기는 악덕 계모의 성질을 의미한다. 이 밑에서 자라는 아이는 눈치, 코치가 발달하게 되고, 자기의 고된 환경을 벗어나기 위해 엄청난 연구와 노력을 암암리에 기울일 것이다. 계모의 구박에 아예 피어나지 못하는 경우도 있다.

이런 환경에서 남들이 흉내 낼 수 없는 기발하고 특수한 재능이 잉태되는 것이다. 편인의 오행 상 성질은 나의 활동근거인 식신과 상관을 억제하는 성질을 가지므로 밥그릇을 뒤엎는다는 뜻으로 여타 책에서는 도식(倒食)이라는 용어를 쓴다.

여명에서는 식신, 상관이 자식을 의미하는데 식상을 억제하는 기운이니 아이들의 생장이나 발육에 방해 기운이 되며 질병을 가지고 태어나는 경우도 있다. 따라서 출산에도 힘든 영향을 미치게 된다. 만약 운이 편인 운으로 흘러가면 아이의 건강이나 발달에도 좋지 않은 영향을 미치게 된다. 그렇지 않은 경우는 서로 멀리 떨어져 살거나 해외에 있을 경우에는 괜찮을 수 있다.

자기가 좋아하거나 마음에 들면 그 분야에 집념이 강하다. 한 가지 일에 빠지면 헤어 나오기 힘들다. 따라서 전문적이다. 기인들이 이런 성향을 많이 띤다. 번뜩이는 지혜가 있다. 어떤 분야든 장인의 재능을 함유하고 있다. 편집광적인 성향이 강하다 보니 인간관계는 원만하지 못한 내면을 갖고 있다.

활동근거인 식상을 억제하고 밥그릇을 뒤엎어버리고 살아가기 위해서는 특별한 재능이나 특기를 넘어 신통력을 갖춘 재주, 실력, 자격, 임기응변이 있다. 남이 갖지 않는 차별화된 능력의 소인도 있다. 행동력은 약하지만 순발력은 강하다. 이공계통의 엔지니어, 의학 등 자격증 분야에서 탁월한 능력을 발휘하는 사람이 많다. 문학과 예술 분야도 마찬가지다.

사자와 같은 생존 방식, 즉 빨리 포기하고, 새로운 도전을 시도한다. 능력 면에서 식신, 상관과 짝이 되면 표출하는 형태의 일에는 어떤 분야든 재능을 발휘하게 된다. 한 번 동기가 부여되면 한없이 몰두하거나 빠져들지만 그런 목표점을 잃으면 쓸모없는 사람으로 전락하기도 쉽다.

가족 육친으로는 계모나 정인이 없을 경우에는 어머니로도 해석하기도 한다. 결혼을 결정하기 전에 상대 사주에 정인이 없이 편인만 있을 경우 또는 정·편인이 동시에 있을 경우에는 어머니가 하나 아니면 둘일 수도 있으나 이는 반드시 일치하는 것이 아니고 사주팔자의 구성요소에 따라 다르게 나타나니 여기에 꼭 얽매일 필요 없이 참고로 하면 된다.

정·편인(인성)이 혼잡되어 있으면 재능 면에서는 떨어진다.

10) 정인(正印)—인수(印綬)

일간을 돕는 성질로는 편인과 같지만 편인은 식신을 통제하고, 정인은 인수라고도 하며 특히 상관을 통제하는 성질로 구분해서 많이 인용하는데 실제적 분석에서는 편인과 인수를 묶어 인성으로 표현하며 식신, 상관 구분 없이 식상을 통제하는 인자로 보면 된다.

성질 면에서는 정정당당한 품성과 학문적 보수성, 정통성, 책임감, 양심적이며 교육적, 예술성, 인내력, 포용력을 대표적으로 갖추고 있는 성향을 나타낸다.

직업적 성향으로는 학문을 하되 성공과 출세를 위한 공부의 방향이 강하고 위 편인은 학문을 하더라도 기술성 등과 연관되는 성향을 갖는 차이가 있다.

공부와 출세 지향적인 분야는 사회 여러 분야에 걸쳐 있기 때문에 학문, 교육 분야에서 정치, 경제, 행정, 법무, 의료. 군, 종교에 이르기까지 다양하다 할 것이다.

관성과 짝을 지워 해함이 없으면 국가 또는 사회조직에서 상당한 발전을 기할 수 있다. 인성은 식상, 재성, 관성, 비겁 전부를 통제와 조정할 수 있는 기능을 가지고 있다. 그래서 사주에 인성이 있는지 없는지에 따라 그 사람의 흥망성쇠가 분명해진다. 사주에 인성이 지장간에도 아예 없으면 아무리 흥해도 한번은 망한다는 것을 예고하고 있다. 이런 사주는 상황에 따라 잘 대처해야 한다.

가정에서 가장 중요한 역할이 아버지와 어머니다. 태어날 때 부모를 잘 만나야 미래가 보장되듯이 사주팔자도 재성과 인성을 잘 갖춰야 기본적인 성장 바탕을 깔고 있다는 의미가 된다.

가족 육친으로는 어머니를 의미한다. 아이가 태어나면 성장해서 독립할 때까지 그 아이의 운명은 첫째 그 어머니의 손에 달렸다. 어머니를 중심으로 가정이 통제되지 않으면 그 가정은 이미 불행의 원인을 잉태하고 있다. 즉, 인성에 의해 전 육친이 통제될 때 모두가 원만해지는 것이다. 결혼하게 되면 여자는 한 남자의 아내(재성)이자 아이의 어머니(인성)가 되는 것이다. 그래서 인성과 재성이 튼튼한 사주가 가정을 가장 튼튼하게 이끌어 간다.

10. 육친간의 관계에 의한 배우자 선택법

배우자를 선택하는 여러 가지 방법 중에 육친에 의한 선택법이 기본이기 때문에 우선 육친관계에 한해서만 여기서 밝혀둔다. 방법론 자체가 두부 자르듯이 구분되거나 수학공식처럼 풀어지는 것이 아니고, 본인의 모습에 가장 근접한 성향을 찾아 낼 수 있는 감성과 유연한 사고력, 판단력이 자유롭게 작용하면서 내 마음과 결합되는 최종선택에 접근해야 한다는 것이다. 때로는 영감력도 필요하다. 그렇다고 영감에 의지하려고만 해서는 안 된다. 이성적이고 객관적인 판단 하에 병용해야 한다. 깊이 생각하면 영혼도 반응한다.

사계절의 기후가 두부 자르듯이 구분되지 않듯이, 해마다 오는 사계절도 다르듯이 자연은 칼 같지 않다. 모서리 부분은 알 수 없는 게 자연의 법칙이다. 구름이 많이 끼면 비가 오겠구나, 바람이 세차게 불면 뭔가 불안한 상황에 대한 생각 등, 누구나 알 수 있는 조짐 또는 징조가 느껴진다. 그러면 대개 인간이 예측했던 대로 결과가 나타난다.

사주 여덟 글자도 자연이 인간에게 준 좌표점이 인생 미래의 징조라고 보면 된다. 우리는 누구나 이 징조를 알아 대처하는 것이다. 여기에 아무리 뛰어난 과학적 사고와 방법만을 가지고는 찾아낼 수 없는 길이 있다.

귀신도 알아낼 수 없는 그 길은 바로 독자 여러분의 마음과 생각 속에 있다. 인간의 심리는 이 우주의 깊이만큼 깊어 자신도 다 알 수 없는 영역이다. 하물며 남이야. 결국 인간이 생각하고, 판단하고, 행동하는 범위는 인간 모두가 체험해보고 느껴본 범위에 불과하다는 것이다. 모든 정치적·사회적 제도나 관습도 이 범위에서 파생된 데 불과하다. 그래서 끊임없이 문제가 발생하는 게 인간의 미래다. 왜냐하면 새로운 세상을 경험해야 하기 때문이다.

우리의 생각들도 이 현상적·사회적 테두리에 기초를 두고 판단한다. 알 수 없는, 무궁한 자신의 내면세계를 어떤 과학이 해결해주겠는가. 이 해답은 바로 자신한테 귀착되며, 영혼의 세계를 망라한 자신의 감성을 계발하는 데에 있다. 그래서 평생 동안 수도생활도 할 수 있게 된다.

배우자 선택이 일평생을 결정짓는 데 가장 중요한 문제인데, 즉 자기 내면의 모습과 성향을 이끌어 내야 하는데 자연이 그렇게 쉽게 알도록 하지는 않았다는 데 있다. 자연이 생성해놓은 이 지구상의 모든 생물들은 살아갈 수 있는 능력과 번식을 통해 존재하도록 전부 짝을 만들어놓았다. 하물며 인간의 짝이 없을 리가 있겠는가.

단지 찾지 못하거나, 찾으려고 노력도 안하고 운명의 그물에 걸리도록 맡겨놓거나, 찾아도 남의 떡이 커 보인다고 놓치는 경우도 많다.

후술하는 개괄적인 내용과 구체적인 방법론을 잘 익혀 한 번에 떠오르는 게 없으면 시간을 두고 여러 번 반복해서 자신의 내면세계를 파내려 가보라. 여기에 부모의 판단이나 생각은 참고할 수는 있으나 맹목적으로 따르면 안 된다. 부모도 그렇게 해서도 안 된다.

아무리 결혼이 현실이라고 하지만 생각하는 데 방해 받아서는 안 될 사항은 사회적 이목, 체면, 의리, 인기, 주변 친인척 및 부모의 권유,

결혼정보회사(커플매니저)의 권유 등 유망 직종 등에 관한 생각을 일체 배제하고 순수하게 나한테 맞는 사람 또는 서로 맞출 수 있는 사람만을 생각하라는 것이다. 그리고 모든 서로의 정보를 적나라하게 공유하는 사람이라야 한다.

물론 외모와 돈, 비전을 생각하고 배우자를 선택할 수도 있고 또한 선택해야 될 경우도 있다. 그것 역시 그렇게 할 사람은 타고난 성향이 그렇기 때문에 거기에 맞춰 행복을 꾸려 갈 수도 있다. 즉, 물질적 환경만 충분히 갖춰도 상대가 사랑스럽고, 사랑이 샘솟는 타입인 것이다. 돈이 사라지면 사랑도 금방 사라진다. 이런 사람한테 인격을 논하지 마라. 체질일 뿐이다. 사람을 나무라지 마라. 사주를 원망해라.

화려한 직종과 경제력을 가지고 출발해도 나중에 불행한 경우를 많이 보아 왔지 않은가. 물론 이런 현상은 천부적인 배우자 선택을 무시한 결과라고 해야 할 것이다. 결론적으로 독자 여러분 사주에 있는 환경의 분수를 살려 쓰게 되면 어떤 환경의 변화에도 약간의 출렁거림은 있을지언정 인생항해의 안정성이 강화될 것이라는 것을 명심해야 한다.

1) 드러난 재성과 관성을 찾아가는 선택법

남자한테는 재성(정재, 편재)이 妻이자 財를 의미한다. 여자한테는 관성(정관, 편관)이 남편이자 일(직업)이다. 우리는 여기서 서로 배우자를 찾아가야 하기 때문에 여기에 부수되는 다른 사항들은 논하지 않는다. 남자한테 가장 바람직한 아내는 정재(正財)이다. 남편은 정관(正官)이다.

우선 아내를 택할 때는 사주에 정재와 편재가 드러나 있으면 정재를 아내로 선택한다. 만약 편재만 드러나 있으면 편재를 아내로 선택한다. 천간에만 있고 지지에 없을 때 또는 천간에는 드러나 있지 않고 지지에만 드러나 있을 경우에도 드러난 정재를 첫째로 삼고 그 다음은 편재가 된다.

사주상의 위치에 따라 선택의 우선순위가 달라질 수 있기 때문에 연, 월에 있는 정재를 우선한다. 우선 아래 예가 남자임을 가정하여 설명하자면,

시	일	월	년
⑦	(일간)	⑤	⑥
乙	庚	壬	乙(천간)
酉	子	午	巳(지지)
④	③	①	②

이 사람의 경우에는 정재가 연의 천간 乙과 시의 천간 乙이다. 여기서는 다른 곳에 재성이 없으니 선택의 여지없이 ⑥번이 먼저가 되고 유고 시에 ⑦번의 선택이 이 사람의 아내가 있는 설계도이다. 항상 선택 기준이 연월이 우선하더라도 월을 연보다 우선순위를 두고 판단하면 된다. 왜냐하면 연월은 청소년기를 지나 성혼기에 있는 시기를 나타내고 있기 때문이다.

연, 월에 정재가 없고 일, 시에 있을 경우에는 당겨쓰거나 늦게 결혼하면 된다. 여기서 乙은 같은 乙이 아니냐고 반문할 수 있지만 다른 여자이다. 같은 정재지만 시간적으로나 위치로 의미가 따르기 때문에 다른 사람이라는 뜻으로 이해하면 된다. 즉, 연월에 있는 乙은 집안이나 고향, 주변에서 가깝거나 이전부터 알고 지내던 사이에서 인연이 맺어지는 경우가 많고, 일시에 있는 乙은 먼데서 데리고 오거나 알지 못하는 가운데 인연이 되는 경우를 의미한다. 천간 乙이 지지로 내려오면

卯가 되므로 卯띠 여인이 된다. 같은 卯띠 여인이라 하더라도 다른 아내이다. 이는 환경의 변화에 의해 아내의 자리에도 변화가 있을 수 있다는 점을 예고하고 있다고 할 수 있다. 이럴수록 아내에 대한 세심한 배려가 필요하며 불의의 사고에 대해 대비할 수 있는 준비성을 갖출 수 있는 이정표가 된다.

이 예를 떠나서 정재의 위치에 따라 번호 순으로 우선 선택의 순위를 두면 된다. 지지가 천간보다 앞서는 것은 지상에 실제 모습을 그대로 드러내기 때문에 실질적이고 실현된 상태이다. 즉, 행동적이다. 천간은 지지에 동일한 세력이 없을 경우 다소 관념적, 이상적, 명예를 중시하는 성향을 띠면서 이론적이다. 마음과 의욕이 앞서는 경향성을 보인다.

여기서 천간과 지지 성향의 장단점만을 가지고 행·불행이 결정되는 것이 아니고 그 생긴 모습을 그대로 지키고, 지켜 나가는 것이 행·불행의 요체가 되며, 부부금슬의 호·불호의 지혜가 된다. 항상 사람은 자기 분수를 벗어나려고 하는 데 문제를 수반하고 있는 것이다. 못생긴 사람이 성형을 해서 예뻐 보여도 인생의 행·불행을 바꾸는 데는 아무 소용이 없다. 이는 두고 보면 알게 된다. 자연이 설계해준 설계도를 벗어났기 때문이다.

천간 정재가 지지에도 있을 경우에는 우선적으로 선택할 수 있다. 명실상부한 모습이 되는 것이다. 만약 편재와 섞여 있을 경우에는 정재를 우선한다. 자기 사주를 펴놓고 정재의 위치와 편재가 있는지도 확인해보면 금방 이해가 된다. 이렇게 남자 사주에 정, 편재가 어지럽게 뒤섞여 있으면 부부생활의 어려움을 예고해주고 있는 바로미터이다. 즉, 이런저런 여자가 많다는 것은 여자관계의 난맥상을 나타내고 있으며 자기 의지와 무관하게 여자문제가 발생하기도 쉬운 구조가 된다. 이럴 경우 철저한 자기관리가 이루어지지 않고는 어려워진다. 아내의 감시 감독도 필요하다.

결혼 상대를 결정해야 하는 여자일 경우 아무리 조건을 완벽하게 갖춘 남자라 하더라도 위와 같은 구조라면 재고해야 할 대상이 될 수 있다. 그래도 좋다고 선택한다면 그것도 자기 팔자의 기운일 것이다. 애초부터 이런 자신의 환경을 알고 어떤 일이 닥쳐도 자기중심을 지켜 나갈 것이라는 각오를 서로 공유하여 유지하면 비켜 갈 수도 있다.

위 예에서 乙이 아내 될 여자라면 어떤 기준으로 내 여자인 줄 알 수 있느냐이다. 우선 여자의 성향은 乙의 천간이 갖는 성향을 따져 들어가면 내 여자의 모습과 윤곽을 그려 낼 수 있다(뒤에 나오는 12운성 편을 참조하여 종합 판단해야 함). 그런데 그 이상을 갖고 싶은데 항상 문제가 도사리고 있다는 것을 명심해야 한다.

나는 못생긴 여자는 질색인데 못생긴 여자로 설계되어 있다면 못생긴 여자를 맞이해야 하는데, 배척하게 되면 그 인생은 다시 꼬이게 된다는 것을 살아보지 않고는 모를 일이다. 반대로 여자도 마찬가지가 된다. 그 외의 상대를 선택하는 기준은 주로 상대의 태어난 연(年)을 기준으로 하지만 이를 추론하는 방법이 여러 가지 이론 도구가 종합되므로 뒤에 나오는 도구들을 다 익힌 후에 종합하여 후술하기로 한다.

위 예의 경우가 여자라면 남편인 정관인 丁火인 午와 편관인 丙火인 巳가 월과 연에 혼잡되어 있는 경우다. 다른 조건을 무시했을 때는 당연히 월을 차지하고 있는 정관 午를 남편으로 맞이해야 하지만 불행히도 여기서는 배우자 자리인 일지(日支)에 子水가 정관 午를 충(후술됨)하고 있어 정관을 밀어내는 기운을 가지므로 부득이 남은 巳火 편관을 남편으로 선택해야 자신의 분수에 맞는 남편이 된다. 또한 뒤의 정리 편에서 후술하지만 이렇게 정편관이 섞여 있을 때 밀어냄으로써 하나로 정리하여 주는 기운인 子가 육친적으로 관성이 아니더라도 남편으로 맞이해도 좋은 인연이 된다. 반대의 경우 혼잡되어 있는 재성도 마찬가지로 판단하면 된다.

2) 지장간에 있는 재성과 관성을 찾아가는 선택법

사주에 아무리 찾아도 재성이 드러나 보이지 않은 경우는 지장간을 찾아봐야 한다. 지장간에도 정재와 편재가 섞여 있을 수도 있고 편재 또는 정재만 있을 수 있다. 선택기준은 일단 정재를 우선해야 한다. 만약 편재는 드러나 있는데 정재만 지장간 속에 있으면 정재를 아내로 맞이해야 한다.

	(일 간)		
戊	丙	乙	癸 (천간) (男, 46세)
戌	辰	卯	卯 (지지)
(辛, 丁, 戊)	(乙, 癸, 戊)	(甲, 乙)	(甲, 乙) (지장간)

丙 일간에 해당하는 정재와 편재가 드러나 있지 않다. 다만 술(戌) 중에 있는 지장간 속에 辛이 정재가 된다. 그래서 辛과 관련한 인연의 여인이 이 사주에서는 일등 신붓감이 되는 것이다.

여자의 경우에도 정관, 편관을 찾아 선택하는 방법도 이에 준하면 된다. 앞으로 용어 사용에 있어 혼란을 막기 위해 상술한 열 개의 육친을 다섯 개로 묶어 설명한다. 예를 들면 비견과 겁재를 묶어 비겁, 식신과 상관을 식상, 편재와 정재를 재성, 편관과 정관을 관성, 편인과 정인을 인성이라 표현하고 세분화할 필요가 있을 때 분리해서 생각하면 된다.

육친끼리 짝지어지는 형태에 따라 환경과 역량, 성향이 달라지기 때문에 식상과 재성, 관성과 인성, 식신과 편관, 인성과 재성, 재성과 관성을 짝지음에 따라 선택 대상이 달라진다. 짝지우지 못했을 경우도, 혼잡되어 있을 경우도 물론 달라진다. 달라질 수 있는 모든 경우의 수를 살펴보도록 하겠다. 적용할 수 있도록 본인이나 부모의 사주를 놓고 연습해보면 된다.

사주의 연월에 식상과 재성이 짝을 이루고 있을 경우에는 남녀 모두 발전적인 요인을 일찍부터 발휘할 수 있는 환경을 갖추고 있는 형태이다. 특히 남자의 경우 배우자를 선택할 때 여자의 사주에 이렇게 구성되어 있으면 가장 이상적이라 할 수 있다. 한 가지 더 욕심을 낸다면 관성까지 갖춘 구조라면 더욱 발전적인 배우자 구조가 된다. 여기서는 다른 글자의 간섭이 없는 경우만을 상정한다. 간섭이란 후술하는 내용에서 밝혀진다.

만약 여자의 사주에 식상과 관성이 있는데 재성이 빠져 있을 경우에는 싸울 일이 많이 생기게 된다. 그러면 싸우지 않고 평생 화목하게 살 여자와는 불가능하다는 이야기인가 하고 묻는다면 불가능한 일은 아니겠지만 그렇게 되면 이미 자기 궤도(설계도)를 벗어난 형태가 되므로 더 큰일이 닥쳐 어려운 형국에 직면할 수 있다는 것이다. 이게 분수를 벗어난 것이다. 적당히 싸우면서 살면 된다.

싸우면서 살더라도 모두 지나가는 바람과 같으니 으레 그러려니 하고 순응하면서 살아가는 것이 가장 잘사는 자신의 인생여정이 된다. 이런 상황과 지식을 서로 공유하고 지내면 더욱 효과적으로 대처하면서 재미있게 꾸려 나갈 수 있다. 이런 내용을 모를 때 싸우면서 살아야 되나 하고 회의를 품게 된다. 알고 있으면 회의도 생기지 않는다. 그래서 이 공부가 필요하며 상식이 돼야 한다는 뜻이다.

여자가 남자를 선택할 경우에도 식상, 재성, 관성, 인성을 겸비하면 더 바랄 것이 없으나 다 갖추지 못한 사람이 대부분인지라 이 중에서 배우자의 최소한의 조건으로는 재성과 관성을 갖춘 사람이면 좋다. 이는 아내 자리와 일(직업)의 자리가 분명하니 기본적인 것은 갖춘 형태이다. 이 세상에 완벽하게 갖춘 사람은 아무도 없다. 뭐든지 하나는 빠져 있거나 간섭을 받고 있기 때문이다.

배우자 자격으로서 가장 간단하게 파악하는 방법은 첫째는 여자는 관성, 남자는 재성이 있는지 보면 된다. 둘째는 여기에 서로 生해주는 위에서 언급한 육친의 짝이 있으면 더욱 좋다는 것이다. 있는 위치도 연, 월을 우선한다. 그러면 재성과 관성마저 없는 남자, 여자는 어떻게 하란 말인가? 결혼할 자격도 없다는 이야기인가? 그렇지 않다.

앞에서 언급했듯이 사주 이전에 인간의 팔자는 짝이 맺어지도록 자연이 설계해놓은 것이다. 없는 사람은 없는 대로 만나면 묘한 조화를 이루며 해로한다. 결혼의 짝도 어찌 보면 심리적 균형을 이루는 것이 가장 이상적이다. 육친의 작용도 상대적 심리의 변화에 따른 조화작용이라고 이해해도 된다. 그러나 서로 겪어보지 않고서는 모르는 게 사람 사이이기 때문에 겪어보기 전에 알 수 있는 지혜가 바로 이 공부다.

재성이나 관성이 혼잡되어 있을 경우에, 즉 정재와 편재, 정관과 편관 이렇게 섞여 있을 때 작용하는 양상이 달라질 수 있는데 남자의 경우 정재, 편재가 모두 있을 경우에는 정재를 아내로 취하나 편재라는 여자가 또 있으므로 해서 바깥에 애인이나 첩을 둘 수도 있고, 어떤 형태로든 여자관계가 복잡해질 수도 있고, 본처와 생사별하고 편재가 아내가 될 수도 있고, 본처가 남편의 여자 편력을 깨끗이 정리하고 남편의 버릇을 고치고 다시 정상화의 길을 갈 수도 있고, 아예 본처는 모르는 사이 스스로 정리하고 아무 일 없듯이 갈 수도 있는 다양한 구조를 추론할 수 있기 때문에 독자 여러분은 일어날 수 있는 개연성만 인식하여 판단하면 된다.

그러면 이런 바람기를 가진 남자를 남편으로 선택해야 하느냐, 말아야 하느냐는 두 사람이 처한 상황에서 결정할 문제이나 그래도 서로 좋다면 이런 내용을 서로 사전에 알고 그런 일은 절대 저지르지 않을 것이라는 각오를 다지고 만약 유사시에는 혼전에 어떤 구속력 있는 조치를 만들어놓는 것도 방법이 될 것이다.

여자의 경우 정, 편관이 모두 있을 경우 남편의 유고로 변화가 올 수도 있고, 남편 모르게 애인을 둘 수도 있듯이 위의 경우와 같이 대상을 바꿔서 생각하면 된다.

그러면 재성과 관성의 모습은 어떻게 알 수 있는가? 이는 예를 들어보면,

	(편관)	(일간)	(식신)	(편관)		
	壬	丙	戊	壬	(천간)	(여, 47세)
	辰	戌	申	寅	(지지)	
	(乙, 癸, 戊)		(戊, 壬, 庚)		(지장간)	
	(癸, 정관)		(壬, 편관)		(육친)	

이 여자의 경우 천간의 연과 시에 드러난 편관이 있고 지지 월에 申과 시의 지지 辰의 지장간 속에 편관, 정관이 들어 있는 구조이다. 위에서 설명할 때 드러난 편관이 있더라도 지장간 속에 정관이 있으면 정관을 남편으로 취한다고 했으나 여기서는 편관의 세력이 정관보다 워낙 강하다. 특히 연, 월에 모두 포진해 있는 형태이니 부득이 편관 남편을 맞이하는 게 자기 분수이다. 여기서 편관 남편의 모습을 읽을

때는 천간 壬의 성향과 성질을 앞에서 설명한 대로 추론하면 이것이 이 여자 남편의 실상이 된다(12운성 편 참조). 만약 설계대로 壬의 남편을 취하지 않았다면 힘든 부부생활(뜻이 맞지 않아 오는 갈등 등)을 영위해 나갈 수밖에 없게 된다. 설계에 없는 남편을 맞이하여 실제로 아이들 때문에 어렵게 참고 살아가는 아내의 예이다.

편관 남편도 남편으로서 다 채우지 못하는 부분이 있어 정관보다는 만족치 못하는 남편의 그릇이다.

```
      (일간)          (편재)
 戊    戊    戊    壬 (남, 47세)
 午    寅    申    寅
             (戊, 壬, 庚)
             (壬, 편재)
```

이 남자의 경우에 천간에 드러난 편재와 지지의 申의 지장간에 편재가 월에 세력(長生)을 가지고 있어 아내의 자리가 뚜렷하게 자리 잡고 있는 형국이다. 정재와 섞이지 않고 편재만이 뚜렷한 세력을 유지하고 혼잡되어 있지 않을 경우에 이미 똑똑한 아내가 설계되어 있다고 할 수 있다.

남편의 비위도 잘 맞추고 내조도 잘하는 아내임에 틀림없어 壬의 속성을 지닌 지혜로운 아내를 맞이하여 잘살아 가고 있는 예이다.

왜 이런 추론이 가능한가는 여러 요소의 상호 관계에 의거하기 때문에 뒤에서 후술하지만, 독자들의 궁금증을 해소하기 위해 이야기하자면 지지의 구성요소를 보면 寅과 午가 봄, 여름의 기세이고, 천간에는 戊土로서 한여름의 기세이다. 종합하여 보면 뜨거운 여름의 기세가 강하다 보니 申과 壬은 가을, 초겨울의 기운이니 반가울 수밖에 없다. 이렇게 반가운 기운이 재성이니 그 아내가 좋을 수밖에 없다. 아내가 좋다는 뜻은 하는 행동이나 생각, 능력 모든 걸 갖춰 있다는 뜻을 내포하고 있다. 그래서 행운(行運)이 아무리 방해해도 해로하게 되는 것이다.

이 육친과 천간, 지지의 모든 작용과 동작이 자연의 동작을 그대로 이어받아 적용하기 때문에 사계절의 변화 시점이 확실히 구분되지 않듯이 그 경계가 확실치 않다고 사계절을 느끼지 못하지는 않는다는 것이다. 독자 여러분의 유연한 사고력을 자연현상에서 찾아야 하는 이유가 여기에 있다.

이런 확실한 경계의 문제가 앞으로 독자 여러분이 제일 곤혹스러워할 부분이라고 생각되어 설명 도중에 장황하게 부연하는 것이니 처음에는 좀 혼란스런 생각이 들지만 몇 번 반복하다 보면 곧 익숙하게 해석을 해 나갈 수 있다. 이해가 잘 안 될 땐 항상 사계절의 변화를 생각하며 사유하는 습성을 기르면 많은 도움이 될 것이다.

우리는 피할 수 없는 자연환경 속에 살면서 자연이 인간의 생각과 행동에 미치는 영향을 잊은 채 습관적으로 살아가고 있다. 독자 여러분들은 아직까지는 과학적 사고나 논리적 생각들로 훈련되고 교육되어 왔기 때문에 더욱 이해하기 힘들고 거부반응을 느낄 수도 있다. 이는 저자가 같이 체험해봤기 때문에 독자 여러분의 심정을 이해할 수 있다. 저자 경우도 역학류의 책을 보면서 이것도 책이냐면서 홧김에 집어 던지기도 했다. 60살 넘어 처음 접했으니 아마 독자들보다는 논리무장이 더 많이 굳어 있다고 봐도 된다.

중국 고전이라고 해서 시중에서는 바이블처럼 여기는 책도 두 번 이상을 보지 않았다. 왜냐하면 이치에 맞는 말도 많지만 현실적으로는 맞지 않으니까 집어 던지곤 했다. 그러면서 몇 달을 잊고 지내다가 또

보게 되었다. 그때 느낀 것은, 맞지 않고 불필요한 것은 빼고 자연과학에 기초하여 실증적인 부분만을 발췌하여 70~80%이상의 적중률을 유지하면서 사회에 보탬이 되고, 저자가 이혼 후 20여 년 동안 헤어지지 않고 살아갈 수 있는 배우자를 어떻게 찾아낼 수 있을까 하는 명제를 떠올려 그동안의 각고 끝에 오늘에 이른 것이다. 여기 육친 편에서 보아도 남자의 운명도 여자의 사주에 영향을 받고, 여자의 운명도 남자의 사주에 영향을 받는다는 것을 알 수 있을 것이다.

이 세상은 나 혼자만 잘나고 똑똑해도 마음대로 안 되는 게 자연의 이치라는 것을 가르쳐주고 있다. 그래서 두 사람이 힘을 합칠 수 있는 배우자끼리 만나야 성공할 수 있다는 의미가 된다.

11. 합(合)

　합(合)에는 간합(干合), 육합(六合), 삼합(三合), 방합(方合), 암합(暗合) 등이 있다. 이외에 천간삼기(三奇)의 통일된 기운이 있다. 합이란 말 그대로 기운의 성질에 따라 합한다는 뜻이다. 부부가 합하듯이 합하여 또 다른 기운을 만들어 내듯이 한다. 천간삼기는 다른 기운을 만들어 내는 것이 아니고 같은 기운으로서의 동질성을 의미한다.

　합(合)이란 개념은 같은 기운의 성질끼리 모일 수 있고, 또 반대 기운(음양)의 성질끼리도 모일 수 있고, 운동 목적이 같은 기운끼리도 모일 수 있다. 즉, 친구끼리 뜻이 맞으면 모여 친구가 되고, 또 이성(異性)끼리도 서로 뜻이 맞으면 더욱 가까워진다. 친구는 둘도 될 수 있고, 셋도 될 수 있듯이 이렇게 모여서 뜻을 같이하는 게 합(合)의 운동성이다.

　이렇게 합쳤다가도 다른 기운이 충격을 가하거나 방해를 하면 또 헤어지기도 하다가 그 장애물이 사라지면 또 합치고 하는 자연운동이다. 날씨도 흐렸다가 갰다가 하면서 구름(기운)이 합했다가 헤어지기를 반복한다. 이렇게 인간도 끝도 없이 합쳤다가 헤어지는 이합집산의 과정을 수없이 하고 있다. 인간이 하는 행위 자체가 자연운동 그대로 따라하고 있다. 자연 기후의 변화도 끊임없는 합 운동의 결과로 볼 수 있다.

다른 기운끼리 합해서 또 다른 기운을 형성하여 원래 합하기 전의 기운과 다른 운동성을 갖게 된다. 즉, 남자와 여자가 만나 합하여 가정생활을 이루어 나가는 것과 같다. 여기서의 초점은 남녀 합에 있다. 그러면 인간생활에 있어서의 합은 좋으냐 나쁘냐를 따질 수가 없다. 좋을 수도 있고 나쁠 수도 있기 때문이다.

남녀가 합해서 아무 탈 없이 해로한다면 좋은 것이고, 합을 해서 싸우기를 밥 먹듯 하다가 헤어지게 되면 합이 결국 불행의 씨앗이 되어 나쁜 것이 된다. 합해서 엮이기 때문에 혼자처럼 마음대로 못해서 불행한 경우도 있다. 합하므로 해서 본래의 성질을 잃어버릴 수 있기 때문이다. 그래서 합은 잘해야 한다. 그런데 합도 운기(運氣)의 흐름에 따라 한때는 좋아졌다가 한때는 나쁜 기운의 영향을 받아 분위기가 험악해지기도 하다가 또 좋아지기 때문에 일시적으로 경거망동한 처신을 해서는 안 되는 이유가 여기에 있다.

간합(干合)은 천간끼리 음양의 합이고, 천간삼기의 합은 천간끼리 같은 기운의 합이고, 육합은 지지끼리 음양의 합이고, 삼합은 지장간에 목,화,금,수의 동일한 기운을 가진 지지 세자가 모여 이루며, 방합은 같은 계절을 나타내는 세 지지 끼리의 합을 말하며, 암합은 드러나지 않은 지장간에 있는 지지끼리의 합과 드러난 천간과 드러나지 않은 지지의 지장간과의 합을 뜻하며, 그 외 합이란 것이 또 있으나 여기서는 필요한 내용이 아니므로 언급을 생략한다.

합은 하늘과 땅 사이에 존재하는 모든 기운의 변화에 따라 서로 필요로 하는 기운끼리 합쳐 새로운 세력을 형성하여 또 다른 기운을 발생시켜 끊임없이 자연의 변화를 일으켜나가는 모습들이다. 좀 쉽게 이야기하자면 남자와 여자가 따로 있으면 한 사람의 개체로서의 역할과 능력밖에 발휘하지 않지만 두 사람이 서로 필요해서 합치면 가정이 만들어지고 아이도 생산되고, 사회의 구성역할이 달라지고, 사회를 발전시키는 구성요소와 동력으로 작용하는 여러 가지의 새로운 힘으로 변화하는 과정을 이루게 된다. 합이 깨져(장애 요인 발생) 사회문제를 야기하기도 하지만, 여기서는 긍정적이고 보편적인 관점에서 자연 이야기이다. 친구도 뜻이 맞는 사람끼리 모여 할 일 끝나면 헤어지고, 사업목적이 같으면 동업을 하여 성공하기도 하고, 깨지기도 하여 원수처럼 헤어지기도 하는, 이런 인간들의 모든 행위, 목적을 위한 동작 등이 자연의 기운들이 운동하는 모습을 그대로 따라하고 있다.

자연의 기운들이 합을 하는데 기운의 조화를 이루지 못하고 심한 불균형 상태가 되면 자연재해를 일으키는 것과 같이 인간들도 뜻이 맞거나, 공동목적이 있어 의기투합했지만 나중에 맞지 않으면 치고 박고, 고소, 고발, 살인 등 극단으로 치닫는 경우를 어렵잖게 접하게 된다.

여기서 중요한 것은 독자 여러분이 알기 쉽게 비유하자면 태양(熱)의 기운(빛과 열)과 물(濕)의 기운(음)이 끊임없이 합했다가 충돌하는 과정을 반복하면서 지구상에 새로운 생명의 번식과 성장, 사멸의 환경을 만들어 나가고 있다. 이와 같이 음양이 합하고 부딪치고, 균형을 유지하지 않고는 이 지구상에 아무것도 생성할 수 없을 뿐만 아니라 존재할 수도 없다.

자연은 이렇게 남(양)과 여(음)가 합할 수밖에 없도록 설계를 해놓았기 때문에 인간이 지혜롭게 만들어놓은 결혼이라는 제도 하에서 합이 이루어져 나가는 것이다.

결국 합이란 다른 목적물을 생산하기 위한 조건인데, 위에서 열거한 대로 합에도 운동방식이 여러 가지 있으며, 합하는 운동의 성질에도 차이가 있다는 것을 이해하면 된다.

물론 이 운동의 형태에 따라 인간생활의 일면을 예측하는 수단이 되기도 한다. 여기서는 배우자에 관한 문제의 접근에만 있다는 것을 잊어서는 안 된다. 각각의 합의 성질을 알아보면서 추론해보기로 하자.

1) 육합(六合)

여섯 개의 합으로 이루어졌다고 해서 육합이라 하며 보통 음양, 즉 부부의 합으로 보는데 여기서는 두 지지의 기운이 합하여 하나의 강한 기운으로 변하려고 하는 성질과 두 지지가 합하니 그 자신이 갖고 있는 고유의 기능을 발휘하지 못하거나 방해를 받는 불편함이 따르는 양면성을 가지고 있다. 즉, 부부가 합하게 되면 새로운 희망과 꿈을 만들어 가지만 개인적으로는 부부생활에 도움이 되지 않고 장애가 될 수 있는 욕망들과 개성들은 접어야 하는 불편함도 따를 수 있다는 것으로 이해하면 된다.

子丑(자축)이 合을 하여 水(土)로 변한다. 같은 음의 기운끼리 합이다.
辰酉(진유)가 合을 하여 金으로,
巳申(사신)이 合을 하여 水로,
寅亥(인해)가 合을 하여 木으로,
卯戌(묘술)이 合을 하여 火로,
午未(오미)가 合을 하여 火(土)로 변한다. 같은 양의 기운끼리 합이다.

이렇게 음양의 반대 기운과의 합을 이루려고 하며, 필요한 기운을 강화시키려고 하는 성질이다. 남녀가 만나고 싶어 하는 것과 같은 성질이다. 합의 정서적 기질은 합하려는 성질과 같이 화합력과 친화력을 무기로 교섭, 담판, 외교 등의 동작을 통한 문제해결능력의 성향이 강하다.

반면에 투쟁력, 도정정신, 혁신성 등의 부족으로 환경의 변화를 일으키는 성향은 취약한 경향성을 나타낸다. 합한 지지 육친의 고유한 성질이 묶이거나 방해를 받아 고유한 육친의 기능을 발휘하지 못하는 불편함이 따른다. 피동적이면서 변화를 주동하지 못하는 성향을 띤다. 육합이 있으면 결혼이 쉽고, 없으면 어려운지로 구분 짓는 게 아니다. 단지 육합이 있는 사람의 성질을 파악하는 데 중점을 두면 된다. 또한 육합은 계절의 변화에 따라 한쪽 기운의 강약에 많은 성질의 변화를 도출하게 된다.

예

(일간)
乙　乙　丙　壬 (천간) (여, 58세)
酉　未　午　辰 (지지)
　　(편재) (식신)

여기서 지지 午와 未가 육합을 하고 있으므로 편재와 식신의 독립적인 고유의 성향이 합으로 묶임으로써 그 기능이 약화되면서 장애를 받는다는 뜻이다. 즉, 식신이 먹고 살기 위해 뛰어다녀야 한다는 뜻이다. 만약에 관성이 합이 되어 있으면 남편이 되므로 남편의 완전한 기능에도 영향을 받는다고 할 수 있다. 남자의 경우에도 재성이 육합이 되면 독립된 재성보다는 아내의 역할이 온전할 수 없다는 것을 미리 알 수 있는 것이다.

일지와 일지가 육합 되는 경우와 일지와 육합 되는 띠의 배우자가 짝이 될 수 있다. 그렇다고 일등 배우자는 아니다. 구성된 사주의 구조에 따라 판단된다. 일지는 배우자 자리를 의미하며 태어난 시간, 시지의 자리는 처가, 친정을 뜻한다. 이는 수백 년 동안 내려온 사람들의 실상에서 검증된 통계에서 입증된 내용이다. 그래서 시지, 일지 자리를 배우자 자리로서 길흉이나 배우자 선택을 위한 중요한 판단 자료가 된다.

2) 삼합(三合)

지지 세 개가 합한다는 뜻이다. 죽지 않고 생명을 이어가는 생명운동이다. 즉, 생장멸(生長滅)의 연속 운동을 뜻한다. 세상을 살아가는데 목적이 같은 세 사람이 모여 작당 모의하는 형상이다. 우리 주변에 특히 세 사람 모임이 제일 많은 이유는 바로 이 삼합운동의 성질 때문이다. 모이기도 좋고, 결정하기도 좋다. 즉, 각각 성질은 달라도 어떤 동일한 목적을 추구하기 위한 뜻이 같아 모인 합이다. 부부 간에도 삼합을 이루고 있으면 다른 방해 요소가 없는 한 뜻을 잘 맞추어 간다. 죽이 잘 맞는다.

寅午戌(인오술)은 寅의 지장간에 丙火가 장생하고, 午 중의 丙, 丁火로서 火가 극도로 왕성(旺盛)하여 戌에서 丁火의 모습으로 입고(入庫) 내지 입묘(入墓) 되는 과정으로 봄의 시작 寅에서 태어나 여름의 정상 午에서 성장의 전성기를 누리다가 차츰 쇠하여 가을의 끝 戌에서 火의 생장 기능을 마감하면서 계속 반복하는 운동을 삼합운동이라 하며 火의 生, 長, 滅을 반복하는 생명운동을 의미한다.

앞에서 입고, 입묘하는 말은 그대로 창고에 들어간다. 갇힌다. 활동 정지 상태로 죽어 묘에 들어가는 것과 같은 기운의 형상을 나타내는 말이다. 뒤에 12운성에 다시 나오는 표현이다. 세 지지 속에 공통으로 들어 있는 火의 성질들이 모여 火를 위한 운동을 하자면서 같이 모인 것이다. 모든 생물을 번성케 하는 운동이다. 목적이 동일하니 결속력이 있으나 누군가가 심하게 방해하거나, 모였던 목적이 사라지면 헤어졌다가 다시 모이기도 한다.

세 지지가 모여서 火 운동을 목적으로 하지만 寅(인)이나 戌(술)의 성질을 완전히 잃는 게 아니고 각자 개인플레이 할 수도 있다. 그러나 발이 한 곳에 빠져 있으니 자유롭지는 않다. 따라서 寅은 시간이 지나면서 午로 변질된다. 午의 시간에는 戌도 午의 성질이 된다. 戌의 시간이 되면 戌에 모두 갇히게 되어 午의 성질을 잃는다. 만약 寅이 재성이라면 아내의 역할을 잘하다가 午의 자리에 오면 午의 기운을 따라가 아내의 역할을 잃을 수 있다는 뜻이다. 관성도 마찬가지로 이해하면 된다. 午가 재성이라면 삼합의 기운이 왕성하여 재성의 활동 영역이나 경제적 보상이 크게 따르는 변화를 가져올 수 있는 것으로 추론할 수 있다. 여기에 아내가 역할이 큰 것이다. 다른 삼합도 동일하니 재차 설명 없어도 같은 방법으로 이해하면 된다. 이것은 나중에 배우자 선택에 미묘한 차이를 볼 수 있으니 잘 기억해둬야 한다.

火 운동을 목적으로 하니 자연적으로 火의 성질과 운동 성향을 가지려는 성향을 띠게 된다. 오행 상으로는 火이지만 육친 상으로는 일간에 의해 여러 가지로 변한다. 따라서 배우자도 같은 운동성을 가져야 뜻이 맞게 된다.

설령 마음에 안 드는 구석이 있다 해도 서로 잘 이해하고 잘 참아낸다. 부부 사이가 좋다가 안 좋아지는 경우는 운에서 삼합운동을 방해하는 기운이 들어오면 갖가지 싸울 일이 발생하며 갈등의 요인들이 등장하게 된다.

방해하는 운이 지나가고 나면 또 좋아질 수 있으나 그때 발생했던 분쟁 요인이 일시적이 아니고 근본적인 문제가 발생하여 도저히 봉합할 수 없는 지경에 가면 문제는 달라질 수 있다.

巳酉丑(사유축)도 각 지장간에 金의 성질들끼리 모여 金 운동을 하는 삼합이다. 위와 같이 유추하면 된다. 申子辰(신자진)도 각 지장간에 水의 성질들끼리 모여 水 운동을 하는 것이다. 亥卯未(해묘미)도 각 지장간에 木의 성질들끼리 모여 木 운동을 하는 것이다.

삼합 중 한 자가 빠져도 半合이라 해서 삼합보다 운동력은 약하지만 合의 성질로 봐서 삼합운동의 성질에 준해서 해석하면 된다. 半合이라 해도 子午卯酉가 빠지더라도 서로 견인력은 있다고 보면 된다.

예를 들면 寅戌(인술)이 있을 경우에 午가 빠져 반합도 성립되지만 寅의 성질과 戌의 성질끼리는 서로 끌어당기려는 힘이 작용하여 보이지 않는 午를 끌어오는 기운이 작용하여 배우자 선택에 영향을 미친다는 것을 이해해두기 바란다.

예

　(일간)

戊　癸　丁　甲 (천간) (남) ─➡ (처: 乙未생)

午　亥　卯　午 (지지)

일지 亥와 월지 卯가 삼합운동을 하려는데 未가 빠져 있다. 그래서 이 남자는 未生 여자를 아내로 맞이한 경우다. 여기서 일지는 배우자 자리를 의미하며, 시지는 처가를 의미하여 보통 일지와 시지 삼합을 이루는 배우자가 인연이 되는 것이 자연스럽다.

부언해두건대, 삼합운동은 사주를 분석하는 데 아주 중요한 기능을 하는 도구가 된다. 시공간을 두루 읽어 갈 수 있으며 지구상에 있는 모든 생물의 생사(生長滅)를 반복하여 이어 가는 원칙이 여기에 있다. 이 공부에 관심과 시간이 있는 독자들은 참고하기 바란다.

3) 방합(方合)

같은 계절의 기운을 가진 지지로서 한 핏줄의 형제와 같은 계절의 합으로 寅卯辰(봄-인묘진-木), 巳午未(여름-사오미-火), 申酉戌(가을-신유술-金), 亥子丑(겨울-해자축-水)을 방합이라 한다. 같은 기운의 결속력은 피를 나눈 형제들이니 삼합보다 강하나, 같은 형제들이라도 인생관이 달라 각각 인생 살아가는 목적과 방향을 달리하기 때문에 각자 운동을 찾아 삼합으로 가려는 기운을 강하게 가지고 있다. 그래서 명절에 보통 형제들이 모이면 서로 살아가는 가치관이 다르다 보니 특히 가정일로 한 잔 먹고는 잘 싸우는 이유가 여기에 있다. 그렇다고 해서 형제의 의는 깨지지 않는다. 극심한 충의 요소가 끼게 되면 드물게 깨지기도 한다.

부부간에 가장 영향력을 많이 미치는 요소는 개개인이 갖고 있는 성질과 정서적 바탕이라고 할 수 있다. 이것을 가장 잘 나타내는 것이 방합이 나타내는 운동성이다. 가령 독자 여러분 사주를 펴놓고 지지에 寅卯辰이 깔려 있다면 봄(春), 즉 木의 운동성과 같은 성질과 정서를 강하게 깔고 있다.

온화하고 밝은 성질이면서 자아본성은 강하여 항상 남에게 지지 않으려는 경쟁력과 새로운 생각과 새로운 일에 대한 관심과 일을 벌이려는 속성과 유흥성, 로맨틱한 기운을 늘 간직하고 있는 성향을 띤다. 나머지 성향은 오행성질 설명을 참고하고 결국 이와 같은 성정 파악도 1장에서 지적했듯이 배우자 선택을 결정 지우는 판단의 중요한 요소가 될 것이다.

자기 사주를 펴놓고 방합의 각 계절이 깔려 있다면 오행의 성질에 따라 본인이 느끼는 것과 일치하지 않으면 이 책은 덮어버리는 게 유익할 것이다. 본 저서에 열거돼 있는 자료나 단서를 바탕으로 해서 모든 판단과 결정은 본인이 해야 하므로 본인의 성정은 순수한 자기 내면의 문제이기 때문에 정확히 파악해두어야 한다. 이것은 부모도 선생도 누구도 대신해줄 수 없는 자기만이 탐구 가능한 순수 영역이다.

4) 간합(干合)

천간끼리의 음양의 슴을 말하며

甲과 己가 합하여 → 土

乙과 庚이 합하여 → 金

丙과 辛이 합하여 → 水

丁과 壬이 합하여 → 木

戊와 癸가 합하여 → 火로 변하려는 성질을 가지고 있다.

천간은 하늘에 꽉 차 있는 기운이면서 지상에서 현실로 이루어지게 하려는 기운이다. 甲과 己가 합하여 왜 土가 되느냐를 묻는다면 이것으로 시간과 지면을 많이 차지해야 한다. 더한 이유는 이 이치를 알려고 하다가 아예 이 책보기가 싫어지고 짜증나서 집어 던지고 싶은 충동을 느낄 수도 있다. 그리고 배우자 선택에 큰 영향을 미치지 않고 단지 정신적인 측면만 한번 고려해볼 대상이지 깊이 다룰 성질이 아니므로 이런 합이 자연 과학적인 이치가 확실하게 깔려 있다는 정도로 이해해놓고 넘어가자. 나중에 사례연구를 할 경우 가볍게 언급될 기회가 있을 것이다.

```
    (일간)              (일간)
○  甲  ○  ○(남)     ○  己  ○  ○(여)
○  戊  ○  ○         ○  卯  ○  ○
```

위 두 남녀의 일간의 천간끼리 甲己 합을 하고, 일지의 지지끼리 卯戌 육합을 하여 天地 합을 이루었다고 해서 천생연분이라 짝을 이루면 좋다는 식의 궁합 책들이 간혹 있으니 이는 아무 근거도 없는 모방 이야기라는 것을 참고로 밝혀둔다. 그냥 합이면 좋다는 식의 무책임한 이론의 왜곡을 뜻한다.

이렇게 실지로 좋은 관계를 이루었다면 우연의 일치일 뿐이다. 간합이나 육합은 음양이 짝이 되어 합하는 기운이니 반드시 한쪽의 희생이 따르는 경향을 띠고 있다. 합하고 보니 희생이 싫거나 하기 싫으면 헤어지는 수밖에 없다. 그러나 합이 없는 것보다 있는 것이 좋지 않느냐고 한다면 한쪽은 수동적인 성향을 가져야 온전한 합을 이루어 나갈 수 있다.

필자의 세대가 초중학생이었을 시절에는 대부분의 학생이 자연공부를 제일 하기 싫어한 기억이 있다. 필자도 마찬가지였다. 지금은 어떤지 자세히 모르지만 그땐 과목이름도 자연이었다. 지금 우리가 알고 싶어 하는 것도 자연의 이치를 앎으로써 해결할 수 있는 문제이기 때문에 그렇고, 더욱이나 자연의 이치란 것도 공식이나 두부 자르듯이 이론적으로 모서리가 정확히 구분되는 것이 아니고 깊은 추리와 잡힐 듯 잡히지 않는 구름을 잡는 듯, 애매함 등으로 신경질이 날 때가 한두 번이 아니다.

지금은 3월 초순인데 겨울인지 봄인지 알 수 없다. 시간상으로 봄인데 기온 상으로는 겨울이다. 그래서 장롱에 빨아 넣어놓았던 두꺼운 옷을 다시 꺼내 입어야 하니 신경질이 날 수도 있다. 그러나 바깥 기온은 변덕스럽지만 땅에는 봄의 기운이 가득하게 이미 와 있는 상태다. 이와 같이 느끼는 것과 실제 상황은 다르다.

이런 자연 현상을 빨리 느껴 알아차리는 것이 이게 바로 자연공부다. 첨단 기기로 무장한 일기예보가 빗나가는 이유가 이런 데 있다. 수억 년을 흘러 온 지구의 날씨가 하루도 같은 날이 없는데 이것을 통계로만 잡으려고 하니 문제가 발생하는 것이다.

지금 학생들이면 몰라도 책 놓은 지 오래된 어머니들이라면 더욱 그럴 것이다. 여기에 등장하는 틀의 이치를 모두 깨우치고 넘어가려면 10년, 20년 공부해도 모자랄 것이다. 자연공부라는 것이 수백 년, 수천 년 해도 끝이 없는 것이다. 지금의 과학도 자연을 알려고 하는 방법론일 뿐이다.

이미 고증을 통해 내려온 틀을 모아 하나의 공식화의 과정과 검증을 거쳐 누구나 쉽고 편하게 현실에 적용할 수 있도록 만들어 가는 과정이라는 것을 이해하고 추론에 임하기 바란다. 책을 읽어가는 도중에 '왜?' 라는 의문이 생기면 일단 덮어두고 더 깊이 공부해보고 싶을 때 별도로 연구해보면 될 것이다. 여기서 '왜?' 까지 설명하려면 여러분의 학습을 막는 결과밖에 안 된다.

간합도 변해서 좋은 경우도 있고, 합을 함으로써 각 글자가 갖고 있는 고유의 기능을 잃음으로써 능력을 저하하는 요인이 되는 경우도 있다.

천간은 정신적 면에 영향을 많이 미치기 때문에 천간 합은 뜻을 세우는 데 확고하지 못하고 우유부단한 모습을 보이는 경향을 나타내기도 한다.

혹시 다른 책을 보고 혼란스러워할 독자를 위해 천간끼리 글자가 두세 자 섞여 있을 경우 쟁합이니 투합이니 하는 용어를 본 일이 있다면 다 필요 없는 말들이다. 몇 자이건 모두 합의 성향을 띠고 있다는 정도만 알고 있으면 된다.

12. 충(沖), 형(刑), 파(破), 해(害)

충, 형, 파, 해에 대한 설명에 들어가기 전에 독자들이 먼저 이해해야 할 것은 왜 충이 생기며, 형이 생기며, 파가 생기느냐는 등 자연의 움직임이 왜 이런 현상들을 만들어 내는지에 대한 의문이 일어날 수 있다. 네 가지 모두가 기운의 충돌 정도를 나타내는 기준이며 이런 기운의 마찰로 인해 인간의 심리나 실물생활에 미치는 영향과 결과를 오랜 기간 동안 실증을 거쳐 정리된 내용으로 이해하고 그 근원을 깊이 알고 싶은 독자들은 따로 공부하면 된다.

충, 형, 파, 해와 따로 다룬 간합, 육합, 삼합, 방합은 자연기운의 합의 변화를 나타내는 구체적 존재양식과 행동의 모습들이다. 충형파해는 상반되거나 방해되는 기운끼리 부딪치는 현상으로 끊임없는 변화를 한시도 쉬지 않고 이 순간에도 합과 충을 일으키면서 변화하는 형태들이다. 따라서 충과 합이 같은 경우도 생기는 것이다. 지구가 자전과 공전을 거듭하면서 기운의 변화가 지속적으로 일어나는데 인간들은 느끼지 못하는 사이에 계속 충합을 일으키고 있다.

그러는 과정에 인간이 피부로 느낄 수 있고, 눈으로 볼 수 있는 햇빛, 구름, 허공 속에 가득한 공기의 온도, 바람, 기압 등은 뭔가 인간들에게 순간순간 영향을 미치고 있다고 할 것이다. 때로는 비로 변하고,

폭풍으로, 태풍으로, 돌풍으로, 화산폭발로, 지진으로, 해일로, 홍수로, 가뭄으로, 건조하고, 습하고, 시원하고, 덥고, 춥고 등등 헤아릴 수 없는 다양한 모습으로 변하며, 생명도 순식간에 수많은 사람을 앗아가는 형태로 변하며, 아무리 과학이 발달하여 첨단 무기와 기계로 무장하고 예측한다 해도 인간은 이 자연의 변화 앞에 한낱 힘없는 날갯짓에 불과한 모습들을 보인다.

이런 끊임없는 자연의 변화 속에 인간은 한 순간도 자유로울 수가 없는 존재이기 때문에 인간은 자연의 생각과 의지와 모습들을 따르지 않을 수 없다. 자연대로 생각하고 행동하면서 삶을 이어가고 있다고 할 수 있다.

이와 같은 자연의 궤도를 벗어난 삶의 결과는 독자들의 생각과 판단에 맡긴다. 하늘에 떠 있는 별도 자기 궤도를 벗어나면 생명을 다하는 것이다. 이런 변화의 운동은 다른 음양 기운끼리 모였다가 흩어지고, 또 흩어졌다가 다시 모이고, 충돌하기도 했다가 합해지기도 하고, 부서졌다가 다시 생기기도 하는 변화 과정(합, 형, 충, 파, 해)을 수없이 반복하면서 기후와 기온의 변화, 사계절의 변화를 이어가고 있는 모습들을 드러내고 있다.

자연적으로 사람도 이런 변화 속에서 생각과 행동도 자연변화에 순응하면서 미래의 결과에 대한 예측도 하게 된다. 하늘에 먹구름이 끼고 번개가 치면 사람이면 누구나 앞에 닥칠 일을 예측할 수 있듯이 사주에 이런 예측 가능한 기운의 모습이 합, 충, 형, 파, 해의 형태로 나타나 있다고 이해하면 된다.

그렇다고 반드시 모두 불길한 징조만을 나타내는 것은 아니다. 파괴가 새로운 자연 조건을 형성하듯이 인간 사회에서도 파괴는 새로운 건설을 창조한다. 또한 어떤 조건에 따라 자연의 현상도 다른 모습을 보이듯이 사람도 이런 조건에 따라 성정도 본래의 모습과는 다르게 나타날 수 있다.

앞에서 설명하는 과정에서 사주에 다른 '간섭이 없다면'이란 조건적인 내용을 여러 번 반복해 왔는데 그 간섭이란 바로 이런 기운(합, 충, 형, 파, 해, 공망, 뒤에 나오는 각종 신살 등)을 두고 한 말이다. 두 사람이 잘 지내고 있는데 누군가 시비를 걸어 싸움이 된다든지, 또는 갑자기 시어머니가 나타나 풍파를 일으키든지 해서 충격적인 일이 주변 환경에 의해 변화를 일으키는 일련의 사건이나 일 등이 간섭함으로써 엉뚱한 환경이 조성되며 목적에 방해를 받게 된다. 이런 개인적인 일뿐만 아니라 사업이나 부부 사이에서도 예상 못한 일들이 장애를 일으키는 것이 일련의 간섭작용인 것이다. 그래서 일을 그르치게 되는 경우가 많으며 그 반대로 뭔가 좋지 않은 상황에서 간섭이 오면 오히려 안 좋았던 일들이 풀려 더 좋아지는 경우도 있으나 이런 모든 기운이 간섭한 결과로 나타나게 된다. 이렇게 대강 합, 충, 형, 파, 해의 기능적인 개념을 설명했으며, 배우자 선택에 적용할 수 있는 내용만을 취급하여 나갈 것이다.

가능한 독자들이 쉽게 목적에 도달할 수 있도록 틀을 형성하는 데 주안점을 두고 있다.

1) 충(沖)이란 서로 반대 세력의 음, 양 기운끼리 부딪치는 현상이다, 즉, 상반되는 힘의 충돌로 나타나는 결과이다. 천둥, 번개, 뇌성벽력과 같은 것이다. 보통 강한 폭풍우를 동반한다. 사이좋게 같이 존재하기에는 이미 틀린 존재들이다. 파괴, 충돌작용과 재생, 신생작용을 반복한다.

자연이 한번 할퀴고 간 자리에는 재건을 하든지, 황무지로 아예 버리든지 할 것이다. 그래서 충이란 새로운 국면을 개척해 갈 수 있는 에 너지가 된다. 충은 투쟁성을 의미한다. 현대사회는 투쟁성 없이는 살 아가기 힘들다. 시대의 영웅이나 크게 성공한 사람치고 충 없는 사람 없다. 그만큼 유능한 능력을 발휘하기도 한다. 사주에 충이 있는 사람 은 충이 자신의 무기이며 분수이다.

파괴된 곳에는 항상 새로운 출발이 기다리고 있는 법이다. 물론 희 생도 따른다. 희생 없이 뭘 이룬단 말인가, 이것이 충의 능력이다. 충 을 아주 흉한 내용으로 풀이하는 사람들이 있는데 바로 사이비들이다. 중국, 일본책을 베껴 쓰고 모방하는 데 급급한 사람들이다. 모방해도 좋으나 그것이 맞는지 충분한 검증과 분석적인 노력도 없이 마구 사용 하는 데 문제가 있다. 그래서 남의 운명을 그르치는 원인이 된다.

필자가 누누이 강조하지만 맞지 않거나 마음에 와 닿지 않으면 아무 소용없는 학문이니 무조건 버리라고 하는 이유가 모든 판단과 결과에 대한 책임은 독자 자신에게 있기 때문이다. 여하튼 충은 새옹지마와 같은 뜻도 된다. 한때 나빴던 일이 나중에 좋은 일로 변하고, 한때 좋 았던 일이 나중에 나쁜 일로 귀착되는 경험을 독자들도 해봤을 것이 다. 항상 좋고 나쁨은 한 뿌리를 두고 있다는 것이다. 이것이 바로 충 의 의미다. 날씨도 한번 괴변을 부렸으면 다음에 찬란한 햇빛을 발하 는 것과 같다.

그런데 괴변을 부리는 그 시점을 못 참는 데 인생을 그르치게 되는 것이다.

충이 있는 사람은 희망을 가져도 좋다. 인간관계에서 투쟁성이나 투 지력이 해결양식이긴 해도 부부관계도 싸우기도 하고 더욱 좋아지기 도 하는 성질이다. 어떤 사람은 충 있다고 이혼이니 생·사별이니 하 는 술객들이나 그런 책이 많으나 그런데 신경 쓰지 마시라. 그러나 충

(명식)에 충(행운)이 거듭하게 되면 피할 수 없을 정도로 강력한 환경에 직면하게 되며 누구나 흔들리게 된다.

이때는 미리 알고 대비하면 닥칠 자신의 운로(運路)의 해결책이 나온다. 이 책의 목적이 바로 여기에 있다. 미리 알고 대비하는 데 있는 것이다. 내일 전쟁이 일어난다고 하면 내일 싸우다 죽더라도 끝까지 싸울 용기를 다지지 않겠는가. 어떤 사람은 자포자기하여 도망이라도 해서 혼자라도 살아볼 궁리를 하는 사람도 있겠지만….

이것이 충있는 사람과 없는 사람의 차이다. 충 있는 사람이 부부끼리 싸울 때도 상대를 버리거나 이혼할 생각을 하지 않는다. 싸울 때뿐이다. 이런 깊은 생각도 모르고 아예 보따리 쌀 궁리를 한다면 멀어지게 되는 것이다. 충의 자존심이 떠나가는 사람 잡을 능력은 없다.

충의 종류: 자오(子午), 축미(丑未), 인신(寅申), 묘유(卯酉), 진술(辰戌), 사해(巳亥)와 같이 전부 음양이 반대 성질들끼리 충이 된다. 사주를 적어놓고 보면 충되는 글자가 바로 붙어 있는 게 있고 한 자 떨어져 있을 경우, 두 자 떨어져 멀리 있는 경우도 있다. 이는 해당 지지의 거리에 따라 충격의 강도가 강, 중, 약으로 이해해두면 된다. 강하면 깨져도 많이 깨질 테고, 다쳐도 많이 다칠 가능성을 가지고 있는 것이다. 또한 그 반동도 마찬가지다.

충은 사주의 위치한 곳에 따라 인연을 오래하느냐 못하느냐를 예측할 수 있는 가장 중요한 요소가 된다. 일지의 배우자 자리와 시간(처가)의 지지가 충이 될 때 결국 못살고 이혼하는 경우가 실제 경험에서 90% 정도로 나타난다. 이것도 서로 결혼하기 전에 알고 그런 일이 없도록 서로 노력하자. 또는 어떠한 절망적인 환경이 오더라도 우리는 절대 이혼은 하지 말자고 굳은 각오라도 하고 시작하면 불행을 막을 수 있다. 서로 떨어져 지내거나 그 시간을 참고 넘기거나 하면 위기를 면할 수 있다. 다만 알고 시작하면 해결도 그 속에 있게 마련이다. 즉, 위험을 예견하면 이미 절반은 피한 것과 같다.

(일간)		(정관)	
庚	壬	己	壬 (여-사주첩경에서)
戌	辰	酉	戌
(편관)	(편관)		(편관)

위의 경우에는 정관과 편관이 혼합되어 여러 개가 분포되어 있다. 이는 남편으로 인한 변화를 예고하고 있다. 남편이 여럿이라 함은 이혼 아니면 사별로 통해 재혼을 하게 되는 경우를 상정할 수 있다. 여기에다 辰과 戌이 충하고 있다.

일지 辰은 배우자 자리이기 때문에 배우자를 충하니 남편이 다치든지, 병들든지, 납치나 사고를 당하든지 해서 변고를 예측하게 하고 있다. 그러니 이 사람은 남편과는 반드시 변화를 겪지 않고는 안 된다는 예보를 하고 있는 것이다. 이런 내용을 자신이 알면 스스로 대처해야 할 것이다. 정관 남편 한 사람을 위해 한 눈 팔지 않고 온갖 정성을 다해 일생을 바칠 각오를 한다면 나쁜 기운을 비껴 갈 수 있다. 또한 배우자 될 사람이 이런 내용을 알면 누가 짝을 맺겠는가. 서로 죽고 못 사는 사이라면 이런 사실을 공유하고 노력하면 오랜 인연이 될 수도 있다. 모든 건 모르는 데 당하고 만다. 사이비들이 이런 걸 두고 헤어질 팔자라고 혹세무민하게 되는 것이다.

서로 모르고 짝을 맺으니 두 사람의 불행은 이미 더욱 커질 수밖에 없다. 두 사람이 서로 알았다면 최소한 서로 헤어지는 일로 해서 아픔은 면할 수 있다. 그렇다면 이런 사주를 타고났다면 결혼을 하지 말라는 이야기인가. 이는 이미 일기예보는 되어 있으니 서로 공유하여 각오를 새로이 한다면 상관없으나 선택은 본인의 몫이다. 단, 충의 기운을 해소해 나가는 방법은 뒤에서 언급될 것이다.

   (일간)

己   丙   甲   戊(남-사주첩경에서)

亥   申   寅   寅

(편관) (편재) (편인) (편인)

이 경우에는 申이 편재로서 배우자 자리에 아내가 자리 잡고 있어 아내의 위치는 분명하나 寅이 충을 하여 寅申 충을 이루고 있어 배우자 자리를 흔들고 있다. 일지 시지 충이 아니더라도 일지가 재성을 깔고 있을 경우에는 월지에서 충을 해도 영향을 받는다. 더욱이나 寅이 두 개나 붙어서 간섭을 하니 견뎌내기 힘든 형국을 이루고 있다. 또한 寅이 월지를 차지하고 있어 상당한 세력을 이루고 있다.

충으로 인한 불미한 사건(유산)으로 인해 여기서 寅은 편인으로 이 남자의 어머니인 동시에 아내한테는 시어머니가 되므로 시어머니와 충이 일어나니 시어머니 등살이 심하여 해로하기 힘든 예측을 가능케 하고 있다. 그러나 이 남자는 편재 하나라도 재혼은 할 수 있다. 그러나 시어머니 되는 사람의 변화가 없이는 다시 재연할 가능성을 가지고 있다. 재성이 없다고 해서 아내가 없는 게 아니다. 관성도 마찬가지다. 이는 나중에 12운성 편에서 다시 설명하겠다.

여기서 독자 여러분이 지혜로 삼아야 할 것은 이런 사주가 갖고 있는 문제점을 서로 알고 공유함으로써 서로의 대책을 의논해서 가꾸어 나갈 수 있다. 모르고 당하는 것과 미리 닥칠 일을 알고 대책을 세워 대처하는 것은 행·불행을 결정짓는 결정적인 요인이 될 수 있다. 이 경우에는 아들의 사주가 고부간의 갈등으로 아들이 불행해질 수 있음을 예고하고 있어 이런 내용을 결혼 전에 어머니와 공유할 필요가 있는 것이다. 그러면 어머니도 아들과 며느리 될 사람에게 처신을 달리 할 각오와 지혜를 발휘할 수 있게 된다. 자식이 불행해지기를 바라는 부모가 어디 있겠나. 이렇게 미래에 대한 불행을 일기예보 하듯 암시해주고 있으니 사주가 얼마나 고마운 존재인가! 미래를 행복하게 이끌어 갈 수 있도록 지혜를 주고 있으니까.

재성과 관성이 일지를 충하지 않고 다른 육친끼리 충하는 경우에는 부부관계의 직접적인 문제와는 결부시켜서는 안 된다. 간혹 고래 싸움에 새우등 터진다고 다른 충돌로 불똥이 튈 수는 있으나 신경 쓸 필요는 없다.

2) 형(刑)이란 강한 기운끼리 만나 더욱 왕성해진 기운으로 서로 양보하지 않으려고 하니 서로 희생하든지 한쪽이 희생할 수밖에 없는 상태에서 조화를 이루어 가는 관계를 뜻한다. 힘 있는 사람끼리의 힘겨루기이니 서로 손해와 희생을 하면서 짝이 된다. 앞에서부터 기운이란 말을 많이 사용해 왔는데 독자들이 바로 이해를 하고 있는지 걱정이 되어 한번 언급하고 간다. 기운은 마음으로 느끼거나 볼 줄 알아야 한다.

눈에는 보이지 않는다. 포근함, 더위, 추위, 시원함, 스산함 등을 느낄 때 눈에는 보이지 않지만 허공에 그런 기운으로 가득 차 있기 때문에 그런 느낌이 피부에 와 닿는 것이다. 느낌이 없어도 허공에는 항상 어떠한 기운으로 가득 차 있다. 독자들이 실감할 수 있도록 허공이란 말을 쓰지만 지구상, 우주계를 망라한 공간을 뜻하며 항상 어떠한 기운으로 가득 차 있다는 것을 인식하고 생각을 해야 이해에 도움이 된다.

결국은 기후의 변화, 자연의 모든 변화가 기운의 변화에서 기인한다. 이 기운은 양극과 음극으로부터 다양한 성질로 존재할 수 있으며 독자 여러분의 마음과 몸속 세포에도 들어 있다.

양보하지 않는 기운끼리의 짝이니까 어차피 쌍방의 손실을 감수하고 조화를 이뤄야 하기 때문에 파괴, 형벌과 관련한 일, 수술, 구설, 사고 등을 일으킬 수 있는 인자들을 갖고 있으나 이런 과정 속에서 서로 맞추어 나가는 것이다. 이런 형의 성질에 배우자 사주의 구조가 있을 경우 앞의 충과 같은 방법으로 이해하면 된다.

형(刑)의 종류: 인사(寅巳), 사신(巳申), 미술(未戌), 축술(丑戌), 자묘(子卯), 술미(戌未)

자형(自刑-같은 지지끼리): 진진(辰辰), 오오(午午), 유유(酉酉), 해해(亥亥)

삼형(三刑-세 지지끼리): 인신사(寅申巳), 축술미(丑戌未)

형은 비슷한 세력끼리 세 다툼을 하는 형태다. 힘이 비슷한 사람끼리 싸우듯이 서로 상처를 내고 화해하게 된다.

형의 성질은 짝지어진 글자에 따라 무조건 이렇고, 저렇고 하는 온갖 흉사를 나열해놓은 책들이나 사람들이 많은데 그런 것에 절대 현혹되지 말라는 것이다. 교도소 출입이나 안 그러면 몸에 칼자국을 내니 어쩌니, 시비, 구설에 휘말리느니, 인간 배신사를 당하느니 등 사람의 마음을 동요시키는 잡설들이니 보지도 말고, 믿지도 말고, 듣지도 말라는 것이다. 그런 사람 만나면 돈 도로 받아 나와도 된다.

충이나 형을 못 볼 것을 만난 것처럼 아주 흉한 내용들로 설명해놓은 책들이나 사람들이 많은데 충은 위에 대강 언급했고 형도 맞지 않는 환경을 내 입맛에 맞게끔 만들려니 싸움도 하고, 그러다가 다치기도 하고, 또한 상대도 다치게 되고 하는 것은 인간이 살아가는 데 자연스런 현상이라 할 수 있다.

가령 어떤 시비나 다툼으로 감옥에 갔다 하더라도 인생이 다 끝난 것처럼 대하거나 말해서는 안 된다. 현대는 전쟁과 같은 상황이기 때문에 감옥은 경우에 따라서는 잠시 쉬면서 능력을 더 배가시키는 계기가 되고 있다. 특히 정신적으로 더 성숙하고, 각오가 남달라지고, 책을 많이 보아 실력도 늘어나오고, 지난 과거를 돌아보고 재충전할 기회를 갖고 나와 인생을 다시 개척하거나 살아갈 원동력과 능력이 된다.

또한 인생에 있어서 가장 극악한 운을 만났을 경우 그렇게 죽을 고비도 넘길 수 있는 것도 바로 감옥이다. 그런 후 새로운 기운을 맞이하게 되어 더욱 발전할 수 있는 기회도 오는 것이다. 물론 더욱 악인으로 변모하여 나오는 상습적인 죄인을 두고 하는 뜻은 아니다.

더 깊은 수렁으로 빠져 들어가는 사람도 있지만 여기서는 일반적인 보편성을 두고 이야기를 전개해 나가고 있다. 그래서 형을 옛날처럼 부정적으로만 보지 말고 인생이 진화해 가는 측면에서 적극적·긍정적인 면에서 해석을 하라는 것이다. 그렇다고 감옥에 가는 것을 장려하는 것은 더더욱 아니다.

삼형(三刑)은 형(刑)을 이루는 세 지지가 무리지어 있는 것을 말하며 형의 성질로 무장이 잘돼 있는 상태를 나타낸다.

이것도 삼형살(三刑殺)이라 해서 온갖 흉한 사건이나 일을 당하는 대명사처럼 사용하는데 그렇지 않으며, 형과 같은 환경 속에서 가장 잘 극복해 나가는 능력과 기질을 갖고 있다고 보면 된다. 형(刑)보다는 조화를 이루기 어려운 환경을 잘 맞게끔 만들어 가는 능력이 더 능숙하다는 것이다.

형의 성질과 동일하나 기질 면에서 좀 더 강하다. 옛날에는 모든 것을 살고 죽는데 초점을 맞춰 삶에 어렵거나 힘든 내용에 전부 살(殺, 煞) 자를 사용하여 조금도 수정되지 않고 그대로 전승하여 특히 무속인들이 많이 씀으로 인해 미신의 냄새와 공포 분위기를 조성하는 데 일조하고 있다. 이런 말에 현혹되지 않기를 바란다. 살이란 해로운 뜻으로 쓰고 있고 반대로 신(神)은 이로운 의미로 쓰고 있다.

위에서 설명한 충과 형이 있는 사람들은 성질상 급한 성향을 띠며, 어떤 문제를 느긋하거나 천천히 합리적으로 풀어가는 스타일이 아니고 우선 화부터 내고 시작하는 타입으로 보면 이해가 빠르다. 부부싸움도 마찬가지다. 문제를 해결하거나 풀어가는 방법이 타협적이 아니고 투쟁적인 스타일이다. 그러니 불가능한 일도 가능케 만들어 내는 능력도 있다.

부부 사이에 잘못된 일이 발생하면 처음부터 조용하게 원인이 무엇이며 왜 그런 일이 일어났는지를 꼼꼼하게 따져보면서 문제해결을 조용히 하지 않고 고함부터 한번 지르고 난 후에도 거칠게 대처하는 방법의 차이를 느낄 수 있는 성질이 충, 형이 즐비한 사람들이라고 할 수 있다. 이런 사람끼리 싸우게 되어 같이 대응하면 결국 사건을 일으킬 가능성이 크다.

그러나 거친 세상 풍파를 헤쳐가다 보면 또 이런 투쟁적인 스타일이 먹혀주는 상황이 많이 발생한다. 이때는 갑자기 유능한 스타일이 된다. 인생사 모두가 일장일단이 있는 것이니 마음에 안 드는 부분은 보지 말고 잘난 부분만 보라는 것이 주례들의 공통된 말도 이런 형태로 살아본 결과로 나온 말들이다.

(정재)	(일간)		
壬	己	甲	丙 (남-사주첩경에서)
申	巳	午	寅
(상관)	(정인)	(편인)	(정관)

위의 경우에는 지지 寅巳申 삼형을 하고 있다. 이 남자의 아내는 시간에 있는 정재 壬이다. 이 壬은 바로 아래에 있는 지지 申의 지장간에서 자라나고(長生) 있는 모습니다. 따라서 申의 지장간에도 정재가 있다. 일지 배우자 자리와 더불어 삼형을 하니 형의 동작을 통해 배우자 자리가 흔들리게 된다. 이렇게 충이 아니고 형이라도 배우자를 간섭하거나 흔들게 되면 부부 유지가 어려워질 수 있다. 그러나 반드시 헤어진다는 것은 아니나 그런 개연성이 있으니 서로 유의할 필요가 있다.

그리고 시주(時柱)의 위치를 남자의 경우에는 처가(妻家)로 보기 때문에 여기에 형, 충이 위치하면 부부문제의 적신호를 나타내고 있다. 어떤 종류이든 부부문제가 생긴다는 것을 예고해주고 있다. 여자의 경우는 시가(媤家)로 본다. 남녀 공히 시지(時支)를 자식의 자리로 본다. 결혼하기 전에 이런 걸 알아서 서로 조심하도록 마음의 준비를 해야 한다.

3) 파(破)에 대하여는 작용력이 미약하고 세분화되면 독자들의 혼란스러워하기 때문에 여기서는 복잡성을 덜기 위해 취급하지 않으려고 했으나 성향에 있어서 미세한 부분에 작용력이 있기 때문에 설명되는 것이니 복잡하게 생각할 필요는 없다. 충(沖)은 깨지는 것이라면, 형(刑)은 심하게 균열이 간 상태이고, 파(破)는 겉으로는 잘 안 보이지만 내부적으로 균열이 나 있는 상태라고 생각하면 구분이 쉬워질 것이다.

사람과 사람과의 관계에도 적용될 수 있다. 파(破)가 미세하게 균열이 있더라도 잘못하면 파괴될 수도 있는 것이다. 이런 성질은 팔자를 간명할 때 쓸 일이고 성질 면에서 보면 조사 분석, 감정, 수사, 정밀검사를 요하는 분야 등에 치밀성을 내포한 성향을 갖고 있다. 센스와 눈치도 아주 민감한 편이다. 그 대신 원만하지 못하고 까다로운 성질이나 성향을 띤다.

파(破)는 형(刑)도 되고, 합(合)도 되는 글자들로 구성될 수 있으나, 작용력과 성질은 형, 합, 파의 성질을 다 갖고 있으며 서로 다 간섭한다. 조정능력을 의미하기도 한다. 부부생활의 지속성에 큰 영향을 미치지는 않으나 모든 게 성격 차에서 사소한 문제의 발생부터 시작하니까 상대나 자신의 성격을 파악함으로써 무난히 대처할 수 있는 영역이다.

단 시지와 일지가 파가 되면 성격차로 잔잔한 갈등이 잦은 편이라는 것은 알고 가랑비 옷 젖는 줄 모른다고 함부로 해서는 안 되며 서로 조심은 해야 한다. 가볍게 여기는 일이 큰 일로 비화될 수 있는 것이다.

파의 종류에는 자유(子酉), 축진(丑辰), 인해(寅亥), 묘오(卯午), 사신(巳申), 미술(未戌)이 있다.

4) 해(害)는 심리적으로 영향을 받기 때문에 연월을 중심으로 포진해 있으면 정신적 관리를 잘해야 한다, 아주 까다롭고 섬세한 성향을 띤다. 이는 육합(六合)을 주로 방해하는 지지로 이루어져 있으므로, 조화를 이루기가 힘든 성정을 내포하고 있으며(미움, 증오, 원한 등) 한 직장에서 오래 머물지 못하는 요소가 있어 발전에 저해 요인이 될 수 있다.

그러나 전부가 이와 같은 현상을 드러내지는 않으나 이런 성향을 나타낼 수 있다는 가능성을 알고 대처하면 큰 문제는 없다. 해(害)는 원진(뒤에 언급됨)과 형의 중복된 형태도 취하니 모두 고찰해줘야 한다. 일단 독자적·독립적인 성향이 강하나 고독성을 의미한다. 해도 파와 마찬가지로 시지, 일지 해가 되면 같은 영향을 받는다고 생각하면 된다.

해(害)는 인사(寅巳), 묘진(卯辰), 축오(丑午), 자미(子未), 신해(申亥), 유술(酉戌) 여섯 개의 짝으로 구성되어 있다.

◉ 지금까지 설명한 합, 형, 충, 파, 해가 분산되어 처음에는 찾아보는 데도 혼란이 가중될 수 있으므로 아래 표에 모아놓았으니 참고하면 편리할 것이다.

	子	丑	寅	卯	辰	巳	午	未	申	酉	戌	亥	간합	삼합
자		합		형	반합		충	해	반합	파			甲己土	
축	합						해	충		반합	형			
인						형,해	반합		충			합,파		寅午戌火
묘	형				해		파	반합		충	합	반합	乙庚金	
진	반합	파		해	형					합	충			
사			형,해						합,형,파	반합		충		巳酉丑金
오	충	해	반합	파			형	합			반합		丙辛水	
미	해	충		반합			합				형파			申子辰水
신	반합		충			합형파						해	丁壬木	
유	파	반합		충	합	반합				형	해			亥卯未木
술		형		합	충		반합	형파		해			戊癸火	
해			합파	반합		충			해			형		

▶ 합, 충, 형, 파의 내용이 헷갈릴 수 있다. 본인이나 가족 정도만 알아보려면 귀찮게 외울 필요는 없다. 그래도 참고가 될 수 있기에 수장도를 보고 짚어 나가면 어떤 규칙성을 알 수 있을 것이다. 십간십이지지의 관계를 다 짚어 낼 수 있지만 여기서는 12지지만의 관계를 익혀놓으면 된다.

5) 수장도(手掌圖)

충에서 합에 이르기까지 빨리 익히고 싶은 독자들은 아래 수장도를 이용하면 빠른 시간에 숙달할 수 있다. 앞에서 예시되어 있는 짝을 맞춰나가다 보면 일정한 규칙성을 발견하게 되는데, 그러면 쉽게 이용할 수 있다. 한명회가 수양대군 앞에서 "이 세상이 내 손안에 있소이다." 라고 한 말이 바로 이 수장도를 알고 있었기 때문이라고 한다.

💙 수장도(手藏圖)

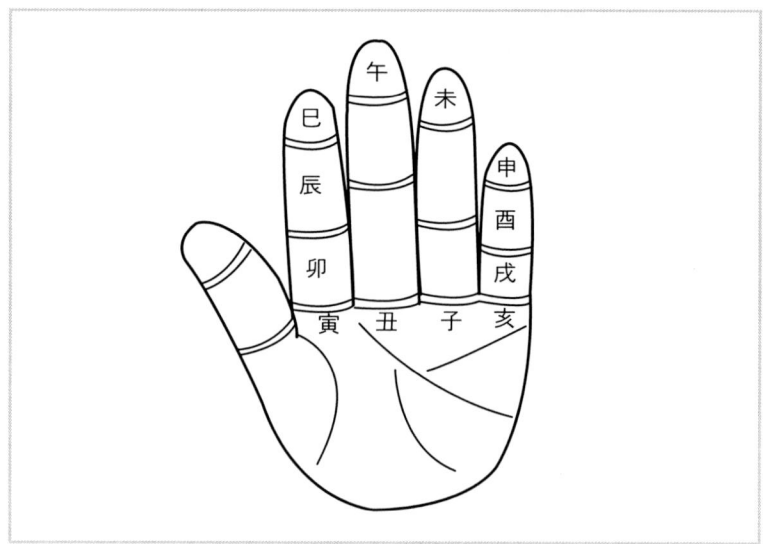

13. 공망(空亡)

　천간 열 개와 지지 열두 개가 짝을 지어나갈 때 마지막 열한 번째와 열두 번째는 천간이 모자라 짝 없는 지지가 두 개 발생한다(천간과 지지 편 육십갑자에서 언급됨). 짝 없는 두 개의 지지를 공망된 지지라고 한다. 공망의 단어적 뜻은 없어서 해를 입거나, 채우려 해도 채워지지 않는 아픔이 있거나, 모자라서 곤란을 겪을 수 있다는 의미를 내포하고 있다. 즉, 짝이 없으니 슬픈 일이다. 또한 하늘은 없는데 땅은 있는 형상이니 하늘과 땅의 기운(氣運) 교류가 이루어지지 않는 사각지대, 즉 텅텅 비었다는 뜻이다. 즉, 하늘의 뜻을 이룰 수 없거나 자신의 뜻이 하늘에 닿지 않는다는 의미를 가지고 있다.

　즉, 구멍 난 자리라고 이해해도 된다. 공망이 사주에 있다고 해서 무조건 나쁜 것은 아니고 좋게 이용할 수도 있다는 것을 미리 알고 너무 실망할 필요는 없다. 공망은 공망대로 이용하면 그대로 다른 가치를 지니고 있기 때문이다. 방송이나 기자처럼 수많은 대상을 상대할 때는 공망의 기운이라야 크게 성취할 수 있는 것과 같다. 그야말로 지정된 상대가 아니라 텅 빈 공간을 대상으로 하기 때문이다.

　공부에 혼란을 주지 않고 시간절약을 위해 여기서는 배우자에 관련된 부분만 적용할 목적이므로 그 외 여러 가지로 운명에 미치는 영향들은 생략하니 더 관심 있는 독자들은 별도로 공부하면 된다. 공망 이론 하나만으로 책 한 권의 분량을 만들기도 한다. 특히 이용하기에 따라 미신적인 요인도 많기 때문에 검증도 되지 않은 내용을 그대로 인용한 것들이 대부분이니 현혹되는 일이 없도록 주의를 요한다. 일부 악덕 무속인들이 단편적인 지식을 가지고 악용하는 사례가 많다.

몇 번 반복하는 이야기지만 나한테 적용해보고 맞지 않든지, 마음에 닿지 않으면 무조건 버리라는 것이 필자의 생각이다. 그리고 천천히 생각을 거듭 반복해보면 건질 것이 있을 것이다.

공망 조견표

일주(日柱)										공망
甲子	乙丑	丙寅	丁卯	戊辰	己巳	庚午	辛未	壬申	癸酉	戌亥
甲戌	乙亥	丙子	丁丑	戊寅	己卯	庚辰	辛巳	壬午	癸未	申酉
甲申	乙酉	丙戌	丁亥	戊子	己丑	庚寅	辛卯	壬辰	癸巳	午未
甲午	乙未	丙申	丁酉	戊戌	己亥	庚子	辛丑	壬寅	癸卯	辰巳
甲辰	乙巳	丙午	丁未	戊申	己酉	庚戌	辛亥	壬子	癸丑	寅卯
甲寅	乙卯	丙辰	丁巳	戊午	己未	庚申	辛酉	壬戌	癸亥	子丑

위 조견표를 보는 방법은 갑자~계유일 출생이면 술, 해, 갑술~계미일 출생은 신, 유, 갑신~계사일 출생이면 오, 미, 갑오~계묘일 출생이면 진, 사, 갑진~계축일 출생이면 인, 묘, 갑인~계해일 출생이면 자, 축이 공망이 된다. 가령 갑자일 출생이 갑술년에 태어났다면 갑자일에 술이 공망이니 술의 천간 갑(비견)도 공망된다는 뜻이며, 여기서 분명히 구분 지어야 할 것은 갑자일에 갑술은 천간의 비견, 지지는 편재이므로 비견과 편재라는 육친의 효력과 성질은 공망되지만, 갑술이 갖고 있는 오행(목과 토)의 세력과 기운이 없어지는 것은 아니라는 것이다.

공망이 미치는 영향의 범위는 공망이 된 육친의 성질을 거의 발휘하지 못한다는 것이며 일부 책에는 몇 %까지 제시하는 경우가 있는데 그 경계는 검증되지 않은 내용에 불과하다는 것으로 인식하고, 인간의 심리란 빈자리나 빈 구멍을 먼저 채우고 싶은 욕망이 작용하듯이 그걸 채우기 위해 시간과 노력을 쏟으므로 인생을 허비하고, 실패하는 함정으로서의 성질을 내포하고 있다.

이해를 돕기 위해 예를 들면, 사주에 관성이 공망되었다면 일단 관성은 벼슬이나 관권, 출세할 수 있는 지위에 대한 욕구가 강하여 성취하기 위해 고시 공부 등에 매달리기 때문에 결국 이루지는 못하고 낭비한 인생이 되고 만다는 뜻이다. 왜냐하면 그 빈자리가 꼭 메워질 것 같은 착각에 빠지기 쉽기 때문이다.

만에 하나 성취했다고 하더라도 그 목적을 결국 다 채우지 못하고 중도에 그만두게 되는 현상이 생길 수 있다. 그러면 공망이 있는 사람은 어떻게 해야 되느냐고 반문한다면 위 예로 든다면 공망된 육친을 쓰지 않든지, 사용하더라도 공망되게 이용하라는 것이다.

즉, 관직을 포기하든지 꼭 관직으로 나가고 싶다면 존재도 없고, 남이 알아주지 않는 한직이라든지 발령에 따라 이동이 심한 직책을 선택하면 오래 유지할 수 있다. 구멍 난 일이란 남이 하기 싫어하는 천하고, 더럽고, 힘들고, 남이 알아주지 않는 일이라든지, 그물 만드는 일과 같은 뭔가 구멍 난 제품(빵, 제과, 섬유[망사], 기계, 파이프, 철관, 부품 등)과 관련한 일들을 뜻한다. 건축, 토목 분야에 종사하더라도 터널을 뚫는 일, 다리를 놓든지 댐을 만드는 일 등 종류도 많다.

그러다가 좀 힘과 여유가 생겨 반듯하고, 알아주는 깨끗한 자리나 다른 일을 하게 된다면 그 지위를 결국 다 채우지 못하고 중도에 그만둘 수 있다. 이렇게 공망이 직업 진로에 영향을 미칠 수 있다는 계산을 미리하고 처신함이 지혜롭다. 인간관계에서도 공망된 육친이 남편이나 아내가 되었을 때, 또는 자식이 되었을 때 그 공망의 불편함과 해를 입게 된다. 그러나 공망스럽게 떨어져 지내거나 생활하면 아무 문제없이 떨어져서 발전할 수 있다.

공망의 작용력에 영향을 주는 내용에 공망을 충하거나 형하든지, 합하든지 하면 공망의 작용이 삭감되거나 없어진다는 식으로 설명한 책들이 대부분이지만 이는 일본책이나 중국 고전들을 베낀 데 불과하므로 믿을 것이 못되며 현실적으로 입증할 수 있는 사례를 겪어보기는 쉽지 않았다.

여기에서도 삭감 정도를 %로 표현해놓은 책도 있지만 신빙성이 검증된 내용은 경험해보지 못했다. 다만 독자들 사주나 가족 사주를 펼쳐놓고 공망된 글자와 충합이 이뤄져 있으면 공망이 해소되었다고 생각하지 말고 공망된 내용에 무게를 두고 상대를 결정함이 뒤에 올 수 있는 후유증을 경감할 수 있는 방법이라고 판단된다. 어떤 글자가 충합을 하더라도 공망의 해로움은 100% 삭감할 수는 없기 때문이다.

▶ 혹시 독자들의 사주 중에 일주 빼고 전부(나머지 3 위치)가 공망

인 사람도 있을 수 있기에 언급해둔다. 대부분의 책에 좋게 발전하는 방향으로 설명되어 있는데 이것도 무비판적으로 베낀 내용에 불과하다는 것을 현실에서 보았다. 서른 명 정도 만났는데 대부분이 내세울 만한 내용은 거의 없고, 힘겹게 생활해 나가는 수준이었다. 이럴 경우에는 위 설명대로 공망된 내용을 이용하든지, 일주가 갖고 있는 내용을 무기로 해서 인간관계를 설정함이 목적에 부합할 것이다.

2위(두 개) 공망도 같은 방법으로 선택 개발해나가면 된다. 만약 독자들 중에 그래도 나는 잘 나간다는 분이 있어 연락 주시면 연구 자료에 많은 도움이 될 것이다.

공망된 육친의 작용력을 살펴보면 다음과 같다.

재성공망: 재성은 돈과 재물이 모을 수 있는 기운인데, 이 기운이 없는 형태니 경제적인 활동처나 활동능력에도 부족함을 가지고 있다는 뜻이 된다. 이재력에도 뛰어나지 못한 속성을 지니게 된다. 지금 여기서 논하고자 하는 것은 배우자문제이니 남자한테는 재성이 아내에 해당되니 처와의 인연이 불안할 수 있는 것이다. 결국은 공으로 돌아갈 수 있는 가능성을 암시하고 있는 것이다. 만약 여자가 결혼하려는 남자의 사주에 재성이 공망되어 있다면 차라리 공망된 띠를 배우자로 삼으면 오래 인연할 것이다. 공망이 분수이기 때문이다.

재성공망이 아니더라도 남자 사주의 시간에 공망이 있으면 본처 해로하기가 쉽지 않다. 앞에서 언급했듯이 시간은 처가의 자리기 때문이다.

그러나 꼭 결혼하고자 할 경우에는 남자 사주에 재성이 공망되어 있으면 아내 될 사람이 직업적으로 멀리 떨어져 살든지 직장을 따라 옮겨 다녀야 하는 사정으로 헤어져 살면서 부부의 연을 이어가는 경우는 인연을 오래할 수 있다. 남자의 사정에 의해 떨어져 있어도 좋다. 결국은 아내의 역할을 다 채울 수 없으니 일부는 희생하고, 체념하면서 살아가면 아무 탈 없이 평생을 해로할 수 있다.

이런 내용도 모르고 결혼했을 경우에 아내의 역할에 불만을 품는 것은 당연하다고 생각하기 때문에 부부싸움이 그칠 날이 없고 갈등의 골은 더욱 깊어져 결국 헤어지는 불행을 겪어야 한다. 이런 자신의 그릇을 알고 있을 때는 그야말로 아무 불만 없이 현실을 수용하면서 지혜롭게 부부생활을 영위해 나갈 수 있다는 것이 미리 알고 모르고의 차이로 오는 인생사이다. 필자는 이렇게 몰라서 오는 불행한 사연들을 주변에서 보면 너무 안타까울 뿐이다. 또 다른 방법은 남자는 재성 공망띠, 여자는 관성 공망띠 사람끼리 인연하는 것은 공망에 상관없이 오래 인연할 수 있다.

예	己	丙	壬	壬(남)
	丑	午	寅	申
			(공망)	(편재)

이분은 올해 78세인데 일찍 결혼했으나 결혼 3년 후 사별하고 딸 하나 두고 평생을 혼자 살아오고 있는 분이다. 사별 후 젊었을 때인데도 재혼하고 싶은 생각이 없었다고 한다. 본인은 모르지만 공망의 기운이 작용했다고 볼 수 있는 대목이다. 공망 寅이 재성 申을 충하므로 아내의 빈자리를 만든 결과가 되었다. 반대로 빈 배우자 자리를 끝까지 채우려는 사람도 있다. 계속 채우다 보면 이런 내용을 모르고 대처하면 계속 불행한 일을 당할 수 있는 가능성을 예고하고 있는 것이다. 서로 이런 사실을 공유하여 대처하면 상관없이 오래도록 인연할 수 있다.

관성공망: 관료조직 진출이 어렵다. 조직에 진출하더라도 정신적인 분야는 가능하다. 선출직일 경우에도 욕망은 강하여 될 듯해도 이루기 힘들다. 선출직에 다행히 당선되었다 하더라도 차라리 안 됐을 때보다 더 불행한 나락으로 떨어질 수 있다. 즉, 재직 중에 어떠한 스캔들에 휘말려 만신창이가 되어 그만두어야 하든지 또는 중병을 앓게 되든지 심지어는 생을 마감해야 하는 일도 생길 수 있는 개연성은 항시 존재한다는 것을 인식해야 한다.

이런 경우에는 관을 포기하고 자기사업이나 개인적인 일을 전문화함이 올바른 선택이다. 여성한테는 관성이 직업과 남편에 해당하며 가장 중요한 경제적 활동성이 가정에 미치는 영향이 크기 때문에 배우자와 직업은 동시 관찰을 요한다.

여자 자신의 사주에 관성이 공망되어 있을 경우에는 앞의 항목과 반대로 남편과의 인연이 불안할 수 있다. 이 경우도 앞의 항목과 마찬가지로 대처하면 된다. 남자가 직장이나 여러 가지 경제적 활동과 연관하여 사해 만 리로 떠돌아다니거나 발령 따라 이동해야 하는 변화 많은 직장인이거나

가끔 한 번씩 만나는 부부생활일 경우에는 공망의 해를 벗어나 이 생활에 익숙해지면서 이것도 하늘이 우리한테 준 복이라 생각하면서 살면 더욱 행복한 부부를 유지해 나갈 수 있다. 그렇지 않고 늘 붙어 있으면 공망의 해를 당하기 쉽다는 것을 명심해야 한다.

예	乙	戊	丁	己(여)
	卯	申	卯	亥
	(정관)		(정관)	
	(공망)		(공망)	

위 공망 조견표를 보면 무신(戊申) 일주의 공망은 寅卯로 나온다. 여기서 卯는 정관이므로 남편이 공망되어 있다. 이분의 남편은 해운업에 종사하고 있어 한 달에 한 번 얼굴 보기도 힘들다고 한다. 그러나 돈은 잘 벌어줘 무난한 가정을 이루고 사는 경우다. 이 사람이 결혼할 때는 공망이 무엇인지도 모르고 결혼했으나 그 팔자 따라 가게 되는 것도 신기할 따름이다.

공망인 부부가 같이 생활한다고 하더라도 부부의 역할을 다 채울 수 없는 환경에 놓일 수 있으며 한 집에서도 각 방을 써도 인연을 오래할 수 있는 처방이 된다.

보통 관성과 재성이 공망인 사람은 인생에 가장 중요한 아내와 남편이 공망이니 이에 대한 무의식적인 욕망이 더욱 강렬해 더 이상적인 배우자를 원하게 되는 경우도 보았다. 이는 이상이 큰 것만큼 정비례해서 실망도 따른다는 것을 의미한다. 정반대 현상의 경우는 배우자가 전부 공망인데 이 사람은 도무지 결혼하고 싶은 마음이 없다는 것이다.

이렇게 빈자리를 더 알차게 메우고 싶은 욕망이 있는가 하면 아예 의욕조차 없는 양극의 경우를 보았다. 이는 무의식 속에 어떤 형태로든 공망의 기운을 느끼고 있다고 할 수 있다.

결혼할 짝을 정하기 전에 '나한테도 관성 공망이 있고, 상대 남자한테도 재성공망이 있을 경우에는 어떻게 할 것인가?' 라는 의문을 가질 수 있다. 서로 마음에 들어 하고 현실적으로 적당한 조건도 갖춰 있고 한데 그럼 결혼을 하지 말라는 이야기 인가? 그것은 아니다. 서로 부족한 것을 가지고 있으니 서로 이런 내용을 앎으로써 서로 상대에게 만족을 구하지 말고 서로 부족한 대로 만족하면서 또한 서로 부족한 것을 채워주려고 노력하면서 살면 더욱 지혜로운 삶이 된다. 여기서 중요한 것은 서로 자신과 상대를 알고 거기에 부합한 생각과 행동을 하는 데 있다.

재성과 관성외도 육친의 공망이 있으나 배우자 선택과는 결정적 조건들이 아니므로 독자들의 혼란과 정신적 낭비를 막기 위해 이 정도로 끝내지만 공부를 더하고 싶은 부분은 독자들의 몫이다.

식상공망 : 의식주 활동이나 기타 창조능력이 구멍 났으니 일반제조업 분야는 불가하다. 꼭 제조업을 해야 한다면 옹색하게 빌린 땅이나 공장에서 특용한 제품이나 구멍 난 제품을 취급하면 가능하다. 장사나 요식업을 하더라도 마찬가지 방법으로 하면 된다. 비상한 재주를 발휘할 수도 있다.

전공이나 직업을 선택할 경우에도 구멍 난 작품이나 제품 또는 일을 취급하는 분야에서 성취해 나갈 수 있다. 자식과의 관계도 불안해질 수 있다. 떨어져서 발전해 나갈 수 있다. 식상은 배설, 건강과 직결되므로 공망되면 건강과 정열, 정욕에도 결핍을 초래할 수 있다.

인성공망 : 연월에 공망은 소년시절 글공부에 방해를 받을 수 있으며, 학문의 내용과 깊이는 풍부하나 다 써먹지를 못한다. 일을 불법적으로 운용할 수도 있으며 도덕성도 상실할 수도 있다. 학문을 따르는 것도 어려워진다. 종교나 세속과 거리가 먼 분야 또는 유림에 머물 수도 있다.

부동산이나 문서재산 거래에도 좋지 않은 영향을 미칠 수 있으니 손재에 유의해야 한다.

비겁공망 : 경쟁력이 약해 독립적인 일이나 사업이 힘들어진다. 투

쟁해서 쟁취하는 것보다 웬만하면 타협으로 해결하는 성향이 강하다. 독립적인 일보다 조직을 갖춘 직업 분야가 적합하다. 친구나 형제들로부터도 배신이나 불편한 관계가 될 수 있다.

열거한 육친의 공망 성질 외에도 독자 자신의 상황을 잘 분석, 확장하여 해석해 나갈 수 있는 영역이 얼마든지 있다. 단, 공망된 육친에 끌리지 말라는 것이다.

공망된 것은 채워도 채워도 채워지지도 않지만 채웠다 하더라도 또 비워진다. 그러니 평생을 구멍 난 곳을 채우다 세월 다 보낸다는 뜻을 공망이라는 글자가 갖고 있다. 때워지지 않는 구멍 난 물동이라고나 할까!

헛되거나 분수에 넘치는 것은 쫓지 말라는 자연의 뜻이기도 하다.

14. 12운성(十二運星)

　천간(하늘)은 지지(땅)의 변화에 영향을 미치고, 지지(땅) 또한 천간(하늘)의 운동에 영향을 미치며 상호 의존적인 관계 속에서 생명활동을 반복하는데, 그 천간의 생명활동을 지지의 12단계를 거치면서 운행한다고 하여 12운성(열두 가지 지지가 가지고 있는 천간의 기운)이라 한다. 지구상에 존재하는 모든 생명들은 태어나고, 자라고, 성장하고, 죽는 과정을 반복한다. 인간도 예외일 수 없다. 이렇게 반복하는 기운의 과정을 12단계로 세밀화해 놓은 것이라고 이해하면 된다.

　생명은 태어나(長生), 목욕하여 모습을 드러내고(沐浴), 사모관대를 갖추어 직위에 나아가(冠帶), 크게 번성하여(健祿), 최고의 왕성한 기운에 도달하여(帝旺), 쇠약해지기 시작하여(衰), 병들고(病), 죽거나 살아 있어도 죽음 직전의 상태이고(死), 묘지에 들어가(墓), 완전히 흔적이 없어지고(絶), 다시 잉태되어(胎), 배 속에서 또는 알에서 자라나(養), 다시 태어나는(長生) 과정으로 나누어 생명운동의 순환성을 12단계로 나타내고 있다. 석가의 생로병사론도 이런 자연철학적인 생명의 반복순환 운동을 일찍 깨달았기 때문이다. 그래서 윤회론이 나온 것이다. 즉, 자연법칙에서 일찍 깨달은 것이다.

　누구나 알기 쉽게 큰 마디로 12단계로 나누었지만 36단계, 100단계로도 나눌 수도 있다. 이렇게 좌표점을 많이 설정하다보면 오히려 혼란을 줄 수도 있다. 다만 흘러가는 생명의 길은 한 방향성을 가지고 간다는 것이다. 인간은 누구나 이와 같은 운명의 행로를 따라가야 한다. 이것이 인간이 지니고 있는 인간팔자인 동시에 타고난 숙명이다.

인간 삶의 과정과 모든 인생사(事)가 이 과정을 벗어날 수가 없으니 독자 여러분들이 인생의 중대사를 앞에 두고 나아가야 할 것인가, 후퇴하여 때를 기다려야 될 것인가를 결정하는 중요한 자료가 되니 뒤에 열거하는 표를 외울 필요 없이 참고하여 추론하면 된다.

자신이 어떤 배우자의 분수를 안고 있는지, 자신과 배우자가 어떤 성쇠부침의 사이클을 그리고 있는지를 파악하는 중요한 단서가 된다. 그리하여 같은 행로를 가질 때도 있고 한 사람은 성하고 한 사람은 쇠하여 서로 삶에 영향과 간섭을 받게 되는 것이다.

이 책의 목적인 배우자 선택에 있어서 '내 배우자는 어떤 모습(외모가 아님)을 하고 있을까? 과연 나의 분수에 맞는 배우자는 어떤 사람일까?' 하는 의문을 12운성에서 예측이 가능하다. 이는 일주를 기준하여 여자의 경우는 일간과의 육친이 관성, 남자의 경우는 재성을 찾아 일지에 어떤 모습으로 나타나는가를 읽으면 추론이 가능하게 된다. 미리 예를 들어 설명한다.

예   (일간)

　　○ 甲 ○ ○(여자일 경우)

　　○ 午 ○ ○

여기서 일지 午는 배우자 자리라는 것을 앞서 설명한 바 있다. 甲의 정관은 辛이고, 편관은 庚이다. 여기서 나의 남편은 庚과 辛의 성질을 가지고 午에 자리 잡아야 한다. 庚(편관)은 午에 목욕의 시기에 와 있다(뒤에 있는 12운성 표 참조). 辛(정관)은 午에 病의 시기에 와 있다. 우선 다른 조건을 무시했을 경우에는 편관(庚), 정관(辛) 중 내가 선택할 남편은 정관이라야 한다.

그러나 여기서 면밀히 관찰해야 할 사항은 편관은 어떤 성향을 띠고 있으며 정관은 어떤 환경에 처해 있는가를 파악한 후 여기서 우월한 위치에 있는 사람을 남편으로 선택해야 할 것이다. 그런데 庚(편관)은 모습은 드러나 있으나 목욕을 하고 있으니 이는 허우대는 멀쩡하고, 실제로 잘생긴 스타일로 멋을 부린 남자로서 낭비와 사치, 허영, 바람기, 여자 유혹, 외형적인 폼에만 치우치는 철없는 부잣집 아들, 바람둥이처럼 행동하는 모습을 취하고 있고, 辛(정관)은 病지로서 병든 사람의 모양을 하고 있다. 몸이 허약하거나 활동력이 미약한 사람일 수 있다. 마음과 행동은 깨끗하고 올바르지만 육체적·정신적으로 뭔가 건강하지 않고 부족함을 간직한 상황일 수 있음을 나타내고 있다. 때로는 호화롭게 보일 수 있는 상황도 연출할 수 있다. 병든 사람의 모습은 창백하고 밝을 수 있기 때문이다.

이런 상황에서 처한 모습들이 내가 가지고 있는 분수의 남편감이다. 그러나 알고 보면 다 마음에 안 들어 더 훌륭한 조건을 갖춘 남편을 선호한다면 내 분수를 벗어난 남편의 선택으로 나중에 불행한 사태를 초래할 수 있다는 것을 예측할 수 있다. 왜냐하면 내 분수를 벗어나면 반드시 무리가 따르게 마련이고 무리가 따르다 보면 사건을 몰고 오기 마련이다.

이를 알 수 있는 방법은 살아보는 수밖에 없다. 지금 이혼 등 파경으로 치닫는 부부들이 대부분 이런 경우에 해당한다. 그러면 여기서 선택을 어떻게 해야 할 것인가는 본인의 몫이다. 헷갈릴 경우에는 능력은 부족해도 올바른 정신과 인격을 가진 사람을 택해야 할 것이다. 여기서 病에 있는 정관은 남의 시선을 끌 정도는 아니지만 직업상 멀리 떨어져 한 번씩 만나는 남편으로서 인연하면 무난히 부부생활을 영위할 수 있다. 이것이 이 사람이 타고난 배우자에 대한 분수이다. 따라서 어떤 남자와 인연했으면 끝까지 뜻을 맞춰 해로해 나가야 한다. 내 마음에 안 든다고 헤어져서는 안 되는 게 자신의 분수가 된다. 불만스러워도 참고 사는 게 자신의 분수다.

또한 배우자의 기운이 12운성의 12단계를 따라 변화하기 때문에 한때는 좋았다가 시들해지기도 하고 또 나빠지기도 하면서 순환한다. 그래서 늘 평생 사이가 깨가 쏟아지지 않는 이유가 여기에 있다. 즉, 자연의 기운이 찌푸리고 있는데 자기 혼자 화창할 수 없는 이치와 같이 서로의 기후 변화를 겪는 것이 부부 사이다.

배우자와의 관계에서도 서로가 같이 운명의 상승기에 있을 수도 있고 서로 어긋나 한 사람은 상승, 한 사람은 하강일 때도 있고, 두 사람 모두 하강국면에 접어들 수도 있기 때문에 이런 내용을 알면 서로 이해하고 위로하며 활용하기에 따라 인생의 여러 가지 어려운 국면을 지혜롭게 대응해 나갈 수 있다.

반대로 남자 경우의 예를 들어보면,

庚일간 남자의 경우 아내 될 재성은 甲(편재), 乙(정재)이다. 甲편재는 12운성으로 午에서 死하지만, 乙정재는 長生한다. 여기서 내 분수에 맞는 아내는 乙의 정재를 아내로 맞게 설계되어 있다.

더 깊이 연구하면 세세한 일까지 알아낼 수 있는 자료가 되지만 잘 못 이용하면 그르치거나 또한 깊은 미래는 알 필요가 없다는 것이 필 자의 생각이므로 독자들이 살아가면서 이것만은 꼭 필요하다는 내용 외에는 분석하는 세밀한 테크닉을 언급하지는 않을 것이다. 어디까지 나 올바른 판단력을 필요로 하기 때문에 잘못하여 오판을 불러일으킬 수 있는 여지가 있기 때문이다. 독자들이 대체로 정확한 판단을 할 수 있는 영역만 언급한다.

처음 접하는 여러분의 판단만으로도 적중률이 80~90% 이상일 경 우에 한해서만 지혜로 활용할 수 있도록 언급할 것이니 이 점을 잘 양 지해주기 바라는 마음이다.

이해를 돕기 위해 12단계의 용어에 관한 뜻은 아래에서 쉽게 표현은 했으나 모든 책들이 한문용어를 사용하기 때문에 독자들의 별도 공부 할 기회를 위해 그대로 사용하니 생소하고 불편하더라도 외우는 것은 아니고 필요할 때 찾아보면 되므로 그대로 이용하면 된다. 자주 보다 보면 자연적으로 익숙하게 된다.

개념들만 설명해놓아도 독자들의 추리나 상상력으로 얼마든지 확장 해석해 나갈 수 있으니 여기 설명에 한정 짓지 말고 이 내용을 기초로 해서 상상의 날개를 펼칠 수 있으며, 12운성의 이론을 다른 책들마다 다른 의견들을 내놓고 있으나 이를 이용하는 이치를 미처 깨닫지 못한 사람들의 소치라는 것을 참고로 밝혀둔다. 정답은 적용해서 활용해본 결과에 따라 독자들이 판단하면 된다. 우선 각 단계별 의미와 운동성 의 성향을 알아보면 다음과 같다. 개념 정도로 파악하고 이를 기초하 여 독자 여러분의 기발한 창의력이 가세하면 이 방면에 출중한 능력자 가 된다.

1) 태(胎) : 잉태되는 것이다. 씨가 맺히는 것이다. 한마디로 생명의 불씨다. 불씨는 약한 바람에도 꺼질 수 있을 정도로 연약하고, 꺼지지 않도록 깊디깊은 곳에서 보호되어야 한다. 그러나 희망의 불씨다. 거대한 시작이다. 이상이 태의 상징성이다. 씨는 화려한 시작인 동시에 어딘지 불안한 환경과 정서를 갖고 있어 양면성을 함축하고 있다. 어머니 뱃속에서 임신의 시작을 알리는 신호다. 생명이 시작이니 활동이 미미한 상태이다.

예를 들면 甲일간을 가진 사람이 子대운이나 子년을 만났을 경우에 (아래표 참조) 甲의 식신과 편재가 丙과 戊이므로 丙과 戊가 子에 胎의 시기에 해당하므로 어떤 일이나 사업을 도모해야 되느냐, 말아야 되느냐는 기로에 섰을 때 독자들은 어떻게 결단을 할 것인가, 한다면 어떻게 해야 할 것인가 하는 판단이 분명하다면 추진하는 일에 자신감과 적극성으로 매사를 열심히 하게 된다.

이럴 경우에는 甲이 처한 환경의 영향을 받겠지만 운의 흐름으로만 보면 자금 부담이나 규모를 최소화해서 행여 바람에 불씨가 꺼질까 조심과 전력투구하는 자세로 임하면서 그 불씨가 커가는 상황에 따라 대응하면 가장 바람직한 결과를 만들어 낼 수 있을 것이다. 그 다음해의 앞으로 흐름이 발전 도상에 있기 때문이다.

그러므로 당해 연도만 보지 말고 뒤에 연결되는 해가 상승가도에 있느냐 하강 국면으로 접어드는가를 아래 표를 참조하면 누구나 쉽게 찾아볼 수 있도록 해놓았다. 만약 이 경우에 다음 운이 養, 長生……으로 흐르지 않고 絶, 墓……로 흐른다면 직장이나 사업 활동도 접을 수 없는 상황이라면 규모 축소를 해서 겨우 명맥을 유지하든지 또는 조용히 엎드려 지내는 것이 버는 것이 된다. 이럴 경우에도 예외는 있다. 지구 반대편에서 하는 해외 사업이나 명예와 봉사에 관련된 일은 분수만 지키면 시간의 기운에 상관없이 번영해 나갈 수 있다.

　부부생활도 마찬가지다. 부부 중에 누군가가 어떤 흐름의 방향에 놓여 있느냐에 심리상태나 매사에 반응하는 행동패턴이 달라질 수 있기 때문에 서로 이런 상황을 읽고 대처하면 부부 사이에 모르고 일어나는 심리적인 갈등과 충돌도 미연에 방지할 수도 있고, 이해하고 서로 위로하면서 넘길 수 있다.

　필자가 독자들에게 전하고 싶은 내용이 바로 이것이다. 인생을 살면서 진퇴를 결정해야 할 수많은 상황에 봉착하게 된다. 이것 하나만 이용해도 엄청난 인생에 도움이 될 것이다. 배우자 선택에 직접적인 내용인 동시에 그 이상으로 중요한 인생사이기에 필자의 본래 취지와 관계없이 노력과 시간을 할애하는 것이다.

　좀 더 부연하자면 직업적으로 좀 성장하여 官界 요로에 발탁되는 경우에도 이런 이치를 잘 이용하면 任官 후 몰락하는 일은 막을 수 있다.

　주변 사람이나 친지들로부터 출세를 축하하는 전화 받은 지가 며칠 안 됐는데 만신창이가 되어 낙마하는 사례를 많이 보았을 것이다. 또 선거에 당선되어 정열적으로 활동하다가 어떤 스캔들에 연루되어 명예의 추락에 망연자실하여 자살의 길을 선택하는 경우, 차라리 평범한 길을 선택했더라면 이런 불행은 막을 수 있는 일이라는 것이다.

　어떤 사람은 의도하는 사업규모의 자금이 좀 모자라 돈을 빌려서까지 사업을 시작하여 빌린 돈까지 홀랑 다 날려버리는 경우도 허다하다. 망하려고 할 때는 평소 안 팔리던 땅이나 부동산도 잘 팔리고, 안 빌려지던 자금도 잘 빌려지고 하는 경향도 있다. 이 모든 것이 몇 년 앞도 내다보지 못한 결과이기에 필자가 이것만은 독자들께 입에 거품을 물고서라도 알려주려고 하는 것이다. 필자도 이런 내용을 알기 전에 수없는 실패를 맛보았고, 지금 이 글을 쓰고 있는 순간도 이런 운기에 들어 있기 때문에 떠벌이지 않고 글만 쓰고 힘든 사람들을 붙들고 고민을 함께 나누고 상담을 해주고 세월을 낚고 있는 것이다.

이런 내용은 어떤 책에도 없다. 혹시 아는 사람이 있다면 자기만의 비책으로 알고 있을 것이다. 만약 이 내용이 100% 맞느냐고 묻는다면 오르막길은 80~90%만 믿고 내리막길(망하는 것 포함)은 99%로 믿고 참고하라.

오르막길과 내리막길에 대한 정의는 독자 여러분이 겪고, 보는 인생사에서 내리면 된다.

2) 양(養) : 어머니 배 속에서 잉태되어, 즉 태(胎)에서 자라나는 과정이다. 외부로 나오지는 못한 상태에서 미래를 위해 무럭무럭 건강하게 자라나기만을 바라는 염원 속에 엄마 배 속에서 생명의 활동을 하고 있는 상태이다. 이 세상의 일도 그렇다, 처음에는 불편한 조건과 환경 속에서 미래에 대한 보장 없이 오직 희망과 신념만을 무기 삼아 시작한다. 생활비라도 벌기 위해 조그만 방에 아이들 몇 명 모아놓고 과외 공부시키는 모습과 같다.

협소하고 보잘것없는 공간 속에서 시작된 태동은 어느덧 때가 되어 소문이 나기 시작하고 사회적 환경에 편승하게 되면 비상을 위한 움직임으로 가득하여 마음을 설레게도 한다. 어둡고 긴 터널을 지나 찬란한 태양 빛을 안기 위해 그렇게도 조심스러웠던 세월을 보낸다. 이것이 바로 養이다.

어떤 일간을 갖든 태에서의 방법과 같이 배우자의 성향 분석과 진퇴와 번영과 흥망을 추론하여 액션을 취하면 될 것이다. 단, 이 시기에 폼 나게 사업이나 일을 벌여나가는 것은 위험하다는 것을 명심하기 바란다. 태와 같은 자세로 임해야 한다. 배우자도 활발한 모습과 건강을 갖추기에는 아직 미흡한 상태이다. 그러나 이런 모습이 분수에 해당한다.

3) 장생(長生): 드디어 이 세상에 모습을 드러내는 탄생의 과정이다. 이 세상의 축복을 한 몸에 안고 찬란한 태양의 기운을 맛보며 진정한 생명활동의 시작을 알린다. 바로 울음이다. 이 울음은 환희와 희망으로 가득 채워진다. 누군가는 이미 삶의 고통을 알고 나와 울음을 터트린다고 하지만 인생은 고통과 행복이 하나이기 때문에 무엇을 위해 우는지는 알 수 없으나 앞으로 꿋꿋하게 자라 나갈 일만 남아 있다.

잘 자라나게 하기 위해 노심초사 주변 환경도 살피고 건강도 체크해가며 먹을 것을 제 시간에 챙겨주고 하는 일련의 동작들이 부부 사이의 관계와 우리 삶을 살아가기 위한 일들과 사업과정도 조금도 다름이 없는 과정일 것이다. 그냥 둬도 잘 자란다고 내버려두면 어느새 병들어 제대로 싹도 틔우지도 못하고 꺾어지고 만다.

부부관계의 일도 마찬가지다. 마음 놓으면 안 된다. 태(胎), 양(養)에도 그렇게 노심초사했는데 싶어 방심하면 공든 탑이 그대로 무너지는 것이다. 그래도 태, 양, 시절보다는 백배 낫지. 이제 확실한 희망이 보이니까, 전성기를 구가해도 방심하면 언젠가는 무너지게 되어 있는 게 자연의 법칙이다. 그러면 방심하지 않으면 안 무너지느냐면 무너지더라도 준비를 할 수 있는 것이다. 방심하고 있다가 무너지는 것과 무너지는 것을 준비한 것과는 하늘과 땅 차이다. 장생은 확실한 희망과 생명의 모습을 드러낸 것이다.

사주에 천간이 지지에 장생의 자리에 서 있으면 천간이 의미하는 오행의 뜻과 육친의 뜻을 이루어내는 의지와 행동이 일치되는 강력한 실현성을 내포하고 있다고 할 것이다. 화려하게 드러나지 않더라도 실속 있고 영양가 만점의 상태로 생각하면 된다. 장생에서 배우자 선택과 진퇴도 태와 같은 방법으로 추론하면 된다.

4) 목욕(沐浴): 태어나 자주 씻겨주는 시기다. 씻겨놓은 아이의 뽀송뽀송한 모습에 부모는 행복했을 것이다. 행복에 겨워 자기 본분을 잃고, 취해버리는 경우도 있다. 이런 시기에 일어나는 동작이나 행동패턴은 다양하다. 한마디로 재롱을 피우며, 자라면서 아마도 부모들을 뇌쇄시킬 수도 있다.

성장과 발전의 과정상에 있지만 여기서는 낭비와 사치, 외형과 이목을 의식하고, 소비를 즐기며, 실속 없는 명예로 재물의 손실을 초래하고, 색정을 유발하여 추문에 휩싸이기도 하는 과정이기 때문에 각별히 조심해야 한다. 좀 여유로움에 방심하여 구멍이 생기는 것과 같은 현상이며, 발전 과정상에 다소 주춤하는 현상을 빚어내는 것이다. 심하면 여기서 몰락하는 수가 생긴다. '미친년 애기 씻어 죽인다'고 했던가!

여기가 배우자 선택에 가장 혼란스러운 곳이다. 남자나 여자 모두 배우자가 목욕에 해당되면 실속 없는 멋과 유흥, 연애사에 관련된 실상들이 정상적인 생활을 저해하는 요인들로 등장할 수 있는 성향들을 나타내는 기간이 되므로 재물의 손실, 낭비가 일어나고, 공부나 학문을 멀리하고, 재미나 즐거움만 쫓는 방탕, 방종의 생활상의 가능성을 예고하게 된다.

그러므로 배우자 선택에 가장 기피 대상이나 구간이 된다. 일이나 사업성도 마찬가지다. 이 기간은 털어먹기 쉬우니 신중을 기해야 한다. 왜냐하면 발전 도상의 기운에 있기 때문에 뭔가 될 것 같은 착시현상에 빠지기 때문이다. 나아가려는 방향에서 멈칫해야 하는 예외적인 구간이므로 무조건 발전적인 생각에서 제외하고 그 나머지 진퇴는 태에서와 같은 방법으로 추론하면 된다. 무조건 낮추고 검소하게 살아야 위기를 면할 수 있다.

   5) 관대(冠帶): 제대로 활동적인 모습을 드러내거나 갖춘 상태이며, 의관(옛날 식 표현: 사회진출의 상징으로 관복과 머리에 관, 허리에 띠를 한 모습을 묘사한 것임)을 갖추었으니 혼인, 직장 등 사회생활의 일원으로서 진출, 발전상을 나타내는 의미를 내포한다. 기업이나 조직으로는 제법 규모와 체제를 갖춰 명실상부한 틀로 성장한 형태를 의미하기도 한다.

   남녀 배우자의 자리가 관대에 있으면 결혼의 적기가 된다. 옛날에는 결혼할 때 머리에 족두리나 관을 쓰고 했기 때문에 그 상황을 잘 표현해주고 있다. 이 구간에는 활동성과 혼인 적령기를 모두 갖추고 있기 때문에 배우자로서 정품이라 할 수 있다. 정관, 편관, 정재, 편재를 두고 봤을 때 정재, 정관이 관대라면 두말할 필요 없이 배우자로서 선택하지만, 편관과 편재는 관대지만 정관, 정재는 쇠(衰)하는 구간에 있다면 아쉽지만 편관과 편재를 남편과 아내로 선택해야 할 것이다. 편의상 묶어서 설명했지만 독자들은 남녀 구분해서 읽으면 된다.

   직장 또는 장사나 개인 사업을 하더라도 발전의 발판을 확실히 다져나가는 과정을 의미하기도 한다. 모든 사물을 이와 같은 의미에 기초하여 확장 추론하면 될 것이다. 진퇴문제는 이 시기에서는 앞뒤 흐름에 따라 결정해야 된다. 왜냐하면 발전 도상의 중간 지점에 있기 때문이다.

   즉, 관대에서 목욕, 장생으로 흐르면 활동 면이나 규모 확장 등은 고려해야 할 대상이 된다. 부부의 활동 반경도 마찬가지로 적용하면 된다. 반대로 건록, 왕의 기운으로 흐르면 아직 여력과 환경이 상당한 발전의 기운을 조성하고 있으므로 기운을 더 펼쳐나갈 수 있다.

6) 건록(健祿): 기후로 보면 봄이 다 가고 초여름의 기운을 느낄 때이며, 인간의 활동력이 가장 활발할 때가 된다. 성장성으로는 성숙한 단계가 된다. 직장생활에서는 직위도 높아지고, 사회적 책임감도 느끼며, 기업이나 사업, 장사의 규모와 경영 상태는 더욱 발전하게 되며, 개인이나 조직의 활동성이 더욱 강화되고, 건강한 상태를 나타낸다. 사람으로는 다 큰 상태이다. 즉, 완전한 성인이다. 이 시기를 즈음해서 모든 일의 전성기를 누릴 수 있다는 것이다. 부부생활도 가장 행복을 구가할 수 있는 여건이 성숙되어 있다. 계절로는 계절의 여왕 초여름이다.

여기서는 더 이상 나아갈 곳도 물러설 곳도 없다. 한마디로 정상이다. 여기서 마음가짐을 어떻게 준비하느냐에 따라 흥망성쇠를 가늠할 수 있게 된다. 사람이란 전성기를 누리면 늘 그렇게 될 줄로 착각한다. 망하거나 쇠퇴할 줄은 꿈에도 생각하지 않는다. 평생 전성기를 누리는 사람이나, 기업, 국가를 보았는가!

지구가 왜 둥근지! 지구가 왜 원운동을 하고 있는지! 이는 지구도 존재하기 위해서다. 지구상에 존재하는 어떤 것도 이 운동에서 벗어날 수 없다. 이 운동은 무엇을 말하고 있는가! 처음 출발해서 다시 출발점으로 돌아오게 되어 있다. 한마디로 원점으로 회귀다. 그래서 이 지구가 인간을 창조할 때 인간의 정신과 육체까지 지구와 똑 같은 운동성을 갖도록 설계해놓은 것이다. 인간은 지구에 담겨 있는 티끌과 같은 존재일 뿐이다.

12운성도 이와 같이 인간이 돌아가고 있는 과정에서 일어나는 현상들을 겪으면서 원점으로 다시 돌아가는 모습들을 현상화해 놓았을 뿐이다. 결국 갈 때는 그 전성기의 태평가를 구가하던 시절의 모든 것들을 내려놓고 한낱 티끌로 다시 돌아가게 만들어놓은 것이 이 지구다. 그래서 이 지구는 전성기를 영원히 누리지 못하도록 인간에게 병(病)을 다 심어놓은 것이다.

病에는 여러 가지가 있지만 망하거나 쇠하게 만드는 가장 무서운 병이 교만과 오만이라는 정신병, 마음병이다. 이 병에 걸리지 않도록 설계된 운 좋은 사람은 거의 없다고 할 수 있다. 굳이 예외를 든다면 석가모니나 예수님 정도이다. 내가 아무리 이 병에 걸리지 않으려고 노력해도 이는 불가능하다. 이는 지구가 한 일이기 때문이다. 이미 설계되었기 때문이다. 이는 죽음 외에는 아무도 수정할 수가 없다. 그러므로 사람은 가장 행복을 구가하는 전성기에 불행의 씨앗도 같이 싹트고 있다는 것을 알 수 있다. 즉, 행과 불행이 같은 곳에서 나온다는 사실을 깨달음으로써 자신과 부부생활의 경영 스타일이 결정될 것이며 쇠퇴기를 준비하는 모습도 달라질 것이다.

7) 왕(旺): 전성기의 연장선상에서 가장 왕성한 시기이면서 꺾이는 시기다. 사계절도 각각 왕성한 시기가 있듯이 왕성한 시기가 오면 다음 시기로 어김없이 넘겨줘야 한다. 이것이 자연의 법칙이다. 인간의 활동도 여기서 벗어나기 힘들다. 이제 왕성한 활동을 정점으로 내려갈 준비를 해야 할 시기이기도 하다. 절정기가 있으면 반드시 내리막길이 기다리고 있다는 것을 알고 인생을 경영하면 그에 상응한 보답이 따른다는 것을 알면 된다.

그럼 旺의 시기가 가면 모든 게 끝인가 하면 그게 아니다. 겨울이 오면 그 다음은 봄이 기다리고 있듯이 胎, 養, 長生……의 시기가 기다리고 있는 것과 같다. 그러나 그 중간 과정상에 입만 벌리고 있다고 저절로 되는 것이 아니다. 끊임없는 자기 계발과 노력이 따라야 함은 당연한 자연의 법칙이다. 자연은 한시도 쉬지 않고 생명활동을 하고 있다.

부부생활도 이때 잘못하면 돌이킬 수 없는 나락으로 빠져들게 되는 시기이기 때문에 더욱더 자신의 모습을 가다듬으면서 절제되고 겸손한 마음으로 정상궤도에서 이탈하지 않도록 노력해야 할 구간이다.

8) 쇠(衰): 아무리 왕성해도 결국은 쇠약해진다. 인간의 활동이 쇠약해진다고 해서 끝나는 것은 아니다. 단지 旺처럼 활동영역과 활동력을 발휘하지 못하지만 활동은 계속 유지하기 때문에 유연성 있게 추론해야 한다. 여기서는 시간적인 연속성을 다 표현할 수 없기 때문에 단어 하나, 즉 좌표점 하나로 그 중간과정의 시간성 속에 있는 동작과 행위들을 추론하는 것은 공부하는 독자 여러분의 몫이다.

여기에 필자가 늘 반복하는 독자들의 날카로운 지혜로 확장 추론의 여지가 있다는 것이다. 이런 시기에서의 배우자 선택과 진퇴문제는 유치원 아이들도 풀 것이다. 항상 다음 시기의 진행상황을 보면서 판단해야 한다는 것을 반복해둔다. 부부생활도 이 구간부터는 특히 언행에 주의를 기울여 서로의 감정과 자존심을 상하지 않도록 노력해야 한다.

9) 병(病): 이쯤 되면 병약해져서 활동에 지장을 받는다. 병중에 활동하는 사람들도 있다. 그러나 정상적인 활동은 접어야 할 시기다. 죽음을 준비하는 시기이기도 하다. 때로는 가장 화려한 모습을 드러내기도 한다. 지기 전의 찬란한 석양과 같다. 병중에 있는 사람의 얼굴이 창백하거나 더욱 환한 모습을 나타낼 때가 있듯이 마지막

역량과 능력을 사력을 다해 발휘할 수도 있다.

그동안의 쌓였던 일들, 인간관계 등을 마지막으로 정리하며 조용히 사색과 잠으로 死의 시간을 기다리는 과정이기도 하다. 부부생활도 온 갖 풍상을 겪고 조용히 다음 세계를 준비하게 된다. 배우자 선택의 구간은 피해야 할 것이다.

10) 사(死): 사실상 모든 활동이 끝나는 시기다. 그러나 죽음은 죽음이 아니다. 죽음이란 다음의 새 생명의 잉태를 위한 죽음이다. 이게 자연의 심오한 법칙이다. 이 말이 독자들에게 혼란스러우면 잊어버려도 좋다. 안 그래도 머리 아픈 일이 많은데, 철학적인 내용은 세월에 맡겨놓으시라.

여기서 의도하는 결정적 내용은 아니니 더 이상 언급은 하지 않는다. 배우자 선택구간으로는 적당하지 않다. 일이나 사업적인 것은 최소한으로 유지하면서 후일을 도모해야 한다.

11) 묘(墓): 묘지에 묻히니 이 세상에서 형체가 사라진 것이다. 인간사를 말한다면 철저히 망한 것이나 같다. 인간생활에 있어 이 시기가 가장 위험하고 힘든 시기이다. 이때 조심하지 않으면 다음 봄이 와도 일어설 수 없을 정도로 접힐 수 있다. 신규 사업이나 사업의 확장 등에 신중히 고려해야 할 시기라는 것을 명심해야 한다. 진퇴문제는 어린애도 알 수 있다. 배우자의 조건으로는 힘든 구간이 된다.

12) 절(絶): 단어의 표현은 달라도 墓와 같은 상황을 나타낸다. 뜻으로 보면 墓보다 더 심각한 내용을 담고 있지만 더 이상 나빠질

것도 없는 상태를 뜻한다. 즉, 완전히 흙으로 돌아간 상태다. 하나의 생명을 완벽하게 끝내고 새 생명의 잉태를 위한 처절한 인내와 기다림이다. 이 시기에는 물러서서 조용히 때를 기다리는 지혜와 힘을 축적하는 용기가 필요하다. 배우자 선택의 조건으로는 불미하다.

이상과 같이 독자들이 알기 쉽게 12단계의 과정상 상황설명을 하였으나 경우에 따라 의문의 여지가 있을 수 있다. 가령 이렇다면 발전과 퇴보가 반복되어야지 잘 나가는 사람은 평생 잘 나가고, 못나가는 사람은 늘 왜 똑같으냐는 등 의문이 있을 수 있는 사항은 여기서 더 많은 설명을 요하기 때문에 본래의 목적이 아니라 생략한다.

한마디만 추가한다면 12운성이 매년 반복하는 기운인데 반하여 뒤에 나오는 10년 단위로 끊어 흘러가는 대운도 12운성의 기운으로 작용하기 때문에 큰 사이클 속에 작은 사이클이다. 대운으로 계산하면 이 세상에 나왔다가 죽는 데 120년이 걸리는 데 대부분 아직 120년을 넘기지 못하고 있다. 왜냐하면 죽어 없어지는 사, 묘, 절구간만 해도 30년이기 때문이다.

재벌 등 대기업이 오래가는 것은 오너 한 사람의 기운이 아니다. 그 밑에 수많은 CEO들이 있다. 한창 전성기의 CEO들의 기운이 이어가고 있는 것이다. 개인의 인생에 있어서 이런 전성기는 10년을 넘기기 어려운 것이다. 그래서 오너 밑의 CEO들이 길어도 15년 이상 자리를 지키는 사람 보았는가? 왜? 기업은 운을 이어 가야 하기 때문에 다음 번 운기가 좋은 타자가 들어서야 하기 때문이다. 그 대신 떠날 때는 막대한 富를 나눠주는 것이다. 그러나 언제까지 타인의 운기를 이어갈지는 모를 수 있지만 언젠가는 끝이 있게 만들어놓은 게 자연이다. 즉, 이 자연의 고리를 푸는 게 관건이 된다. 세습하는 왕정이나 통치 국가는 반드시 망하게 되어 있는 이유도 여기에 있다. 세습으로 영원히 번

영을 이어갈 수 없도록 자연이 설계해놓았다. 이를 빨리 깨닫는 자만이 탐욕의 족쇄에서 풀려날 수 있다.

그러나 겉보기에는 호화롭게 보이더라도 내면에는 말 못할 갈등과 좌절, 곤란을 겪으면서 가고 있다고 이해하면 된다. 그리고 거대한 조직을 유지하기 위한 과정상에 수많은 선택의 문제와 본인의 노력도 항상 맞물려 있다는 것도 잊어서는 안 된다.

항상 못 나가는 사람처럼 보여도 그릇의 차이는 있지만 아무리 힘든 일을 하더라도 마음의 행로상 행·불행의 과정은 이 과정을 밟고 있다고 생각하면 될 것이다. 여하튼 원래 목적대로 독자들이 인생을 살면서 진퇴의 기로에 섰거나 배우자를 선택할 때만이라도 지혜롭게 12운성을 이용하라는 뜻을 잊지 않으면 된다.

아래 표 1에서 표 10까지 이용하는 방법은 甲일간일 경우 甲과 관계된 육친과 표 왼쪽에는 흘러가는 대운과 세운을 子, 丑, 寅, 卯…… 순으로 나열하였으니 따라 읽어 가면 된다.

다른 일간(乙, 丙……癸)도 해당하는 표에서 찾아 읽으면 누구나 쉽게 알 수 있다. 유년(流年)은 반드시 子, 丑, 寅, 卯…… 순으로 흘러가게 되어 있다.

12운성 표

	甲	乙	丙, 戊	丁, 己	庚	辛	壬	癸
장생	亥	午	寅	酉	巳	子	申	卯
목욕	子	巳	卯	申	午	亥	酉	寅
관대	丑	辰	辰	未	未	戌	戌	丑
건록	寅	卯	巳	午	申	酉	亥	子
제왕	卯	寅	午	巳	酉	申	子	亥
쇠	辰	丑	未	辰	戌	未	丑	戌
병	巳	子	申	卯	亥	午	寅	酉
사	午	亥	酉	寅	子	巳	卯	申
묘	未	戌	戌	丑	丑	辰	辰	未
절	申	酉	亥	子	寅	卯	巳	午
태	酉	申	子	亥	卯	寅	午	巳
양	戌	未	丑	戌	辰	丑	未	辰

표 1) 甲과 육친, 12운성의 상호관계

	비견	겁재	식신	상관	편재	정재	편관	정관	편인	인수
	甲	乙	丙	丁	戊	己	庚	辛	壬	癸
子	목욕	병	태	절	태	절	사	장생	제왕	건록
丑	관대	쇠	양	묘	양	묘	묘	양	쇠	관대
寅	건록	제왕	장생	사	장생	사	절	태	병	목욕
卯	제왕	건록	목욕	병	목욕	병	태	절	사	장생
辰	쇠	관대	관대	쇠	관대	쇠	양	묘	묘	양
巳	병	목욕	건록	제왕	건록	제왕	장생	사	절	태
午	사	장생	제왕	건록	제왕	건록	목욕	병	태	절
未	묘	양	쇠	관대	쇠	관대	관대	쇠	양	묘
申	절	태	병	목욕	병	목욕	건록	제왕	장생	사
酉	태	절	사	장생	사	장생	제왕	건록	목욕	병
戌	양	묘	묘	양	묘	양	쇠	관대	관대	쇠
亥	장생	사	절	태	절	태	병	목욕	건록	제왕

표 2) 乙과 육친, 12운성의 상호관계

	겁재	비견	상관	식신	정재	편재	정관	편관	인수	편인
	甲	乙	丙	丁	戊	己	庚	辛	壬	癸
子	목욕	병	태	절	태	절	사	장생	제왕	건록
丑	관대	쇠	양	묘	양	묘	묘	양	쇠	관대
寅	건록	제왕	장생	사	장생	사	절	태	병	목욕
卯	제왕	건록	목욕	병	목욕	병	태	절	사	장생
辰	쇠	관대	관대	쇠	관대	쇠	양	묘	묘	양
巳	병	목욕	건록	제왕	건록	제왕	장생	사	절	태
午	사	장생	제왕	건록	제왕	건록	목욕	병	태	절
未	묘	양	쇠	관대	쇠	관대	관대	쇠	양	묘
申	절	태	병	목욕	병	목욕	건록	제왕	장생	사
酉	태	절	사	장생	사	장생	제왕	건록	목욕	병
戌	양	묘	묘	양	묘	양	쇠	관대	관대	쇠
亥	장생	사	절	태	절	태	병	목욕	건록	제왕

표 3) 丙과 육친, 12운성의 상호관계

	편인	인수	비견	비겁	식신	상관	편재	정재	편관	정관
	甲	乙	丙	丁	戊	己	庚	辛	壬	癸
子	목욕	병	태	절	태	절	사	장생	제왕	건록
丑	관대	쇠	양	묘	양	묘	묘	양	쇠	관대
寅	건록	제왕	장생	사	장생	사	절	태	병	목욕
卯	제왕	건록	목욕	병	목욕	병	태	절	사	장생
辰	쇠	관대	관대	쇠	관대	쇠	양	묘	묘	양
巳	병	목욕	건록	제왕	건록	제왕	장생	사	절	태
午	사	장생	제왕	건록	제왕	건록	목욕	병	태	절
未	묘	양	쇠	관대	쇠	관대	관대	쇠	양	묘
申	절	태	병	목욕	병	목욕	건록	제왕	장생	사
酉	태	절	사	장생	사	장생	제왕	건록	목욕	병
戌	양	묘	묘	양	묘	양	쇠	관대	관대	쇠
亥	장생	사	절	태	절	태	병	목욕	건록	제왕

표 4) 丁과 육친, 12운성의 상호관계

	인수	편인	겁재	비견	상관	식신	정재	편재	정관	편관
	甲	乙	丙	丁	戊	己	庚	辛	壬	癸
子	목욕	병	태	절	태	절	사	장생	제왕	건록
丑	관대	쇠	양	묘	양	묘	묘	양	쇠	관대
寅	건록	제왕	장생	사	장생	사	절	태	병	목욕
卯	제왕	건록	목욕	병	목욕	병	태	절	사	장생
辰	쇠	관대	관대	쇠	관대	쇠	양	묘	묘	양
巳	병	목욕	건록	제왕	건록	제왕	장생	사	절	태
午	사	장생	제왕	건록	제왕	건록	목욕	병	태	절
未	묘	양	쇠	관대	쇠	관대	관대	쇠	양	묘
申	절	태	병	목욕	병	목욕	건록	제왕	장생	사
酉	태	절	사	장생	사	장생	제왕	건록	목욕	병
戌	양	묘	묘	양	묘	양	쇠	관대	관대	쇠
亥	장생	사	절	태	절	태	병	목욕	건록	제왕

표 5) 戊와 육친, 12운성의 상호관계

	편관	정관	편인	인수	비견	겁재	식신	상관	편재	정재
	甲	乙	丙	丁	戊	己	庚	辛	壬	癸
子	목욕	병	태	절	태	절	사	장생	제왕	건록
丑	관대	쇠	양	묘	양	묘	묘	양	쇠	관대
寅	건록	제왕	장생	사	장생	사	절	태	병	목욕
卯	제왕	건록	목욕	병	목욕	병	태	절	사	장생
辰	쇠	관대	관대	쇠	관대	쇠	양	묘	묘	양
巳	병	목욕	건록	제왕	건록	제왕	장생	사	절	태
午	사	장생	제왕	건록	제왕	건록	목욕	병	태	절
未	묘	양	쇠	관대	쇠	관대	관대	쇠	양	묘
申	절	태	병	목욕	병	목욕	건록	제왕	장생	사
酉	태	절	사	장생	사	장생	제왕	건록	목욕	병
戌	양	묘	묘	양	묘	양	쇠	관대	관대	쇠
亥	장생	사	절	태	절	태	병	목욕	건록	제왕

표 6) 己와 육친, 12운성의 상호관계

	정관	편관	인수	편인	겁재	비견	상관	식신	정재	편재
	甲	乙	丙	丁	戊	己	庚	辛	壬	癸
子	목욕	병	태	절	태	절	사	장생	제왕	건록
丑	관대	쇠	양	묘	양	묘	묘	양	쇠	관대
寅	건록	제왕	장생	사	장생	사	절	태	병	목욕
卯	제왕	건록	목욕	병	목욕	병	태	절	사	장생
辰	쇠	관대	관대	쇠	관대	쇠	양	묘	묘	양
巳	병	목욕	건록	제왕	건록	제왕	장생	사	절	태
午	사	장생	제왕	건록	제왕	건록	목욕	병	태	절
未	묘	양	쇠	관대	쇠	관대	관대	쇠	양	묘
申	절	태	병	목욕	병	목욕	건록	제왕	장생	사
酉	태	절	사	장생	사	장생	제왕	건록	목욕	병
戌	양	묘	묘	양	묘	양	쇠	관대	관대	쇠
亥	장생	사	절	태	절	태	병	목욕	건록	제왕

표 7) 庚과 육친, 12운성의 상호관계

	편재	정재	편관	정관	편인	인수	비견	겁재	식신	상관
	甲	乙	丙	丁	戊	己	庚	辛	壬	癸
子	목욕	병	태	절	태	절	사	장생	제왕	건록
丑	관대	쇠	양	묘	양	묘	묘	양	쇠	관대
寅	건록	제왕	장생	사	장생	사	절	태	병	목욕
卯	제왕	건록	목욕	병	목욕	병	태	절	사	장생
辰	쇠	관대	관대	쇠	관대	쇠	양	묘	묘	양
巳	병	목욕	건록	제왕	건록	제왕	장생	사	절	태
午	사	장생	제왕	건록	제왕	건록	목욕	병	태	절
未	묘	양	쇠	관대	쇠	관대	관대	쇠	양	묘
申	절	태	병	목욕	병	목욕	건록	제왕	장생	사
酉	태	절	사	장생	사	장생	제왕	건록	목욕	병
戌	양	묘	묘	양	묘	양	쇠	관대	관대	쇠
亥	장생	사	절	태	절	태	병	목욕	건록	제왕

표 8) 辛과 육친, 12운성의 상호관계

	정재	편재	정관	편관	인수	편인	겁재	비견	상관	식신
	甲	乙	丙	丁	戊	己	庚	辛	壬	癸
子	목욕	병	태	절	태	절	사	장생	제왕	건록
丑	관대	쇠	양	묘	양	묘	묘	양	쇠	관대
寅	건록	제왕	장생	사	장생	사	절	태	병	목욕
卯	제왕	건록	목욕	병	목욕	병	태	절	사	장생
辰	쇠	관대	관대	쇠	관대	쇠	양	묘	묘	양
巳	병	목욕	건록	제왕	건록	제왕	장생	사	절	태
午	사	장생	제왕	건록	제왕	건록	목욕	병	태	절
未	묘	양	쇠	관대	쇠	관대	관대	쇠	양	묘
申	절	태	병	목욕	병	목욕	건록	제왕	장생	사
酉	태	절	사	장생	사	장생	제왕	건록	목욕	병
戌	양	묘	묘	양	묘	양	쇠	관대	관대	쇠
亥	장생	사	절	태	절	태	병	목욕	건록	제왕

표 9) 壬과 육친, 12운성의 상호관계

	식신	상관	편재	정재	편관	정관	편인	인수	비견	겁재
	甲	乙	丙	丁	戊	己	庚	辛	壬	癸
子	목욕	병	태	절	태	절	사	장생	제왕	건록
丑	관대	쇠	양	묘	양	묘	묘	양	쇠	관대
寅	건록	제왕	장생	사	장생	사	절	태	병	목욕
卯	제왕	건록	목욕	병	목욕	병	태	절	사	장생
辰	쇠	관대	관대	쇠	관대	쇠	양	묘	묘	양
巳	병	목욕	건록	제왕	건록	제왕	장생	사	절	태
午	사	장생	제왕	건록	제왕	건록	목욕	병	태	절
未	묘	양	쇠	관대	쇠	관대	관대	쇠	양	묘
申	절	태	병	목욕	병	목욕	건록	제왕	장생	사
酉	태	절	사	장생	사	장생	제왕	건록	목욕	병
戌	양	묘	묘	양	묘	양	쇠	관대	관대	쇠
亥	장생	사	절	태	절	태	병	목욕	건록	제왕

표 10) 癸와 육친, 12운성의 상호관계

	상관	식신	정재	편재	정관	편관	인수	편인	겁재	비견
	甲	乙	丙	丁	戊	己	庚	辛	壬	癸
子	목욕	병	태	절	태	절	사	장생	제왕	건록
丑	관대	쇠	양	묘	양	묘	묘	양	쇠	관대
寅	건록	제왕	장생	사	장생	사	절	태	병	목욕
卯	제왕	건록	목욕	병	목욕	병	태	절	사	장생
辰	쇠	관대	관대	쇠	관대	쇠	양	묘	묘	양
巳	병	목욕	건록	제왕	건록	제왕	장생	사	절	태
午	사	장생	제왕	건록	제왕	건록	목욕	병	태	절
未	묘	양	쇠	관대	쇠	관대	관대	쇠	양	묘
申	절	태	병	목욕	병	목욕	건록	제왕	장생	사
酉	태	절	사	장생	사	장생	제왕	건록	목욕	병
戌	양	묘	묘	양	묘	양	쇠	관대	관대	쇠
亥	장생	사	절	태	절	태	병	목욕	건록	제왕

15. 배우자 선택에 영향을 미치는 기타 요소(신살-神煞)들

여기 도구들은 일반적으로 신살로 표현되는 내용들로 미신적인 냄새를 풍기는 선입견을 가질 수 있으나 알 수도 없는 수백 개의 신살들이 있다. 그러나 아래 열거된 내용들은 오랜 기간 증험된 내용들이며 배우자 선택에 있어 앞에서 공부한 육친을 위주로 한 도구들 외에 중요한 타이밍에 대타로 등장하는 요소들이다. 즉, 자연의 기운을 세밀하게 나타낸 파일조각이라 생각하면 된다.

1) 양인(羊刃)

일간	甲	乙	丙	丁	戊	己	庚	辛	壬	癸
양인	卯	辰	午	未	午	未	酉	戌	子	丑

독자들의 일간과 대조해서 위의 표대로 양인의 지지가 독자들의 사주에 나타나면 양인이 있다고 한다. 양인은 강인, 강압, 칼과 같은 무기를 뜻한다. 직업적으로 칼과 같은 도구나 무기, 흉기를 휘두르는 사람은 99% 양인을 가지고 있다. 양인이 연월일시에 있을 경우에는 배우자를 무시하고 괴롭히거나 압박하는 기운이 강하게 작용하기 때문

에 자기 내면을 깊이 심사숙고해서 따져봐야 한다. 양인의 부정적인 기본 성질은 극처(剋妻), 극재(剋財), 극부(剋父)하는 강한 기운을 갖고 있다.

극처란 아내를 압박하거나, 힘들게 하거나, 무능하여 아내를 고생시키거나, 아내가 병들거나, 생·사별할 수 있는 기운이고, 극재란 사업이나 투자 실패, 기타 실수나 잘못으로 재물을 탕진하거나 거덜 내는 기운이다. 재성이 남자한테는 아버지도 해당되기 때문에 아버지한테 이기는 기운이 작용하여 일찍 병들거나, 사별하거나 또는 아버지의 부양 능력을 상실하거나 불효하는 나쁜 기운을 뜻한다.

양인이 존재하는 사주의 위치에 따라 작용하는 기운이 다를 수 있기 때문에 참고할 필요가 있다. 기본적으로 연월일시 어느 지지에 있든 양인의 작용력은 미친다. 연월에는 아버지와 재물관계, 일지와 시지는 배우자와 관계에 영향이 크다. 연월의 자리는 조상과 부모, 일지와 시지는 배우자와 처가 또는 자식의 자리로 상정한다. 어디에 있든 재물에 영향을 미치는 것은 공통적이나 시간적으로 초년(연월), 중년(일지), 말년(시지)으로 시차를 둘 수 있으나 이를 무시하고 재물의 손실을 초래할 수 있는 가능성은 언제나 상존한다. 이런 사실을 알고 미리 자신의 관리를 통해 대처해 나갈 경우에는 예방할 수 있다.

양인을 일반 책에는 위와 같이 보기 드문 흉살로 취급해놓은 책들이 많다. 전부 천편일률적으로 표현해놓았다. 그런 것들은 쓰레기통에 버려도 좋다. 양인도 잘 조절되면 아주 유능한 인자가 된다. 양인은 전부 일주의 비겁(음간 제외)에 해당되는 데 적당한 조정기운, 즉 발산하게 하는 식상이 있든지 양인의 오만과 안하무인의 기운을 억제하는 편관과 짝을 이루면 문무 겸비한 유능한 요소가 된다. 이렇게 양인이 순화되면 생사여탈권을 가진 권력집단에 종사하거나 실지로 칼을 쓰는 직업에 종사하는 사람이 많다. 순화되지 못하면 범죄의 유혹에 빠지기 쉽고 흉기를 무기로 삼아 사는 사람이 많다.

연월은 배우자 선택에 있어 인생의 첫 출발이니 첫 단추를 잘 끼우는 게 무엇보다 중요하다는 것은 두말할 필요도 없다. 첫째, 양인은 말 그대로 칼이다. 그것도 날카로운, 사나운 칼이다. 즉, 칼이라는 무기를 가진 사람이다. 무기는 상대를 제압할 수 있는 힘과 기술이다.

어떤 일을 처리하더라도 확실하게 한다. 지고는 못사는 기질도 있다. 맡은 일은 꼭 성취하고 마는 기질이다. 인생을 살아가는 데 필요한 요소다.

둘째, 파워 넘치는 에너지의 소유자다. 일간이 陽인 경우 12운성으로 양인은 전부 旺地다. 음의 일간은 冠帶地이다. 이 넘치는 에너지는 폭발력이다. 이 폭발력이야 말로 한 방에 이루는 힘이다. 이런 힘을 살리고 이용하도록 해서 자기 발전을 기할 수 있는 일을 찾아야 한다.

셋째, 양인의 강력한 성질은 배우자를 억제, 통제, 압박하는 힘이 강하므로 배우자와 해로하기 위해서는 다른 글자의 도움(누설하는 기운이나 오행, 즉 甲에 양인이 卯일 경우 卯의 기운을 빼주는 丙丁巳午의 기운이 있을 경우)이나 간섭(양일간일 경우에는 편관이 있어 서로 통제하여, 즉 편관이 양인을 극하는 경우—음일간의 경우는 양인을 극하는 육친)이 있으면 좋으나 그렇지 않을 경우에는 상당한 자기 수양과 절제를 하지 않으면 안 된다.

이렇게 될 경우에는 급하고 과격한 기질이 어느 정도 순화되기도 하고 자제력을 발휘하게 된다.

양인(2개 이상)이 많을 경우에는 직업 선택을 잘하여 넘치는 에너지를 순화시켜야 범죄의 유혹에 넘어가지 않는다. 참고로 이야기하자면 이런 사람은 늘 칼을 잡거나 피를 보는 직업을 택하면 그 분야에 능력

발휘도 하지만 안태한 일생을 보낼 수 있다. 그렇지 않으면 사주 구성 자체가 양인이 많더라도 모두 통제 가능한 구성이면 상관이 없으나 직업은 동물이나 다른 생물이라도 생사여탈과 관련 있는 분야면 더욱 순화된다. 운동을 하더라도 격렬한 분야가 더한 능력을 발휘할 수 있다.

만약에 자기 사주를 펴보아 통제 불가능한 양인이 많으면 '아! 내가 그래서 내 성질이 그 모양이구나!' 하는 것을 알게 된다. 남자나 여자나 배우자 고생 안 시키려면 결혼 안하고 사는 게 양심적이나 음양 짝 짓기의 본능을 어찌할 것인가. 이 모든 것이 자신의 선택에 따른 문제일 뿐이다.

칼도 잘 쓰게 되면 영웅이 되지만 잘못 쓰면 역적으로 갈 곳은 감옥밖에 없는 이치와 같다. 누구든 잘 쓰고 싶지만 이것마저도 마음대로 안 되는 게 사주팔자에 구성된 자연의 기운이다.

양인운(연운)에는 결혼을 안 하는 게 좋다. 이런 때는 대부분 급격하게 이루어지는 경우가 다발한다. 즉, 바쁘게 결혼하게 된다는 뜻이다. 양인의 기운은 본래 급하고 민첩하다. 급하게 하다 보니 뭔가가 부족하여 이해 못하고 티격태격 싸우다가 결국은 헤어져야 하는 경우가 많기 때문이다.

양인을 충하는 경우에는 인간관계에서 원만하거나 합리적이지 못하고 전투모드로 나가는 성향을 띠기 쉬우며, 양인을 합하는 경우에도 일간이 양간일 경우에는 그 기세가 더 강해질 수 있고, 음간일 경우에는 그 합이 세운에서 풀릴 때 폭발할 수 있는 기질의 성향을 나타낸다.

이 모든 성향의 차이도 직업의 선택에 따라 아주 뛰어난 능력을 발휘할 수 있으나 이런 성향과 맞지 않는 직업은 오래 견디지 못하고 방황하게 된다. 여기서 중요한 것은 배우자 선택의 기준인데 이런 기질의 성향을 좋아하는 상대가 있는가 하면 아주 싫어하는 사람도 많으니 사전에 이런 성향을 알고 선택해야 할 것이다.

여기서 재미난 현상은 이렇게 강한 기질의 소유자들은 대부분 상대는 부드럽고 상냥하고, 고분고분한 사람을 좋아한다는 것이다. 이것도 따지고 보면 한쪽이 강하면 한쪽이 약하듯이 음양의 이치와 같다.

이런 상황을 서로 알고 이해할 때는 지혜롭게 극복해 나갈 수 있다. 그러나 이런 내용을 전혀 모르는 상황에서는 서로 이해하지 못하기 때문에 서로 칼부림이 나든지 해서 결국 극과 극으로 치닫게 되는 경향이 있다.

만약 일과 시에 양인이 있으면 부부가 해로하기에 더욱 위험한 요소이니 이런 부분을 서로 미리 알고 잘 감안하여야 한다.

결혼하기 전에는 절대 그런 일이 없을 것이라고 호언장담하지만 상황이 닥치면 자신도 마음대로 못하는 게 자연의 기운이다. 이래도 결혼해야 된다면 계약서라도 갖추고 벌칙조항을 만들어 법률적 효력을 볼 수 있는 조치를 해놓는 것도 통제 효과를 볼 수 있다. 요즘의 결혼에 계약서 작성하는 것도 자연스럽게 받아들여야 한다. 계약서까지 써 가면서는 결혼하기 싫다면 안 하는 게 좋다. 지금은 말로만 믿으라는 것은 소용없다. 자연에서는 맹세라는 말도 없다. 변하게 만들어놓았기 때문이다. 진정으로 결혼하고 싶다면 열 번, 백 번이라도 써준다. 미국 같은 데서는 시간에 따라, 시대에 따라, 시세의 변화에 따라 정기적으로 계약서를 갱신해 가면서 사는 부부가 일상적으로 자연스럽게 당연하게 받아들인다. 이렇게 엄하게 해놓아도 반칙을 저지르는 사례를 흔히 볼 수 있다.

2) 비인(飛刃)

일간	甲	乙	丙	丁	戊	己	庚	辛	壬	癸
비인	酉	戌	子	丑	子	丑	卯	辰	午	未

비인은 양인을 충하는 글자와 같다. 양인을 때려 부수니 더 강력한 에너지이다. 그러나 그렇게 엄격하게 구분 짓지 않고 거의 비슷한 기질의 속성을 지니고 있다고 보면 된다. 단, 배우자 선택에 있어서는 양인에 비해 더 세밀한 분석적 성향을 띤다고 이해하면 된다. 한 마디로 바늘이나 침과 같다.

배우자에게 미치는 영향은 양인은 거친 폼이 앞서지만 비인은 잘못한 경우에는 고문하듯이 상대를 괴롭힐 수 있는 날카로움이 깃들어 있다. 이는 가정의 주도권을 남성이 쥐고 있으며 비인이 있을 경우의 측면이며, 여성이 쥐고 비인이 있을 경우에도 마찬가지로 나타나는 현상이다.

서로 비인이 있을 경우에는 충돌의 가능성은 그만큼 높다고 봐야 한다. 그 대신 일을 하는 데 있어서는 책임과 치밀성이 더욱 강하게 작용한다. 직업적으로는 유능한 인자이다. 사주에 양인과 비인이 같이 있으면 아주 권위적이고 약간의 자존심만 건드려도 극단으로 치닫기 쉬운 성향을 띤다.

3) 조후(調候)

사주 간명(看命)에서 사용하는 조후(調候) 개념은 기후의 조화를 뜻한다. 기후가 세계의 역사 또는 한 나라의 역사를 바꿀 수 있다는 것은 역사에서 익혀 왔다. 우리의 사주가 기후조건이기 때문에 이런 기후의 조화 여부를 파악하는 것이 조후 개념이다. 농작물이 잘되고, 사람들의 여러 생산 활동이 원활하려면 추위와 따뜻함, 건조함과 습함이 잘 조화되어야 한다(寒暖燥濕).

우리도 조후가 잘 조화돼 있는 사주는 삶이 온전할 수 있고 조후가 치우쳐 있으면 삶이 어려움 속에 이루어진다는 간단한 운명 예측이 가능한 것이다. 그러면 사주 속의 조후를 어떻게 판별하느냐가 문제이다. 이것도 수학 공식처럼 확실하게 구분되어지는 것은 아니다. 즉, 기후변화의 경계선을 확실히 구분 지을 수 없는 이치와 같다.

어떤 사람은 사주 명식이 전부 냉한 글자(가을, 겨울)밖에 없는 가운데 丙, 丁, 巳, 午 중 한 자밖에 안 섞였는데 크게 발전하는 사람이 있는가 하면, 평범한 사람도 있고, 힘든 사람도 있고(물론 여기에는 다른 요소도 있을 수 있으나, 조후의 관점에서만 보았을 때를 뜻함) 어떤 사람은 아주 균형 있게 음양이 분포되어 조후로서는 나무랄 데 없는 사주인데, 평범하거나 힘든 인생행로를 걷는 사람도 있다. 그래서 조후 하나의 기준으로 그 사람 인생행로의 행·불행을 판단해서는 안 된다는 것이다. 기후는 같은 환경에 처한 모든 사람에게 영향을 미친다.

개개인의 처한 사정에 따라 고통의 차이는 있더라도 전체적으로 기후의 조건에서 벗어날 수는 없다. 기후가 악조건일 경우에 거기에 속한 모든 사람은 악조건 속에서 살아가야 한다. 일단 기후라는 큰 환경 속에서 각자 나름대로 인생을 꾸려 나가야 한다. 다만 그 속에서의 성패만 존재할 뿐이다. 그러니 똑같은 조후 조건이라 해도 성패는 다르게 나타날 수 있다.

사주에 조후(음양)가 잘 갖춰져 있는 것과 그렇지 못한 것은 인생의 출발 환경부터가 다를 수 있다는 정도로만 이해하고, 여기서는 배우자 선택에 조후를 어떻게 적용하느냐에 초점을 모아 갈 것이다. 우선 사주를 보고 조후 상태를 판단하는 개괄적인 방법은 월지부터 관찰하고,

나머지 천간 지지의 대음양을 구분하여 조후 상황을 추론한다.

여기서 음양이란 오행을 음양으로 분리해놓은 것이 아니고, 대음양을 뜻한다. 甲乙丙丁戊까지는 양 운동, 己庚辛壬癸까지는 음 운동, 인묘진사오미까지는 양 운동, 신유술해자축까지는 음 운동이다. 이렇게 해서 음양을 구분해서 명식의 음양의 분포를 보고 균형을 이루고 있는지, 한쪽으로 치우쳐 있는지를 파악해서 조후 판단을 하면 되는데, 그중에서 월지는 계절을 나타내므로 월지 중심으로 판단 기준을 삼아 월지와 동일한 기운으로 몰려 있으면 조후를 잃은 것이고 월지와 반대되는 기운으로 뭉쳐 있더라도 조후를 잃지 않은 것이다. 그 중간에 강약을 따질 수 있으나 한쪽 기운이 강하고, 약하고는 조후의 상실과는 관계가 없이 조후를 일단 갖춘 것이다.

다른 책에는 조후를 오행의 음양으로만 구분해서 설명한 것이 있는데 이치에 닿지 않는 이론이니 무시해도 된다. 즉, 천간지지의 음끼리만 모였거나, 양끼리만 모인 경우를 뜻하는데 이는 대음양의 이치를 간과하고 중국 고전이나 일본 책을 그냥 베껴 쓰기에 급급한 결과이다.

이 외 더 세분화해서 생각할 수 있으나 운명을 감명할 때 필요한 요소들이니 여기서는 생략한다.

의도하는 조후의 목적지로 가자. 독자들의 사주나 가족의 사주를 펴놓고 봤을 때, 거의가 차가운 간지로 이루어져 있는데 한 자만 온난한 글자가 있다고 했을 때, 견디기 힘든 추위에서 햇빛을 보는 것과 같다. 얼마나 반갑겠는가. 천군만마와도 같은 존재이다. 이때 연월에 있으면 좋겠지만 일과 시에 있어도 상관없으나 늦게 발달할 가능성을 예고하고 있다.

그 반가운 글자의 성질을 따라가면 조후의 불균형으로 오는 고통을 벗어날 수 있다. 이 고통이란 한마디로 일이 잘 풀리지 않는다는 뜻이다. 그런데 이 글자를 대운과 세운에서 도와주면 일취월장할 수 있는 환경이 조성된다.

배우자 선택은 그 반가운 글자의 속성과 운동성을 참고하여 도와주는 기운의 지지이거나 이 지지와 삼합을 이루는 지지의 띠(생년)를 가진 사람을 선택하면 조화를 이룰 수 있는 천부적인 배우자 인연이 될 것이다.

예	壬	壬	己	壬(여, 47세)
	寅	子	酉	寅

위 예에서 천간 전부와 월지, 일지 모두가 냉기를 갖고 있으나 연지, 시지만 초봄의 약하디 약한 온기를 품고 올라오는 새싹의 기운인 陽氣가 자리 잡아 이 사람의 생명의 불꽃을 붙여놓은 것이다. 이 사람은 사주를 보거나 궁합을 봐서 배우자를 만난 게 아니다. 여러 번 맞선을 보다가 마음에 와 닿던 사람이 알고 보니 같은 호랑이 띠인 寅生 남자였다고 한다.

자연의 기운이 이렇게 정확하게 작용하는 것도 이 여자의 선택과 행운일 것이다. 지금 유자격자인 남편과 아이들도 건강하고 공부도 잘하는 화목한 가정을 이루고 있는 경우다. 이는 다른 복잡한 조건 없이 단지 조후 하나로만 결정되는 예이다. 즉, 조후가 기울어졌을 경우에는 조후 조건을 갖추는 것이 우선이라는 뜻이다. 기후 조건이 안 맞으면 아무리 능력이 있다 해도 이루기가 힘들고 이루더라도 몇 배의 고생 끝에 이루는 것과 같다.

조후가 완전히 한쪽으로만 기울어져 있으면 매사가 의욕이 없고, 하는 일도 지지부진하고, 진척이 없이 늘어진 상태에 처하기 쉬우며 뭔가를 이루기도 쉽지 않으며 특히 음 기운만일 경우에는 우울증 등 정신적 불안 증세도 수반하는 경우도 많은 것이다.

여자가 전부 음 기운이면 문제가 많지만 전부 양 기운만으로 되어 있을 경우에는 오히려 음 기운보다 활동적이며 남자처럼 살면 된다. 즉, 음 기운이 많은 남자를 배우자로 선택하면 그런 대로 조화를 이루어 나갈 수 있다. 반대로 남자도 마찬가지다. 남자가 전부 양기운보다 음 기운만으로 채워져 있으면 영향 면에서 실속을 차릴 수 있는 성향을 띤다.

문제는 양기만으로 된 남자와 음기만으로 된 여자가 짝을 찾기 어렵다는 것이다. 이는 남녀가 가지고 있는 단점들만을 갖추고 있으니 서로 부딪칠 것은 뻔한 이치다. 그러나 극과 극은 서로 통한다고 하지 않던가. 혼자 살 수 없다면 이렇게 짝을 이뤄 살 수밖에 더 있겠는가. 서로 사전에 자신들의 모습을 알고 살면 극복해 나갈 지혜와 용기도 생기게 마련이다.

'당신도 평생 홀아비로 살아야 할 팔자요, 나도 평생 홀몸으로 살아야 할 팔자니 우리 둘이 엮여봄이 어떠하리.' 이렇게 운명을 극복할 각오로 살면 능히 이루어 낼 수 있도록 해놓은 것이 자연이다.

4) 역마(驛馬)

역마란 의미는 옛날의 통신 연락을 주로 말(馬)에 의지해 제도적으로 운영되었다. 일정 거리마다 역(驛)을 만들어놓고, 릴레이 하는 식으로 말을 달려 급한 소식과 통신을 전달했던 시스템으로 바쁘고, 분주하고, 움직임이 다발하고, 옮겨 다니지 않으면 안 되는 일등을 가리켜 역마라는 말로 표현된 것이다.

옛날에는 통신 수단이 그다지 발달되지 못해 역마의 성질을 띤 직업들이 몇 개 되지 않았으나 현대생활에는 그 수가 많이 늘어나 따지고 보면 역마성을 지니지 않은 직업이 없을 정도이다. 현대에선 역동적으로 활동할 수 있는 성질로 이해하면 된다. 사주에 역마성이 강한 사람을 한 자리, 하루 종일 지키면서 일하라면 아무리 목구멍이 포도청이라 해도 오래 견디지 못할 것이다. 물론 능력도 발휘할 수 없이 사장된다.

이런 사람은 역마성을 살리는 방향으로 환경을 조성하는 것이 정신과 건강, 능력을 살릴 수 있다. 역마의 글자는 사계절의 첫 글자이며, 삼합운동의 첫 글자인 寅, 申, 巳, 亥 네 지지와 午, 未를 포함한다. 어떤 책에는 연지를 기준하고, 또 일지를 기준하여 역마를 따지는 내용들이 있는데, 일체 신경 쓰지 말고, 내 사주 지지 어디에 있든 역마 속성이 녹아들어 있으니 선택에 활용하면 된다. 역사적 인물 중에 박정희 전 대통령의 사주에 寅申巳亥가 전부 포진해 있었으니 일생이 한마디로 파란만장했던 것이다.

역마 성향이 강한 사람은 직업적으로 가정에 오래 머물지 못하고 바쁘게 국내외로 또는 바다로 장기간 다닐 수 있는 가능성이 많다고 이해하면 된다. 한마디로 안방을 자주 비우게 되니 부부생활이 불안정해질 수도 있다. 또는 운을 잘못 만나게 되면 한 자리에 머물지 못하고 직업 변동이 잦아 경제생활이 안정이 안 되는 불편함이 따를 수도 있다. 이 모든 것은 서로 이해하면서 부부의 조화를 이룰 수 있어야 한다. 오히려 역마성을 가진 직업의 배우자가 사주 조건에 따라 둘도 없는 인연이 될 수도 있다.

떨어져 사는 것이 싫은 사람은 배우자로서 짝을 이룰 수 없다. 그러나 이런 삶의 사주를 타고난 사람은 이런 생활을 기막히게 발전시켜 나간다. 즉, 본인 사주에 배우자와 떨어져 살아야 인연을 오래할 수 있는 팔자일 경우에는 좋든 싫든 이 분수를 지킴으로써 온전한 일생을 보낼 수 있다.

본인이나 배우자의 사주에 역마성향이 강하게 나타나면 첫 단추를 잘 끼우는 게 무엇보다 필요하다. 첫 단추란 처음에 일을 선택할 때도 역마성이 강한 일이나 활동적(액티브)인 일을 시작해야만 지속적으로 유지할 수 있다는 의미다. 또한 남자라면 이와 같은 성향의 일을 하고 있는가도 점검해볼 필요가 있다. 직업을 중요한 결혼조건으로 내세우니 말이다. 재성과 관성이 역마이면 직업은 물론 역마의 성질과 연관된 것은 말할 것도 없지만 국제결혼, 즉 외국인과도 인연할 수 있다. 해로하느냐 못하느냐는 12운성과 자신의 분수를 따져봐야 한다.

5) 도화(桃花)

연지	寅 午 戌	巳 酉 丑	申 子 辰	亥 卯 未
도화	卯	午	酉	子

子, 午, 卯, 酉 네 글자가 도화의 기운을 가지고 있다. 각 계절의 절정기이고, 삼합운동의 중심이다. 계절의 기운, 운동성에 있어 가장 강한 힘을 가지고 있다. 위 표에서는 연지 기준으로 되어 있지만 연지와 관련짓지 않더라도 子午卯酉는 도화의 기운을 가지고 있다고 생각하면 된다. 일반 책에는 도화를 남녀문제, 스캔들, 부부 애정사, 화류계 등 거의 이런 류의 설명으로 전부 묘사되어 있으나 필자는 이런 표현이 적당치 않아 안 쓰려고 해도 전통적으로 이어오고 있으니 어쩔 수 없이 쓰고 있다. 이런 뜻으로 이해하지 말고 유능한 능력을 표현하는 말이라는 것으로 받아들이면 된다. 도화란 말 자체가 미신 냄새가 나기 때문이다. 대부분 용어가 그렇지만……

아주 음탕한 내용의 대명사처럼 이어져 내려와 그렇게 이해하고, 이용하고, 활용하고 있는 실정이다. 설사 그와 유사한 일이 있었다 하더라도 남녀가 같이 사는 세상에서 있을 수 있는 자연스런 현상일 뿐이다. 자연의 음양은 끝없이 이합집산(離合集散)을 거듭하며 변화를 일으키고, 또 조화를 이뤄 나가고 있다. 이게 바로 남자로 태어난 운명과 여자로 태어난 운명끼리 부딪치는 인생 그 자체인 것이다.

하지만 이제는 봉건시대 이야기일 뿐이다. 그때 이야기를 몇백 년 동안 되씹고 있는 것이다. 도화는 인기를 모을 수 있는 힘이다. 남의 관심을 유발할 수 있는 능력이요, 기교이다. 타인의 시선을 집중시킬 수 있는 재능이다. 이는 아무나 못한다. 보통 '끼(氣)' 라고 표현한다. 그에 상응한 재능이 수반되지 않으면 불가능하다. 간단한 예로 연예인을 예로 든다면 그 많은 사람 중에도 인기를 끄는 사람은 많지 않다.

얼굴만 갖고는 안 된다. 재능과 능력이 뒷받침되어야 뜰 수 있는 것과 같다. 외모는 전혀 아니더라도 인기를 누리지 않던가. 결국 도화가 안고 있는 끼의 발산, 즉 자기만의 탁월한 재능이요, 창의력, 창작력, 연출력, 연기력이다.

어느 분야, 어떤 조직을 가도 거기에는 반드시 그 안에서 주목의 대상이 되거나, 희망의 존재가 되거나, 인기를 끌거나 하는 사람은 반드시 있기 마련이다. 그런 사람은 실로 대단한 재능의 소유자다. 바로 그런 인기가 그 사람의 재능을 향상시키는 동력이다. 요즘은 인기(人氣)가 바로 재(財)로 연결된다. 천정부지로 솟는 인기가 천정부지로 솟는 광고출연료다. 현대를 살고 있는 사람들이 최종적으로 뭘 바라보고 뛰고 있는가. 재(財)다.

그런 고로 도화란 대단한 財를 창출하는 중요한 인자(因子)인 것이다. 독자들의 명식에 도화가 있으면 마음껏 끼를 살려보라. 가령 여자가 요염해 보이면 옛날 같으면 꼬리를 친다면서 속물로 여겼지만 현대는 요염하지 못해 안달이다. 요염하면 남자의 시선을 끄는 것은 당연한 일로, 시선을 끄는 데만 그치지 않고 다음 동작을 연구하여 새로운 자기 스타일로 매너를 창작해 내게 되며, 이런 인기를 계기로 일을 만들어 내며 경영능력까지 곁들이면 사업성으로 성장시켜 성공할 수 있는 성공인자가 될 수 있는 시대다. 현대에 도화를 비하하는 자는 도화의 노예일 뿐이다.

현대는 도화를 생산적으로 발전시켜 나가는 도화 산업화 시대라는 것을 명심하라. 본인과 배우자에게 도화의 성향이 있을 경우에는 서로 도화의 기운을 발전시켜 나가는 방향에서 짝을 맺으면 부창부수(夫唱婦隨)가 된다.

지금도 결혼을 앞두고 인구에 회자되는 연예인들이 있다. 필자가 연예인들의 결혼에 대해 일일이 살펴보는 것은 연예인의 신상이 대부분 알려져 있어 자료 확보가 빠르기 때문에 보게 되는데 거의가 결과가 좋지 않을 짝을 선택하고 있는 경우를 자주 본다. 그냥 안타까울 뿐이다. 이런 경우는 자기 팔자대로 가는구나 하고 생각할 수밖에 없다.

연예인이라고 해서 반드시 도화를 가지고 있는 것은 아니다. 단지 외모와 자기표현, 과시 능력, 예능성이 첨가 되었을 뿐 운에서 도와주지 않으면 금방 사그라질 뿐이다. 운은 특별한 출생을 제외하곤 길게 가지 않는다. 그래서 연예인은 별처럼 떴다가 별처럼 사라지게 되어 있다. 이것이 자연의 준엄한 법칙이다. 그래서 스타란 말이 생긴 것이다. 뜰 때 내리막길을 준비해야 된다.

같은 도화의 성향을 가지고 있다고 해서 반드시 배우자로서의 짝이 되는 것은 아니다. 서로 이해할 수 있는 공통 영역을 소유하고 있을 뿐이지 배우자로서는 앞에서 설명한 여러 가지 조건에 부합하여 각자가 타고난 배우자의 분수를 잘 따져보아야 한다. 단, 남자 사주 시간에 도화가 있으면 어떤 방법이든 여자와의 스캔들을 갖고 있다고 보면 틀림없다. 본처를 두고 곁눈질을 많이 하며, 화류계에 몸담고 있는 여성과도 인연을 맺을 수 있다.

6) 천을귀인(天乙貴人)

일간	甲	戊	庚	乙	己	丙	丁	辛	壬	癸
귀인		丑 未		子 申		亥 酉		寅 午	巳 卯	

천을귀인은 여러 가지 흉한 일을 물리칠 수 있는 기운으로 여겨지며, 옛날에 비유하면 왕족과 같은 존재이다. 여러 가지 긍정적 요인을 많이 가지고 있기 때문에 배우자 선택 차원에서는 총명하며, 학문적 성취를 비롯한 여러 가지 유능한 인자를 내포하고 있다. 연월일시에 천을귀인이 있으면 귀인의 지지 속성을 분석하여 그에 상응한 성향을 띠게 되며 일지, 시지 귀인이면 지지 띠와 인연하고 귀인이 관성이나 재성이면 그 띠가 좋은 배우자 인연이 되며 많은 발전도 수반하게 되는 기운이다.

여기서도 귀인이 형, 충, 파, 해, 공망 되면 귀인의 효력은 기대할 수 없다.

7) 원진(怨嗔, 元辰)

子未, 丑午, 寅酉, 卯申, 辰亥, 巳戌 이 여섯 개의 지지 조합을 원진이라 하는데 원래의 뜻은 서로 조화를 이루기 힘들다는 것이다. 그래서 서로 미워하고, 원망하는 관계가 풀어지지 않는다. 한마디로 미운털이 박히기 쉽다. 무속인이나 궁합을 봐주는 사람들이 즐겨 쓰는 공포스런 신살(神煞) 중 하나이다.

연월에 원진이 있으면 배우자 선택을 어떻게 해야 할지도 잘 모르고, 심리적으로 혼란스럽기도 한 현상이 생길 수도 있다. 이럴 경우 항상 신중하게 균형감각을 잃지 않도록 노력해야 한다. 고전에는 배우자 선택에서 가장 두려워하는 것이 원진, 납음오행 등을 이용해 이는 무조건 결혼 기피 대상이다.

무조건 베껴 쓰다 보니 점집이나 무당들도 무조건 따라하니 남의 운명을 그르치는 일이 일어나는 것이다. 이에 대한 전문적인 지식이나 이해가 없이 무분별하게 일어나는 작태이니 이런데 현혹되지 않도록 각성하면 된다.

원진이 있다 하더라도 서로 공유하고 이해할 때는 더욱 화목하고 발전할 수 있는 인간관계가 성립될 수 있다는 것을 잊어서는 안 된다. 깊은 이해와 상대의 성향을 안다면 더욱 돈독해질 수 있으며 해로하는 데 굳건한 동력이 될 수 있다. 특히 직업적으로 원진의 기운을 소진하는, 활용하는 분야에 종사하면 부부 사이는 더욱 발전시켜 나갈 수 있다.

예를 들면 주로 증오나 감정의 호·불호가 교차하는 일, 남다른 센스를 필요로 하는 일 등에 종사하게 되면 원진의 기운이 생산적으로 쓰면서 소진시킴으로써 나쁘게 작용하는 기운을 없애는 역할을 하게 된다. 교육에 관련해서는 교사, 선생, 상담사 등이 있고, 영업, 마케팅, 미용, 패션, 디자인, 컨설팅 분야와 같은 곳이다.

한쪽만 원진이 있거나 두 사람 모두 원진이 있으면 길거리 궁합이나 사주카페, 인터넷, 점집 등에서는 무조건 결혼을 못하게 한다. 어떤 곳은 상담료 안 받을 테니 그냥 가라고 한다. 이렇게 책에 되어 있고, 이렇게 가르치고, 이렇게 배우고, 이렇게 알고 있는 것이 남의 운명을 그르치고 있는 것이다. 아무 생각과 탐구 없이 중국에서 넘어온 내용 그대로 떠들어댄다. 그러니 자신의 운명은 자신만이 알 수 있다고 누누이 반복하는 것이다.

이렇게 원진이 있으니 결혼하지 말라고 한다면(대부분 원진이란 말을 하지 않는다) 아무리 서로 조건도 부합하고 애정이 있다 하더라도 찜찜하지 않을 사람이 누가 있겠는가? '점쟁이들이 다 그렇지 뭐!' 하고 무시한다 하더라도 도무지 마음이 개운치 않을 것이다. 이런 것이 사람 잡는 일이다.

원진 있는 사람은 예민하고 날카롭다. 장막 뒤를 뚫어볼 수 있는 안광이 있다. 그만큼 상대의 잘못된 마음을 남달리 빨리 읽을 수 있는 감각적 능력이 있다. 이런 걸 보면 자신도 용납이 안 되지만 상대도 가까이 하기를 두려워한다. 그래서 인간관계도 소원하거나 멀어질 수도 있다. 똑똑하고 날카롭기는 한데 어쩐지 가까이 하기에는 내키지 않는다. 왜? 내 약점이 드러날까 봐. 좋게 이야기하면 경원의 대상이 될 수 있다.

이는 남들이 갖지 못한 장점일 수 있다. 이런 성향들을 발휘할 수 있는 분야에서 성취욕과 능력을 한껏 키울 수 있다. 조사, 분석, 수사, 연구, 감찰, 감사, 분석, 통계, 검사 분야에서 그 기운을 마음껏 발휘하면 된다. 부부생활도 서로 상대를 존중하며, 무슨 일이든 숨김없이 투명한 관계를 유지하고, 비밀을 유지해야 될 일은 비밀이라고 선언하면 다 이해하고 넘어간다.

이렇게 성향에 맞는 서로의 생활 패턴을 유지하면 누구보다 원만한 부부생활의 인연을 이어나갈 수 있는 것이다. 서로 결혼하기 전에 원진에 대해 잘못 전해져 오는 지식과 상식을 인식하고 서로 이해하고 서로를 위한 공동 목표를 설정하여 관찰하면 재미있는 생활을 영위할 수 있다는 것을 잊어서는 안 된다. 지금부터 원진이 있는 사람은 낙심 말고 희망과 용기를 가지고 씩씩하고 당당하게 배우자를 찾아라.

참고로 예시를 들어 육친관계에서 유의하면서 관찰하면 재미난 결과를 엿볼 수 있을 것이다.

예	시	일	월	년
	○	○	○	○
	○	○	卯	申

여기서는 연월이 원진의 관계에 있다는 것은 연은 조상(조부, 조모)의 자리이고, 월은 부모의 자리이다. 그래서 조부모와 부모와는 별거하거나 관계가 좋지 않았다고 해석하는 것이다.

○ ○ ○ ○
○ 寅 酉 ○

여기서는 월은 부모의 자리이고 일은 나 자신과 배우자의 자리이므로 나와 부모, 배우자와 부모(혹은 시어머니)의 관계가 앙숙이라고 하며, 시어머니와 불화는 이혼을 의미한다.

○ ○ ○ ○
子 未 ○ ○

여기서는 시는 자식의 자리이면서 처가의 자리이고, 시는 나와 배우자의 자리이므로 배우자와 자식과의 관계가 좋지 않으므로 둘 중 하나를 선택해야 되니 배우자와는 이혼이라는 식으로 해석을 해준다. 특히 시에 있는 원진은 실제로 이혼한 사람을 많이 경험하게 되는데 이를 서로 미리 알고 대처해 나가면 상관없이 오래 인연할 수 있다. 이외도 여러 가지 추론을 가할 수 있지만 우선 부부관계만을 놓고 본 것이다.

위 예를 참고하여 본인과 배우자의 사주를 놓고 이런 내용에 맞으면 서로서로 관찰해보라는 것이다. 단, 주의를 하면서 실제로 이런 현상이 일어나는지 여부는 독자들의 몫이다.

원진 관계의 지지가 서로 떨어져 있을 경우는 떨어져 있는 위치끼리의 관계를 읽으면 된다. 그리고 앞에서 언급한 납음오행은 어느 궁합책에 등장하는 내용인데 일고의 가치도 없는 내용으로 사람들을 미혹시키고 있으니 독자들은 이런데 마음 쓸 필요가 없다는 것을 밝혀둔다.

이런 걸 맞다고 이야기하는 사람이 있거나 주장하는 사람이 있으면 우연의 일치이거나 OX 문제를 푸는 사람일 뿐이다.

8) 천상삼기(天上三奇)

乙丙丁,　　甲戊庚,　　辛壬癸

천간에 이렇게 세 개씩 짝을 지우면 하나의 기운으로 통일이 되어 뜻을 같이 이룰 수 있다는 것이다. 지지 삼합이 같은 목적으로 화합이 잘되듯이 천간 삼기가 모이면 정신적으로 유정(有情)하거나 잘 융화되는 기운을 나타내고 있다. 즉, 乙丙丁은 같은 陽의 기운으로 가장 강한 성장성을 위한 활동 기운으로 통일되어 있고, 甲戊庚은 갑은 싹을 틔워 무토의 생육을 통해 경의 결실로 매듭짓는 하나의 목적을 향한 통일된 운동이며, 辛壬癸는 신의 씨앗을 임이 품고 겨울을 나고 봄을 준비하여 발아하려는 계의 기운인 새 생명의 태생을 위한 통일된 준비운동 등이 하나의 일관성과 한 가지 목적을 가지고 통일된 운동을 하는 하늘의 기운이므로 이렇게 세 가지 짝을 갖추는 인연의 배우자가 많다. 제3장에서 필자가 상담한 부부의 표본을 무작위로 100명을 뽑아 보아도 거의가 천상삼기의 짝을 이루고 있다. 물론 아이의 교육에 관심을 많이 가지면서 원만한 가정을 유지하고 있는 부부들이다.

앞에서도 언급했지만 천생연분은 늘 깨가 쏟아지는 사이좋은 부부만을 의미하지 않고 서로 모자라거나 부족한 면면을 가지고 있고, 깊은 애정도 없이 그냥 의례적으로 이어가면서도 헤어질 생각이나 싸움을 일으킬 생각도 하지 않고 묵묵히, 까탈 없이 살아가는 부부를 일컫는다.

서로 간섭하지 않고, 불편해도 불평하지 않고, 잔소리도 없이 해로하는 부부이다. 남들이 보면 저런 식으로 어떻게 살까 할 정도로 의심스러운 구석이 많아 보인다. 한마디로 정신적으로 요철(凹凸) 현상과 같은 것이다. 이렇게 정신적으로 보완관계에 놓이니 이것도 천생연분이라 한다.

남녀 두 사람의 천간을 조합하여 천상삼기의 조합을 이루면 된다. 어느 위치에 있든 상관없으며 여자가 두 글자, 남자가 한 글자라도 해당되며, 그 반대라도 된다. 삼기가 서로 두 조합을 이루면 더욱 좋을 것이다. 그러나 반드시 화목한 것을 보장하는 것은 아니다.

남이 보기에 그렇게 원앙 같은 부부도 어느새 보면 이혼했고, 그렇게 티격태격하면서 살아도 이혼하지 않고 평생을 해로하는 부부도 보았을 것이다. 화목한 것도 운에 따라 변화하는 것이다. 사람의 감정변화의 사이클도 같은 이치다. 아침에 좋았다가 저녁에 싫어지는 것과 같이 변화한다.

9) 고신(孤神), 과숙(寡宿)

이는 오랫동안 전해 내려오는 신살(神煞)로서, 정확성의 확률은 50%

안팎의 수준을 경험하게 되는데 자신을 한 번 점검하여 가능성에 대해 대비하는 데는 나쁠 것은 없다고 판단하여 올린다. 특히 사주의 시지에 있을 경우에는 더욱 자신의 관리에 힘을 기울이는 것이 유익하다. 부부끼리 공유하면서 관리해야 한다. 고신은 홀아비를 의미하고, 과숙은 과부를 의미한다. 즉, 요즘 아이들 말로 돌싱이 되는 것을 뜻한다.

연 지	寅 卯 辰	巳 午 未	申 酉 戌	亥 子 丑
고 신	巳	申	亥	寅
과 숙	丑	辰	未	戌

10) 고란살(孤鸞煞)

이는 여명에만 해당되는 신살로서 甲寅, 乙巳, 丁巳, 戊申, 辛亥일에 태어나면 남편과 이별하거나 남편이 바람을 피우게 되는 경우다. 이 경우는 사주의 다른 글자도 보지 않고 이 일주만 보고 이야기해도 일치되는 경험을 많이 한다. 어떤 책에는 이보다 많은 일주를 기록해놓았으나 필자가 경험해보지 않은 것은 기록하지 않았다. 이것은 일간(아내)이 남편을 칠 수 있는 식신, 상관이 지지에 모두 깔려 있는 공통점이 있다. 이것도 자신이 앎으로써 마음을 관리해 나가는 데 도움이 될 것이다. 여명에 식신 상관이 많아 해로하지 못한다는 책이 많으나 해외 사업이나 무역, 해운, 수산 등 직업적으로 서로 떨어져 있는 시간이 많은 배필과 인연은 식신, 상관에 상관없이 발전하며 해로할 수 있다.

이상 총 12종류의 부부인연에 대한 신살들을 예로 들었지만 부정적인 내용을 담고 있는 부분은 항상 긍정적이고 발전적으로 이용하거나 노력하면 의외의 성장 동인이 될 수 있다는 것을 명심하면 된다.

16. 세운(歲運-年運) 보는 법

　세운은 해마다 변화하며 닥치는 일 년의 자연 기운이 사람들이 타고난 사주에 어떤 영향을 미치는가를 자연현상의 변화가 인간의 생각과 행동에 영향하여 삶에 어떤 변화를 이끌어 가는지 미래 예측의 수단 내지는 추론의 근거가 되는 것을 의미한다.

　우리는 여기서 미래를 점치는 것이 목적이 아니고 부부생활을 하는데 배우자의 관계를 조화롭게 꾸려나가기 위한 지혜를 찾아 가정생활에 적용할 목적이므로 부부간에 올 수 있는 갈등의 소지와 시기를 예측함으로써 서로 조심할 것은 주의를 기울이며 서로의 입장을 이해하고 위로해 가며 때로는 위기가 오더라도 더욱 발전할 수 있는 반전의 기회를 만들어 가는 데 초점을 맞출 것이다.

　運이란 자동차 바퀴와 같은 것이다. 돌고 도는 것이다. 돌지 않으면 어떻게 될까? 죽음과 같다. 따라서 운도 계속 돌아야 인생이 있는 것이다. 지구가 공전으로 태양의 주위를 한 바퀴 도는 데 일으키는 자연의 기운 변화가 인간의 일 년 삶에 영향을 미치는 것이 일 년 운의 향방을 결정짓는다.

　공전하는 동안 지진이 일어날지, 유례없는 폭풍으로 재난을 일으킬지, 가뭄으로 식량난을 일으킬지, 홍수, 전쟁 등 어떤 재난이 벌어질지는 지구 자연만이 알고 있을 뿐이다. 인간은 어떠한 첨단 과학 장비나 귀신이라고 소문난 점술가를 동원해도 일 년의 일도 알 수 없다. 무방비로 당하는 게 자연재해다. 자연의 기운 앞에 인간은 한낱 무력한 티끌과 같은 존재일 뿐이다.

현재(2009년)도 세계적인 금융파동 속에서 이를 예측한 미국 교수가 있지만 그 규모와 영향의 정도는 알 수 없었던 것이다. 다만 금융에 관해 연구하다 보니 그 생성과정과 진행상황을 지켜보는 입장에서 비정상적인 방법으로 탐욕적인 상황으로 전개되고 있으니 그런 내용을 아는 사람으로서는 그 미래의 불길한 징조는 느껴질 수밖에 없게 만들어진 게 인간의 지각구조다.

왜? 자연의 질서 그대로 설계된 게 인간이니까. 그 질서를 벗어나면 반드시 자연은 그에 상응한 응징이 따르게 되는 게 자연법칙이다. 자연은 인간이 만들어놓은 도덕이나 사회규범을 절대 용납하지 않고 자연법칙을 위반한 준엄한 심판만이 있을 뿐이다. 결국 인간은 자연의 기운을 벗어날 수 없다. 자연을 무시하고 저 혼자 잘난 줄 알고 까부는 사람은 언젠가 절망의 절규를 토할 때가 온다는 것을 잊어서는 안 된다. 생각에 따라 자연은 하느님일 수도, 신일 수도, 조물주일 수도 있다.

이것도 바로 예언이다. 누구나 알 수 있고 할 수 있는 예측이다. 어떻게 알 수 있는가는 사람으로서의 정상궤도를 벗어난 행동과 생각을 하기 때문에 정상적인 지각능력을 가진 사람이라면 이 정도의 징조는 느낄 수 있는 것이다.

필자는 오래전에 광고업에 종사하면서 광고 일로 어떤 회사를 방문한 적이 있는데 그 회사는 새로운 제품을 개발하여 일대도약의 발판 위에 테헤란로의 건물을 얻어 승승장구하고 있던 제약회사였다. 그런데 그때 담당직원 몇 명과 사장을 만나고 현관문을 나서면서 '이 회사는 오래 못 가겠구나.' 하는 생각이 번득 스쳐가는 것이었다. 필자가 이 회사를 저주할 일도 없는 것이고 무슨 神氣가 발동한 것도 아니고 통상적으로 업무를 보고 나왔다.

그래서 길을 걸으면서 이상하다는 생각을 하면서 왜 이런 생각이 들까를 곰곰이 되짚어보았다. 그때 느낌은 직원들의 태도나 사장의 자세가 상당히 교만한 생각에 젖어 있구나 하는 생각이 들어 그럴 만도 하겠지 하고 긍정적으로 지나려고 했으나 불현듯 떠오른 생각이 지워지지 않았던 경험이 있었다. 그리고 잊고 있었는데 거짓말 같이 방문한 지 일 년도 지나지 않아 부도가 났다는 보도를 보았다.

이때는 필자가 무슨 미래 예측이나 사주나 점술, 자연법칙에 관한 관심과 생각이 전혀 없었을 때이니 누구나 한두 번씩 발동할 수 있는 사람의 영감과 같은 작용이라 할 수 있다. 지금 생각해보면 자연이 인간에게 부여한 치유 불가능한 가장 큰 병의 종류인 교만이란 병이 중증상태라고 진단할 수 있다. 이렇게 중증상태를 보고 필자의 그런 예측이 가능했다고 판단할 수 있다.

이는 인간이면 누구나 가능한 일이다. 인간이 자연의 길을 벗어나면 자연히 문제가 발생할 것은 누구나 느낄 수 있기 때문이다. 그런데 이런 병에 걸리면 자신이 병든 줄을 모르기 때문에 죽을 때까지 가는 것이 인간사다. 사람이 자신을 계속 점검할 수 있다는 것도 타고난 재능이요, 행운이다.

이렇게 운이란 한때 번성도 시키고 망하게도 하고, 그 그릇의 크기도 다르게 하기도 하고, 발전의 규모도 다르게 하기도 하고, 실패의 정도도 다르게 하기도 하고, 나아가게 하기도 하고 정지하게 하기도 하고, 병들게 하기도 하고 낫게 하기도 하고, 죽게 하기도 하고 살게 하기고 하고, 행복해하게도 하고 불행해지기도 하고, 기분이 좋아지게 하기도 하고 나빠지게 하기도 하고, 모든 인간사를 변화시켜 가는 게 운이다. 그렇다고 운 타령만 하고 있으라는 것이 아니다.

그 운의 주체는 인간이므로 이렇게 변화무쌍하게 다가오는 운을 발전시키기 위해서는 끝없는 노력과 올바르고 정의로운 마음을 항상 바탕에 깔고 있어야 한다는 것이다. 운도 눈(眼)이 있다. 아무리 행운의 여신이 다가온다 해도 그 사람이 하고 있는 정신 상태나 행동 상태가 정상 궤도에서 벗어나 있으면 비켜간다. 설령 운발을 받았다 해도 얼마 동안 지나면 걷어간다. 성격이나 인격이 나쁜 사람은 절대 성공을 지속시켜 나갈 수 없는 이유다.

배우자와의 관계도 늘 좋아지지 않는다. 궁합이 어떠냐고 물으면 어떤 사람이건 나쁘다고 답해주면 이것이 정답이다. 왜냐하면 살다 보면 반드시 나쁜 때가 온다. 이 세상에 나쁜 때나 위기가 없었던 부부는 한 사람도 없다. 한때 세기적인 사랑을 위해 왕위도 버린 영국 윈저 공의 경우도 세상의 변화를 뼈저리게 느낀 회한을 늘어놓은 일이 있다. 그토록 사랑하고 믿었던 여인 심프슨 여사의 외도에 절망하지 않을 사람이 누가 있겠는가. 그래서 자연에서는 맹세라는 낱말을 허용하지 않는다. 다 변하도록 만들어놓았으니까! 이것도 지나놓고 보면 모든 게 기운의 변화가 이렇게 만드는 것이다.

자연의 음양 합이 처음에는 卯와 戌이 죽기 살기로 좋아서 결혼하여 합하지만 해마다 변화하는 자연의 기운은 한때는 卯에 힘을 실어주다가 한때는 卯의 기운을 빼고 戌에 힘을 실어주어 서로 기운의 차로 인해 갖가지 갈등을 일으키는 원인이 되었다가 한때는 서로 균형을 이뤄 평화로운 때가 있는가 하면 해마다 변화하도록 설계되어 있기 때문이다.

우리가 이런 자연의 변화를 모를 때는 자신만의 문제로 우울해하고 불안해한다. 이런 내용을 알고 있을 때는 지혜가 생겨난다. 좋지 않을 때는 스스로를 다스려 나갈 수도 있고 상대에게는 위로나 격려로 사랑의 기운을 불어넣을 수도 있어 이런 갈등의 시기를 더욱 발전시킬 수 있는 계기로 반전시킬 수도 있는 것이다. 반드시 이런 지식을 서로 공유해야 한다.

이러면 이혼할 이유가 없어진다. 이혼 사유가 무엇이든 부족한 것을 항상 채우려고 하는 데서 발생하는 것이다. 성격차이, 돈, 섹스 등 항상 부족하게 되어 있다. 한때는 부족하더라도 서로 돕고, 인내하면 채우는 때가 오고, 채우고 나면 또 다른 부족함이 따르고 또 참고 살다 보면 또 채우는 때가 오도록 만들어놓았다.

그래도 채울 수 없으면 운이 그런 것을 사람을 미워해서 되겠는가. 서로 부족함을 이해하고 격려하면 그 좋은 마음을 양식으로 살아갈 수도 있는 것이다. 인간은 육(肉)적이지만 정신으로 살아가는 것이다. 여기서 인격 · 성격 파탄자는 포함되지 않는다.

필자가 여러분에게 직접 자신을 챙기도록 하는 이유가 여기에 있다. 결국 운이란 영원히 존속하게 하지 않는다. 계속 변하게 만든다. 사람의 마음도, 인격도, 인물도, 사랑도, 애증도, 능력도, 성공도, 자식도, 부(富)도, 가난도, 남편도, 아내도 변하게 하지 않는 게 없다. 영원히 내 것은 없다. 나도 내 것이 아니다. 자연의 것이다. 이것이 자연이 정해놓은 준엄한 법칙이다.

국가도 영원하지 않다. 아무리 부강한 미국이라 해도 몇백 몇천 년 후에는 몇 개의 나라로 쪼개져 있을지, 아예 없을지도 모른다. 우리나라도 마찬가지다. 왜? 인간들이 만든 것이니까. 인간들이 운영하기 때문에 이 지구는 영원히 존속시키지 않는다. 인간들은 변하도록 만들어졌으니까. 고대에서 현대까지 역사를 더듬어 봐도 알 수 있을 것이다.

그런데 사람들은 집착하게 된다. 여기서부터 불행은 잉태되고 있다. 이제 독자 여러분은 넘실대는 파도를 타듯이 운이란 파도를 파도의 결 따라 움직이다 보면 언젠가 파도가 잠잠해질 것이다. 또한 운이란 거친 파도만 몰고 오는 것이 아니라 귀한 보석도 밀어 올리는 부드러운 물결처럼 다가오기도 한다.

운이란 해마다 닥치는 행·불행에 일희일비하지 말고 인생이란 짧고도 긴 여행의 시간에 맡겨 준비하고 관리하는 지혜로 활용해야 할 것이다.

▶ 세운 활용법

이제까지 공부한 내용을 총망라하여 배운 도구들을 동원해서 적용해야 한다. 앞에서 언급한 60갑자가 해마다 바뀌면서 60년을 한 주기로 변화한다.

올해는 2009년 기축(己丑)년이므로 己丑이라는 천간, 지지가 각자의 사주팔자에 연관하여 한 해 운의 방향성을 결정하는 키워드가 된다.

己丑이 남편의 사주에 미치는 영향과 아내의 사주에 미치는 영향을 분석함으로써 두 사람의 한 해 동안의 정신과 행동을 어떻게 유지하는 것이 좋은지를 결정하게 된다. 한 부부의 예를 들어보자.

예	乙	己	壬	癸(여, 46)	甲	戊	辛	己(남, 50)
	亥	亥	戌	卯	寅	戌	未	亥

① 각 사주의 일간과 세운(己丑)과의 육친관계부터 본다. 여기서는 여자의 경우에는 천간은 비견, 지지도 비견, 남자의 경우는 천간은 겁재이고, 지지도 겁재이다.

우선 육친관계의 해석은 여자의 경우 천간이 비견은 형제, 친구, 동업자 또는 동종업종의 주변사람과의 관계에서 발생할 수 있는 일을 설정해놓고, 다음 비견은 재성을 극하니 재물과 관련하여 취득 내지 손실을 초래할 일의 발생을 예측하게 된다.

지지도 비견이니 비견의 기운이 더욱 강화되어 있다. 어떻게 전개될 것인가는 네 개 지지와의 관계를 합, 형, 충, 파, 해, 공망, 원진, 12운성 등을 전부 검토해야 한다.

지지 합은 없고, 세운 丑과 월지 戌이 형을 이루고 있다. 그 외 공망도 없으니 다른 글자의 간섭은 없다.

丑戌 형은 구설이나 형사 사건이나 건강을 해치거나 하는 불길한 부분은 가까운 사람 또는 직원들과의 마찰, 불협화음을 내든지, 이로 인해 좋지 않은 사건들에 휘말릴 수 있으니 인간관계 면에 특히 조심해야 한다. 몸을 다치거나 질병까지 고려해야 한다.

이분은 설렁탕집을 운영하고 있어 丑(소)을 재료로 하니 새로운 아이템이나 제조방법을 개선하여 더 많은 손님들을 끌어들여 수입이 급증할 수 있는 배경과 환경의 변화를 기할 수 있다는 것을 알 수 있다. 따라서 소의 질병, 가격 등 사유로 해서 공급차질 등 변화를 몰고 올 수 있다는 사실도 예고하고 있다.

남자의 경우는 전부 겁재이니 재성을 극하거나 겁탈하는 기운이니 남자의 재성은 재물과 아내가 되므로 사주 명식에 원래 재성이 많거나 강한 기운을 가지고 있고 일간이 약할 경우에는 겁재가 지원군이 되어 재의 취득이 더욱 증가할 수 있으나 재가 약하고 비견이나 겁재가 많을 경우에는 오히려 금전거래 등으로 인한 재물의 손실이나 손해를 보게 되는 기운이다. 이 남자의 경우는 비견이 많으므로 후자에 속한다.

또한 겁재는 아내를 극하므로 돈이나 기타 인간관계로 인해 아내와의 마찰과 갈등을 일으킬 가능성을 가지고 있어 아내와의 관계를 조심하지 않으면 안 된다. 다른 여자와의 관계도 유의해야 한다. 심하면 이혼까지 갈 수도 있기 때문이다. 사주 일지에 술, 월지에 미가 있어 세운 지지 축과 더불어 축술미 삼형을 이루고 있어 더욱 불길한 예측을할 수 있다. 건강과 아내와의 관계가 악화될 수 있다. 미리 대비함이현명할 것이다. 발전시킬 수 있는 요인은 제품에 색다른 내용과 형식을 창안하여 성장시킬 수 있는 동력도 된다. 이것이 삼형의 기운이다.손님이나 타인과의 인간관계로 뜻밖의 다툼이나 쟁송을 일으킬 수 있는 요인도 몰고 올 수 있으니 주변 관리를 철저히 해야 하며 자신은 낮추어 생활하는 지혜가 필요하다.

많은 사람을 상대로 장사를 하는 게 분수이기 때문에 경쟁자가 나타날 수 있으나 현재 하는 일을 충실히 해 나가면 운에 상관없이 발전할수 있는 기운이므로 현재의 분수를 벗어나지 않으면 평탄한 운을 맞이할 수 있다.

② 부부 사주의 천간에 신임계(辛壬癸) 천간삼기를 이루고 있고, 지지에 해묘미(亥卯未) 띠 삼합을 이루고 있어 이 부부는 악운이 간섭하지 않는 한 평소에 뜻이 잘 맞아 화합이 잘되는 부부라는 것을 알 수있다.

③ 마지막으로 각자 배우자의 12운성의 자리를 관찰해서 대응해야한다. 아내의 정관은 甲목이니 올해의 지지 丑에 관대가 되니 큰 문제없이 위치와 책임만 잘 지키면 무난하게 발전할 수 있는 기본적인 기운을 가지고 있다고 보면 된다. 남편의 처는 壬수이므로 壬은 丑에 쇠(衰)지에 해당되므로 운기가 꺾이는 시점이라 건강과 활동에 주의를

기울여야 할 시기라는 것을 알 수 있다. 12운성 상으로는 이렇다 하더라도 다른 간섭의 기운인 형, 충, 파, 해, 원진, 공망, 양인 등이 결부되면 12운성의 기운도 간섭에서 벗어날 수 없다.

④ 운명을 정밀하게 예측해 나갈 때는 지장간의 변화까지 볼 필요도 있으나 독자들은 지지의 정기만을 기준으로 부부의 변화만을 읽어 가꾸어 나가면 무난하게 꾸려 나갈 수 있다. 12운성으로 상승 기운에 있느냐 또는 하강 국면인가 하는 것은 다음해의 기운을 참고하면 알 수 있다. 12운성은 다음에 나오는 대운에서는 정밀하게 반응한다.

⑤ 마지막으로 식상 운을 눈여겨볼 필요가 있다. 이 부부는 이미 식상 운은 지났지만 뒤에 나오는 대운과 더불어 대부분의 사람들이 식상 운에 부부 사이뿐만 아니라 가정생활이나 사업의 발전을 기할 수 있는 활발한 구간이 된다.

17. 대운(大運) 보는 법

대운은 10년을 한 주기로 하여 변화하는 기운을 뜻한다. 어찌하여 지구가 열 번을 공전하면 기운이 변하는가 하는 것은 우리가 느낄 수 없다. 이는 아마 수천 년 전부터 10년을 주기로 지구상에 10년 전과는 다른 변화를 일으키는 것을 통계로 추론했을 것으로 본다.

우리의 현실을 돌이켜보면 10년, 20년 전과 한두 해 전과는 전혀 다른 현상을 감지할 수 있을 것이다. 시대상황이나 배경이 모두 자연의 기운에 의해 인간의 심리와 행동 면에 변화를 일으킴으로 인해 생활형태나 과학기술의 진보 정도가 달라질 수 있다.

초심자인 여러분에게 한정된 글로 납득하기에는 긴 사유의 시간이 필요하다. 한해 중에 봄, 여름, 가을, 겨울은 피부로 감각적으로 기운의 변화를 느끼지만 가까이는 시간적인 흐름을 느낄 수 없기 때문이다. 그러나 세운과 대운, 태어난 연주와 일주는 공간적인 의미가 크다. 즉, 인간은 시간과 공간을 관통해 이어가는 생물체다. 일단 운을 공간적인 개념으로 정리하여 적용해 나가면서 시간에 맡겨보자. 즉, 자신이 현재 서울에 있느냐 부산에 있느냐에 따라 닥치는 상황과 변화는 달라질 수 있을 것이다. 외국과 한국에 있는 것도 다를 수 있으며 외국이면 어느 나라냐에 따라 달라질 수 있을 것이다. 이렇게 공간과 시간에 따른 변화에 대응하면서 자신의 환경이 변화해 간다.

대운 시기를 알 수 있는 방법은 19절의 사주 세우는 법에서 언급한다. 그리고 포켓용 만세력을 사면 복잡하게 계산할 필요 없이 쉽게 찾아볼 수 있도록 되어 있다. 직업적으로 하지 않고, 돈 들이지 않고 보는 방법은 필자의 천부배우자연구원(www.goonghab.net) 사이트에서 만세력 메뉴를 찾아 생년월일만 입력하면 알 수 있게 해놓았다.

대운을 분석하는 방법은 파악하고자 하는 내용에 따라 많은 테크닉을 필요로 하나 여러분은 부부문제에 국한하여 부부의 지혜로 활용하는 데 한정하므로 알기 쉽게 단순화해 나간다. 물론 부부문제란 것이 꼭 부부만의 문제가 아니라 다른 가족문제나 사건으로 인해 부부문제로 비화하여 행·불행을 만들어 내는 유기적인 관계에 있기 때문에 두부 자르듯 할 수 없는 부분도 있다는 것을 알고 이해해 나가면 된다.

비유해서 대운이란 내가 처해 있는 변화시킬 수 없는 큰 기운의 환경이다. 다시 말해 대운을 계절에 비유하여 대운이 겨울철이라 하자, 이미 겨울이라는 기후는 벗어날 수 없다. 겨울이라는 조건 속에 활동을 해야 한다. 활동 분야에 따라 겨울이란 환경 속에서 발전할 수 있는 분야도 있을 수 있고, 활동 정도나 폭이 위축될 수도 있다. 부부관계도 마찬가지다. 이것이 대운이 부여하는 의미다.

그러면 대운과 세운의 차이는 무엇인가? 세운은 자신을 기준으로 단기적으로 일어날 수 있는 사건, 변화, 행동들이고, 대운은 장기간에 걸쳐 일어나는 일이나 사건이지만 결국 한해 한해가 모여 대운이 되기 때문에 이렇게 한해 한해가 차곡차곡 쌓여 가는 과정이 대운에 일어날 수 있는 큰 변화이다.

가령 올해 어려운 여건 속에서, 있는 돈, 없는 돈 긁어모아 구멍가게를 열었다면 가게를 오픈한 사건은 올해의 운에 해당하지만 이것이 점점 주변 동네의 발전으로 인해 해마다 확대되어 나가 5~6년 뒤에는 버젓한 대형 슈퍼마켓으로 성장하게 될 것이다. 대운으로 보면 하루아침에 되는 게 아니라 장기간에 걸쳐 성장할 기운을 가지고 있었기 때문에 발전이 가능하다는 뜻이다.

이렇게 10여 년에 걸쳐 승승장구하다가 어느 시점엔가 동네가 워낙 커져 재벌계열의 대형 할인 마트가 등장하게 된다면 비대할 대로 비대해진 슈퍼마켓의 몰락은 시간문제일 수도 있다. 이러한 경우에 대운의 성장운과 패망의 운도 같이 읽을 줄 알았다면 성장과정에서 이미 정리 가능한 규모를 유지하거나 업종 변경의 준비를 할 수 있었을 것이다. 대운은 이렇게 한해 한해가 쌓여 이루어지는 일이다.

망하는 것도 하루아침에 망하는 법은 재난, 전쟁 등 불가항력적인 사건 외에는 거의 없다. 망하는 것도 반드시 망할 준비를 몇 년 전부터 해 오고 있다는 것을 본인은 모르지만 밤새 연구해서 망할 짓만 골라 하고 있는 것이다. 이것이 대운에서 오는 기운의 영향을 받는 것이다.

이런 내용을 모를 경우에는 대책 없이 당하는 것이다. 이렇게 되면 가정의 불화도 싹트기 시작하고 나중에 벌어서 갚을 계산으로 확장과정에 일으켜 놓았던 금융부채 등으로 가정의 경제력도 일시에 몰락하게 되면 부부가 서로 위로하며 후일을 도모하면 모르지만 네 탓 내 탓하며 싸우기 시작하여 길에라도 나앉게 되면 결국 파경까지 가게 된다.

이런 내용을 미리 예측하고 있었다면 여러분 같으면 어떻게 하겠는가? 답은 독자에 맡긴다. 운을 알고 모르고에 따라 이렇게 인생의 극단을 갈라놓게 된다. 오래 되었지만 한번은 어떤 상담을 의뢰한 사람이 오리고기 집을 대형으로 오픈하려고 하는 데 운을 좀 봐달라는 일이 있었다.

그때 오리고기에 대한 인식이 술 인구를 비롯해 중국 영향도 받고 해서 사회적인 수요 분위기는 상승기운을 타고 있었던 시기로 기억한다. 예산을 얼마로 잡느냐고 하니까 그 당시 10억 정도라고 했다. 그 사람의 사주는 기본 그릇은 되어 있었으나 시기적으로 닥친 연운 및 대운의 흐름은 재물을 버리는 운으로 다가오고 있을 뿐만 아니라 자기 분수에 맞는 일도 아니었기에 5년 동안만 등산 등으로 소일하면서 건강이나 챙기고 취미생활이나 연구나 하면서 시간을 보내라고 했다. 그러나 그 사람은 시무룩한 표정으로 나갔다. 나중에 이야기를 들어보니 결국 초호화판으로 인테리어를 발라 예산도 처음보다 훨씬 초과해서 오픈했다고 들었다.

그 소식을 들은 지 보름도 안 돼 사스(AI)가 발생했던 것이다. 그 이후 6개월간 빈 매장으로 지키다가 문을 닫았다고 한다. 애초에 투자한 돈은 10원도 건지지 못하고 부채까지 짊어졌다고 한다. 그렇다면 망할 운이 온다면 알고 있었다 하더라도 피할 수 없다는 말인가. 아니다. 정해져 있는 것은 아무것도 없다. 오직 망하든, 흥하든 선택만 있을 뿐이다.

이 모든 게 자기의 올바른 궤도를 지켜 나가는 것이 중요하다. 사주에 있는 자신의 분수를 넘어서지 않고 자신의 강점을 살려 나가면 어떤 운이 와도 운에 구애받지 않고 유지할 수 있다. 따라서 운 타령만 하는 사람은 이미 낙오자다. 운에 탐닉하는 사람도 미래가 어둡다. 성공한 사람이 운이 좋았다고 하는 겸허한 말과는 뜻이 다르다.

빌 게이츠는 성공의 이유를 물으면 묻는 말마다 운이 좋았다고 한다. 이는 정상적인 궤도에서 노력하는 과정에서 발생하는 난관을 극복하는 아이디어와 주변의 우호적인 환경변화의 창출을 그렇게 표현했다.

설령 좋지 않은 대운의 기미를 미리 알고 대처한다면 약간의 충격은 있을지라도 큰 문제를 야기하지는 않는다. 그렇지 않으면 사주도 운도 알 필요가 없는 것이다. 만약 자신이 자신의 운을 알았더라도 감행했을까? 아니다. 자신이 연구해서 자신의 운로를 읽었다면 이는 자신에 대한 확신으로 가득 차게 되어 신념으로 작용하여 행동하게 된다.

남이 나의 운명을 가지고 농락하니 자기 생각에 부합하지 않으면 돈 주고 한 상담도 믿을 수가 없는 것이다. 또 상담해주는 사람의 자질도 알 수 없는 일이며, 남의 운명을 그르치는 경우가 허다하기 때문이다. 그래서 자신의 운명은 자신이 분석해 나가야 한다는 필자의 소신은 누구나 다 자기 괴로움이나 고뇌를 안고 있기 때문이다. 남이 봐서 작든 크든 본인의 문제를 가지고 있다. 그래서 그 자기의 문제를 가지고 살펴보기 때문에 남보다는 본인이 더욱 정확하게 판단하고 찾을 수 있다.

이제 대운이란 단어가 가지고 있는 성질을 대강 이해했을 것이다. 부부간에 활용할 수 있는 영역도 삶의 어려운 난관에 봉착하게 되면 첫째 경제적인 타격이 가장 영향을 많이 미친다. 극단적으로 거리에 나앉아야 하는 경우가 와도 남부여대(男負女戴)해서 서로 도우며 극복해 나가는 부부가 있는가 하면 곧장 이혼으로 가는 부부도 있다. 자연적으로 이런 환경이 되면 남자들 대부분이 평소와 달리 성격적으로 자포자기, 포악성, 파괴성, 무기력, 중독성(술), 자승자박함으로써 가족들을 더욱 힘들고 절망케 한다. 스스로 타락과 파멸의 길로 접어들어 자신을 파괴한다. 옆에서 구해줄 사람도 없게 된다.

이런 일을 사전에 막을 수 있다면 얼마나 좋겠는가! 그런데 이런 상황을 당해보지 않으면 옆에서 이야기를 해줘도 알아듣지 못하는 사람이 많다는 사실이 더욱 안타까울 뿐이다.

부부생활도 이런 절망적인 상황에 이르지 않도록 미리 준비하는 것이 가정을 온전하게 이끌어 갈 수 있는 지혜일 것이다. 그 지혜가 대운 속에 있다.

다음 부부생활을 위협하는 것이 외도일 것이다. 이는 남성 대부분은 타고난 유전자에 의한 본성적 발로이나 여성 대부분은 이를 용납하지 않는다. 또한 반대의 상황을 상정할 수도 있다. 부부가 처음에는 행복한 가정을 꾸리기 위해 각자가 처한 상황과 조건하에서 서로 돕고, 믿고, 노력하지만 어느 시점에 도달하여 다소 여유로움과 느슨하고 권태로운 환경에서 일탈의 기회가 오면 뒤에 닥칠 일이나 도덕, 윤리, 신뢰에 대한 사상을 일시에 무너뜨리고 본능적인 행위를 감행한다. 요즘은 네가 그러니 나도 그런다는 식으로 풀어가는 부부도 많다고 한다. 한 번 해본 도둑질은 계속하게 되어 결국 꼬리를 밟히고 만다. 남녀 모두 어지간한 연출 솜씨 없이는 인간이 가지고 있는 초자연적인 직관에 의해 현장을 들키지 않아도 감지된다.

서로 알기 전 중간에 적당히 바람을 잡으면 그나마 다행이지만 그렇지 않으면 두 사람 모두 주판알만 튕기면서 언제 헤어지는 날만 고민하게 된다. 아이문제는 뒷전이다. 모성애나 부성애는 팽개친 채 자기 살 궁리만 하는 모진 세상에 살고 있다. 이런 사람은 결국 자연의 응징을 받게 되어 있다.

이런 외도는 서로 감시, 감독한다고 막을 수는 없다. 서로 피곤해서 할 수도 없다. 이 문제의 해답은 본인의 양심과 부부간의 믿음을 깨뜨리지 않으려는 의지와 인격 외에는 없다. 이런 문제는 서로 각서를 교환하는 것도 일종의 각오 효과는 있다. 또한 아무 일 없다가도 생각지도 않게 그런 환경이 주어지면 자신이 계획하지 않았지만 범하고 마는 경우가 허다하다.

물론 유혹에 넘어가는 것도 마찬가지다. 하여튼 섹스문제는 윤리나 도덕, 사회규범에 기초하여 스스로 이를 악다물지 않으면 인류 역사상 영원히 문제를 일으킬 수 있다.

여기서 대운의 흐름은 이런 환경이 조성될 수 있는 시기라는 것을 알려주는 바로미터가 된다. 이런 기운의 흐름도 미리 알고 서로 경각심을 불러일으키면서 업무상, 사업상, 사교상, 인관관계의 다양한 연결선상에서 자신의 옷깃을 다시 여미는 건강하고 굳건한 의지가 무너지지 않도록 심기일전하는 시기로 삼으면 오히려 업무적·사업적으로도 더욱 맑은 정신으로 집중하게 되어 발전, 도약할 수 있는 계기가 될 것이다. 따라서 부부의 사랑과 행복이 또 다른 모습으로 와 닿을 수도 있다.

다시 요약하면 경제적인 변화와 남녀 외도의 기운 변화만 읽을 수 있어도 부부간의 극단적인 상황 전개를 막을 수 있을 뿐만 아니라 경제생활의 안정을 기할 수 있으니 서로 서로 이 지혜를 공유하여 행복한 부부로서 그리고 건실한 부모상을 자식들한테 남겨 자식들 또한 희망과 꿈을 간직하고 살아갈 수 있게 되기를 바라는 마음이다.

▶ **대운 읽는 법:** 대운이 흘러가는 법과 세우는 방법은 19절의 사주 세우는 법을 먼저 보고 여기를 보아야 이해가 빠르다.

① 남자의 경우: 크게 음양으로 분류해볼 때 남자는 양의 기운이니 음의 기운인 申子辰, 巳酉丑으로 흘러가는 대운일 경우에는 음양의 조화로 인해 발전적인 환경을 맞이하기 쉽다. 본인 사주의 지지와 충, 합, 형, 원진이 되면 그와 같은 성질의 환경에 처한다는 것을 예측할 수 있다.

양의 기운인 亥卯未, 寅午戌로 흘러가는 대운일 경우에는 같은 양의 기운으로 인해 힘들게 이루는 기운이다. 같은 돈을 벌더라도 두 배, 세 배의 노력을 해야만 이룰 수 있다는 뜻이다. 아무리 환경이 좋다 하더라도 안주하면 몰락할 수 있는 기운이다. 이 대운에 들게 되면 부부 이별도 일어날 가능성이 있는 환경이 조성될 수 있는 기운이다. 이를 알고 부부 사이를 각별히 가꾸어 나가야 한다. 대운의 기운이 양과 양의 기운으로 만나, 음양의 짝을 이루지 못하고 있기 때문이다. 대운의 백미는 음양 짝으로 이루어져야 한다.

② 여자일 경우: 정반대로 생각하면 된다. 여자는 음이기 때문에 양의 기운인 亥卯未, 寅午戌 대운으로 흘러가면 남자의 경우와 반대로 생각하면 된다. 아무리 어려운 환경이라도 남자의 도움을 받을 수 있는 기운의 환경이다. 하다못해 집안사람의 삼촌이나 사촌오빠의 덕이라도 볼 수 있다.

음의 기운인 申子辰, 巳酉丑 대운으로 흘러가면 아무리 채워도 채워지지 않는 공허함과 부족함이 따르므로 남편의 입장에서는 아내를 위해 최선의 노력을 다해야 하는 기운이며 아내는 자신을 다스리기 위해 최선을 다해야 한다. ①번과 ②번 항의 경우는 대운의 기운이 남자는 음의 기운과 여자는 양의 기운과 짝을 이룰 때 가장 원만한 성취를 이루기 쉽다는 것을 의미하고 있다. 남자가 양의 기운, 여자가 음의 기운과 짝을 이루면 이루더라도 다른 때보다 더 많은 노력과 고통이 따르며 불리한 조건과 환경이라는 것을 알고 자신들을 관리해 나가야 무탈할 수 있다는 뜻으로 이해하고 음양이 짝을 이루는 것이 가장 이상적이라는 것을 새겨두면 된다.

③ 식신과 상관 기운의 흐름을 파악하여 12운성으로 병(病), 사(死), 묘(墓), 절(絕)의 방향으로 흐르면 활동력과 경제적인 상황이 하강 국면으로 진행되기 때문에 사업을 하는 경우는 규모의 축소 내지는 조절을 통해 예상치 않은 위급사항에 대처해야 하며, 급여생활을 하는 사람은 승급이나 좋은 위치를 바라지 말고 이동 변동을 삼가고 조용히 자기 위치와 분수를 지켜 나가는 지혜를 발휘해야 한다. 또한 부부관계도 서로를 위해 노력하지 않으면 위험 요소들이 대두되기 쉬운 기운이라는 것을 명심해서 대처해야 한다.

신규 사업은 이 시기를 넘겨야 한다. 그러나 구멍가게처럼 최소한의 규모로 시작하는 것은 무방하다. 망해도 충격이 가지 않는 규모로 해야 한다. 해외 비즈니스나 명예에 관한 일은 분수만 지키면 상관없이 발전할 수 있다. 아내의 경우 식상 기운에 접어들면 남편의 기운을 쇠퇴시키거나 삭감하는 기운이 작동하기 쉬우므로 이혼과 싸움의 모티브가 예상치 못하게 다발할 수 있으며 남편은 재성(처)을 생하지 못하고 약화되니 경제적인 상황과 동시에 아내와의 관계도 악화되기 쉬우니 서로의 주변과 마음 관리를 잘해 나가야 한다.

이 시기를 잘 참아 넘겨야 한다. 모든 선, 악의 기운도 돌고 돈다는 것을 명심하면 된다. 대부분 이런 시기를 못 참아 이혼하게 된다. 물론 견딜 수 없는 상황이 전개 되더라도 서로가 마음을 공유하고 있다면 모든 것을 용서시킬 수 있다. 이런 시기에는 상대방의 자존심을 박박 긁는 정도도 심해지기도 한다. 서로 자존심을 상하게 하는 사이가 되면 위험신호다. 보통 경제적인 문제와 동시에 수반된다.

참기 어려운 상황이 지속되면 해외 사업이나 일, 직업적으로 떨어져 지낼 수 있으면 자연스러우나, 그렇지 못할 경우에는 인위적으로도 서로 이런 기운이 다할 때까지 떨어져 지낼 수 있으면 위기를 넘기는 방법이 된다. 집에서라도 각방을 쓰는 것도 방법이다. 방이 없으면 침대나 이부자리라도 따로 준비하라. 쇠퇴 운에는 건강도 함께할 수 있으니 술, 음식 등 관리에도 유의해야 한다.

식상 기운이 장생에서 녹왕으로 흐르면 남자의 경우에는 여러 가지로 상승기운을 타게 되어 의식주 생활을 비롯해서 직장이나 사업 분야에서도 진급 사유나 발전의 계기가 잘 만들어지는 기운이니 준비한 내용은 이때 활용해서 규모나 주변 확대를 기해야 한다. 그러나 여자의 경우는 자식의 출산이나 발전에는 좋은 기운이나 자신의 사주에 관성(남편)의 기운이 약할 경우에는 남편에게 불리한 환경을 몰고 올 수 있는 기운이니 남편과의 트러블에 자제심을 발휘해야 할 것이다. 심하면 이혼도 가능한 환경이 조성될 수도 있다는 것을 명심해야 한다.

다음은 대운의 전성기에서 쇠퇴기에 이른 두 사람의 사례를 통해 실질적인 대운의 흐름에 따른 인생의 변화를 익혀보자. 대운(2), 대운(8)은 2세부터, 8세부터 10년 단위로 대운이 시작하는 것을 의미한다.

대운의 실제 연습에 들어가기 전에 알아둬야 할 것은 사주 이전에 인간으로서의 대운을 이해해야 한다. 사주 이전에 인간이 먼저라는 뜻이다. 사주는 태어난 후의 일이고 인간은 그 이전에 존재하고 있었다. 인간은 태어나서 누구나 유아기를 지나 소년기를 거쳐 청년이 되고 장년이 되어 점점 쇠퇴의 길로 가는 것이다. 즉, 12운성이 흘러가는 길은 인간이면 누구나 밟는 길이다. 이것은 인간이라면 누구나 같은 팔자인 것이다. 즉, 젊을 때의 인간이면 누구나 전성기가 된다. 가장 건강하고, 에너지가 넘치고, 박력 있고, 추진력 강하고, 액티브하고, 정열적인 시기이기 때문이다. 이것이 사주 이전에 인간이면 누구나 갖고 있는 동일한 운명이라는 것이다. 누구나 누리는 이런 전성기에 사주상의 행운이 같이해줄 때는 비약적인 발전을 이룩할 수 있다는 것은 쉽게 추론이 될 것이다. 신혼부부가 이런 행운을 만난다면 가장 이상적인 짝이 될 것이다. 그러나 그 반대로 행운 기운이 좋지 않게 작용할 때는 그 전성기의 꽃을 채 피우지도 못하고 꺾이는 경우도 생기게 된다.

이런 발전적인 대운의 기운이라 하더라도 나이가 많아 쇠퇴기에 온다고 한들 젊음의 전성기에 오는 것과 이용하거나 활용하는 능력이 비교가 되겠는가. 즉, 대운 기운의 문자는 똑같으나 적용하거나 작용하는 차이를 그 처한 환경에서 읽어야 하는 이해의 차이가 있다는 것을 알아야 한다.

젊음의 전성기에 좀 나쁜 대운 기운이 온다 하더라도 그 젊음의 패기가 능히 불리한 기운을 뚫고 나갈 수 있는 능력도 있다는 것도 이해해야 한다. 그러나 나이가 많아 노쇠한 상황에 나쁜 대운 기운이 오면 그대로 주저앉고 만다. 그래서 젊음이라는 것이 갖고 있는 운명적인 힘이 인생의 자산이다.

인간 다음으로 이해해야 될 것은 남자로 태어난 것과 여자로 태어난 운명적인 차이가 사주 이전의 문제이다. 이미 남녀로 구분되어 태어남으로 해서 사주팔자 이전에 가야 할 운명의 길이 확연히 정해져 있는 것이다. 그 길 속에서 사주가 적용되는 것이다. 이에 대한 설명이 위의 ①, ② 항의 내용이다. 즉, 남자로 태어났으니 음의 기운을 띤 대운이 유리하며, 여자로 태어났으니 양의 기운을 띤 대운이 유리하며, 그 반대의 기운은 불리하다는 것이 남녀이기 때문에 정해져 있는 운명이라는 뜻이다. 이런 차이를 이해하고 사례의 본질로 들어가 보자. 일부러 인생을 어느 정도 살아온 사람을 예로 들었다.

	癸 甲 丁 甲(남, 67)		壬 丙 己 乙(여, 66)	
	酉 午 卯 申		辰 戌 丑 酉	

대운(2) 甲 癸 壬 辛 庚 己 戊
　　　 戌 酉 申 未 午 巳 辰
　　　 62 52 42 32 22 12 2

대운(8) 乙 甲 癸 壬 辛 庚
　　　 未 午 巳 辰 卯 寅
　　　 58 48 38 28 18 8

　대운을 읽어 운명의 세밀한 미래를 볼 때는 대운의 간지와 사주의 천간과 지지, 지장간의 관계를 다 살펴보아야 하지만 그렇게 되면 여러분이 너무나 힘들어지므로 여기서는 배우자와의 흐름만 읽으면 서로 대처해 나갈 수 있기 때문에 지지의 계절적인 흐름만을 참고하면 된다. 위 남자의 경우 12세부터 식상운(12운성으로 건록, 왕)으로 흘러 발전의 기운인데 너무 일찍 와서 직업적으로 크게 꽃피우지 못하고 학창시절에 해당된 경우다. 일찍 부친을 잃고 그 당시 어려운 환경에 처해 혼자서 대학까지 마친 것도 식상 대운의 기운을 받았기 때문에 힘든 학구생활의 추진력을 갖게 되었다고 보면 된다. 결혼도 이렇게 식상이 왕한 운(식상생재)에 하게 되었다. 직장생활을 할 때가 32세 재성(未) 운에 해당된다. 뒤에 나오는 내용과 결부되어 있어 이 예에서 모두 이해할 수 있도록 포괄하여 설명한다.

　이렇게 재성 운이 젊은 시절에 오게 되면 財적인 성취나 직업적인 발전을 수반함과 동시에 이성들의 유혹이나 관심을 유발할 수 있는 환경에 처하게 된다. 그렇지 않으면 여자들이 많은 직장에서 일하게 되기도 한다. 만약 사주팔자에 재성이 많이 깔려 있을 경우에는 재성이 과다해서 오는 해를 입게 될 수도 있다. 그러나 이 남자는 재성이 보이지 않는다. 다만 午의 지장간 중에 근土가 정재이다. 재성의 기운이 드러나지 않아 아주 약한 사람이다. 이렇게 일간 甲과 암합(드러나지 않은 간지와의 합-여기서는 누 중 근토와 일간 甲과 甲己 합을 이루는 것을 뜻함)을 이루면 암암리에 여자의 덕을 볼 수 있고, 드러나지 않은 여자와의 애정행각을 일으킬 수 있는 가능성을 예고하고 있다는 것을 독자 여러분들도 익혀 배우자 선택에 활용하면 된다. 재성 운에 남자가 다른 여자와 관계를 맺는다 해도 본처나 가정에 위해를 끼칠 정도는 안 되게 처신한다. 만약 이런 사실을 아내가 알게 되면 미래를 단정할 수 없다.

　그러나 재성 운이 온다고 해서 전부가 반드시 여자관계가 발생한다고 단정해서는 안 된다. 예고이며 가능성이다. 만약 명식에 재성의 기운이 강한데 운에서 오면 다른 이성간의 문제 발생은 확률성이 높아진다. 열 명이면 7~8명은 그럴 개연성을 지닌다고 이해하면 된다. 그러다가 식상과 재성 운이 기울어지는 申酉戌(12운성 病, 死, 墓) 대운으로 흘러가면 여자 기운은 사라지고 사업적으로 규모의 축소, 긴축 등으로 환경의 악화에 대비해야 한다. 그리고 직장도 잘 지켜야 한다. 이때 부부관계도 틈이 나지 않도록 서로 신뢰를 쌓아가야 한다. 戌(12운성으로 식신 墓) 대운에 들어서면 정신적으로 가장 위축되고 답답한 마음으로 자신을 가누기 힘든 상황으로 몰릴 수 있으니 항상 자신을 낮추고 바닥 생활의 각오를 다져나가야 이 위기를 넘길 수 있다. 이때 오판하거나 과신하면 사업적으로는 크게 실패할 수 있으며 심하면 발병 및 수명에도 영향을 미친다. 이런 때 부부문제도 엉뚱한 계기로 야기되며 예상치도 않던 불행의 씨앗들이 싹트기 시작하여 이를 견디지 못하면 결국 파경의 길로 치달을 수 있는 기운환경이다.

　이 남자는 이미 壬申 대운에 식상이 병, 목욕 기운에 들어 이혼을 하게 되었다. 병, 목욕 기운이면 반드시 이혼하느냐 하면 그게 아니고 이혼 여부를 선택해야 할 기운의 환경에 처하기 쉽다는 것을 예고하고 있을 뿐이다. 이런 상식을 사전에 갖고 있었다면 주의했을 것이나 그러지 못해 결국 이 남자는 이혼을 선택하게 된다. 이때만 해도 경제적인 능력과 패기가 살아 있을 때이니 이것이 자신의 미래가 몰락의 길로 들어서는 징조라는 것을 알 리가 없었다. 12운성에서도 설명했지만 병, 목욕기운에는 남녀 스캔들을 일으킬 가능성을 예고하고 있다.

癸酉, 甲戌 대운에 이르러 20여 년에 걸쳐 서서히 거지 신세까지 가게 된다. 식신이 입묘되는 시점(戌)에 와서 중병도 얻게 되고 사업은 부실하여 결국 파산 지경이 되어서야 그때 이혼이 망하는 신호였다는 것을 깨닫게 된다. 이렇게 식상이 내리막길에 들어서면 사건 사고가 터지기 쉬우며 예상치도 않던 일이 생겨 방해하기 시작한다는 것을 알고 부부 공유하여 대처함이 필요하게 된다.

이 부부도 이런 상식이 있었다면 이혼도 하지 않았을 뿐만 아니라 현명하게 위기에 대처하여 운명을 달리했을 것이다. 여기서 독자들이 두 가지의 의문을 제기할 수 있다. 하나는 戌이 토로서 甲일간에 편재, 즉 재성 운인데 "왜 거지가 되는가? 이고, 둘은 이미 식상 운이 기울고 있다면 이 부부가 이혼을 안했다고 해서 거지가 안 될 수 있는가?"이다.

우선 전자의 답은 辰 戌 丑 未는 甲, 乙 일간에 전부 재성인데 전부 입묘(入墓)지다. 식상이 입묘할 때는 재성이라 하더라도 재운의 충분한 기운을 누리지 못할 뿐만 아니라 일시적인 재의 획득이 따른다 하더라도 사라지기 쉬운 기운이라는 것을 명심하고 대처해야 한다. 후자의 답은 식상의 기운이 하강국면에 접어든다 하더라도 그 답답한 환경을 벗어나려고 하면 안 된다. 그러면 거지되기 십상이다. 불편하고 힘든 상황이라 하더라도 그대로 안고 개선책을 찾아 나서야 한다. 이것이 분수다. 부부를 예로 들면 좋을 때는 별 문제 없었는데 힘든 환경이 닥치니 이제 필요 없다고 버리는 것과 같다. 힘들더라도 안고 가야 한다는 뜻이다. 그러면 어떤 악운이라도 헤쳐 나가 다가오는 봄을 맞이할 수 있다. 그러나 현실은 버리거나 헤어진다. 이게 바로 자신이 선택하는 운명이다.

다시 본론으로 돌아가 이 남자는 계속 힘든 대운의 기운으로 치닫고 있다. 이런 때는 운이 좋지 않은 상황의 분수를 지켜내면 무난히 극복해 나갈 수 있다. 과거의 잘 나가던 습성과 기분에 젖어 자신을 과신하여 행동하면 쓰러지는 것은 시간문제다. 그리고 이 남자는 다시 봄날을 기다리기에는 너무나 나이가 많다. 아마 나이에 따라 조용히 가는 날을 맞이하게 될 것이다. 다시 봄날이 올 때까지 생존하더라도 그 기운을 받아먹지 못할 것이다. 그래서 젊었을 때 발전적인 대운이 따라주지 못하면 크게 이루기 힘든 이유가 여기에 있다. 그렇더라도 자신의 분수를 지키면 대운의 기운에 상관없이 자신을 온전하게 지켜나갈 수 있다는 것을 명심해야 한다. 결코 운 타령만 해서는 안 된다는 것이다. 운이란 자신의 보조수단으로 활용할 줄 알아야 운의 가치가 있는 것이다. 망하고 난 뒤에 운 타령을 해본들 무슨 소용인가!

여자의 경우에는 원명에 식상의 세력이 많다. 식상은 자식의 현달 발전에는 좋은 기운이나 남편인 관성을 극하기 때문에 이 여인은 태생적으로 남편과 원만하게 해로하기에는 엄청난 지혜와 노력을 필요로 하고 있다. 그런데 정관은 丑 중 癸수로, 辰 중 癸수로 두 남자가 드러나지 않고 미약한 상태로 있으나 辰戌충을 하고, 丑戌형까지 하고 있으니 그 안에 있는 癸수가 온전할 수 없다. 형, 충을 하여 癸수를 개고시키는 역할은 하지만 다른 식상인 토의 기운이 많아 가만두지 않으려는 기운이 강하게 작용하고 있다. 항상 아내로 인해 고민과 갈등을 안고 마음의 병을 키워가는 상황의 그림이다. 이런 상황에서 대운의 흐름이 식상의 기운을 극왕(極旺)하게 하는 巳午未(火기는 화생토 함으로 土의 기운이 가장 왕성할 때임) 대운으로 가고 있으니 사흘이 멀다 하고 싸우고 아이들마저도 괴롭히고 있는 형국이다.

이성적으로는 이혼해서는 안 된다는 것을 굳게 믿고 있으나 이 남자는 그렇지 않아도 비겁과 양인이 있어 급한 성격인데 견딜 재간이 없다. 식상의 기운이 관성을 퍼붓기 시작하니 생명의 위협을 느끼게 되는 것이다.

여기서 한 가지 더 유의할 것은 여명의 명식에서 남편의 별이 癸수이므로 이 癸수가 여명의 대운 巳午未의 뜨거운 火氣에 견딜 수 없다는 것을 이해해야 한다. 그래서 여자의 사주팔자에 남자의 운명이 그려져 있다는 것이다. 이 속에 그려져 있는 남자는 아무리 뛰어난 능력을 가지고 있다 해도 발전하기 힘들다는 것을 여명에 의해 거울처럼 드러나 있는 것이다. 이것이 이 여명이 갖고 있는 남편의 분수이기 때문에 부족한 남편이라 하더라도 이를 지키기 위해 최선을 다해야 자신의 분수를 지키는 것이 된다. 이런 남편을 들고 차버리면 분수를 잃게 되어 서로 짝을 잃고 자신의 명도 온전치 못하게 이끌려가게 된다. 남자는 이렇게 하여 오는 생명의 위협이란 정신적 스트레스로 오는 발병(發病)을 느끼게 된다. 이렇게 되면 만사가 귀찮아 지는 법이다. 모든 것을 다 버리고서라도 본능적으로 생명을 온전히 지키고 싶은 생각밖에 들지 않는다. 이는 남녀 구분 없이 이런 환경에 처하면 똑같은 반응을 일으킨다.

뒤에 나오는 경우이나 남자 팔자에 비겁이 많은데 대운이 비겁, 양인 대운으로 흘러가면 여자가 이 같은 상황에 봉착하기 쉬운 것이다. 비겁 양인이 재성(처)을 극하기 때문이다. 다시 남명을 들여다보면 월지 비겁에 양인이며 연간에 비견이 있어 비겁이 약하지 않다. 이 별은 아내를 극하는 기운이니 아내에게 사랑스런 말보다는 함부로 대하며 무시하고 상대의 자존심을 생각지 않는 언행을 자행하는 성격의 소유자라는 것도 알 수 있다.

그러나 대운에서 비겁 운이 와서 또 힘을 보탠다면 여자가 병들거나 아니면 이혼까지 생각할 수 있는 환경이 되지만 대운에서 비겁 운을 만나지 않아 평소 행동은 거칠지만 극단적인 생각은 하고 있지 않다는 것을 알아야 한다.

남명의 지지에 申금과 酉금이 있어 책임과 의리에 강한 성향을 띠고 있으며, 卯, 午, 酉가 있어 모두 도화의 성질을 강하게 가지고 있다. 이런 구조는 재능과 능력은 있어도 여자에게 함부로 하는 성향을 띠게 된다. 그렇다고 무책임하게 바람을 함부로 피우는 성질은 아니다. 일부 사이비들은 이렇게 도화의 성질이 많이 깔려 있으면 무조건 남녀의 혼탁상을 이야기하나 이런 데 현혹되어 오판하여 가정에 위험을 스스로 만들어서는 안 된다.

결론적으로 이 두 사람은 부부로서는 서로 맞지 않는 요소들을 태생적으로 갖추고 있는 형국이지만 여명은 식상의 세력이 강한데 다시 대운에서 식상 운이 가세하여 남편의 기운을 더욱 삭감하니 엉뚱한 일로 남편을 오해하고 압박하니 그렇지 않아도 인내심이 약한 남편은 결국 견디지 못하고 마는 것이다.

이런 내용들을 결혼하기 전에 상식으로 알고 있었다면 아마 결혼은 이루어지지 않았을 것이다. 따라서 두 사람의 불행은 물론 자식의 미래까지 장애가 되지도 않았을 것이다.

만약 결혼 후 이런 내용들을 알았더라면 자신들의 분수를 알고 불행한 사태가 벌어지지 않도록 충분히 막을 수 있는 지혜와 노력이 수반되었을 것이다.

그러면 가끔 싸우는 한이 있더라도 가정은 유지할 수 있다. 이 두 사람의 관계가 불편한 요소만 있는 게 아니라 천간에 乙丙丁 천상삼기를 이루어 정신적 유정요소도 갖추고 있어 좋을 때는 한없이 좋은 사이가 되는 요소를 가지고 있다.

단지 여자 대운의 거센 역풍의 기운에 왜곡된 인생을 선택하게 되는 것이다. 이 남자도 도화의 기운이 많아 잘 참지 못하는 성질의 소유자이기 때문에 결국 꺾이고 만 것이다. 이 선택이 가족 전체의 불행을 초래하게 되는 원인이라 할 수 있다. 이런 상식이 있었다면 목숨을 걸고 인내하며 극단적인 선택은 하지 않았을 것이다.

분수론으로 이 두 사람의 배우자 분수는 남자는 드러나 있는 재성이 없어 지장간을 들여다보니 일지 午 중에 己土 정재가 똬리를 틀고 들어앉아 있다. 드러나 있지 않으니 자랑할 것도 없고 폼 잡을 일도 없다. 일반적인 환경론에 입각해서 보면 여러 가지로 부족함을 갖춘 형태의 아내이다. 이런 아내가 이 남자의 배우자 분수이다. 이런 자신의 분수도 모르고 아내를 구박하거나 업신여기거나 무시하면 이미 자신의 분수를 벗어나는 것이다. 그렇지 않고 이 하늘아래 둘도 없는 내 아내라고 우대하며, 위하며, 사랑하는 행동이 이 남자의 배우자 분수에 맞는 행동이다.

여자의 경우에 남편은 드러나 있는 관성은 시간에 있는 壬水 편관인데 멀어서 일찍 하는 결혼 상대는 아니다. 월지에 있는 丑 중 癸水가 고향사람으로 적령기의 정관 남편이다. 이 여자의 배우자 분수는 드러나지 않은 丑 중 癸水가 된다.

이 여자는 드러나지 않은 癸水 남편을 무시하거나 박대하게 되면 자신의 분수를 벗어나는 행위가 되며, 이래도 내 남편이라고 하늘 받들듯이 받드는 것이 자신의 분수에 맞는 행동인 것이다. 이렇게 자신의 분수를 지키게 되면 시간에 있는 壬수 남편은 사용할 필요도 없어지며 辰 중 계수 남자도 소용이 없게 된다.

그러나 丑 중 癸수 남편을 버리게 되면 壬수 편관 남편을 만나게 된다. 壬수 편관 남자는 정상적인 남편이 아니다. 왜냐하면 壬수는 시지 辰 중 癸수로 입묘(入墓-12운성)되어 정상적인 남자가 아니기 때문이다. 추론하면 일시적으로 이용하는 남자일 수 있다. 그렇지 않으면 이 여자와 같이 있으면 이 남자의 무덤을 먼저 볼 수 있다. 그렇기 때문에 정상적인 부부관계가 성립하기 힘든 남자가 된다. 만약 관계가 지속되면 불행해지는 것은 불을 보듯 뻔하다. 결국 이 여자도 첫 남자와의 배우자 분수를 잃다 보니 자신의 남자관계도 좋지 않은 기운으로 엮여 들어가게 된다.

이렇게 하여 위 두 사람은 서로 배우자 분수를 모르고 모두 자기만 옳은 줄 알고 행동하다가 가장 중요한 부부의 인생과 인생의 성공을 잃게 된다. 결국 두 사람은 최악의 선택이었다는 결론을 내릴 수 있다.

만약 이 남자가 인생행로의 선택을 20대 초반부터 달리했다면 전혀 다른 인생을 영위해 나갈 수 있는 대운의 기운이다. 왜냐하면 庚午, 辛未 대운의 천간 관성 기운이 40대 초반 가장 전성기까지 영향을 미치고 있기 때문에 이미 사주 지지에 申(편관), 酉(정관)가 실현된 상태에 있어 국가 조직에서 빛을 볼 수 있는 기운이며 명예와 지위를 갖출 수 있는 기운의 환경을 갖추고 있다. 정편관 혼잡되어 있다 해도 卯酉 충 하여 淸해진 상태기 때문에 쭉쭉 뻗어 나갈 수 있는 기운이다. 그런데 아쉽게도 이 남자는 이런 선택의 기회를 져버렸기 때문에 능력발휘의 기회를 잃게 된 것이다. 이와 같이 대운의 간지 글자는 같더라도 선택에 따라 그 기운의 작용을 달리 한다는 것을 깨달아야 한다. 앞에서도 몇 번 반복했지만 사주간지 글자는 같더라도 정해진 것은 아무것도 없다는 뜻이다. 선택에 따라 변화한다는 것이다.

아내도 잘못 선택하여 인생을 그르치게 된 것이다. 이 남자를 선택하지 않고 다른 인생항로를 선택했다면 보람차고 행복한 인생을 구가했을 것이다. 왜냐하면 대운의 기운이 자신의 발전을 도우는 식상이 전성기에 해당하기 때문이다. 발전적인 식상의 기운이 자신의 인생을 환경에 따라 저해하는 기운으로 반작용했기 때문이다.

이렇게 선택에 따라 서로의 운명이 모두 뒤 틀리게 된다는 것을 자라나는 세대들은 뼛속 깊이 새겨 자신의 자산으로 삼아야 한다.

④ 남자의 경우 재성의 기운이 들어오면 재정적인 성장이나 발전을 수반하지만 아내의 운기도 상승하여 건강이나 활동력이 강화될 수 있는 환경이다. 부부 사이도 원만한 관계가 유지된다. 또한 외부 여자와의 관계도 발생할 수 있는 기운이다(예에서 설명됨).

여자의 경우는 관성의 기운이 들어오면 남편의 기운이 상승하는 환경으로 접어든다. 직장의 발전이나 승진, 사업의 확장 등 경제적 양상이 향상하는 국면이 나타나게 된다. 잘못하면 다른 남자의 유혹이나 인연이 발생할 수도 있다. 특히 현 남편한테 불만이 있는 상태일 경우에는 더욱 그럴 확률이 높아진다. 이런 내용을 알고 스스로 극복해야 한다. 만약 이때 남편의 기운이 쇠약하여 있을 경우에는 더욱 유혹이나 충격에 약해지게 된다.

본인들은 전혀 그런 생각이나 의도는 없다 하더라도 상황이 닥치면 자신도 모르는 사이에 일은 진행된다는 사실을 알고 방심하면 안 된다.

子午卯酉 대운에 특히 신경을 써야 한다. 도화의 기운이 상승을 나

타내기도 하지만 이성을 향해 발동하기 쉽다. 특히 辰 戌 丑 未 대운을 조심해야 한다. 흥망성쇠가 갈리는 기운으로 작용하니 자신의 처한 환경에서 잘 나가고 있다면 낮춰야 하고 더 망할 게 없다면 죽을힘을 다해야 한다.

⑤ 여자의 경우 남편에 해당하는 오행의 천간 기운이 12운성으로 장생(長生), 녹(祿), 왕(旺)의 대운에 접어들면 남편의 상승 기운을 의미한다.(예에서 반대의 경우 설명됨)

⑥ 남자의 경우 비겁이나 양인의 기운이 원명에 있는데 대운에서 또 들어올 때는 독립성이나 財 분탈의 기운이기도 하지만 아내의 운기를 막고 밀어내는 기운이다. 남자를 억제하는 여자의 식상기운과 같다. 사소한 일로 아내를 학대하거나 무시하게 되고 싫어지는 기운이니 이렇게 되면 스스로 몰락하거나 망하는 단초가 되니 각별히 자신을 관리해야 하며 아내한테 잘해야 한다. 이런 기운도 이런 운을 넘어가면 다시 좋아지니 인내하는 것이 최고 처방이다. 꼭 참기 어렵거나 힘들면 서로 떨어져 시간을 버는 것도 방법이 된다. 그러다가 다른 여자와 관계하여 영원히 멀어지게 되면 스스로 함정을 파는 격이니 누구를 원망하겠는가. 길게 보면 모든 운의 기운작용이 순간이다. 이 순간을 잘 넘기는 게 중요하다.

여자의 경우도 비겁이나 양인 운에 다른 여자의 남자를 가로채거나 빼앗을 수 있는 기운이니 같은 여자로서 이런 부도덕한 일은 저지르지 않도록 마음을 정화시켜 나가야 할 것이다. 뺏겨봤으니 나도 그렇게 한다는 논리이다. 자신 또한 유혹에 약해진다.

위에서 이야기한 대운의 기운이 반드시 남녀관계에서 그런 일이 발생하는 것이 아니라 그런 일이 일어날 수 있는 가능성이 있다는 것으로 이해하고 다정스런 부부의 인생에 행여 금이 가는 일이 없도록 서로 공유하여 마음의 준비와 지혜를 발휘해야 한다.

18. 배우자 인연법 정리

앞에서 익힌 내용들을 총 정리하여 독자 여러분이 쉽게 접근할 수 있도록 요점만을 발췌 해 모았다. 지난 내용들의 용어나 개념을 정확하게 이해 하지 못하면 요점을 이해하는 데도 짜증이 날 수 있으니 앞의 용어 개념을 정확히 반복해서 숙지해야 한다.

복습하는 의미에서 아래의 설명 과정에서도 쉽게 접근할 수 있도록 반복을 거듭하면서 중언 부언 했다. 여기에 보인 사례들은 어떤 궁합이나 점술을 통해 만난 사람들이 아니고 자연적으로 인연한 부부들이며 건강한 부부들이다. 설명만으로 이해될 수 있는 내용은 일일이 사례를 들지 않고 3장의 사례에서 자주 등장하는 부부들이니 참고하면된다.

이 책에서 가장 강조한 부분이 자신이 갖고 있는 배우자 분수다. 이 분수는 인생을 영위해 나가는 데 가장 영향을 많이 미치는 부분이 일과 배우자다. 이를 벗어나는 여부에 따라 인생행로가 달라지며 행, 불행이 변하게 된다. 배우자 짝의 기운조화를 맞춰보기 전에 12운성편에서 예를 들어 설명한 내용을 숙지하여 자신이 갖고 있는 배우자의 기운을 먼저 알고 배우자 인연법의 조화를 이루어야 한다.

앞에서 언급할 기회가 없었으나 겉궁합, 속궁합이니 하는 속어들에 많이 익숙해 있을 것이다. 한마디로 일고의 가치도 없는 것들이다. 궁합책들을 보면 기본으로 등장한다. 왜 그런지도 모르고 베낀 내용에 불과하다. 또한 증거할 수 없는 내용들이다. 증거한다 하더라도 우연의 일치일 뿐이다. 즉 OX문제 푸는 것과 같은 이치다. 그러니 앞으로 이런데 현혹되어서는 안된다는 것을 밝혀둔다.

다만 섹스 차원에서 속궁합이란 단어를 적용할 수 는 있다. 그러나 이는 원래 의미의 속궁합은 아니다. 여기서는 속궁합이란 단어를 쓰지 않는다.

나중에 나오는 인연법에서 서로의 정욕의 크기나 신체적인 조건을 참작하여 배우자 인연으로 할 수 있다. 이런 내용을 속칭 속궁합이라 말로 혼용하고 있을 뿐이다.

그 다음으로 궁합에 많이 써 먹는 단어가 원진살이다.

12절 원진 항목에서 언급한 내용이니 요사스런 말의 장난에 흔들리지 말고 잘 숙지해서 활용하면 된다.

1) 년월에 있는 재성과 관성이 우선이고 그 다음으로 일지 삼합, 시지 삼합되는 띠의 상대가 좋은 배우자 인연이다. 여기서 삼합이란 일지가 午라면 삼합이 寅午戌인데 사주에 인오가 있고 술이 없다면 술띠 상대를 인연하라는 것이다. 만약 오술이 있고 인이 없다며 인띠가 된다. 반대로 오(午)만 있고 상대 사주에 인만 있다면 술띠가 되고 즉 두 사람이 합하여 삼합 중에 빠진 지지를 띠로 하면 된다.

두사람 사주에서 인오술의 조합을 이룬다면 띠 상관없이 삼합조건을 충족시키면 된다. 시지도 마찬가지다. 이는 같은 목적을 이루려는 동질감을 가지는 기운이기 때문에 서로 조화를 이루어 나갈 수 있는 조건이 되는 것이다. 일지, 시지 동시 삼합을 이루어 짝을 맞추면 더 좋다.

　가장 많은 임상 경험을 통해 나타난 결과들이다. 이 문제 뿐만 아니라 앞으로 전개되는 내용을 망라하여 증명은 독자 여러분 가족이나 부모, 친지, 주변 인물들을 관찰하여 얻은 결과로서 대신할 수 있다.

예 辛 丁 庚 辛 (여, 39)　　　庚 乙 甲 壬 (남, 38)
　　亥 丑 寅 亥　　　　　　　辰 亥 辰 子

　남자로 봐서는 일지 亥를 따라 亥띠 여성이 인연이 되었고, 여자로 봐서는 亥(子)丑 방합으로 子띠 남자와 인연하게 된 것이니 서로 좋은 인연이 된다. 여기 나오는 사례들은 필자가 그 동안 상담해 오면서 보아온 건강한 가정의 부부만을 발췌한 것임을 밝혀 둔다. 중간에 운의 흐름이 간섭하여 다소 출렁거리는 환경이 와도 이런 부부는 해로하는 데 지장 없다.

　삼합의 세 글자를 갖추지 못하더라도 상대의 년지와 두글자로 반합을 이루어도 차선책이 된다. 여기 남편은 연하인데 여자 시주에 관성이 놓이거나 시지와 일지가 합을 이룰 경우에 연하의 남자와 인연하기 쉽다.

예 甲 辛 庚 甲 (여, 46)　　　甲 甲 己 庚 (남, 50)
　　午 丑 午 辰　　　　　　　子 寅 丑 子

　(申)子辰 신은 없이 자진으로 반합을 이루어도 기운의 조화를 이룬다. 여기서 왜 띠를 가지고 주로 인연을 하는가 하면 띠는 태어난 해의 기운이기 때문에 월일시 전체의 기운에 영향을 미친다. 년이 흔들리면

전체가 기운의 영향을 받기 때문에 남녀 인연에 중요한 요소가 되는 것이다. 띠의 상징적 동물의 기운과 성질도 영향을 미친다.

원숭이 띠는 대부분 재능이 많다. 남의 모방이나 흉내도 잘 낸다. 유모어나 재치도 있듯이 일반적으로 원숭이가 가진 성질을 닮아 있다. 개띠는 충직하다. 그러나 수 틀리면 주인도 문다. 개띠들이 가지고 있는 잠재적 속성이다. 더 이상 언급하지 않더라도 다른 띠도 비슷하다. 신기하지 않은가. 누가 일부러 흉내 내려고 하거나 시킨 일도 아닌데 띠 동물의 속성을 닮아 있다는 것이…

2) 사주에 재성이 드러나 있는 경우에는 재성을 띠로 하는 배우자를 인연하면 된다. 만약 재성이 편재와 정재로 섞여 드러나 있을 경우에는 두 가지 방법으로 생각할 수 있다. 첫째 편재가 천간에 드러나 있으나 지지에는 없고, 지지에만 정재가 있을 경우에는 정재의 띠를 배우자로 삼고, 정재가 천간에만 드러나 있고 지지에 없고, 지지에 편재만 있을 경우에는 편재를 우선한다. 둘 다 천간에만 있고 지지에서 받쳐주는 재성이 없을 경우에는 정재의 12운성에서 건록에 해당하는 지지를 띠로 하는 배우자를 선택하면 된다.

둘째로 정편재가 천간, 지지 전부 다 있거나, 지지만 있을 경우에는 편재지지를 합(육합)하거나 충하는 지지의 띠를 선택하면 된다.

반대로 여자의 경우도 정재대신 정관, 편재 대신 편관을 그대로 대입하여 배필을 정하면 된다.

예 丙 丁 己 丙 (여, 43)　　癸 丁 辛 己 (남, 50)
　　午 亥 亥 午　　　　　　卯 未 未 亥

여자의 사주에 정관(亥) 남편이 지지에 드러나 있어 亥띠 남편과 인연한 경우이다. 亥卯未 삼합도 이루어 있다.

예	乙 戊 壬 己 (여, 40)	乙 癸 己 己 (남, 40)
	卯 午 申 酉	卯 未 巳 酉

남자 사주에 巳 정재만으로 구성되어 있어 한 기운으로만 되어 있으면 정재 巳띠가 좋은 배우자가 된다. 巳띠를 만나지 못하고 巳와 삼합하는 酉띠와 인연된 경우다. 남자 일주와 여자 일주가 천지합(일주 천간끼리, 지지끼리합)되어 더한 인연이 되어 있다. 아내를 애지 중지해 한다.

예	甲 丁 壬 甲 (여, 45)	壬 庚 辛 己 (남, 50)
	辰 酉 申 辰	午 申 未 亥

여명에서 정관이 壬, 申지장간에 壬, 辰지장간에 癸水가 편관이 된다. 지장간에 들어 있어 드러나지 않은 경우는 기운이 미약한 경우이다. 여기서는 정관 壬이 申의 장생지에 앉아 있어 강한 기운을 받고 있는 모양이다. 그런데 천간 丁壬이 간합까지 하고 있어 강하게 당기고 있는 기운이다. 그래서 정관 임의 장생지인 申(원숭이)띠를 배우자로 삼아도 좋으나 더욱 강한 壬의 12운성 건록에 해당하는 亥(돼지)띠의 남편과 인연이 된 것이다.

예	戊 壬 辛 丁 (여, 52)	癸 丁 癸 癸 (남, 56)
	申 辰 亥 酉	卯 卯 巳 亥

남명에서 정재가 巳의 지장간에 있는 庚이다. 그런데 巳亥 충으로 둘러싸고 있는 껍데기가 벌어져 속이 들여다 보이게 되어 있다. 즉 숨겨져 있는 것이 드러나 보인다는 뜻이다. 이렇게 庚의 정재를 드러내 보이게 한 것은 亥의 덕이다. 뒤에서 다시 설명되는 내용이지만 이렇게 필요한 정재를 충하여 드러내 주는 亥가 반가운 것은 두말할 필요가 없을 것이다. 그래서 같은 亥(돼지)생 여인과 인연해도 좋은 것이다.

충으로 드러나기는 했지만 그래도 지장간 속에 들어 있어 기운이 미약하다고 생각하여 庚의 녹왕지(12운성에서 건록과 旺한 자리를 합쳐 부르는 말)에 해당하는 酉(닭)띠 생 여인을 배필로 삼은 것이다. 여명에는 건록인 申도 시지에 들어 있다. 이 뿐만 아니라 천간에 천상삼기(辛壬癸)의 합까지 이루고 있어 정신적으로도 유정한 부부이다.

남명에 해묘(미) 삼합되어 미띠 여인과 인연해도 좋으며, 여명에는 신(자)진 삼합되어 자띠 남자와 인연해도 좋다.

3) 재성이나 관성이 년월일시 위치에 따라 여러 개 놓였을 경우에 정상적인 연령대에 결혼을 하게 되면 년월에 있는 지지를 배필로 삼고 만약 늦게(40전후) 결혼할 경우에는 년월을 버리고 일이나 시에 있는 재성이나 관성을 배필로 삼으면 된다.

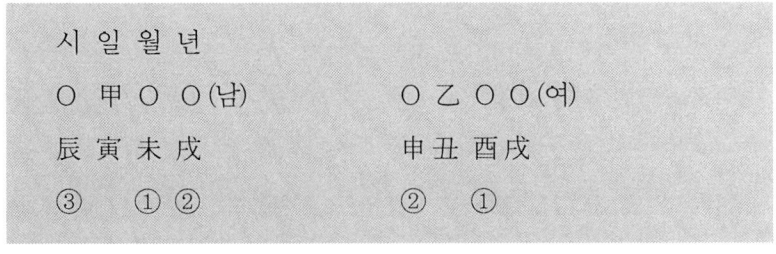

숫자 순서대로 우선 순위를 두면 된다.

4) 사주 중에 공망이 재성이 될 때는 재성의 띠를 배우자로 삼고, 여자의 경우 관성이 공망일 때도 관성의 지지 띠를 배필로 삼으면 된다. 이 때는 다른 재성이나 관성이 없을 때를 뜻한다.

그러나 남명(男命)이 庚寅이나 辛卯 일주일 경우에 午와 未가 공망인데 未중에 乙이 재성이 되므로 이 때는 未를 충해서 乙이 튀어 나오게 해야 한다. 그럼 未를 충하는 자는 丑이 된다. 그래서 丑(소)띠가 배필 인연이다.

이를 다른 말로 개고(開庫)한다고 한다. 즉 충해서 지장간에 갇혀 있는 기운을 불러 낸다는 뜻이다. 여명일 경우 丙申, 丁酉일주를 예로 들면 辰, 巳가 공망인데 辰중에 癸水가 관성인데 이런 경우도 충을 해서 개고해야 관성의 역할을 할 수 있으므로 辰을 충하는 戌(개)띠를 배필로 인연하면 된다.

5) 공망이 아니더라도 재성이나 관성이 지장간에만 있을 경우에는 충하는 지지나 파하는 지지도 배우자로 인연하면 된다. 즉 충하는 지지의 띠를 가진 배우자를 찾지 못할 경우에는 파하는 지지의 띠를 가진 사람도 인연할 수 있다는 뜻이다.

6) 사주 지지의 年과 月에 六合字가 두 字 있을 경우 그 두 자의 기운에 의해 합하는 글자를 끌고 오는 기운이 있다. 끌고 오는 그 육합자를 배필로 인연한다. 예를 들면 년월 지지에 子 - 子가 있으면 丑을 끌어온다는 뜻이다. 그래서 丑(소)띠와 배필 인연을 하게 된다. 나머지 육합도 마찬가지로 생각하면 될 것이다. 이해를 돕기 위해 나열해 보면 아래와 같다.

丑-丑----子와 배연(配緣)

寅-寅----亥　　"

卯-卯----戌　　"

辰-辰----酉　　"

巳-巳----申　　"

午-午----未　　"

未-未----午　　"

申-申----巳　　"

酉-酉----辰　　"

戌-戌----卯　　"

亥-亥----寅　　"

7) 사주 중에 인연할 만한 다른 조건이 전혀 없을 경우에는 일간의 정관, 정재가 되는 천간의 12운성 건록의 지지를 가진 띠와 배연이 될 수 있다.

예를 들어 남명인 경우:

甲일생의 경우 己가 정재가 되므로 己의 12운성 건록지 午(말)띠와 인연.

乙	"	戊가	"	戊	"	巳(뱀)	"
丙	"	辛이	"	辛	"	酉(닭)	"
丁	"	庚이	"	庚	"	申(원숭이)	"
戊	"	癸가	"	癸	"	子(쥐)	"
己	"	壬이	"	壬	"	亥(돼지)	"
庚	"	乙이	"	乙	"	卯(토끼)	"
辛	"	甲이	"	甲	"	寅(호랑이)	"

壬	〃	丁이	〃	丁	〃	午(말)	〃
癸	〃	丙이	〃	丙	〃	巳(뱀)	〃

여명(女命)인 경우:

甲일생의 경우 辛이 정관이 되므로 辛의 12운성 건록지 酉(닭)띠와 인연.

乙	〃	庚이	〃	庚	〃	申(원숭이)	〃
丙	〃	癸가	〃	癸	〃	子(쥐)	〃
丁	〃	壬이	〃	壬	〃	亥(돼지)	〃
戊	〃	乙이	〃	乙	〃	卯(토끼)	〃
己	〃	甲이	〃	甲	〃	寅(호랑이)	〃
庚	〃	丁이	〃	丁	〃	午(말)	〃
辛	〃	丙이	〃	丙	〃	巳(뱀)	〃
壬	〃	己가	〃	己	〃	午(말)	〃
癸	〃	戊이	〃	戊	〃	巳(뱀)	〃

8) 조후가 한쪽으로 치우쳐 있는 사주의 경우에는 지나치게 한냉하거나 화염한 기온의 조건을 가지고 있는데 이는 여러 가지 경우의 조건을 따져 봐야 하지만 여기에 기술한 내용에 준해 짝을 하되 자신의 기운과 반대되는 기운환경을 가진 상대라야 한다.

9) 사주가 신약할 경우인데 신강, 신약에 대해서는 언급하지 않았다. 신약 신강에 대한 개념을 정확히 이해하지 못하면 혼란만 가중될 뿐만 아니라 이현령 비현령 식이 되어 특히 초심자들에게는 사주의 올바른 해석을 왜곡하거나 그릇된 사고를 할 수 있는 여지가 많기 때문이다. 그래서 여기서는 불필요하지만 배우자 인연에서 신강 신약의 설

명이 수반되어야 이해할 수 있는 부분이 있기 때문에 여기서 개념만
이해하도록 한다.

신강(身强)이란 일간을 기준하여 도와주는 기운과 일간자신의 동료
세력이 월지를 포함하여 4자 이상이면 신강에 속하는 기운의 힘을 의
미한다.

癸 甲 丁 甲
亥 午 卯 申

여기서 일간 甲은 인성 癸亥(水生木)의 도움과 동료세력인 비견 甲,
비겁 월지 卯를 합해 사주 전체 세력의 절반 이상을 유지할 때 신강하
다고 한다. 월지는 계절성의 기운을 대표하기 때문에 가장 강력한 기
운을 나타낸다. 만약에 월지의 도움을 받지 못할 경우 남은 지지의 도
움을 전부 받으면 신강할 수 있다.

일간이 이렇게 절반 이상의 도움이 없을 때는 신약이라 한다. 즉 저
울을 달면 일간이 기울어 진다는 뜻이다. 또한 신강 신약을 두부 짜르
듯이 공식적으로 구분되는 것이 아니다. 사주의 구성요건에 따라 구분
이 차이가 나기 때문에 이 정도의 개념만 알고 공부를 더 하고 싶은 독
자들은 다시 연구하면 된다.

신강, 신약 개념은 사주감명하는데 필요한 기준이 되므로 자신의 취
미에 따라 탐구해 갈 수 있다. 또한 신강, 신약이라 해서 글의 뜻대로
몸이 강하고, 약하고를 의미하지 않는다. 신강이라도 약한 사람이 있
고 신약이라도 튼튼한 사람이 있다. 이는 어디까지나 기운과 기질의
개념이라는 것으로 이해해 두면 된다. 박력이나 초지일관하는 의지력
과도 상통한다. 성취욕구에도 차이가 난다.

신강도 초강, 중강, 약강, 신약도 초약, 중약, 강약 식으로 분류해서
감명 할 때 활용된다.

신약은 일간을 도와 주거나 같은 기운의 세력보다 빠져 나가거나
(洩) 극을 당 하는 기운이 더 많은 형태를 두고 하는 말이다.

戊 壬 庚 甲 (여)
申 辰 午 戌

여기서 일간 壬를 도와주는 세력은 庚과 申(金生水), 辰中癸水(겁재)
밖에 없다. 그 나머지는 전부 일간의 힘을 빼앗아 가는 기운들이다. 甲
(水生木), 午(水克火), 戊, 戌, 辰(土克水)이 기운을 빼는 세력들이다.
기운이 강한 월지 포함하여 일간의 힘이 빠지는 세력이 더 크기 때문
에 신약이라고 한다.

이는 일간의 힘의 강약, 대소, 경중을 가지고 각 사주 오행과의 기운
을 파악함으로서 육친의 영향을 종합 판단하여 길흉의 예측수단으로
사용된다는 정도만 이해하고 나머지는 독자의 탐구나 공부 의욕에 맡
긴다.

여기서 한 가지 배우자 인연법을 설명하고자 이렇게 서론이 길었다.
사주가 아주 신약할 경우에는 일간인 자신의 12운성 건록의 지지를 가
진 띠의 배우자와 인연하면 오래할 수 있다.

○ 壬 ○ ○ (남)
戌 午 午 巳

일간 壬水가 지지가 전부 불구덩이니 견디기 힘들 정도로 신약한 모

습이다. 모양상으로는 타서 말라 죽을 형국이다. 재성이 여럿 있으나 이렇게 재성이 여럿 섞여 있는 모양을 혼탁하다고 한다. 이렇게 극심한 신약을 겪으면서 혼탁한 재성은 자신을 괴롭히는 존재의 기운으로 작용할 뿐 진정한 도움이 안되기 때문에 이를 피하고 壬의 건록인 亥(돼지)생 부인이 좋은 인연이 되는 것이다. 시지에 이는 戌도 午戌 반합으로 불과 같이 논다. 이제 신약의 의미를 이해했을 것이다. 하나 더 예를 들면,

○ 辛 ○ ○ (여)
寅 巳 午 巳

일간 辛金이 지지 정관, 편관이 여럿 있어 혼탁한 양상을 보이고 있으며 지지가 전부 화력으로 가득하여 금이 견디기 힘들 정도로 신약한 경우다. 이런 상황에서는 아무리 정관, 편관이라 할지라도 옳은 배필을 정하기 힘들다. 그래서 일간 자신의 힘을 도와 줄 건록지인 酉(닭)生 배필과 인연함이 안태한 것이다.

10) 앞에서와 같이 사주에 재성이나 관성이 혼탁하여 배필을 삼기 힘들 때는 일지가 일간을 도우는 기운이면 일지를 바로 배필로 삼으면 된다. 신약할 때도 마찬가지로 적용하면 된다. 신약하면 일지와 월지가 합이 될 경우에는 월지를 배우자 인연해도 무방하다. 일간을 도우는 기운들이기 때문이다. 하여튼 복잡하여 배우자 찾기가 어려울 때는 배우자 자리인 일지가 가장 손쉬운 인연법이 된다.

庚 甲 乙 庚 (여, 59)　　　丁 丙 癸 戊 (남, 61)
午 子 酉 寅　　　　　　　酉 午 亥 子

　여자 甲木 일간인데 乙, 寅은 비겁으로 甲의 울타리가 되고, 일지 子
는 인수로서 甲을 조력하고는 있으나 나머지 중심기운인 酉를 비롯한
庚, 庚, 午의 기운들이 더 강해 크게 신약하지는 않지만 신약한 사주에
해당한다. 뿐만 아니라 庚, 庚, 酉 정편관이 혼잡하여 다소 혼탁한 양
상을 띠고 있다. 그러던 중 일지 子(쥐)띠 남편과 인연이 된 경우다. 아
주 화목한 부부다.

　그렇지만 여기 여명에서 酉정관이 강하게 자리 잡고 있어 酉(닭)띠
남자와 인연해도 상관없는 명식이다. 어떤 사주라도 단 한가지 인연만
있는 것은 아니다. 여기에도 우열 순서를 매길 수 있다는 것도 생각해
야 한다. 남명에서도 일지 午와 인오(술) 삼합되는 寅띠가 부인이다.
서로 조화를 이룬다.

　11) 사주에 지장간까지 아무리 들쳐 봐도 관성과 재성이 보이지 않
을 때는 남자 경우 재성에 해당하는 지지, 여자 경우 관성에 해당하는
지지의 띠를 인연하는 것이 무난하다.

　12) 여명인 경우 사주에 관성이 없거나 편관만 있을 경우와, 남명에
재성이 없거나 편재만 있을 경우에 연결된 지지 글자 중에 가운데가
빠진 글자가 여명에서 정관이 되거나 남명에서 정재가 되면 그 지지가
바로 배필 인연이 된다.

○ 甲 ○ ○ (여)　　　　○ 庚 ○ ○ (남)

戌 申 戌 寅　　　　辰 寅 申 亥

　　왼쪽 여명에서 申편관이 있으나 지지 순서대로 했을 때 申酉戌 이
되므로 빠져 있는 酉가 정관이 되므로 숨겨져 있던 酉를 배우자 인연
으로 좋으며, 오른 쪽 남명에서 寅편재가 있지만 寅卯辰의 배열 속에
卯가 빠져 있어 이 卯가 정재 역할을 하므로 卯를 배우자 인연으로 한
다. 이는 배우자 기운이 숨겨져 있다고 해서 더욱 귀하게 여기는 이치
와 같다. 다른 말로 공협(拱夾)한다고 한다.

　　13) 사주의 명식이 형충파해 등으로 어지럽게 구성되어 도저히 재성
과 관성을 인연하기가 어렵고 찾기가 힘들 경우에는 남명이든 여명이
든 자신의 일간이 12운성으로 입고(墓)되는 자리의 지지를 인연하면
된다. 입고가 지니는 의미는 여러가지 환경으로 활동력이 위축되는 기
운이나 인간관계에서는 자신을 숙이고 겸양해 지는 기운으로 작용하
기 때문에 배우자에게 자신을 낮추는 결과를 가져 오므로 편안한 관계
를 유지할 수 있다.

甲일간일 경우에는　未,
乙　　〃　　　戌,
丙　　〃　　　戌
丁　　〃　　　丑
戊　　〃　　　戌
己　　〃　　　丑
庚　　〃　　　丑

辛　〃　　辰
壬　〃　　辰
癸　〃　　未
남녀 공히 적용하면 된다.

14) 남명이든 여명이든 사주에 천을 귀인이 재성이나 관성일 경우에는 합형충파해, 공망, 원진이 아니면 배필 인연할 수 있다. 아내한테도 남편은 귀인이요, 남편한테도 아내가 귀인이기 때문이다. 즉 귀인은 타 지지의 간섭이 없으면 좋은 기운을 불러들이는 작용을 한다.

15) 앞에서 공부한 천상삼기(天上三奇)에 주목할 필요가 있다. 아무리 따져 봐도 짝을 이룰만한 조건이 되지 않을 때는 천간의 甲,戊,庚, 乙,丙,丁, 辛,壬,癸 가 두 사람 사주의 천간의 어느 위치에 있든지 상관없이 세개가 짝을 이루면 정신적 기운의 순일(純一)성, 또는 같은 성질의 기운의 통일성을 이루고 있어 지지 삼합과 같은 동지애를 유지할 수 있는 유정한 기운이다. 지지 조건이 좋지 않을 경우에 차선택으로 이와 같은 천간 짝을 활용하는 것도 좋은 인연이 된다.

3장 사례에서 보면 알지만 다른 조건이 없더라도 삼기를 이루고 있는 부부가 월등하게 많이 나타난다. 3장에서는 특별한 경우를 제외 하고는 거의 원만한 가정을 이루고 있는 부부의 사례다. 물론 다른 조건도 따르면서 삼기를 이루고 있으면 더욱 아름답다. 삼기는 여명 천간에 두개, 남명 천간에 한 개가 되어도 좋고, 그 반대로 있어도 상관없다. 또한 2중으로 겹쳐도 상관없다. 삼기로 인연했더라도 부부 사이는 좋지 않을 경우도 나타날 수 있으나 이혼까지 가지 않을 확률이 경험상 높다. 이 때 부부 사이가 좋지 않은 것은 경제적 문제가 대부분이다.

戊 辛 癸 戊 (남, 51)　　丁 丙 甲 庚 (여, 49)

戌 卯 亥 戌　　　　　　酉 子 申 子

여명 천간에 甲, 庚 남명 천간에 戊 가 있어 甲戊庚 삼기짝을 이룬
경우다. 나머지도 이런 식으로 관찰하면 된다. 이런 경우는 부부 싸움
을 하더라도 복구가 쉽게 이루어 지는 성향을 띤다. 최악의 경우 사이
가 안 좋더라도 서로의 입장을 이해하고 이혼으로 치닫지는 않는다.
아무리 어려운 환경이라도 부족하면 부족한 대로, 싫으면 싫은 대로
해로하는 경우를 많이 본다.

　그리고 부모님이나 친지, 주변 가족들을 관찰해 보면 입증이 될 것
이다. 일반적인 친구나 동료, 동업 등 인간관계에도 활용할 수 있다.
타인의 경우는 정신적(마음)으로는 빨리 통하는데 실질적인 실천성은
떨어질 수 있다는 것을 생각해야 한다. 왜냐면 천간적인 뜻은 지지에
서 받쳐 주지 않거나, 같은 성질의 지지가 없으면 실현성은 떨어지는
기운이기 때문이다.

　16) 남명이나 여명의 명식(사주)에 나타나 있는 지지에 재성이나 관
성이 드러나 있을 경우에 바로 옆에서 충을 이루고 있으면 불안한 부
부의 미래를 예고 하고 있다. 여기서 충이란 싸움이 잦든지 맞지 않는
경우를 상정할 수 있다. 이렇게 충돌이란 발전적으로 이용하면 상승,
발전하는 에너지로 승화시킬 수 있으나 대부분 그 때를 참지 못하고
갈라서고 만다.

○ 己 戊 庚 (여, 31)　　○ 丁 丁 己 (남, 32)

○ 未 寅 申　　　　　　○ 酉 卯 未

이 부부는 최근(2010. 2.)에 갈라 선 연예인 부부다. 여명에 정관 寅과 상관 申이 정면으로 충돌하고 있다. 또 남명에서도 일지 편재이며 천을 귀인을 띈 酉가 배우자 자리에 잡고 있으나 바로 옆에서 편인 卯가 충돌하고 있다. 이렇게 보면 헤어질 준비를 미리하고 결혼하는 꼴이 된다. 두 사람이 어쩌면 이렇게 같은 구조를 이루고 있는 데 결혼을 하게 되는지 참 신기하기도 하다.

서로 당기는 부분은 여자 일지 未가 배우자 자리니 未띠 남자를 만날 수 있는 견인력은 갖고 있기 때문에 인연되었다고 할 수 있다. 그러나 재성, 관성이 뚜렷하고 서로 충을 하고 있기 때문에 이를 극복하지 못하는 경우이다.

특히 일찍 결혼해 일찍 끝내는 형국이다. 이것은 두 사람 모두 년월에 걸쳐 충하고 있기 때문이다. 이런 경우의 처방은 두 사람 모두 늦게 결혼하여 불리한 시간을 넘겨야 충의 기운을 벗어날 수 있다. 도대체 이런 사람은 배우자 선택을 어떻게 해야 하는가?

여명은 남편인 寅을 충하는 申을 달래주는 사람을 찾아야 한다. 申과 같이 놀아 줄 사람은 申중 庚金과 같이 합이 되는 상대를 붙여 주면 자기들끼리 연애하기 바빠 충할 생각을 못하게 하는 기능을 하게 된다. 그럼 庚과 합이 되는 乙이다. 乙이 들어 있는 지지 卯가 그 중개역할을 하게 되어 卯띠 남자와 인연해야 오래 할 수 있다.

남명도 마찬가지로 대입하면 된다. 부인인 편재 酉를 그대로 두고 충하는 卯 대신 寅띠를 만나게 되면 寅중 丙火가 酉중 辛金과 丙辛 간합을 하여 사이가 좋아지니 卯가 개입할 여지가 없어진다. 이해를 돕기 위해 장황하게 설명했으나 이런 명식 구조를 가진 사람은 지지 지장간의 간합을 찾아 간합이 되는 지지의 출생과 인연하면 큰 화를 면해 갈 수 있다.

★ 子午 --- 亥 또는 巳(지장간끼리 간합되는 관계임)
寅申 --- 卯　　酉
卯酉 --- 寅　　申
巳亥 --- 午　　子
丑未 --- 子　　午
辰戌 --- 子　　午

17) 결혼하기 전에 각자의 대운의 흐름을 먼저 읽어라. 서로 도우고 발전하는 기운이라야 결혼 초기부터 싸울 일이 없이 발전적인 환경이 조성된다.

여자는 재성과 관성운으로, 남자는 식상과 재성운으로 흘러가는 것이 이상적이다. 이 경우는 일반적인 흐름을 말한다. 만약 여자 사주에 재성이 절반 이상을 차지하고 있을 때는 인성과 비겁운으로 흘러가야 발전하며, 관성이 절반 이상을 차지하고 있을 때는 식상과 비겁운이 도와준다.

남자 사주에 식상이 절반이상을 차지하고 있을 때는 인성운과 관성운으로, 재성이 절반 이상을 차지하고 있을 때는 비겁과 인성운으로 흘러야 상승기운을 이어간다. 이런 기운 자체가 짧게는 10년 길게는 30년~60년까지 이어진다.

여기서 한가지 앞에서 언급하지 못한 내용을 알아야 할 것은 만약 반갑게 생각되는 寅卯辰 대운순으로 흘러가면 일반적으로 인묘진 30년 대운이 전부 木의 기운이니 그 기간이 다 좋다고 이야기하는 사람들이 있는 데 그렇게 생각하면 큰 오류를 범하게 되니 木(봄)의 기운이라 해도 뭉뚱그려 판단하면 안된다.

사주명식에 申이나 酉가 있다면 일간에 따라 申과 酉의 육친이 뭣이든 간에 寅대운에 들어서면 명식에 있는 申과 충이 되어 해당 육친에 따른 변동상황이나 건강, 직장, 사업, 부부의 저해 요인들이 발발할 수 있기 때문에 이 시기를 지혜롭게 잘 넘기면 더욱 발전 할 수 있는 기운이 된다. 만약 여기서 꺾이게 되면 다음의 좋은 기운도 써 먹기 힘들어 진다.

申은 없는데 酉가 있을 경우에는 寅대운에는 발전기운이나 卯대운에서 酉와 충을 하여 앞에서와 같은 현상을 빚을 수 있으니 자신의 생활 근거를 중심해서 대비해야 한다. 좋은 대운의 기운이라 하더라도 명식의 조건에 따라 출렁이면서 가게 된다는 것을 알아야 한다.

좋은 대운은 30대 전후로 걸쳐서 흘러가는 것이 좋다. 부부가 서로 합심하여 인생에 있어서 가장 활동이 왕성할 시기이면서 이 시기에 노력한 결실이 후반에 이루어 지면서 노후의 준비도 이룰 수 있는 바탕이기 되기 때문이다. 왕성한 시기에 서로의 운기가 충돌하여 불행한 결과를 초래하게 되면 이 때 한 번 꺾인 기운이 남은 평생을 힘들게 할 수 있다.

직장이나 사업의 변동도 대운의 흐름의 기운에 영향을 많이 받는다. 1장에서 언급한 직업, 건강, 부부, 경제력의 변화를 대운의 흐름에서 예측할 수 있다. 위에서 특별한 경우를 제외한 일반적인 조건일 경우에는 식상의 흐름이 12운성으로 장생부터 녹왕의 기운으로 향할 때 가장 발전할 수 있는 기운이니 직장에서의 상승을 위한 자신의 계발, 새로운 계획이나 사업의 확장 등은 이 시기에 실현하는 게 가장 성공율이 높다. 건강과 부부의 사이도 이 때가 가장 원만하게 된다. 단, 목욕, 병의 기운에는 자신을 낮추되 남녀 모두 이성간의 문제나 건강과 질병 등에 조심하지 않으면 안 된다.

식상의 흐름이 쇠, 병, 사, 묘, 절로 향할 때는 직장, 가정, 사업환경

등 여러 가지 주변환경의 이상 징후나 불길한 신호를 느끼기 시작한다. 이런 사항을 예사로 넘기지 말고 민감하게 분석하고 자신이 처한 환경에서 상황판단을 면밀히 하여 서서히 닥칠 내리막 길을 다치지 않고 내려 갈 수 있도록 준비하는 것이 중요하다. 이런 때는 직장 변동이나 구조조정 등 직장 환경이 좋지 않거나, 사업환경의 조건변화로 활동 영역이 축소 내지 악화 되거나, 건강까지 질병에 노출되기 쉬우며, 심지여 부부끼리 안 생기든 트러블이 빈번해 지며 틈이 벌어질 수 있는 일이 생기기 쉽다는 것을 예측하고 서로 이러한 기운의 진행을 공유하여 육체와 마음의 관리를 하며 대비하면 유비무환이 될 것이다.

한가지 유의할 것은 대운의 흐름이 10년 단위로 30년, 60년에 걸쳐 흘러가기 때문에 자신이 지금 어느 방향으로 가고 있는지 전혀 느끼지 못할 때가 많다. 하루 아침에 급격한 변화를 몰고 오는 것이 아니기 때문이다.대부분 결정적으로 힘든 상황에 봉착해서야 알게 된다는 것이다. 그래서 이런 지식을 공유했을 때는 주변에서 일어나는 가벼운 바람도 무엇을 가르치고 있는지 예측 가능하게 되어 대비하게 된다.

대운 보는 법의 부부사례를 참고하면 실감하게 된다.

18) 여기서는 부부의 인연이 아니라, 삼합의 성질을 가지고 부부와 자식, 동업관계 등 서로의 관계 형성의 성질을 아는 데 도움이 되기 때문에 이런 내용을 알면 서로 선택과 처신하는 데 참고가 될 것이다.

첫째 부부관계를 보면 삼합 구성이 寅午戌, 巳酉丑, 申子辰, 亥卯未의 순으로 흘러 간다. 亥卯未 다음에 다시 寅午戌로 반복 회전해 흘러 간다. 이렇게 원으로 흘러가기 때문에 기준을 자신의 태어난 년의 삼합이 시작되는 곳이 출발점으로 본다.

가령 寅년에 태어났다고 한다면 寅午戌이 자신의 출발점이 된다. 그렇다면 巳酉丑은 자기 보다 앞서거나 상위 그룹에 속한다. 왜냐면 자기 보다 앞에 있으니까. 그 다음 申子辰은 두 단계 앞섰지만 대칭되는 즉 마주 보는 위치에 있다. 서로 충(沖)되는 위치다. 亥卯未는 세 단계 앞서 있다고 보지 않고 바로 아래에 있는 그룹으로 본다.

그러면 어디서 출발하든 한 단계 상위 그룹과 마주보는 즉 충되는 그룹과 한 단계 하위 그룹으로 형성되는 것이다. 이 구조를 전제로 해서 상위와 하위, 마주보는그룹과의 상관 관계의 기운을 가지고 사람과의 기운 관계로 유추해 내는 것이다.

그럼 여기서 부인이 寅생이라 했을 때 남편이 酉생이라면 상위 그룹에 속해 있으므로 도와 주거나 받들어 모시거나 하는 정도가 강한 기운 속에 부부의 인간 관계가 성립된다. 한 마디로 자발적이건, 강압적이건 부인이 피곤한 상태에 놓이기 쉽다는 뜻이다. 부부관계에서는 남편은 권위적이거나, 독선적인 성향을 띨 가능성을 가지고 있다. 이렇게 부부의 인간 관계가 유지되어 나가게 된다.

반대로 亥생 남편과 산다면 아랫 그룹에 속하는 남편이기 때문에 오히려 남편이 부인을 떠 받들고 사는 형태가 된다. 왜냐면 부인이 남편보다 상위그룹에 있으니 신분적으로나 능력면에서 부인이 상위에 속하므로 남편이 귀부인을 모시고 사는 모습이 된다. 그러니 자연적으로 남편은 저자세가 된다. 이렇게 살면 가정이 가장 조용하고 싸움이 없는 부부일 수 있다.

申생 남편이라면 마주보는 그룹이니 마주보고 달리는 자동차와 같은 형국을 이룬다. 싸움을 밥 먹듯이 할 수 있다. 걸핏하면 시비가 되고 같은 말(言)도 꼭 감정 상하게 하는 관계가 된다. 즉 대등한 투쟁관계에 놓인 것이다. 이런 경우는 한쪽이 양보하거나 낮추지 않으면 계속 충돌 속에 언제 깨 질지 모르는 불안한 상황속에서 부부 관계가 지속되어 나간다. 서로 잘못에 대해 용서가 안된다.

이런 관계속에서도 운의 흐름이 서로 반대로 흐르기 때문에 한 쪽 운이 좋은 방향이면 한 쪽 운은 하강 국면에 처하여 서로 상호 보완 관계에 놓일 수 있다. 즉 남편이 기울면 아내의 운기가 상승, 아내가 기울면 남편의 기운이 상승하는 국면을 자아내기 때문에 부부관계를 유지할 수 있다. 서로 잘해 주기를 바라는 사이가 된다.

동일 그룹에 속하는 남편은 무난한 관계를 형성하게 된다. 그러나 혁명성이나 기승전결이나 대 단원의 맛은 없다. 그러나 평범보다 더 좋은 것도 없을 때도 있다.

그럼 현재 부모 사이를 알아보면 알 수 있을 것이다. 따라서 부모 자식간에도 마찬가지로 대입해 보면 된다. 단 해석은 부부사이가 아니므로 자식이 엄마의 상위그룹에 있으면 엄마는 항상 자식 때문에 신경을 쓰며 자식을 위해 어떤 희생도 감수하며 뒷바라지 하려고 하니 자연 힘들 수 밖에 없다. 물론 즐겁게 할 수 도 있다. 돈도 많이 든다. 자식이 원하는 것은 무엇이든 해주려고 노력한다.

반대로 아랫 그룹의 자식일 경우에는 시킨대로 잘하고 손쉬운 효자 자식일 가능성이 많다. 상위그룹 자식은 부모에 대한 책임과 의무감에서 부모를 위하고 폼은 잡지만 우러나는 효심은 아니다. 아래 그룹은 그렇지 않다. 부모의 마음을 잘 헤아려 행동한다. 상위 그룹은 경제적인 형편이 어려워도 무조건 자식을 위해서 해 내라는 식이 된다. 아래는 그렇지 않다. 한마디로 상위는 자식을 떠 받들고 살아야 하고 아래는 부모를 편하게 해주는 자식이 된다.

마주보는 그룹의 자식은 부모와 같이 살기 힘들어 진다. 서로 기운이 상반되기 때문에 자신의 기운을 이루기 위해서는 반대되는 기운을 떠나야 한다. 가을 바람 부는 데 봄기운을 유지할 수 없는 이치와 같다. 만약 같이 있게 되면 한 쪽의 운기를 크게 무너뜨리는 결과를 초래할 수 있다. 즉 한 쪽이 질병을 일으킬 수 도 있고, 생활도 엉망이 될 수 있고, 심지여 수명에도 영향을 미칠 수 도 있다. 즉 떨어져서 발전할 수 있는 것이다.

동일 그룹의 자식도 부모와 별 마찰 없이 지내는 평범한 관계가 된다. 특별히 애를 태우지도 않고 속도 덜 썩이고 묵묵히 맡은 일을 해 나가는 신경 쓸 일이 별로 없는 자식일 가능성이 많다.

동업관계에서도 상위 그룹의 사람은 나 보다 월등한 능력과 역량이 많은 사람과의 인간관계가 이뤄지며 부려 먹기는 힘든 관계가 되며, 하위 그룹은 나 보다 좀 부족한 능력이지만 부려 먹기에는 편한 관계과 성립된다. 같은 그룹의 동업자는 서로 대등한 관계이며 편한 관계이나 망해도 같이 망하고 흥해도 같이 흥하는 관계가 된다. 변혁이나 재 반전을 일으키기에는 역량과 능력이 부족한 관계가 된다.

반대 그룹은 서로 운기가 반대가 되므로 사업적으로는 서로 보완 관계이기 때문에 사업적인 공동 목표를 위해서는 서로 참고 견뎌내는 관계가 된다. 그러나 이견이나 견해차 등 충돌이 빈번해 질 수 있으나 이를 진취적이고 발전적인 모티브로 이용한다면 충돌도 필요하게 된다. 그러나 그렇지 않고 투명하지 못하고, 파괴적이면 오래 하지 못하는 관계가 된다.

회사 조직에 몸담아도 상급자나 오너가 아래 그룹이면 상급자나 오너의 역량이 모자라기 때문에 오래 버티지 못하고 떠나고 마는 것이다. 사람을 채용할 때도 사업목적에 맞게 사람을 찾아야 한다. 인재가 필요하다고 해서 담을 그릇도 준비하지 않고 채용한다면 담으려고 해도 잘 담기지 않는 것이다.

19) 여기서는 해로하기 힘든 구조를 지닌 경우를 언급하지만 반드시 그렇다고 단정할 수 는 없다. 경험적으로는 많이 나타나는 현상이지만 살아 가는 생활 환경에 따라 변화 요인이 있기 때문이다. 그리고 대부분 예고된 환경을 모르고 당하거나 저지른 결과로 나타난다. 그러나 자신이 가지고 있는 사주팔자의 상황 즉 해로하기 힘든 구조를 정확히 이해하고 있다면 매사를 조심하고 대처하여 능동적으로 준비를 하게 되므로 인해 자신 인생의 행, 불행을 좌우하는 결정적 행동으로 작용할 수 있다.

필자가 일관되게 주장하는 것은 자신에 대해 정확히 알자는 것이다. 그런 후에 지식과 지혜를 발휘할 수 있다. 대운의 사례에서 보았듯이 사주 팔자가 해로하기 힘든 구조이면서 실제 삶에서 고통이 따른다 하더라도 이런 내용을 알고 있었다면 힘들더라도 이성적으로는 여러 환경과 조건상 이혼 해서는 안된다는 자각과 일정기간 참아 내면 그 위기를 벗어날 때가 올 것을 알기 때문이다. 모르기 때문에 그 위기를 극복하지 못하는 것이다. 사주 팔자가 정해져 있는 것이 아니라 예고일 뿐이다. 그래서 이 책을 쓰게 된 것이다. 사주 팔자가 정해진 대로라면 이 공부할 필요도 없고 사주 볼 필요가 없다.

들판에서 밭을 메고 있는데 북쪽 하늘에서 검은 구름이 몰려오고 있다면 비를 맞을 것은 누구나 예상하지만 비를 맞으면서 일을 계속할 것인가, 중단하고 비를 피하기 위한 행동을 할 것인가는 본인 선택의 문제다. 사주 팔자에 나타난 것은 검은 구름 예고까지다. 결국 남은 것은 자신의 선택이 운명을 결정한다. 그러나 검은 구름은 언젠가는 걷히게 되어 있는 것이 자연의 법칙이다.

서술되는 내용을 단정적으로 생각하지 말고 그럴 경향성을 가지고 있다는 것이니 자신의 대처하는 노력여하에 따라 얼마든지 극복해 나갈 수 있다는 것을 전제해 둔다. 단, 혼자 알아서는 소용없다. 서로 공유하여 같이 인식하고 노력해야 한다.

▶ 남명인 경우 생, 사별하기 쉬운 구조

이제 앞 육친편에서 배운 내용을 활용하게 된다. 아내인 정재를 못살게 구는 육친은 비견과 겁재, 양인이다. 다른 여자에 눈이 자주 가는 육친은 상관이다. 이는 곧 자신의 성질을 뜻하고 있다. 상관은 생재(生財)하는 데 편재를 주로 生하는 기운이 강하다. 음양이 다르기 때문이다. 편재는 본처가 아닌 애인이나 첩을 뜻하며 본처 외의 여자를 뜻한다. 이혼할 뜻도 없으면서 다른 여자를 밝히기 쉽다.

그렇다면 사주 명식에 비겁이 많고, 양인이 중첩되어 있으면 정재가 견딜 수 없을 것이다. 인성도 비겁을 돕기 때문에 비겁의 힘을 강하게 하여 재성을 치는 데 일조하게 된다. 인성은 어머니에 해당하니 시어머니와 합세 하든지 또는 고부간 갈등으로 이어질 수 있다. 이는 부인에 대한 남편의 횡포와 포악한 성질과 기타 잔인한 성격으로 나타나기도 쉽고, 또 다른 요인들로 인해 견디기 힘든 상태에 빠질 수 있다.

꼭 포악하거나 잔인한 성질이 아니라도 아내를 구박하거나 무시하거나 업신여기거나 멸시하는 온갖 못된 성질을 부리게 된다는 뜻이다. 또 표면적으로 나타나지 않게 사람을 귀찮게 고문할 수 있다. 밖으로는 그럴듯한 남편의 폼을 잡으면서 내면은 이중적으로 괴롭힐 수 있는 성질을 지녔다고 추론할 수 있다.

사주 전체가 비겁으로 되어 있어도 여자가 힘든 상황에 놓이기 쉽다. 남자가 돈을 많이 벌여 들여도 그 뒷바라지 하기도 힘 든다. 남자가 돈을 잘 벌어 경제적으로 풍요하거나 여유가 있을 때는 위에서 언급한 포악하거나 괴롭히는 성격은 보이지 않으나 위압적, 권위적인 성질은 본질이다.

이런 남편의 성질 속에 참고 살자니 병이 들고, 그렇잖으면 헤어 지는 수 밖에 없다. 혼전에 이런 사주 구조를 가진 남자일 경우에는 여자로서는 잘 따져 보아야 할 것이고 남자 자신은 그렇지 않다고 부정할 수 있으나 그런 상황이 닥치면 이와 같은 성질을 나타낼 수 있다는 것을 이해하고 자신의 수양과 행동을 고쳐 나가도록 노력해야 할 것이다.

1장에서 언급했듯이 자신의 성질도 모르는 부분이 더 많다는 것을 이야기 했다. 나는 아니라고 우겨도 경험하지 못한 상황에서는 어떤 자신의 본질이 어떻게 튀어 나올지는 자신도 모르는 게 성질이다. 그래서 여기서 그럴 수 있다는 것을 자연현상의 기운을 통해 가르쳐 주고 있는 것이다.

남자가 성공을 하든지 돈을 모아 잘 살기 위해서는 아내를 아끼고 위하고 사랑하지 않으면 이루어 질 수 없다. 즉 아내(정재)가 돈이고 성공의 힘이다.

위와 같은 사주 구조 중에 년월일시 어느 곳이든 흩어져 있어도 마찬가지 현상이지만 특히 일지나 시에 양인이나 비겁, 상관이 겹쳐 있으면 더욱 아내를 치는 기세가 강하게 작용하므로 위험성 또한 더 높다고 할 수 있다.

이 외도 간여지동(干與支同-일주의 천간과 지지의 오행성질이 같은 경우)이면서 시에 공망이거나 양인, 비겁으로 채워져 있을 경우에도 이별을 많이 경험한다. 이를 알면 이별하지 않도록 남자가 조심하지 않으면 안된다.

따라서 일지와 시지가 충하거나, 형하여도, 원진되어도, 시지가 고신되어도 많은 이별 사례가 나타나므로 스스로 마음의 자세를 바로 잡아서 아내를 위한 최선의 모습을 보여야 한다. 그렇지 않으면 혼자 살아야 할 팔자가 된다.

여기서 유의할 것은 위에서 사주의 조건 때문에 문제를 일으킨다고 생각하면 안 된다. 이 조건들은 예보일 뿐이다. 이 예보를 빗나가게 할 수 있는 것은 본인들의 노력이다. 이 조건들 때문에 헤어지거나 문제를 야기하는 것이 아니라, 문제나 사건을 일으키기 때문에 그 조건들이 맞아 떨어지는 것이라는 것을 분명하게 구분해 인식해야 한다.

이런 인식의 차이 때문에 '사주가 그렇다고 다 헤어지느냐?' 또는 '그런 사주를 믿을 수 있느냐?' 라는 의문을 품게 되는 것이다.

〈사주첩경 사례〉

庚 丙 乙 癸 (남)	辛 壬 庚 丙 (남)
寅 午 卯 亥	亥 申 寅 寅

왼쪽 남명에서 지지가 해묘로 목국을 이루어 인성의 기운이 강하고, 인오로 화국을 이루어 일간 병화의 기운이 인성과 더불어 무척 강한 형국에 시상에 있는 경금 편재 부인이 불구덩이 속에서 견뎌 낼 수가 없는 형국이다. 결국 이별하게 된 경우다.

오른 쪽 남명은 임신 일주에 시간에 있는 해가 공망이다. 자식과 처가의 자리가 공망되면서 배우자 자리인 신을 옆의 인이 연합하여 충하고 있으니 안방에 하루도 편안히 있을 수 없으니 여자가 얼마나 고통 속에 있었는가를 추론케 하는 경우다. 물론 이혼했다.

▶ 여명인 경우 생, 사별하기 쉬운 구조

남편을 치는 육친은 식신, 상관인데 식신은 편관을 상관은 정관을 더욱 강하게 밀어부치는 기운이다. 같은 음양이기 때문이다. 음은 음을 제압하는 힘이 강하고 양은 양을 극하는 힘이 더 강하다. 그러나 식신과 정관, 상관과 편관이라도 같은 짝 보다는 약하지만 다 같이 극하는 성질을 가지고 있다. 묶어서 식상은 관성을 극하는 성질로 표현하고 있다.

그러면 정 남편은 정관이니 정관을 못살게 구는 상관이 많으면(식상) 남편이 살기 힘들어 질 것이다. 즉 남편을 몰아내는 기운이 작용하기 때문이다.

식상의 기운도 강하고 관성의 기운도 강하면 서로 균형을 이루어 더욱 멋진 관계가 형성되지만 관성이 아주 미약할 경우에는 강한 식상이 제압하면 꼼짝없이 당한다. 그러니 남편이 함께 할 수 없는 관계가 된다.

이렇게 식상이나 상관이 많거나 강한 여인은 자신의 내면적인 성질을 인식하고 마음을 가다듬어야 할 것이다.

설마 하지만 남편이 돈이라도 잘 벌어다 주거나 경제생활에 지장 없이 해 줄 때는 부인으로서 역할을 다 하지만 남편이 돈도 벌지 못하고 경제력이 무너질 때는 더 이상 남편으로 대접하지 않을 뿐만 아니라 심하면 쫓아 내든지 자신이 보따리 싸들고 나가든지 자기 유리한대로 행동하는 성질을 가지고 있다는 것을 나타내고 있다. 이보다 더 극악할 수 도 있다.

이런 성질은 본인은 물론 아무도 모른다. 그런 상황이 닥쳤을 때 튀어 나오는 성질이기 때문에 어떤 과학적 심리검사나 성격검사를 해도 알 수 없는 영역이다. 만약 이런 내용을 설문조사를 통해 물으면 본인은 절대 그러지 않을 것이라고 하지만 자신도 모르는 게 성질이라는 것을 알아야 한다. 이런 성질은 사주 공부가 아니고는 예측 할 수 없는 일이다.

이제는 자신의 남편인 관살(정관과 칠살-편관)이 많고 이를 제압하는 식상이 약할 때는 정관과 편관인 남편이 여럿 되어 옳은 남편을 유지하지 못하는 경우다. 즉 관성이 혼탁한 경우도 해당된다. 혼탁되더라도 편관을 합하거나 충하거나, 정관을 합하거나 충하는 글자가 사주에 있으면 혼탁상이 해소되고 더욱 맑은 상황이 되므로 이런 경우는 제외된다.

여기서 중요한 것은 식상과 관살이 균형을 이루면 가장 이상적인 부부가 될 수 있다.

다음은 조후적으로 겨울이나 가을에 태어나 사주 전체가 한냉(寒冷)한 기운으로 가득차 火 기운을 찾아 보기 어려운 경우와 반대로 여름에 태어나 사주 전체가 더운데 水 기운을 찾아 보기 어려운 구조를 이루고 있으면 조후를 상실했다고 표현하는데 이런 상태에 있는 여명인 경우에도 남편을 유지하기 힘들다. 이럴 때는 풍수환경을 따라 살면 다소 완화시킬 수 있다.

즉 뜨거우면 강, 해변가 등 친수(親水) 공간, 섬 등을 이용한다든지, 추우면 따뜻한 지방이나 양지 바른 지역을 선택하여 거주하는 방법을 뜻한다.

12절에 있는 고란살, 과숙살을 품고 있는 사주 또한 남편과의 이별을 많이 경험하게 된다. 이런 경우는 자신이 잘못하는 경우와 남편이 병들거나 우연한 사고로 원인이 되는 경우가 많다. 왜냐면 살(殺)속에 그런 사고의 기운이 내포되어 있기 때문이다. 자신의 사주에 이런 살을 가지고 있을 경우에 자신의 생각이나 행동거지에 신경을 쓰면서 남편의 건강 조건과 성격을 잘 파악해 처신해야 나쁜 기운을 극복해 나갈 수 있다.

<사주첩경 사례>

丁 甲 辛 乙(여)　　　甲 己 乙 辛(여)

卯 寅 巳 卯　　　　戌 未 未 未

왼쪽 여명은 상관 丁과 巳의 기운이 미약한 정관 남편 辛이 사망하여 돌싱이 된 사주다. 더욱이나 갑인 일주 자체가 고란살이라 혼자되기 쉬운 기운을 같이 가지고 있다.

오른 쪽 여명은 뜨거운 오뉴월 미월 출생인데 지지 거의가 뜨거운 토로 구성되어 뜨겁고 건조한 기후를 나타내어 물 한방울 보이지 않는다. 남편인 乙목이 말라 죽을 판이다. 이럴 경우 조후가 실조되었다고 한다. 이렇게 되면 삶이 뜻하지 않게 어려운 국면에 처하게 되는 극단적인 경우가 많다. 처녀 때 첫 애인(乙)이 음독자살하고 재가(再嫁)하여 또 남편(甲)을 잃은 경우이다. 일지와 시지도 끊임없는 형을 하고 있는 형국이다.

▶ 부인이 사고로 사망하기 쉬운 구조의 남자

남명으로서 申酉戌 월에 태어나고 일주가 丙戌, 丁丑일에 재성이 많이 분포되어 있을 때 처가 사고를 당하기 쉬운 기운이다. 일간이 병, 정에 재성이 많으면 신약한 구조가 되면서 병술, 정축이 백호에 앉았으니 백호의 기운은 예상치 않은 사고를 예고 하기 때문에 술 중에 신금도 재성이요, 축중에 신금도 재성이라 백호안에 있는 재성이라서 부인이 사고를 당하기 쉽다는 것이다.

여기서 백호살(白虎殺)이라는 것은 미신적인 냄새를 많이 풍기니 특히 무속인이나 길거리 술사들이 많이 인용하여 상담하는 사람들에게 공포감을 심어 미혹시키는 단어들이다. 그러나 이렇게 생각하지 말고

수 백년 동안 포학한 호랑이에 비유해 표현하여 오늘에 이르렀으나 그 본 뜻은 백호에 해당하는

천간 지지 기운이 급격한 변화를 주는 중심에 위치해 있기 때문에 인간사에서 예상치 않은 변화를 많이 겪는 것에 기초하고 있다는 것으로 이해하면 된다. 백호가 잘 구성되면 급격한 발전을 이루는 기운이 되기도 한다. 즉 위험 속에 기회 있다는 말과 같다.

한가지가 나쁘면 모두 나쁘게 생각해서는 안 된다. 나쁜 것도 좋아질 때가 있고 좋은 것도 나빠질 때가 있는 것이 자연이고 인생사다. 울음과 웃음도 한 곳에서 나온다. 원수 됐던 자리가 은혜가 되고 은혜로 웠던 일이 원수 되는 것과 같다. 이것이 한 자리에서 돌고 도는 자연의 법칙이다. 그래서 인생이 끊임없이 돌고 도는 것이다. 이것이 바로 아무리 어려워도 희망을 잃지 말라는 말이다. 그렇다고 놀고 먹어라는 뜻이 아니다.

백호 甲辰, 乙未일에 태어난 남명에 비견, 겁재가 많아 재성을 치면 역시 사고를 당하기 쉬운 기운이다. 왜냐면 일지 자체가 재성이고 바로 백호살을 안고 있는 데 거기다가 비겁이 또 다시 강타하면 어려울 수 있다는 의미다. 반드시 일지가 백호가 아니고 다른 위치에 있는 백호더라도 재성일 경우에는 같이 적용하면 된다.

남명에 재성을 형하고 비견, 겁재가 많아 재성을 극할 때도 재성이 위험에 처할 수 있다. 형하는 것도 몸을 상하는 사고를 낼 수 있기 때문에 이중으로 비겁까지 가담하면 위험하다는 것이다.

남명이 丑일 午시 출생이거나 午일 丑시 출생이면 약물(비관 음독 등)에 의한 사고를 일으킬 기운으로 본다. 丑과 午가 재성이건 아니건 상관없이 작용한다는 것이다. 丑은 겨울의 얼어 붙은 땅의 기운이고 午는 한 낮의 가장 치열한 태양의 기운이니 둘이 마주치면 격렬한 기

운의 변화를 일으키기 때문이다.

〈사주첩경 사례〉

辛 甲 庚 庚 (남)　　　辛 壬 丙 乙 (남)

未 辰 辰 申　　　　　丑 子 戌 亥

왼쪽 남명은 일지 재성 백호에 재성이 혼잡하여 여러 개니 첩이나 부인 모르는 애인이 있거나 여자를 밝히는 스타일이다. 본처가 첩이 있다는 사실을 알고 울분에 못이겨 투신자살한 경우이다. 요즘 같으면 위자료나 많이 받아 내고 자신의 후일을 위해 준비할 텐데 그만 백호의 기운에 눌려 극단적인 방법을 선택하게 되는 것이다.

오른 쪽은 편재 丙이 백호에 앉아 丑戌형을 하고 있는 가운데 해자 축 수국을 이루어 水旺하여 편재 병火를 극하니 견뎌낼 재간이 없어진다. 주변 환경이 자신을 옭아 매는 형국이 되니 편재 애인이 음독 자살한 경우다.

▶ 남편이 사고로 사망하기 쉬운 구조의 여자

여명으로서 壬戌, 癸丑일에 출생하여 일지를 형하거나, 충하여 관성이 미약하면 남편의 생명이 위험해 지고, 일주가 아니더라도 타주에 백호 관살이 있어 형, 충하여 있을 때도 마찬가지다. 설령 생명에 지장이 없다 하더라도 병약해 지기 쉬운 기운 환경이다.

술과 축이 편관으로서 남편이며 백호살에 앉아 있어 남편이 화를 당하기 쉽다는 뜻이다.

<사주첩경 사례>

庚 壬 癸 丁 (여)　　　庚 丁 戊 癸 (여)
戌 戌 丑 卯　　　　　戌 卯 午 丑

　왼쪽 여명은 편관, 정관 남편인 戌, 丑 전부가 백호에 앉아 있으면서 서로 형하고 있으니 생명이 길 수 가 없는 구조다. 남편이 전사한 경우다.

　오른쪽은 편관 남편 癸가 백호에 앉아 있으며, 시지 戌과 형하고 있어 남편이 자살한 경우다. 丑 과 午가 붙어 있으면 음독이나 약물, 기타 자살의 경우를 많이 경험한다.

　앞의 4개항에서는 여자의 사주에 남편의 운명이, 남자의 사주에 부인의 운명이 그려져 있다는 것은 논리적으로 설명이 안되는 부분이다. 굳이 말하자면 부모와 자식, 즉 부부와 자식은 뗄레야 뗄 수 없는 인연으로 엮이어 간다는 것이다. 여기에 오직 부부선택 즉 배우자의 선택이 자신의 이후 세계를 결정짓는다는 것이다.

　이 보다 더 깊이 들어가면 더 많은 경우의 수를 추출할 수 있으나 기본적인 것만 발췌했다. 그렇다고 해서 단정짓지는 말라. 구성되는 조건에 따라 천변만화할 수 있다. 이 세상 모든 일이 길(吉)과 흉(凶)이 한자리에서 파생된다는 것을 말해 주고 있다.

　20) 상기 열거한 내용 외도 결혼을 결정하기 전에 챙겨보아야 할 내용들이 수 없이 많으나 독자들이 이해 할 수 있는 범위 내에서 공통적이고 중요하다고 생각되는 사항만 간추려 본다. 이것도 결정적이 사항이 아니라 단정짓지 말고 경고와 예고로 받아들여 서로 공유하여 자신들을 점검해 결혼 후 파생되는 불행을 사전에 예방하는 데 목적이 있

는 것이다.

▶ 자궁의 질병이나 이에 수반된 문제점은 어떻게 알아보는가?

자궁은 결혼에 있어 가장 민감한 인체 기구로 자궁이 건강하지 않고는 온전한 결혼생활을 유지하기 힘든다. 결혼을 전제하지 않더라도 자신의 건강을 위해서라도 반드시 체크해 봐야 한다.

① 식상(食傷)에 충(冲), 형(刑), 합(合)을 하고 있는 여자.
② 丙, 丁일주에 辰戌丑未월에 태어나고 土가 많아 刑하고 있는 여자.
③ 일간이 신약하고 식상도 미약할 때 또는 식상이 많으면서 형, 충하고 있는 여자.

예1) 壬 丙 己 乙(여)   乙 戊 庚 己(여)
　　 辰 戌 丑 酉　　　 卯 辰 午 酉

왼쪽 여인은 ②번항에 해당하여 제왕절개로 분만한 경우다. 이 경우는 다소 순탄한 경우이나 자궁이 약하거나 다른 질병, 자궁외 임신도 가능한 구조를 하고 있다.

오른쪽 여인은 천간 식신은 庚이지만 庚의 뿌리인 酉상관이 卯와 冲 하고 있어 ①번항에 해당하여 자궁수술을 받은 바 있다.

예2) 癸 甲 丁 丁(여)   甲 己 辛 庚(여)
　　 酉 戌 未 未　　　 子 卯 巳 申

왼 쪽 여인은 상관인 丁火 천간이 두개가 그 지지 未중 丁火에 뿌리를 두고 있고, 戌중 丁火까지 합세하여 상관의 기세가 강한 동시에 지지 戌 未끼리 刑을 하고 있어 ③번항에 해당하여 자궁외 임신을 한 경우이다.

오른쪽 여인은 일간을 도와주는 세력이 약해 신약한 사주인데 식상의 기운은 강한 가운데 상관 申과 巳가 刑하고 있어 ③번항의 내용과 같이 자연유산이 계속되는 상황이다. 결국 無子한 경우다.

이 외의 사례는 많으나 ①②③번항의 내용을 잘 이해하고 자신과 상대의 사주팔자를 잘 관찰하여 실제 자신의 모습과 대비해 보면서 예측 관리해 나가면 많은 도움이 될 것이다. 자신은 미혼 상태일 경우에는 결혼한 주변 사람들의 이와 같은 예를 알아 보면 높은 확률성을 드러낸다는 것을 알 수 있다.

▶ 남녀 모두 성병을 앓아 보거나 보균 가능한 경우는 여기서 설명하는 경우 외도 얼마든지 있을 수 있으나 다음 내용은 확률성이 경험상 80% 이상의 결과를 나타내고 있는 경우이니 회피하거나 불신하거나 기피하지 말고 결혼을 결정하기 전에 확실히 정밀검사를 받아 보는 것이 자신은 물론 후세를 위해서 거쳐야 할 필수코스이다. 엄밀히 말하면 위에서 설명한 자궁병에 관한 내용도 성병을 포괄하고 있는 것이다. 다만 여기서는 성병 하나에만 포커스를 맞췄을 뿐이다.

① 일간이 壬이나 癸水이면서 火(丙, 丁, 巳, 午, 未, 戌)나 土(戊, 己, 辰, 戌, 丑, 未)의 강한 기운을 만난 구조의 사주를 가진 사람. 이는 火氣와 土氣는 水의 흐름을 방해하기 때문에 水는 정욕과 혈행을 의미한다.

② 도화는 이성과의 관계를 즐기는 기운이므로 도화가 刑을 하고 있을 경우에 刑은 병을 유발하니 합쳐서 도화병 즉 성병과 연관된다.

辛 丙 ○ ○	甲 己 ○ ○	己 甲 ○ ○
卯 子 ○ ○	子 卯 ○ ○	巳 寅 ○ ○

특히 위 세 경우는 일주, 시주 천간, 지지끼리 합과 형을 동시에 하고 있어 이런 사주구조를 하고 있는 사람은 신장, 방광계통, 각종 성병, 당뇨, 치질 등 질병을 점검해 볼 필요가 있다. 사주 팔자의 구조상 년주는 머리, 월주는 어깨 가슴부위, 일주는 위,장,신장, 방광, 성기부분, 시주는 성기아래 부분의 기운을 장악하고 있기 때문에 일주, 시주의 상관관계를 경험한 결과이다. 반드시 일주, 시주가 아니라도 일주, 월주, 년주 라도 형을 이루고 있으면 이런 경험을 많이 하게 된다.

예	辛 壬 甲 己	庚 丙 辛 辛	丁 甲 庚 乙
	丑 寅 戌 未	寅 子 卯 酉	卯 子 辰 亥

왼쪽은 壬일간에 火, 土기운의 세력이 강한데 丑戌未 삼형을 하고 있어 임질을 앓아 본 사주이며, 가운데는 천간 丙辛합하고 지지 子卯 형하여 매독으로 신음해 본 바 있고, 오른 쪽도 도화 子卯형하여 매독을 앓아 본 사주 명이다.

이 외도 시지에 도화가 있거나 충이나 형이 될 경우에도 성병을 경험한 사람들도 많이 나타나니 이런 경험이 있는 사람은 자신의 사주와 대조해 보고 사실이 일치하면 결혼 전에는 정밀검사를 받아 보고 안전한 조치를 취할 필요가 있다. 이런 경험이 없다 하더라도 가능성을 내포하고 있다는 것을 자각하고 주의해야 할 일이다.

▶ 시어머니와 며느리 사이의 갈등은 결혼의 역사와 맥을 같이 할

것이다. 그러나 현대사회에서는 여자의 경제력과 능력이 향상됨으로 여건에 따라서 시어머니의 기세는 많이 완화된 환경이다. 이런 갈등은 경제력의 주도권에 따라 파생된 관계이기 때문에 부인이 경제권을 쥐고 있는 경우는 반대로 남자가 장모한테 구박받는 시대에 살게 된다. 아직 까지는 남자의 경제권이 우위에 있는 시대이니 이 갈등은 없어지지 않는다.

그러나 이런 갈등을 결혼 전에 예측하고 있을 경우에는 마음의 준비나 지혜를 동원하여 갈등의 골이 극단으로 흐르지 않도록 대비하게 됨으로서 서로의 노력에 의해 불행을 사전에 막을 수 있을 것이다. 이는 남자의 사주에서도 나타나고 여자의 사주에서도 나타나고 있기 때문에 동시에 예측 가능한 부분이다.

① 남명의 경우에는 인성이 약하면서 재성이 많은 경우와 반대로 재성이 미약하면서 인성의 세력이 강한 때에 나타나며 이는 인성은 어머니이면서 부인한테는 시어머니가 된다. 재성은 부인이다. 재성과 인성은 극하는 관계에 놓여 있기 때문에 싸우기 쉬운 구조가 된다. 약한쪽이 일방적으로 당하는 위치에 있어 어떤 결과를 유발할지는 부부가 처한 환경에 따라 달라질 수 있으나 심하면 한쪽이 알 수 없는 병에 시달리거나 극단적인 방법을 선택할 수 도 있다.

또 위에서는 재성과 인성의 세력의 불균형으로 일어나는 갈등이지만 재성과 인성의 세력이 비슷하고 팽팽하여 서로 맞서 싸우는 형국을 취하고 있을 경우에도 고부간 갈등을 예고해 주고 있다. 이 때 똑똑한 남편의 역할이 필요하게 된다.

남명의 사주에서 월지는 부모자리이고 일지는 처의 자리이므로 월지와 일지가 충이나 형, 원진되어 있어도 갈등을 예고하는 구조이다.

② 여명인 경우에 비겁과 인성의 세력이 많을 때 인성은 비겁을 도우고 비겁은 재성을 극하기 때문이다. 부인한테는 관성(남편)의 어머니인 재성이 시어머니가 된다. 이는 며느리가 시어머니를 이기는 꼴이지만 실제로는 우열을 떠나 갈등을 일으킬 것을 예고 한다.

여명이 신약하고 재성의 세력이 강하여 관성을 도우고 있을 때는 재성인 시어머니가 남편을 꼬드겨서 며느리를 못살게 구는 형국을 취하고 있어 고부간의 갈등을 예고해 주고 있다.

예 壬 壬 癸 辛(남)　　　庚 丁 庚 辛(여)
　　寅 寅 巳 未　　　　子 酉 子 丑

왼쪽 남명은 재성 火의 세력이 4지지 전부 포진해 있으나 인성 辛(어머니)은 연간에 겨우 명맥을 유지하고 있으니 극심한 고부갈등을 예고하고 있다.

오른쪽 여명은 고립무원의 丁火 일주가 신약한 가운데 재성 酉금은 축과 (사)유축 삼합을 이루어 재성국을 이루고 있으며 천간에도 金일색이다. 막강한 재성의 기운이 편관 子를 생하여 같이 괴롭히니 이 여인의 삶을 예고해 주고 있다.

▶ 악처는 대개 남편이 만든다. 여자가 처음부터 악처가 될 사람으로 정해져 있는 것은 아니다. 부부가 살면서 평소 남편이 성실하지 못한 언행이나 생활태도, 주변 인간관계에서 드러나는 인격의 부족함 등이 쌓이고 쌓여 생활에 불편함이 닥치면 악처로 변모하는 것이다. 악처 탓을 할게 아니라 내 탓부터 해야 한다.

일례로 소크라테스 부인이 악처로 알려져 그 뒤에 숨겨있는 역사적

배경은 확실히 모른다 하더라도 필자의 관점으로는 생활비는 벌어주지 않고 매일 고상한 지식 토론이나 하고 세월을 보내니 누군들 악처가 안되고 버티겠는가. 잘난 척이나 안 하면 그래도 좀 낫겠지만 철학자라 하옵시고 그런 아내를 얼마나 경멸했겠는가!

이런들 저런들 악처를 만날 남명의 사주팔자도 예고해 주고 있으니 자신의 내면을 잘 분석하여 악처를 만들지 않도록 사전에 각오를 다져야 할 것이다. 반대로 여자는 남자가 악처로 만들 수 있는 소지도 간파할 수 있는 것이다.

① 신약한 남명에 재성과 칠살(편관)의 세력이 강하여 나를 괴롭히는 편관을 재성이 도우니 부인인 재성이 나한테는 악처가 되는 모습이다. 여기서 주의할 것은 정관이 아니고 편관이라야 한다. 만약 편관이 없고 정관의 세력들이 많아도 편관의 역할을 할 수 있다. 섞여 있어도 마찬가지로 해석하면 된다.

예	甲 辛 己 丙(남)	癸 丁 癸 甲(남)
	午 卯 亥 子	卯 亥 酉 戌

왼쪽 남명은 시간에 甲 재성과 지지 해묘(미) 재성 삼합국을 이루어 재성의 세력이 강하다. 편관 午와 연간에 투출한 丙火의 기운으로 재성 목국의 生함을 받아 더욱 그 기세가 강하게 작용하여 자신인 辛금을 괴롭히는 형국이다. 처의 극악한 횡포에 남명이 자살한 경우다.

오른쪽 남명은 재성 酉와 방합을 이루는 戌중 辛금의 세력이 합하여 재성의 힘이 약하지 않으며 천간 계수와 지지 해수의 관살 세력이 힘을 얻어 악처가 된 경우다.

▶ 폭력에 의한 이혼이 많듯이 여명에 폭력적인 남편을 만날 수 있음을 예고 해 주고 있다. 표면적으로 드러나 있지는 않지만 의외로 맞고 사는 여자들이 많다. 일견 자기 팔자는 모르고 있으나 맞고 사는 것도 운명으로 받아 들이는 것 같다. 그러나 결혼 전에 자신의 사주 팔자를 들여다 보고 이런 내용을 알고 결혼을 해야 한다면 폭행을 가하면 위자료 포함하여 민, 형사상 책임을 물을 수 있는 계약서라도 작성해 놓고 결혼을 하지 않을까 하는 생각도 해 본다.

절대 그런 일은 없을 것이라는 남자의 언약은 아무 소용없는 일이다. 폭행이란 계획하는 일이 아니라 즉흥적 우발적으로 행한다. 알코올중독 기타 주사(酒邪)및 의처증도 포함된다. 이는 본인 뿐만 아니라 자라나는 아이들 문제도 될 수 있다는 것을 명심해야 한다.

① 여명으로 신약하고 관살(정관과 편관)이 많으며 식상이 미약하여 통제 해 주지 못하고 인성마저 없을 경우에 폭력적인 남편을 만날 수 있음을 예고해 주고 있다. 특히 편관이 그 성질이 더욱 강하다. 앞에서 언급했지만 이런 여명은 맞아가면서 살아가는 성향을 보이기도 한다.

예	壬 己 癸 丁(여)	甲 甲 丁 丙(여)
	申 亥 卯 亥	子 午 酉 午

왼쪽 여명은 지지가 해묘(미) 삼합을 이루어 칠살(편관)의 기운이 강하다. 미약한 인성 丁화는 壬과 간합하여 자기 본분을 잃어 버렸고, 그나마 칠살을 억제할 수 있는 상관마저 卯와 귀문관살(鬼門關殺)이 되어 같이 미쳐 돌아가는 형국을 취하여 술과 의처증으로 부인의 구타가 심하여 결국 참지 못하고 가출한 여인의 명이다. 여기서 귀문관살이

처음 등장하는데 독자들에게 쉽게 전달하기 위해 이런 살은 가능한 사용하지 않으려고 했으나 부득이 하여 나타내었다.

앞으로도 등장할 수 있으니 여기서 간단한 개념만을 파악해도 이해할 수 있다. 용어의 뜻은 문자 그대로 귀신이 다니는 문(門)이라는 뜻이다. 그러니 정신이상이나 정신박약 상태를 의미하며 전체적으로 비정상적 정신작용을 포괄하는 뜻으로 이해하면 된다. 멀쩡하다가도 어떤 계기에 의해 본래의 정신을 잃는 것이다.

부부 사이에 발생하면 의처증, 의부증, 우울증, 주사 증세를 보이는 것이다. 좀 더 비약하면 정상적인 선을 넘어선 귀신의 경지에 도달하는 학문적 천재성, 귀재성을 띄기도 한다.

종류에는 寅未, 子酉, 丑午, 卯申, 巳戌, 辰亥 지지끼리 여섯개의 짝을 이루고 있으며 이들이 사주 명식에서 육친관계에 따라 달리 해석할 수 있게 된다.

예시한 오른쪽 여명은 酉금 정관이 午화의 통제를 받으나 子가 충을 하여 午화의 세력을 억제한다. 그러니 酉금만 남아 子수를 生하게 되면 금생수, 수생목하여 포악한 행위가 없어지지만 子수도 午와 싸운다고 자신도 만신창이가 되어 힘도 없는 상태니 유금 혼자서 관성의 기운이 등등해 진다. 이는 子와 酉가 서로 生해 주지 못하면서 귀문관살이 되어 술만 먹으면 미쳐 돌아가는 형국이니 부인을 못살게 하여 결국 이혼한 여명이다. 酉금 혼자서는 포학성이 없으나 子수와 귀문이 됨으로서 사람이 변해 버리는 것이다.

사주에 酉는 술과 연관된다. 酉있는 사람은 술을 좋아하거나 중독성으로 가는 사람이 많다. 子酉가 만나면 귀문에 물과 유가 만나니 술인 酒(주)가 된다. 그래서 술만 먹으면 미치거나 미친 개가 되는 사람이 많은 것이다. 사전에 잘 챙겨볼 일이다.

▶ 남자가 정력이 부족한 것을 양기(陽氣)가 부족하다는 말과 같은 뜻으로 쓰인다. 앞에서 언급했던 육체적인 속궁합에 활용하면 된다. 정력이 부족하게 되면 부인과 섹스면에서 균형을 이루지 못해 원만한 부부생활에 결정적 장애를 일으킬 수 있다. 뿐만 아니라 남자의 정력은 직업이나 사업 등 사회적 활동의 근원이 되므로 발전과 성장의 장애도 같이 수반할 수 있는 문제이다. 그렇지 않고 전문적인 자격증을 가지고 생활할 경우에는 지장을 좀 덜 받겠지만 근본적으로는 왕성한 활동력의 범위에 다 포함되는 것이다.

자신의 사주팔자를 들여다보고 정력이 약한 구조이면 실제 자신과 비교해서 그렇게 느껴진다면 배우자 선택도 약한 점을 고려해야 할 것이다.

여자의 경우에도 상대 남자의 사주를 들여다 보고 정력이 약한 남자일 경우에는 자신의 정력과 비교해 보아야 한다. 자신은 정력이 넘치는 데 남자가 약하다면 여러 가지 문제를 야기할 수 있다. 남자가 돈이 많아 돈보고 간다면 어쩔 수 없지만 그렇지 않을 경우에는 다시 생각해 봐야 할 일이다. 그러나 불행은 예견된 일이라는 것을 알아야 한다.

① 남명에 정력이 약한 사주구조는 식상의 기운이 아주 미약한 경우이거나 반대로 식상이 너무 많아 균형을 잃은 경우에 정력이 약한 상태라는 것을 예고하고 있다. 식상은 생식기능과 배설기능을 하는 자리이기 때문에 정력적인 능력과 건강이 직결되는 기능이다.

식상이 건강해야 재물의 취득활동 즉 경제적 능력을 갖추게 되는 원동력이 된다. 이 외도 사주명식에 전체적으로 水氣가 없거나 미약해도 정력이 약한 체질이다. 타고난 명식은 식상이 약하더라도 대운에서 식상운을 만나면 그 때는 반짝할 수 도 있으나 그 운이 끝나면 동시에 사

그리 든다.

왼쪽 남명은 壬일간에 아예 식상이 없다. 다만 천간에 丁壬 간합을 하여 木기운을 나타내지만 이렇게 미약한 木기운 마저 지지 신유 술 인성 방합국을 형성하여 식상을 극심하게 극하니 식상의 흔적도 찾아 볼 수 없게 된다. 이렇게 되면 발기부전이 되기 쉽다. 남자든 여자든 서로 이런 내용을 혼전에 알아야 하는 이유가 자명해 진다. 실제로 발기부전인 사람이다. 그러나 이런 사람도 대운에서 식상인 寅, 卯대운을 젊을 때 만나면 제대로 발기를 유지하지만 이 대운이 끝나자 마자 발기하기 힘들어 진다. 자신이 이럴 경우에는 사전에 병원에서 치료 가능한 범위 내에서 최선을 다 해 봐야 한다. 머리말에서 예를 들었지만 만약 그 부부가 이런 내용을 혼전에 알았더라면 두 사람의 불행을 막을 수 있었을 것이다.

오른쪽 남명은 壬수 일간에 식상 木기운 천지다. 이렇게 식상의 기운이 왕성하게 되면 그렇찮아도 힘없는 일간이 너무 힘이 많이 빠져 쓸 힘 조차도 없는 형국이다. 그러니 여자가 무서울 지경이 된다. 이 남자는 그래도 자기분수를 알고 자기 허락하에 부인한테 애인을 두도록 한 경우이다. 이렇게 되면 자기도 살고 부인도 안정되고 가정도 평화롭게 유지할 수 있게 된다.

▶ 여자가 섹스에 대한 감각훈련의 부족이나 체질적으로 무감각한 경우에 부부생활의 원만한 지속에 문제를 일으킬 수 있다. 이를 소위

불감증이라고도 표현하지만 실제 당해보지 않고는 대부분 모르고 지낸다. 이는 여자 자신이 먼저 간파해야 한다. 혼전에 병원 검사를 거쳐 적절한 훈련과 치료를 통해 남편을 받아 들일 수 있는 완벽한 몸으로 만들어야 한다. 남자는 결혼할 여자가 불감증인지 여부도 알아 봐야 한다. 여기에 나타나는 사주명식이 아니더라도 의외로 불감증인 여자가 많다고 한다.

① 여명의 식상이 천라지망(天羅地網)이면서 인성과 식상이 충을 하거나 격각(隔角)되면 불감증을 예고 하고 있다. 천라지망이란 쉽게 그물망으로 둘러 쌓이는 모습으로 이해하면 된다. 천라는 양운동의 끝영역을, 지망은 음운동의 끝 영역을 의미한다.

양운동은 자축인묘진사, 음운동은 오미신유술해 까지를 뜻하며 그 끝 영역인 진사, 술해를 가르켜 천라, 지망을 나타내는 지지이다. 더 구체적인 설명은 다음 공부기회로 미루고 이 정도만 암기해 두면 된다.

격각이란 지지 순서에서 한글자를 띄우고 만나는 지지 끼리를 격각 된다고 한다. 격각이란 뜻은 모서리지게 위치한다는 뜻이며 예를 들면 子로부터 시작하면 子(축)寅의 순서로 나가는 데 여기서 축은 빠지고 자와 인이 만날 때를 격각이라고 한다.

子는 신자진 삼합운동을 하고 寅은 인오술 삼합운동을 하기 때문에 수生목 해서 서로 도우는 것 같지만 실제로는 다른 운동 목표를 가지고 있기에 서로 미워하는 형세를 이루고 있는 것이다. 이를 격각이라 한다.

용어 해설과 내용설명과 동시에 작업을 하니 혼동을 불러 일으킬 수 있으나 천천히 읽어 가면서 반복 학습을 통해 완전한 뜻을 파악해야 한다. 필자가 최대한으로 쉽게 접근하도록 이야기를 풀어 쓰고 있음을 이해해야 한다.

다시 본론으로 돌아가 식상이 천라지망이란 생식기가 그물로 둘러 쌓였으니 섹스 기능을 제대로 할 수 없음을 뜻하고 있다. 즉 식상이 辰, 巳, 戌, 亥일 경우이다. 여기에 인성이 충이나 격각된 지지를 만나면 불감증으로 추론할 수 있다. 불감증이라 해서 결혼생활을 영위할 수 없는 것은 아니다. 여기서 인성은 남자의 생식기를 의미한다.

재미없이 아이 놓고 이어나갈 수 있으나 가정에 활기와 윤기가 없이 무미 건조한 나날만 이어질 뿐이다. 결국 나중에는 각방을 쓰게 되고 격각 되듯이 안방에 찬바람만 쌀쌀 하게 일게 된다.

예	己 辛 乙 癸(여)	癸 丁 丁 己(여)
	亥 巳 丑 巳	卯 酉 丑 酉

왼쪽 여명은 상관 亥水 지망에 인성 丑이 亥와 격각을 이루고 있어 불감증을 추론할 수 있다. 이렇게 되면 여인은 밤이 두려워 진다.

오른쪽 여인은 식상인 丑이 천라지망은 아니라도 인성인 卯와 격각을 이루고 있으며 酉가 卯를 충하여 완전 제거 해 버리니 시집갈 생각조차 못하고 있다고 한다. 여기 卯가 인성이지만 남자의 생식기를 의미한다. 왜냐면 편관 癸를 중심으로 봤을 때 癸의 식신이기 때문이다. 그러니 남자의 성기를 酉가 다 잘라버리는 형국을 하고 있다. 丑은 酉와 (巳)酉丑 삼합국을 이루어 金의 기세가 강하다.

▶ 각자 집안의 사정에 따라 자식을 원하는 경우가 많다. 요즘은 아들, 딸 구분 안 하지만 특히 아들을 선호하는 경우와 딸을 선호하는 사람도 늘어나는 추세다. 이유야 어디 있든 남명이나 여명이나 무자(無

子)하기 쉬운 구조를 예고 해 주고 있다. 나중에 자식이 없어 첩을 두거나 씨 받이를 하거나 기타 여러 변태적인 상황이 벌어지지 않도록 결혼 전에 각자의 사주팔자를 분석하여 불행을 예방하여야 할 것이다.

① 남명의 경우에 관살이 너무 旺하여 일간이 쇠약해진 상태이거나 시주는 자식의 자리인데 여기에 상관이 있으면서 다른데도 상관이 있어 상관의 기세가 강할 때 상관은 자식인 관살을 극하므로 무자를 예고해 준다.

시지가 공망되거나 형이 되어 있을 경우에도 자식궁이 비었으니 무자하기 쉽고, 형하고 있으면 자식을 형하니 병이나 사고로 잃기 쉽다는 것을 예고 해 주고 있다.

관살이 미약한데 도와주는 재성도 없고 더욱이나 관살의 힘을 빼는 인성이 旺할때는 무자하기 쉽다는 것을 예고하고 있다.

② 여명인 경우에는 일지와 시지에 인성으로 포진되어 있으면 자식 자리에 인수든 편인이든 여명의 자식인 식상을 극하므로 무자를 예고하고 있으며, 일지와 시지에 상관이 있어 이를 공망하거나 형, 충할 경우에 자식인 상관이 공격받음으로 무자하기 쉬움을 예고 한다. 또 일지 시지를 卯酉가 차지하여 서로 충을 하고 있으니 무자를 예고하고 있다.

그 외 어느 위치든 식상이 극히 미약하거나 너무 많아 극왕하거나 하면 무자하기 쉬운데 이는 약하면 자식의 기운이 약해 득자가 어렵고 너무 왕하면 여명에서는 일간인 자신이 어머니 역할을 하기 때문에 너무 기운이 빠져 쇠약해서 아이를 가지기 힘들다는 것이다.

예 辛 乙 丁 甲(남)　　辛 癸 丙 庚(여)
　　 巳 卯 卯 寅　　　 酉 丑 戌 辰

辛금 편관 자식인데 전부 목화로 이루어져 심히 약한 지경에 놓여 있다. 목이 화를 도와 화염에 금이 자리를 부지할 수 없으니 무자를 예고 하고 있다.

왼쪽 여명은 자식인 식신이 辰중 乙목으로 드러나지 않아 아주 미약한 지경에 있는데 이마저도 戌이 충하여 극해 버리니 여지없이 잘려버리는 형국이니 무자를 예고 하고 있는 명식이다.

▶ 보도상으로는 접하기 어렵지만 입 소문을 통해 들어본 일이 있는 독자들도 있을 것이다. 아이 낳고 아무 탈 없이 잘 살다가 아무 말도 남기지 않고 남편 일 나간 사이 아이들을 남겨 둔 채 사라지고 없는 부인들 이야기를 가끔 상담해 본 일이 있다. 남편으로서 정말 어이 없는 일이다.

사전에 무슨 불만의 징조라도 있었다면 그러려니 할 수 있으나 전혀 문제 없이 지내다가 믿는 도끼에 발 등 찍힌 일이 있다 하더라도 도저히 믿을 수 가 없다면서 망연 자실한 모습을 옆에서 지켜 볼 수 가 없었던 경험이 있다. 일반적으로 보면 그런 미친 여자도 있구나 하고 치부해 버리지만 실제로 이런 일이 일어나고 있으니 믿지 않을래야 믿지 않을 수 없는 현실이다. 반대로 남자한테도 이런 일이 있을 수 있다.

이런 현상은 남자한테 어떤 결함이 있는 것이 아니라 여자 자신한테 그런 가능성의 기운이 깃들어 있는 데 문제가 있다고 해야 할 것이다. 그렇다면 이런 일을 사전에 어떻게 예방해야 할 것인가 하는 것은 여자의 사주 명식을 서로가 알고 그런 가능성에 대한 각자의 대비를 하는 길 밖에 방법이 없을 것이다.

여명의 일주가 乙巳, 辛巳, 癸巳, 丁亥, 己亥 이면서 천간에 정관이 투간된 명에 한하여 이런 일을 일으킬 수 있는 소인이 잠재해 있다.

○乙庚○　○辛○丙　戊癸○○　○丁○壬　○己甲○
○巳○○　○巳○○　○巳○○　○亥○○　○亥○○

위 예와 같이 투간된 정관은 어느 위치에 있든 상관이 없다. 이를 명암부집(明暗夫集)이라는 말로 표현한다. 천간끼리 남편과 간합을 하면서 일지의 지장간에 암장된 정관과도 암합(暗合)을 한다고 해서 붙여진 말이다. 암합이란 지장간과 몰래 합을 한다는 의미다. 이는 정부(情夫)가 생겨 정통도주(情通逃走) 할 수 있는 가능성을 암시하고 있다고 생각하면 된다.

더 이상의 이론적 배경은 독자들의 한계를 벗어나니 이 정도로 담아 둬도 별 부족함이 없을 것이다.

그러나 명암부집이 된다고 해서 100% 전부 그렇다고 생각하면 안 된다. 다른 비어 있는 간지의 기운에 따라 통제 받을 수 있는 여지가 있기 때문에 국제 결혼이나 소실로 갈 수 도 있다. 다만 이런 사주를 지니고 있는 여명은 자신의 미래를 절대 그렇지 않다고 부정하지 말고 자신을 관리해 나가야 한다. 닥치는 운로의 기운은 자신의 의지만으로 되지 않는 게 운명이다.

남자도 이런 여자의 내면을 안다면 서로 관리하는 데 애정과 사랑을 기울여야 할 것이다. 이는 본래 계획하고 나쁜 마음으로 일어나는 일이 아니기 때문이다. 결과적으로 많은 사람들에게 상처를 줄 수 있지만 그러한 사려(思慮)가 일정 시간이 지나지 않으면 의식할 수 없는,

일시적으로 이성적인 눈과 귀가 멀어지는 마비현상일 것이다. 우리는 이걸 운명이라고 한다.

▶ 술 때문에 고통 받는 가정이 의외로 많다. 부인은 물론 아이들까지 망치는 결과를 초래한다. 이로 인한 이혼은 어제 오늘의 일이 아니다. 따지고 보면 온 나라가 술통이다. 이 세상이 술로 돌아가는 것 같은 착각이 잘못이기를 바라는 마음뿐이다. 이런 환경에서도 자신과 가정을 지켜 가며 중심을 잡는 사람도 많지만 경제적 몰락과 기타 술 먹을 이유만을 찾아 오늘도 술에 찌들어 자신을 잃고 방황하는 가장들이 많을 것이다.

술은 일단 이성을 마비시키는 마약과도 같은 존재다. 오히려 마약보다 더 나쁜 영향을 미친다. 이는 오랜 기간 동안 자신과 주변 사람을 괴롭히고 고문하기 때문이다. 술이 결국 폭력과 학대로 이어지기 쉽다. 2009년도 통계에 의하면 이는 아예 폭력을 넘어 살해된 여인만 70명으로 집계되었다. 내용별로는 남편이 46명, 애인이 24명이라고 한다. 죽음보다 더한 고통은 더 많을 것이다.

이제는 술 때문에 불행해 질 것이 예측된다면 본인이나 배우자나 미리 대비해야 할 문제다. 앞에서 술로 인한 주사, 의처증 등에 대해 간단히 언급은 했으나 확실하게 짚어야 할 필요를 느껴 재 강조하는 것이다. 술은 언제든지 끊을 수 있다는 사람은 모두 거짓말이다. 며칠 또는 일년 동안도 안 먹을 수 있지만 불가능하다. 이는 담배보다 끊기 어렵다. 대인관계로 엮이기 때문에 더욱 그렇다. 술의 끝은 병 뿐이다.

죽을 병에 걸리지 않으면 끊지 못한다. 죽을 병이라도 좀 나을 만하면 또 먹는 게 술이다. 옆사람 한테 피해나 괴롭힘을 주지 않고 먹는 거야 논외다. 대부분 전부를 망가 뜨리는 경우다. 술을 먹는 싹수를 보면 느낄 수 도 있다. 술 버릇이 나쁘거나 미래에 술로 인해 패가 망신할 스타일은 결혼 전에는 완전한 사람으로 연기하기 때문에 대부분 감지하지 못한다.

그러나 결혼 후에 서서히 마각을 드러내기 시작한다. 특히 경제적인 문제가 닥치면 드러내는 모습이 급격하게 변화해 나간다. 이 때는 이미 늦다. 이런 결과를 초래하기 전에 혼전에 알아서 예방해야 할 것이며 그래도 꼭 결혼을 하여야 경우라면 술로 인해 일어날 수 있는 모든 가능성을 서로 합의하에 명문화하여 법률적 실효성을 거둘 수 있도록 조치해 놓고 이뤄져야 할 것이다.

여자는 이런 상대일 경우 경제적 생활뿐만 아니라 이에 수반된 사항을 항상 대비해 나가야 한다. 이래야 서로를 지킬 수 있다.

술의 중독성은 환경에 의해 많이 좌우되기 때문에 사주 명식에 술을 좋아하거나 폭주할 수 있는 가능성만으로 판단하여 미래에 닥칠 불확실한 상황을 대비해야 한다. 즉 반드시 그렇다는 식으로 단정할 수 는 없으나 주어지는 상황의 변동에 따라 그럴 가능성은 상존한다는 뜻이다.

남명의 명식 지지에 酉가 위치에 상관없이 존재하며 癸(지장간이라도 가함)수가 같이 있을 경우와 천간에 丙과 辛이 있어 서로 간합하고 있을 때 더욱 술의 기세는 강하다. 또한 酉가 두개가 있어 이중으로 합이 되면 알코올 중독의 가능성이 더욱 높다. 酉가 子와 더불어 귀문관살을 이루고 있을 때는 의처증 등 술만 먹으면 미쳐 돌아갈 수 있다. 이와 같은 모습들이 다 갖추고 있다면 자신과 상대를 위해서라도 단념을 해야 할 것이다.

단 한가지만을 가지고 있다 하더라도 술을 좋아하는 것은 틀림없다. 술을 좋아한다는 것 만으로도 환경의 변화에 따라 변질될 수 있는 가능성을 예견하고 있어야 한다.

예 甲戊乙庚(남)　　　己丙癸丁(남)
　　寅申酉子　　　　亥午丑酉

왼쪽 남자는 子酉 귀문관살에 土일간이 도움을 받지 못하고 식상의 기운과 칠살(편관)기운에 의해 극설(魁洩-일간이 병에 시달리고 기운도 심하게 빠져나가 건강이 극도로 나빠지게 되는 상태)을 당하고 있는 동시에 술에 찌들어 寅申충까지 하고 있어 寅은 간이고 申은 폐가 되어 간과 폐가 서로 상처를 입으니 간경화로 사망한 명이다.

오른쪽 남자도 癸수의 환경에 酉가 있고(유축 반합- 축중 계수), 丑午가 귀문, 원진되어 술만 먹으면 부인이 괴롭힘을 당하여 이혼수속중인 경우다.

위 설명대로 자신과 상대의 사주를 써 놓고 일일히 대조해 가면서 분석하여 스스로 자신과 상대의 예고된 모습에 따라 짝을 결정하는 데 참고해야 할 것이다.

▶ 결정적인 경우가 아니라도 남녀 모두 주의해 자신과 상대를 보아야 할 흔한 사항은 남자의 경우는 정재와 편재가, 여자의 경우는 정관과 편관이 혼재하여 합거(合去)나 충거(沖去)함이 없이 존재할 때 남자는 여자관계로 여자는 남자관계로 바람을 피울 수 있는 기운임을 알고 서로를 자각토록 공유해야 한다. 만약에 이런 일이 일어나지 않도록 서로 각오를 다져야 할 것이다. 그런 일은 절대 없을 것이라고 호언장담하더라도 벌어지고 나면 기(氣)만 찰 뿐 할 말을 잃는다.

이렇게 혼잡되어 있는 사람이 많다는 것이다. 이것도 예고이니 스스로 자신을 관리해 나가도록 해 놓은 조치라고 생각하면 된다. 인터넷 보도에 의하면 직장인들에게 무작위로 알지도 못하는 사람한테 전화를 걸어 돈을 보내지 않으면 여자관계를 폭로할 것이라는 협박성 전화에 80%에 달하는 사람이 돈을 보냈다는 이야기에 실소를 금치 못할 것이다.

이는 부인에게 들키지 않았을 뿐 만약 부인이 이런 사실을 안다면 이 사회가 어떻게 되겠는가! 이런 과정속에 자신도 모르는 성병균들을 보균한다면 결국 부인들한테 퍼뜨리고 있다는 사실이다. 이렇게 해서 부인도 병들고 자식마저 병들게 한다면 자신의 인생은 어떻게 될 것인가? 이렇게 무책임한 행동에 대한 응징은 반드시 있다는 것을 깨달아야 한다. 이것이 자연의 업보다. 반대로 여자를 상대로 이런 전화협박을 한다면 어떤 결과가 나올지 흥미로울 것이다.

예	丁 庚 丙 庚 (여)	壬 己 癸 辛 (남)
	亥 申 戌 寅	申 酉 巳 卯

왼 쪽 여명의 경우에는 丙화 편관 丁화 정관이 혼잡되어 있는 형태이다. 지지에 寅(오)戌 火국을 이루고 있어 관성의 기운이 많아 결국 한 남자에 만족 못한 경우이다.

오른 쪽 남명의 경우는 己토 일간에 癸수 편재와 壬수 정재가 혼잡된 형태이다. 지지 세력도 金(금생수)의 세력이 많아 재성의 水기운을 도우고 있다. 이 경우도 한 여자와 인연을 오래하지 못하고 바뀐 경우다.

위 두 예에서 이렇게 혼잡되어 있다고 해서 반드시 한 사람과 인연을 하지 못한다는 것이 아니다. 다만 그럴 가능성의 기운들이 도사리고 있다는 것을 예고 하고 있는 것이다. 자신들이 자신의 기운 모습을

알고 자신을 관리한다면 능히 피해 갈 수 있는 일이라는 것을 이해해
야 한다.

▶ 1장 섹스편 끝 부분에서 언급한 내용중 결혼 전에는 몰랐는데 결
혼생활을 하면서 남편이 가까이 오면 괴로운 여자의 사례를 보자.

戊 戊 庚 癸 (여, 48)
午 子 申 卯

이 여인의 명식에는 身이 허약하고 관살의 기운이 강하거나 水기운
이 약한 경우가 아니다. 지지 申子(辰) 삼합을 이루고 천간에 癸수가
투출하여 水기운이 강하게 자리잡아 평소 건강체질이다. 오히려 水기
운이 좀 넘치는 체질이다. 그러면 남자가 반가워야 되는 데 정 반대현
상이 나타나는 것은 남편이 卯이고, 남편의 생식기(성기)는 午(목생
화−관성의 식신)가 된다. 여자의 명식 일지 子는 신체 가운데를 의미
하며 신장, 방광, 자궁 계통을 관장하는 부분이 된다. 그런데 卯가 刑
(子卯)을 하고, 午가 충을 하고 있으니 접촉을 했을 때 그 부위가 이유
없이 편치 않은 것이다. 더욱이나 子를 생해주는 申마저 卯와 원진되
어 있으니 지지 전부가 子를 괴롭히고 있는 형국이다. 의무적으로 남
편을 상대해 주다 보니 잠자리가 괴로운 것이다. 식신이 월주에 뿌리
내리고 있어 아주 건강한 대학생 딸 둘을 두고 있다. 이제 아이들도 다
키웠으니 혼자 살았으면 하고 있다.
　만약 혼전에 이런 구체적인 사항을 예견할 수 있었다면 어떤 선택을
했을까 궁금할 것이다. 대부분 이런 사실은 당해 보지 않으면 실감할
수 없는 사항들이기 때문에 믿지 않을 확률이 높은 것이다. 현재 대부

분의 운명이 분야는 다르더라도 이렇게 불확실한 사건의 가능성을 안고 현실적으로 겪고 있는 경우를 많이 경험한다.

이 여인의 경우 이혼하여 아이들과 살든지 혼자 살면 달덩이 처럼 얼굴이 돌아올 것이다. 육친적인 편관 卯와 편관의 식신인 午를 사용하지 않기 때문에 육친작용이 없는 것과 같다. 다만 오행의 기운으로만 작용하여 오행이 순조롭게 토 ---〉 금 ---〉 수 ---〉 목 ---〉 화 기운이 서로 生하는 흐름으로 이어져 건강을 회복하게 된다.

▶ 1장에 언급한 인격의 식별은 가장 어려운 문제이나 이를 예측할 수 있는 수단은 사주 외는 이 문제에 가장 근사치에 근접할 수 있는 방법을 필자의 과문한 탓인지 몰라도 아직 아직 보지 못했다. 그러나 이런 이론을 하나의 틀로 만들어 내기에는 수 많은 다양성을 지니고 있기 때문에 불가하며 오직 개론적인 측면에서만 파악하여 독자들의 판단에 도움이 되도록 스스로 연마해 나가야 될 것이다.

여기서 인격이란 빈부나 지위고하를 의미하는 뜻이 아니다. 어떤 상황에 처해 있더라도 정품으로서의 품질을 잃지 않는 성질들을 포괄하고 있다. 인격을 직업과 관련한 편견이나 선입관을 지닌 의식이 가장 큰 함정이다. 가령 교수, 박사, 선생, 작가, 권력층, 고위직, 학자 등과 인격을 동일시 해서는 안 된다. 인격은 어떠한 직업적 분야와도 별개라는 것을 새겨 둬야 한다.

辛 癸 乙 甲 (남)
酉 亥 亥 寅

독자들이 이해하기 쉬운 예를 들었다. 이는 한 가지 명식만을 두고 모두를 판단할 수는 없다. 다만 형태의 구성과 흐름만 파악하면 겪어 봐도 잘 모르는 사람들의 윤곽을 느낄 수 있을 것이다. 이 명식은 년월 일시 각 천간과 지지가 같거나 상생하고 있다. 이는 천간의 기운과 지지의 기운이 어지럽지 않다는 것이다. 하늘과 땅의 기운이 서로 평화로우니 마음 또한 평화롭다. 천간끼리도 상생하고 있고 지지끼리도 상생하고 있으며 충이나 형 등으로 어지럽지 않다. 이런 사람은 모든 문제해결 방식이 조용하게 원만히 처리하는 인품의 소유자다. 시끄럽거나 투쟁적이지 않다. 그러나 투쟁적인 타입을 좋아하는 사람은 그런 사람을 만나야 한다. 부부의 인품은 서로 상대적이다. 맞는 사람끼리 만나야 한다.

위 예의 경우는 자신의 인품대로 인생을 영위해 나가며 대부분 순조로운 인생을 영위하게 되는 구조이다. 여기서 간과해서는 안될 사항은 인격과 건강은 또 다른 관점으로 관찰해야 한다. 이 사람의 경우 천간은 천간대로 지지는 지지대로 서로 상생하며 혼탁하거나 충, 형, 공망, 원진, 합 등 서로 간섭하지 않고 고요하여 뜻을 이루고 살 수 있는 팔자이나 오행의 기운 중 火, 土 가 없다. 물론 지장간에는 있지만 드러나지 않으므로 약한 기운이다.

오행의 기운이 고루고루 상생하고 있으면 건강한 체질로 태어나게 된다. 물론 인생의 번영도 이룰 수 있다. 이 사람은 없는 오행기운 때문에 없는 기운과 관련하여 건강관리에 만전을 기해야 하는 아쉬움이 있는 명이다. 이와 같이 한가지를 채워주면 다른 것이 부족하게 설계되었으니 이것이 인생이다.

다 갖춘 인생은 없다. 위 명식과 같이 잘 갖춘 사람도 드물다. 99%의 사람들은 명식에 결함을 가지고 있다. 충, 형 , 공망, 합 등으로 온전한 명식을 유지하고 있는 사람은 거의 없다는 뜻이다. 이를 사주학 용어로 파격(破格)이라고 한다. 정격(正格)의 반대말이다. 필자는 이런 용어를 잘 사용하지 않으나 독자들의 이해를 도우고 다른 책에서는 감초처럼 등장하는 단어이므로 겸사해서 이해시켜 둔다. 정격은 상품으로 비유하면 정품이라는 뜻이다. 즉 사람의 품질을 의미한다. 위 예를 든 경우도 정격에 해당한다.

파격은 정도의 차이는 있으나 형, 충, 공망, 합, 원진, 나쁜 신살 등 천간 지지의 간섭, 오행의 지나친 불균형으로 구성된 모든 명식은 파격의 범주에 들어간다. 모든 사람의 99%가 파격이라는 말이 된다. 역설적으로 파격이 정상이다. 모든 삶의 존재 양식이 전쟁과 다름없는 치열한 생존경쟁을 펼쳐야 하는 현실에 사주에 형, 충 하나 없이 어떻게 생존하겠는가. 그래서 정격은 몰라도 된다. 진정한 인격자도 찾기 힘든 이유이다. 그 만큼 정격은 귀하기 때문이다.

파격이 대통령도, 재벌도 되며, 온갖 부귀영화도 누릴 수 있고 거지도 된다. 그러나 영구히 가지 못한다. 파격이라 해서 조금도 아쉬워할 필요 없다. 파격대로 사는 게 분수이다.

▶ 1장에서 언급한 외모에 치중하는 사람의 명식은 식상이 발달한 경우가 많다.

癸 丁 戊 丁 (남)	癸 甲 丁 甲 (남)
卯 未 申 巳	酉 午 卯 申

왼 쪽 남명은 투간한 戊상관, 일지 未식신이 알맞게 분포되어 반갑다. 오른 쪽 남명도 천간의 丁화 상관과 일지 午화 상관 뿌리가 되어 상관의 기세가 알맞게 작용하고 있다. 이와 같이 식상이 발달되어 있

으면 외모에 빠져 예리한 판단력을 상실할 정도로 외모에 탐익하는 기운이 된다. 외형에 대한 센스 또한 뛰어날 수 있는 감각의 소유자들이 많다.

▶ 1장에서 언급한 학력이 반드시 인생의 성패를 좌우하지 않는다는 것은 사주 명식에 인성과 식상이 년월에 알맞게 분포되어 다른 간지의 간섭을 받지 않을 때 대부분 학력이 높으며 공부도 많이 한 경우가 많다. 그러나 이런 사람은 학력과 학문적이 실력으로 자신의 사회적 진출과 목표를 지향하지만 이와 반대로 년월에 재성이나 관성, 식상으로 구성되어도 학력과 상관없이 인생을 성공으로 이끌어 가는 사람이 많다는 것을 이야기 하고 있다.

▶ 1장에서 언급한 사랑에 깊게 빠지는 경우의 명식 구조는 오행을 두루 갖추고 있으며 남자의 경우 정재가, 여자의 경우 정관이 타 간지의 간섭을 받지 않고 유일하게 존재할 때 일시적인 충동이나 감정에 치우치지 않고 진실된 사랑에 빠지기 쉬운 구조이다. 오행을 두루 갖추지 않았다 하더라도 재성과 관성이 혼잡되지 않고 도화이거나 도화와 합으로 세력의 균형을 이루고 있을 경우에도 사랑에 올인할 수 있는 기운이다.

건강의 경우도 아무리 정밀 검사를 한들 잠복해 있거나 자라나는 시초의 질병들은 아무리 현대 의학이 발달되었다 해도 잘 알 수 없는 영역이다. 앞으로는 유전자 검사를 통해 유전병을 통한 제반 질병들을 알 수 있는 시대가 온다고 하니 두고 보아야 할 일이다. 이런 검사류를 제외하고 일반적으로 알 수 있는 방법은 사주 오행의 기운을 모두 갖추고 서로 유기(流氣−서로 소통됨)하면서 식상이 간섭 없이 건전하면 대부분 건강한 체질이다. 다만 건강한 체질을 타고 났으나 후천적으로 잘못된 습관이나 관리를 함부로 하여 자신을 돌보지 않는 경우는 예외라 하겠다.

종양이나 암종류는 사주의 지지에 형(刑)이나 충(冲)이 있으면 그 지지가 의미하는 오행의 장기나 상생, 상극하는 장기계통에서 발생할 수 있는 가능성을 예고 하고 있다고 보면 된다. 발생하는 시기도 년월일시 순으로 초, 중, 장, 노년을 기본적으로 생각하고 실지 발생하는 시기는 다소 어긋날 수 도 있다. 발견하는 시점에 달라지기 때문이다. 물론 다른 신살로도 추론 가능하지만 정확성을 장담할 수 없기 때문에 상담시에는 이야기 해 줄 수 있지만 여기서는 생략한다. 환자의 90%이상은 위와 같은 구조를 하고 있다. 이렇다고 눈에 그대로 드러나는 것이 아니기 때문에 조심하거나 예비할 일이지 단정해서는 안될 일이다.

▶ 끝으로 독자들의 이해를 돕기 위해 자신의 배우자 분수를 판단하기 쉽게 요약 정리했다.

① 日支(배우자 자리)의 육친 성질을 먼저 파악한다.

남명일 경우 일지 육친이 의미하는 배우자 분수는 육친의 성질을 잘 이해하면 된다. 12운성이 가지고 있는 배우자 의미를 같이 새겨보아야 한다.

비겁: 재성을 극하는 성질이니 부인한테 잘 하지 못할 가능성과 여건에 따라 여자를 밀어내는 기운으로 작용할 가능성을 예고하고 있다.

상관: 편재를 生하기 때문에 본 부인을 두고 다른 여자에 관심이 많

아 바람기를 가질 가능성을 예고하며, 부인 또한 상관 성질을 발휘하여 내조보다는 관성을 극하기 때문에 잦은 분쟁과 이혼의 가능성을 예고하고 있다. 상관은 예술성 즉 미적 감각에 예민하기 때문에 배우자 선택을 외모에 치중하여 선호하는 성향을 띄고 있다.

식신: 남편을 극하는 성질은 같으나 강도가 상관보다는 약한 성질이며 관성의 세력과 서로 견제의 묘를 이루면 훌륭한 짝이 될 수도 있다. 풍만하고 명랑한 부인일 가능성을 나타내고 있다.

편재: 활동적이고 애교 있는 부인이나 재물을 쫓는 성향이 강해 남편의 처지에 따라 변화할 수 있는 가능성을 가지고 있다.

정재: 현모양처의 소양을 지닌 부인일 가능성이 많음을 나타내고 있다.

편관: 남편의 부정이나 잘못을 용납하지 않거나 참기 어려운 성질의 부인, 또는 남편의 일거수 일투족을 감시 감독할 수 있는 기질의 여인일 가능성이 많으며, 남편으로서 처신이 좋지 않거나 분명치 않으면 남편을 통제할 수 있는 성질의 부인을 만날 가능성을 예고하고 있다.

정관: 빈틈없이 엄한 부인일 가능성 예고(엄처시하)하고 있다.

편인: 지식 수준은 높으나 고집이 세며 고부간 마찰은 필연적으로 겪어야 할 부인을 예고하고 있다.

인수: 학문, 예술성을 지니거나 알뜰한 부인일 수 있으나 모친과 고부갈등을 일으킬 가능성 예고하고 있다.

여명일 경우도 남명과 같은 방법으로 추론하면 된다.

비겁: 환경에 변화에 따라 남편 외 다른 남자에 눈을 돌릴 수 있는

가능성을 가지고 있음을 예고하고 있다.

상관: 남편 자리에 관성을 극하는 상관이 자리 잡았으니 남편과 오랜 인연을 하기 어려운 상황을 예고하고 있으며, 짝을 찾더라도 바람기 많은 남편이나 무능하고 무책임한 남편일 가능성을 예고하고 있다.

식신: 활동성을 갖춘 남편이나 관성을 극하는 기운이니 자식을 낳은 후 다른 여자와 스캔들 등으로 헤어질 사유들이 발생할 가능성과 또는 자식과 갈등도 예고하고 있다.

편재: 경제적 능력을 갖춘 호탕한 남자이거나 경우에 따라 아주 무능하거나 폼만 잡는 남편일 경우와 여성 편력을 가질 가능성을 예고하고 있다.

정재: 크게 떨치지는 않더라도 월급쟁이(고정소득자)로서 착실하고 성실한 남편일 가능성을 예고하고 있다.

편관: 지위와 능력은 있다 하더라도 폭력적이거나 권위적인 남편일 가능성과 직장이 없으면 무책임하고 무능한 사람으로 전락할 수 있는 가능성을 예고하고 있으며, 남편한테 맞고 사는 부인도 많다.

정관: 철저한 자기관리하에 자신의 분수를 잘 지켜나가는 모범적인 남편일 가능성을 예고하고 있다.

편인: 학문과 관련하지만 자신밖에 모르는 이기적인 남편일 가능성을 예고. 친정엄마를 모시고 살 수 있으나 장모와 남편과 갈등을 수반할 가능성 예고.

인수: 학자적인 성질의 소유자인 남편일 가능성이 많으나 남편과 친정의 갈등을 예고.

위 내용은 반드시 그렇다는 것이 아니다. 모든 것은 가능성의 예고이니 이런 분수를 알고 자신을 관리하면 능히 발전적 계기로 만들어갈 수 있다는 것을 명심해야 한다. 부부란 누구나 항상 불안 세월이 있기 마련이다. 이를 극복하는 지혜와 노력이 이 안에 있다.

② 일지에 배우자인 재성과 관성의 천간을 놓았을 때 12운성의 기운으로 자신의 배우자의 모습과 성향을 나타내게 된다. 이는 12운성편에서 자신의 일지를 대입하여 풀이하면 된다. 만약 일지가 12운성이 病이나 沐浴지라 하면 그와 같은 환경이 자신의 배우자 분수라는 것을 인식하고 부족하고 모자라는 부분이 있더라도 만족하며 부족한 부분을 위해 최선을 다하는 것이 부부의 행복에 이르는 길이다.

그렇지 않고 다른 욕심을 부리게 되면 분수를 벗어나게 되어 그 앞날은 보장할 수 없게 된다.

③ 여명의 경우에 일지 외에 식상이 많은 세력을 갖추고 있거나, 남명은 비겁과 양인까지 합세하여 세력이 강하면 1항에서 설명한 기본적인 성질에서 좋지 않은 방향으로의 가능성을 더욱 증폭시키고 있는 상황이니 이에 대한 자신의 처신과 마음의 준비를 해야 할 것이다. 이러한 상황에 대운과 세운의 흐름이 그와 같은 육친의 성질과 겹치면 불안하고 좋지 않은 환경이 실현될 가능성이 가장 크다는 것을 예측하고 대비해야 한다.

④일지 외에 남명의 경우 재성이, 여명의 경우 관살이 혼잡되어 있을 경우에는 앞 항에서 언급했던 내용을 참고하여 자신의 분수를 챙겨 대비해야 한다.

⑤ 일지를 형, 충, 파, 해, 원진, 공망, 합, 암합 할 경우에는 1항의 일지가 가지고 있는 좋은 성질을 훼손하거나 간섭하기 때문에 각 신살이 가지고 있는 성질과 같이 변화할 수 있다는 것을 예고하고 있다. 더욱이나 대운과 세운이 이와 같은 신살이 겹쳐 올 경우에는 생명, 질병, 신상(身傷), 이혼에 이르기까지의 가능한 기운의 변화를 내포하고 있기 때문에 자신과 상대의 명식에 이와 같은 모양을 하고 있으면 이것이 자신의 분수라고 생각하고 거부하거나 부인하지 말고 만일의 일에 대비하여 부부끼리 공유하여 노력하면 불행한 일을 예방하는 지혜가 될 것이다. 이렇게 서로 노력해서 위기를 넘기게 되면 더욱 발전할 수 있는 동인(動因)이 된다.

일지가 아니고 다른 위치에 있는 재성이나 관성을 위에 열거한 신살들이 간섭을 하더라도 이에 준해서 판단하면 된다.

⑥ 자신의 성정(性情)을 파악하여 자신의 적나라한 모습을 정확히 인식함으로서 조화를 이룰 수 있는 상대의 선택에 지혜로 활용할 수 있을 것이다. 이는 자신을 구성하고 있는 사주 명식의 육친성질을 전부 이해하여 자신이 실제 느끼는 점과 비교하여 본다. 이 때는 자신한테 솔직하게 자신의 모습을 그려내야 한다. 가령 자신의 명식에 상관의 기운이 두 간지 이상 분포되어 있다면 상관이 가지고 있는 육친 성질을 참고하여 자신의 실제 모습과 일치하면 나쁜 성질이라 하더라도 부정하거나 거부하려 하지 말고 자신을 솔직히 인정하고 거기에 맞거나 극복할 수 있는 상대라야 한다는 뜻이다. 부부 트러블의 대부분은 자신의 분수를 잘 모르는 데 기인하고 있다.

⑦ 사주 명식에 나타나 있는 내용들은 모두 예고의 기운일 뿐이다.

그러나 예고를 무시하면 그런 기운을 극복해 내기 힘들어 질 수 있는 환경으로 내몰리기 쉽다. 이는 자연의 기운이 그렇게 형성되기 때문이다. 갑자기 추워지는 것과 미리 추위를 준비하고 있는 것은 생사를 좌우할 수도 있다. 부부 사이가 좋든 나쁘든 서로 준비해 있는 부부는 어떤 난관이 닥치더라도 희망적으로 이끌어 갈 수 있는 정신 무장이 되어 있는 것이다.

가장 중요한 것은 부부의 사주 명식의 내용 중 서로의 장 단점을 공유하여 생활 중에 농담하는 말 한마디라도 상대의 마음을 상하게 하지 않도록 유의해야 할 것이다. 서로 부족하고 마음에 들지 않는 구석이 있어도 자신이 채워주려고 노력하고 그래도 채워지지 않으면 이게 내 분수라는 것을 알고 덮어 주고 감싸 안아야 한다. 설령 경제적으로 몰락의 극한 상황으로 몰렸다 하더라도 준비된 부부는 능히 극복해 나갈 수 있는 길이 트이게 마련이다. 서로 이성을 탐하거나 바람기가 있다 하더라도 자신의 내면을 알고 있음으로서 자신과 서로를 관리하려는 노력과 결연한 의지가 생기게 된다. 이는 준비된 부부에게만 부여하는 자연의 지혜가 스며들게 되어 있다.

자신의 사주 명식에 드러나 있는 기운 이면에는 드러나지 않은 반대 기운이 있다. 태풍, 광풍 뒤에는 고요가 찾아오듯이 말이다.

이렇게 자연이 부여한 사주 명식의 예고를 서로 공유하지 않으려는 상대와는 짝하지 않는 게 현명한 선택이다.

19. 사주(四柱) 세우는 방법

1) 명식(命式)

명식이란 네 기둥의 뜻이며 태어난 해(年), 태어난 월(月), 태어난 날(日), 태어난 시(時) 즉 생년월일시를 각각 네기둥으로 삼고, 한기둥에 두자씩(천간과 지지 각 한자씩) 총 8자가 만들어 진다, 그래서 명식을 八字라고도 하며, 합해서 사주팔자라고도 한다.

이 여덟자가 음과 양, 22行으로 이루어져 있으며 하늘(천간–지구상의 공간을 뜻함)과 땅(지지–지상에 만들어 진 모든 형상)의 뜻으로 구분되어 구성함으로서 천부적인 배우자 인연의 틀이며 운명 추론의 요소가 된다.

8자를 누군가에 의해 만들어 진 것도 아니고, 일부러 그렇게 만든 것도 아니고, 누구도 그렇게 만들 수 도 , 수정할 수 도 없는 만고 불변의 타고난 환경이다. 사람 자신과 관련해 영원히 바꿀 수 없는 것은 사주 뿐이다. 그야말로 어쩔 수 없다. 사람마다 분수라는 게 있다. 분수라는 게 그 사람의 타고난 그릇일 수 도 있다.

지위의 높고 낮음이나 부유함과 가난함의 차이는 있을 지언정 분수를 알고, 분수를 지키며 사는 사람은 속을 들여다보면 누구보다 보람차고, 건강하고, 행복한 삶을 누리고 산다.

분수를 넘어선 사람들의 삶은 필자가 언급 안해도 주변이나 언론을 통해 많이 접할 것이다.

사주가 바로 그 사람의 분수다. 그 사람의 인생 설계도이기도 하다. 펼쳐질 인생무대의 징조이기도 하다. 그런데 사람들은 분수를 넘기고, 설계도대로 짓지 않고 위반하여 나중에 고통받는 삶을 살고, 예측을 하면서도 불응하여 재난을 당하기도 하는 삶을 영위한다.

그럼 사주가 정해지면 사주대로 살아야 되지 않느냐, 또는 사주가 같으면 삶이 같든지 비슷 하든지 해야 되지 않느냐고 반문한다면 사주가 겉의 글자로는 정해져 있는 것 같지만 그 안에는 수많은 선택의 길이 있다는 것이다. 같은 명식으로 태어나도 왕후장상에서 걸인에 이르기 까지 천차만별의 결과로 나타날 수 가 있는 것이다.

쌍둥이 질문도 많이 받는데 같은 환경에서 자라 같은 길을 선택한다면 같은 결과를 볼 수 있으나 같은 길을 가다가도 선택의 기회는 언제든지 오기 때문에 반드시 같이 갈 수 는 없다. 마음먹고 같이 가면 갈 수 도 있겠지만 나중에 배우자도 똑같은 사람을 만나기는 힘들 것이다. 배우자에 따라 또 길이 달라질 수 있기 때문이다.

우리는 여기서 사주로 미래를 알아보는 목적이 아니기 때문에 더 깊은 이야기는 이정도로 하고 여러분이 의문을 가질 수 있는 몇가지만 짚어 본 이유는 사주를 뽑아 낼 때 정확하게 해야 한다는 것을 강조하기 위해서이다. 태어난 시간을 잘못 하여 틀릴 경우 사주분석에 따른 배우자 선택은 엉뚱하게 결론 내릴 수 있기 때문이다.

요즘은 생년월일시만 입력하면 명식의 간지를 알 수 있는 프로그램들이 많이 나와 있다. 그러나 프로그램 자체가 완벽할 수 없기 때문에 귀찮더라도 본인이나 가족이 직접 만드는 습관을 길러야 한다. 또한 가족을 떠나 좀 안다고 남을 봐주는 것은 삼가는 게 좋다.

본인의 문제는 본인의 감성과 판단력으로 자신이 책임지지만 타인의 중대한 문제를 책임 질 수 는 없기 때문이다. 남의 일은 흔히 재미로도 해서는 안되며 자신이 직접 판단하게 해야 한다는 게 필자의 생각이다. 먼저 시중서점에 만세력이란 책을 구해서 이용해야 한다.

생년, 생월, 생일, 생시는 모두 알고 있으니 만세력을 보면 본인의 생년월일을 찾아보면 간지가 다 나와 있다. 시는 아래 조견표를 보고 찾아 연월일시 순으로 오른쪽에서 왼쪽으로 나열해서 관찰하면 된다.

여기서 주의할 점은 두가지인데 하나는 월을 볼 때이고 나머지는 시를 볼 때이다. 먼저 월은 음력으로 절기를 기준하여 정해진다. 외울 필요는 없다. 입춘이 지나서 경칩들어서기 전 까지가 1월 즉 寅月이다. 절입일이란 절기가 들어서는 날자와 시각을 말하고, 만세력에 다 표시되어 있다.

절기란 1월 입춘, 2월 경칩, 3월 청명, 4월 입하, 5월 망종, 6월 소서, 7월 입추, 8월 백로, 9월 한로, 10월 입동, 11월 대설, 12월 소한 으로 구분되어 있다. 월별로 표시되어 있는 절입일과 다음 달 절입일시 이전에 해당할 경우에는 당해월이 태어난 월이 됩니다. 가령 2006년 양력 2월 4일 오전 8시 26분에 태어났다면 2005년 12월 기축월이 됩니다. 만약 27분에 태어났다면 2006년 1월 경인월 출생이 됩니다.

2006년 2월 3일생이라해도 2005년 음력 12월 기축월생이 된다. 입춘 절입시각을 넘기지 않으면 양력으로는 2006년이라도 음력으로는 2005년이 된다.

태어난 날은 만세력 대로 읽으면 되지만 시간의 간지는 각자가 뽑아야 하는데, 여러가지 조건이 있기 때문에 다음에 나열하는 도표를 참고로 해서 보면 된다.

표 1. 고전적 시간 표시방법

子時	전날 23시~ 당일 01시
丑시	당일 01시~ 당일 03시
寅시	당일 03시~ 당일 05시
卯시	당일 05시~ 당일 07시
辰시	당일 07시~ 당일 09시
巳시	당일 09시~ 당일 11시
午시	당일 11시~ 당일 13시
未시	당일 13시~ 당일 15시
申시	당일 15시~ 당일 17시
酉시	당일 17시~ 당일 19시
戌시	당일 19시~ 당일 21시
亥시	당일 21시~ 당일 23시

표 2. 현재 시간 표시방법

明子시	당일 00시 30분~ 01시 30분
丑시	당일 01시 30분~ 03시 30분
寅시	당일 03시 30분~ 05시 30분
卯시	당일 05시 30분~ 07시 30분
辰시	당일 07시 30분~ 09시 30분
巳시	당일 09시 30분~ 11시 30분
午시	당일 11시 30분~ 13시 30분
未시	당일 13시 30분~ 15시 30분
申시	당일 15시 30분~ 17시 30분
酉시	당일 17시 30분~ 19시 30분
戌시	당일 19시 30분~ 21시 30분
亥시	당일 21시 30분~ 23시 30분
夜子시	당일 23시 30분~ 24시 30분

표 3. 표준시 적용기간

표준시를 기준한 경선	표준시를 적용한 기간
동경 135도 00분	한일 합방후(1910. 8. 30)~ 1954년 3월 20일
동경 127도 30분	1954년 3월 21일 ~ 1961년 8월 9일
동경 135도 00분	1961년 8월 10일 ~ 현재까지 사용하고 있음

표 4. 섬머타임 적용년도와 기간

년 도	적 용 기 간
1948년	5월 30일 자정~ 9월 22일 자정
1949년	4월 3일 자정 ~ 9월 30일 자정
1950년	4월 1일 자정 ~ 9월 10일 자정
1955년	5월 5일 게시
1956년	5월 20일 자정 ~ 9월 29일 자정
1959년	5월 3일 00시 ~ 9월 19일 24시
1961년	서머타임 실시폐지(5월1일자)
1987년	5월 10일 02시~10월 11일 03시
1988년	5월 8일 02시~ 10월 9일 03시

* 서머타임 기간에 태어난 사람은 1시간 씩 당겨주면 된다. 2시 30분이면 1시30분 임.

1951년~1955년, 1957년~1958년, 1960년 이 기간에 대한 적용자료가 불명하니 이 때 태어난 사람은 그 당시의 기억을 상기하여 적용하면 될 것이다. 추리하건대 섬머타임을 적용하는 시기의 흐름이었으니 계절에 맞춰 시행했을 것으로 추정됨.

표 5. 각 지역별 표준시와 시간차이

지역명	경도	동경 127동 30분기준	동경 135도 기준
서울	127도 58분 46초	+02분 05초	+32분 05초
부산	129도 02분 53초	-06분 12초	+23분 48초
대구	128도 37분 05초	-04분 28초	+25분 32초
인천	126도 37분 07초	+03분 32초	+33분 32초
대전	127도 25분 23초	+00분 19초	+30분 19초
광주	126도 55분 39초	+02분 17초	+32분 17초
전주	127도 08분 55초	+01분 24초	+31분 24초
춘천	127도 44분 02초	-00분 56초	+29분 04초
제주	126도 31분 56초	+03분 52초	+33분 52초
목포	126도 23분 27초	+04분 26초	+34분 26초
강릉	128도 54분 11초	-05분 37초	+24분 23초
포항	129도 21분 42초	-07분 27초	+22분 33초
경주	129도 13분 18분	-06분 53초	+23분 07초

표 6. 서울 지역 출생의 시간 구분 예(동경 135도 기준)

明子시	00시 32분 05초~01시 32분 04초
丑시	01시 32분 05초~03시 32분 04초
寅시	03시 32분 05초~05시 32분 04초
卯시	05시 32분 05초~07시 32분 04초
辰시	07시 32분 05초~09시 32분 04초
巳시	09시 32분 05초~11시 32분 04초
午시	11시 32분 05초~13시 32분 04초
未시	13시 32분 05초~15시 32분 04초
申시	15시 32분 05초~17시 32분 04초
酉시	17시 32분 05초~19시 32분 04초
戌	19시 32분 05초~21시 32분 04초
亥	21시 32분 05초~23시 32분 04초
夜子시	23시 32분 05초~24시 32분 04초

표 7. 시간지(時干地) 조견표

	甲己일생	乙庚일생	丙辛일생	丁壬일생	戊癸일생
明子시	甲子	丙子	戊子	庚子	壬子
丑시	乙丑	丁丑	己丑	辛丑	癸丑
寅시	丙寅	戊寅	庚寅	壬寅	甲寅
卯시	丁卯	己卯	辛卯	癸卯	乙卯
辰시	戊辰	庚辰	壬辰	甲辰	丙辰
巳시	己巳	辛巳	癸巳	乙巳	丁巳
午시	庚午	壬午	甲午	丙午	戊午
未시	辛未	癸未	乙未	丁未	己未
申시	壬申	甲申	丙申	戊申	庚申
酉시	癸酉	乙酉	丁酉	己酉	辛酉
戌시	甲戌	丙戌	戊戌	庚戌	壬戌
亥시	乙亥	丁亥	己亥	辛亥	癸亥
夜子시	丙子	戊子	庚子	壬子	甲子

실례를 들어 생년월일시를 가지고 사주를 세워 봄으로서 이해를 돕 겠다.

예 1) 2006년 2월 3일 저녁 11시 30분 서울生 (양력) 일 경우:
오른쪽에서 왼쪽으로 연월일시 순으로 나열하는 게 일반적이다. 년을 보면 2006년이니까 만세력을 펴보면 丙戌년으로 되어 있으나 입춘(立春) 절기가 2월 4일 08:27분 이후가 되니, 입춘 을 넘기지 않으면 전년도를 적용해야 하기 때문에 태어난 해 는 음력으로 을유(乙酉)년이 년주(年柱)가 된다.

다음 월주(月柱)도 입춘이라는 절기를 넘겨야 음력 1월이 되는데 넘 기지 못해 전년도 12월 기축(己丑)월이 된다.

다음 일주(日柱)는 만세력대로 2월 3일을 찾아보면 계해(癸亥)일로 되어 있는대로 적용하면 된다.

다음 시주(時柱)는 현재 우리가 사용하고 있는 저녁 11시 30분은 동 경 135도를 기준한 시간이기 때문에 위 표 6을 보면 서울경우 23시 32분 05초부터 야자시가 되므로 전 시간인 亥시가 되어 표7에서 癸일 을 보면 癸亥시가 된다.

사주를 정리해 보면,

時	日	月	年 (2006년 2월 3일 밤 11시 30분 서울生)
癸	癸	己	乙
亥	亥	丑	酉

예 2) 2006년 2월 4일 오후1시 대전生:

년은 입춘 절입시간을 넘겼으므로 2006년 丙戌년

월도 입춘 절입시각을 넘겼으므로 음력 1월인 庚寅월

일은 만세력에 있는 2월 4일 에 표시된 대로 甲子일

시는 대전출생의 경우에는 표5에서 보면 30분 19초의 차이가

있기 때문에 표2를 참조하면 午시에 해당하여 표7에서 癸일을

찾으면 戊午시가 된다.

시	일	월	년
戊	甲	庚	丙
午	子	寅	戌

예 3) 1960년 8월 7일 23시 50분 부산生

1960년은 표3을 보면 동경 127도 30분을 적용한 시기이므로

시간적용에 표5를 참조하여 부산지역은 −6분을 해줘야 한다.

년은 庚子년, 월은 8월 절입시각을 넘겼으므로 음력 7월인 甲

申월, 일은 8월 7일 丁卯일, 시는 6분을 빼주면 23시 44분이

이지만 1960년도에 섬머타임을 적용했다고 보면 22시 44분이

되므로 亥시에 해당되므로 표7에서 丁일을 찾아 亥시는 辛亥

시가 된다.

시	일	월	년
辛	丁	甲	庚
亥	卯	申	子

예 4) 1990년 11월 15일 00시 20분 광주生

만세력을 보면 1990년은 庚午, 11월은 입동 절입일을 넘겼으므로 丁亥월이 되며, 15일은 甲申일로 착각할 수 있다. 00시 20분은 표2에서 보면 23시30분~24시30분 까지는 14일 야자시에 해당하며 표5를 참조하면 24시 32분 17초 까지가 14일 야자시에 해당하므로 癸未일이 되며, 시는 표7에서 癸일 甲子시가 된다.

시	일	월	년
甲	癸	丁	庚
子	未	亥	午

이상에서 예시한 것과 같이 자기 생년월일시를 가지고 자기 사주를 세워보면 될 것이다.

2) 대운(大運) 세우는 방법

대운이란 사람이 살아가면서 각 자 맞이해야 할 30년씩 이어지는 큰 계절이다. 사계절이 한번 지나가면 일년이 지나간다. 30년짜리 계절이 4번 지나가면 120년이 걸리는 데 거의 묘지로 사라진다. 봄의 계절은 寅, 卯, 辰 세 달로 나타내듯이 대운에서는 10년씩으로 잘라서 寅, 卯, 辰 총 30년의 기간을 나타낸다. 다른 계절도 동일하게 보면 된다.

진행되는 순서는 지지순서대로 가는 경우와 지지순서의 반대로 흐르는 경우가 있다. 순서대로 흐르는 경우를 순행한다고 표현하며, 남자는 陽年生일 경우와 여자는 陰年生일 경우다. 반대로 흐르는 경우를 역행한다고 표현하며, 남자는 陰年生, 여자는 陽年生일 경우이다.

지지순서란 자, 축, 인, 묘, 진, 사, 오, 미, 신, 유, 술, 해 를 말하며 역행이란 亥부터 시작하여 子 까지 거꾸로 가는 것을 말한다. 다시 말해서 순행은 출발점부터 지지순서대로 가고, 역행은 출발점부터 거꾸로 간다고 생각하면 된다.

대운의 기운은 살아가는 데 10년간의 간격을 유지하면서 오는 환경이며 변화이다. 인간은 누구나 이 환경을 벗어날 수 는 없다. 환경이 좋으면 뜻을 이루기도 좋을 것이며, 나아가기에도 좋은 때가 될 것이다. 그와 반대면 반대의 환경에서 움직임을 선택해야 할 것이다. 보통 대운을 가지고 미래를 예측하는데 많이 운용하지만 필자는 미래를 꼬치꼬치 알 필요는 없다고 본다.

그러나 크게 물러설 때와 나아갈 때를 안다는 것은 인생에 있어서 꼭 필요한 지혜라고 판단되어 다시 한번 언급한다. 뿐만 아니라 배우자 선택과 부부 생활에 있어서도 혼란스러울 경우에는 대운의 영향을 받게 되므로 이런 경우에는 아주 유용하게 활용할 수 있는 수단이 될 수 있다.

대운을 보는 법에서 한가지 유의할 점은 寅卯辰, 巳午未, 申酉戌 ,亥子丑으로 흐를경우 각 계절별로 묶어서 동일한 기운의 영향으로 동일한 결과로 파악하면 안되며 각 지지글자 하나 하나가 다른 모습으로 영향을 미칠 수 있다는 것을 알고 본인 사주의 남편의 자리와 배우자 자리의 글자를 대운의 간지와의 관계를 일일히 대조해서 그 관계를 알아가면서 분석에 임해야 한다는 것이다.

예	丙	己	丁	乙 (여, 44세)
	寅	巳	亥	巳 (9세 대운)

癸 壬 辛 庚 己 戊
巳 辰 卯 寅 丑 子
59 49 39 29 19 9(세)

위 명식에서 우선 본인의 그릇부터 살펴보면 남편 자리에 巳(己巳)
가 앉아 있다. 巳가 부모 자리인 亥로부터 沖을 받고 있어 본래 부모
반대 무릅쓰고 결혼했다. 여기서 드러난 남편은 시지에 있는 정관 寅
이나 시간적으로 멀어서 써 먹을 수 가 없으니 착실한 정관을 맞이하
기에는 처녀시절에는 불가능했다. 차라리 늦게 결혼했으면 가능했으
나 결혼 시기가 되니 드러나지는 안했으나 월지 亥가 재성으로 지장간
에 甲(木)이 남편으로 장생하고 있으면서 그 때 돈을 좀 벌고 있었기에
좋아 보였던 것이다.

원래 남편자리 巳는 본인한테 육친으로 인수이기 때문에 친정 어머
니 처럼 자신을 잘 돌봐주고 어질고 지적인 남편을 원하는 마음으로
자리잡고 있기 때문에 살아보니 亥중 남편의 하는 짓이 원래 원하는
마음과는 상반되는 성격과 행동을 하는 사람이니 안방뿐만 아니라 생
활이 편할 리가 없다.

그런데 왜 이런 사람과 결혼을 하게 되었는가는 선택의 착각이며 착
시 현상으로 닥아 오게 되는 환경적인 요인이 작용하게 된다. 이 배경
을 풀어나가자면 장황해 지니 여기서 끄치고 배우자와의 그릇 정도만
파악하고 대운을 해석하는 방법만을 이해하도록 하겠다.

대운의 진행 과정을 살펴보면 결혼 초 29세부터 寅, 卯, 辰 대운으
로 흘러 현재 卯 대운의 중간쯤을 지나고 있다. 여기서 일반적으로 오

류를 범하기 쉬운 것이 寅, 卯, 辰 묶어서 木이 흥왕하는 기운이니 관성의 기운도 상승하니 남편의 발전과 역할도 충실할 것으로 해석하면 결과적으로 오류를 범하게 된다.

寅은 정관이니 이 시기에는 약간의 마찰을 겪으면서 그런대로 맞춰 가면서 참고 견딜 정도는 유지했으나 卯 대운 들어서는 여자를 무시하고 냉대하는 태도가 무식한 사람처럼 변해가니 견디기 힘든 상황이 된다. 이 배경에는 사업적인 어려움과 경제적인 문제도 수반되고 있다.

여기서 寅과 巳는 刑의 관계이기 때문에 큰 충격은 아니고, 매끄럽지는 않지만 그런대로 참고 맞춰 나갈 수 가 있었고, 卯는 편관(육친설명 참조)의 기운으로 작용하기 때문에 나를 괴롭히는 상황이 극에 달할 수 있다는 것이다.

편관이 반가울 때도 있지만 여기서는 필요 없는 존재이기 때문에 더욱 그렇다. 정관이 있기 때문이다. 더욱이나 월지 亥가 卯와 삼합의 기운까지 가세하기 때문에 돈벌이 보다 여자 괴롭히는 데 더 힘을 보태고 있는 형국이라 할 수 있다.

그래서 지금 마음 같아서는 당장이라도 이혼을 하고 싶지만 두 아들 때문에 본인이 이런 갈등의 환경속에서도 공부를 하여 여러 가지 상담, 복지에 해당되는 자격증을 획득하여 지금 도청 복지사로 일하면서 경제적인 독립기반을 갖춰 가고 있다. 공부를 할 수 있는 힘도 인수가 도와주는 것이 반갑기 때문이다.

이렇게 어려운 여건 속에서도 아들들을 지키고 공부를 할 수 있는 것은 명식 속에 자식이 인수인 巳중 庚금(상관 자식)으로 아주 반가운 기운으로 자리잡고 있기 때문에 자식을 위해서는 어떤 희생도 치룰 수 있는 모성애를 본능적으로 지니고 있다고 할 수 있다.

위에 살펴 본 바와 같이 대운의 지지 글자를 사주 명식에 필요한 글자와 대조해 가면서 일어날 수 있는 일을 예측함으로서 자신의 준비와 마음의 무장도 겸할 수 있어 생활의 충격을 완화하여 건강한 생활을 영위하는 데 활용해야 할 것이다. 만약 寅卯辰 대운 글자가 각각 간섭을 받지 않는다면 남편이 발전할 수 있는 기운이니 부부관계도 화목할 수 있다.

　이 사람도 처음에는 자기 팔자가 왜 이런가 하면서 한탄과 실망만 하다가 이런 사실을 알고 난 후 부터는 남편에 대해서는 모든 걸 체념하고 자신의 일만을 추구하니 한결 가벼운 마음으로 자기 생을 굳세게 개척해 나가고 있으며, 이 모든 것이 자업 자득이라 생각하고 이전 같이 원망하고 분노하는 마음이 없어져 이전보다 훨씬 건강한 모습을 유지할 수 있다고 한다.

　그러면 대운을 산출하는 방법을 알아보자.

　가, 양년생 남자와 음년생 여자: 생년월일에서 다음달 절입일까지 남은 일수를 3으로 나눈 수 가 대운 숫자가 된다. 단, 나머지가 2가 되면 무조건 올려주고 1이면 버려라. 참고로 더 정확히 하자면 출생시간과 절입시간까지 계산해서 할 수 있으나 대세를 분석하는 데는 별 영향이 있다고 보지 않기 때문에 위 방법이 가장 간단 명료하다.

예를 들면 양력 1988, 8, 8일 08:00분일 경우 서울생 남자:

　　88년은 戊辰년이므로 陽년생이므로 순행한다.

　　8월 8일은 절입을 넘겼으므로 庚申월

　　8일은 乙未일

　　시는 辰時므로 庚辰시

　　시　일　월　년

庚 乙 庚 戊

辰 未 申 辰

다음달 절입일이 9월 7일 이므로 8월 8일을 빼면 30일이 된다. (8월
은 31일까지 있으니까) 30에 3을 나누면 10이 되어 대운주기는 10세
부터 20세 30세…… 로 흘러가게 된다. 대운의 간지는 월 간지의 다음
간지로 순행하면 된다. 庚申다음의 육십갑자표를 읽어가면 나이에 따
른 대운환경을 결정짓는 간지가 된다. 대운 간지를 나열하면 다음과
같다.

70	60	50	40	30	20	10	0
丁	丙	乙	甲	癸	壬	辛	庚
卯	寅	丑	子	亥	戌	酉	申

나, 양년생 여자와 음년생 남자: 생일에서 지나온 절입일 까지의 일
수를 산출하여 3을나누어 나머지 2는 올려주고 나머지 1은 버려서 나
오는 숫자가 대운 숫자가 된다. 대운 간지도 월간지를 기준하여 육십
갑자표를 보고 반대 방향의 순서대로 나열하면 된다.

예를 들면 양력 1988, 10, 4일 09:30 서울생 여자

시 일 월 년

甲 壬 辛 戊

辰 辰 酉 辰

〈대 운〉

69	59	49	39	29	19	9	0
甲	乙	丙	丁	戊	己	庚	辛
寅	卯	辰	巳	午	未	申	酉

　양년생 여자이므로 생일에서 지나간 절입일과 날짜 수 는 27일이므로 3을 나누면 9가 되어 9세 주기로 월간지의 역순으로 대운 환경이 된다.

제 3 장

좋은 인연들

인연 종합사례

　제1장의 객관적이고 주관적인 종합 조건들을 충족시키든 미흡하든 불확실한 미래에 대한 불안과 부족하다고 느끼는 점은 있게 마련이기 때문에 2장에서 분석도구들을 통해 자신의 사주와 상대의 사주에 대입하여 서로의 알 수 없는 미래의 인연을 알아보는 과정을 밟았다면 여기서는 사례들을 통해 사주 명식 상 어떻게 짝을 이루고 인연이 되어 있는지를 실상을 통해 2장의 배우자 인연법에 의해 살펴봄으로써 부부의 실상을 파악하는 데 도움이 될 것이다. 사례들은 궁합을 보거나 점술로 맺어진 부부가 아니고 자연스럽게 인연된 경우라는 것을 밝혀둔다.

　여기 사례들은 필자가 아이들의 타고난 적성을 분석하면서 파악한 부모들의 실제 모습을 현 시점 기준으로 옮겨놓았으니 오래된 고전이나 조작된 사례들이 아니다. 현재 결혼할 세대에 비해 한 세대 앞선 부부들이며 대부분 연애나 중매로 이루어 진 경우다.

1) 甲 甲 庚 戊 (여, 52)　　戊 庚 庚 丙 (남, 54)
　 戊 子 申 戊　　　　 寅 戌 子 申

　남자 지지에 申子(辰) 삼합 구성의 조건에서 빠진 辰띠 여성 또는 남자의 지지에 寅(午) 戌의 삼합 구성에서 빠진 午띠 여성이 가장 좋은 인연의 대상이었으나 만나지 못하고 두 사람 다 같은 기운을 가지고 있는 申子(진) 삼합의 기운이 조화를 이루고 남자의 일지 자리가 배우자 자리이므로 이 자리에 있는 戊띠 여인을 배우자로 맞아 현재까지 뜻을 잘 맞춰 현명한 자식들 두고 안태한 부부생활을 영위하며 앞으로도 변함없이 해로할 인연이 된 경우다.

　또 한 가지 특이한 내용은 여자 천간에 甲戊庚 天上三奇를 이루고 있으며 또 하나 남은 甲과 남자 천간에 戊庚이 있어 서로 합하여 甲戊庚 三奇의 짝을 이루고 있으니 정신적으로도 아주 유정한 관계를 이루며, 이를 천생연분 중 연분이라 한다. 이는 상대가 아무리 보잘것없는 신세가 되어도 서로 버리지 않는 깨끗하고 선량한 마음씨를 간직하고 있다. 천상삼기의 순일한 기운으로 충만하기 때문이다.

　여명에서는 연월에 편관이 투출하여 庚금 남편 申띠 인연이기도 하다. 서로 인연이 안 되는 구석이 없을 정도로 기운들이 보완을 이루고 있다.

　참고로 한마디 더 부언한다면 이 부부는 경제적으로 잘살거나 못살거나 어떤 어려운 환경이 닥치더라도 뜻을 맞춰 나갈 기운들로 조화를 이루고 있다.

　이는 대학 입학을 앞둔 아들의 적성 진로의 분석을 의뢰한 부모의 사주다. 이런 부부는 백 쌍 중 한 쌍도 찾아보기 어려운 인연이다.

2) 己 己 庚 戊 (여, 42)　　戊 乙 丁 丙 (남, 44)
　　巳 未 申 申　　　　　寅 未 酉 午

　남자의 지지 구조에 未(申)酉의 순서에서 申 이 빠진 구조를 가져 申
띠 여인을 배우자로 맞이하게 된 경우다. 이는 육친에 상관없이 숨겨
진 자리를 채움으로 같은 기운의 흐름으로 배우자의 의미를 가진다.
앞에서 언급한 공협의 내용 중 반드시 정관이나 정재가 아니더라도 인
연이 된다는 것으로 이해하면 된다. 똑똑한 딸을 두고 있는 부부다. 이
런 구조의 예로 丑寅卯, 辰巳午, 未申酉, 戌亥子와 같이 순서를 유지해
야 한다. 여명의 경우도 일지, 시지 巳(午)未 순서를 채우는 午띠 남편
이다. 이는 기운의 방향성이 일정하게 유지되므로 정신적인 통일성을
이룰 수 있다.

3) 癸 戊 壬 丙 (여, 44)　　戊 戊 甲 甲 (남, 46)
　　亥 戌 辰 午　　　　　午 午 戌 辰

　남자 지지에 (寅)午戌의 삼합 구조와 여자 지지에도 동일한 기운의
구조를 지니고 있으면서 남자 배우자 자리인 午띠 여인을 인연으로 맞
이하게 되었다. 남자의 명식에 화, 토가 왕하여 건조한 기운이 많아 여
명의 水기운이 잘 보조를 이루고 있는 형국이다. 여명에서 정관이 辰
중에 乙木인데 辰띠를 바로 남편으로 맞이했다. 辰을 충으로 열어주는
戌띠가 좋은 인연이나 남명에도 진술이 병존해 있어 구석구석이 인연
되게 이루어져 있다.
　그러나 남명은 조후가 기울어 水氣 한 방울 없는데다가 火와 土 기
운으로 가득하고 비견 양인으로 재성이 견디기 힘든 기운까지 조성하

고 있어 도저히 아내와 오래 인연하기가 불가한 구조를 띠고 있다. 이를 구조하게 된 것은 대운의 흐름이 일찍부터 해자축 水기운으로 흘러 초·중년을 해갈시켜줌으로써 인생의 기초를 다져놓는 행운이 된 것이다. 아내의 경우도 일찍부터 관성기운으로 흘러 내조를 잘해 부부금슬을 초년에 돈독히 하여 후일을 지속할 수 있는 초석을 마련하게 되어 앞으로의 불안한 상황도 극복해 나가게 된다.

이들 부부도 공부를 잘하는 아이들을 둔 다복한 부부로서 해로하는 데 문제가 없는 짝이라 하겠다.

4) 庚 戊 庚 乙 (여, 45)   辛 壬 辛 辛 (남, 49)
    申 午 辰 巳   丑 戌 卯 丑

여명에서 시지 삼합인 申(子)辰의 子띠 남편이 일등 신랑감이나 子띠 남편을 만나지 못하고 차선으로 일지끼리 삼합 (寅)午戌이 조화를 이루는 경우도 쓸 수 있다. 힘들 때는 띠의 연지 삼합 巳(酉)丑의 기운도 인연할 수 있다. 또한 남명의 재성이 戌 중 丁火이나 일지에 암장되어 있어 그 기운이 아주 미약하여 일간 壬의 재성 녹왕(祿旺)이 午(丁火)와 巳(丙火)가 되므로 午는 여명 일지에 있어 편재 巳띠 아내를 인연하게 된 경우이다. 그러나 현재 행복한 부부생활을 하고 있는 사이다.

5) O 己 丙 甲 (여, 46)   O 己 癸 壬 (남, 47)
    O 酉 子 辰   O 巳 丑 寅

시간을 잘 모르는 부부로서 상세한 정확성을 기할 수 없으나 전체적인 맥락은 알 수 있어 남자 지지에 巳(酉)丑 삼합 구조를 가지고 있어 여기서 빠진 삼합 자 酉가 여자의 일지, 즉 배우자 자리를 차지하고 있어 좋은 인연을 이어갈 수 있다. 이럴 경우 띠는 상관없으나 여기서 고려해야 될 사항은 띠가 충이 되는 것만 피하면 된다. 여자 경우는 (申)子辰의 구조를 가지고 있어 申띠 남자와도 좋은 인연일 수 있다.

남명에 재성이 천간에 壬, 癸수가 다 있어 壬의 지지 亥띠, 癸의 지지 子띠 여인과도 인연이 되며, 壬의 입고지인 辰띠와도 인연이 된다. 여명의 연월은 (申)子辰 수국을 이루고 있어 필요한 배우자 기운을 뒷받침하고 있는 형국이다. 여명도 년에 정관 甲이 있어 갑의 지지 寅띠와 좋은 인연이 된다.

참고로 이 부부는 申子辰(여) 운동과 寅午戌(남) 운동은 정반대의 기운을 지니고 있어 한 번씩 싸우면서 조화를 이뤄 나간다고 할 수 있다.

6) 己 壬 辛 甲 (남, 56)   庚 壬 庚 丁 (여, 53)
   酉 午 未 午   戌 申 戌 酉

남자의 시지가 자식의 자리인 동시에 배우자의 기운이 크게 작용하는 자리이기 때문에 앞에서 일지, 시지 삼합이나 지지 띠와 같을 경우에도 좋은 인연이 될 수 있어 시지에 있는 酉띠 여성을 배우자로 맞이하게 된 경우다. 또한 여자 사주에는 申酉戌 金 방합국을 이루고 있어 더욱 酉금의 기세가 강하다고 할 수 있다.

여명의 편관이 戌인데 午戌 반합을 이루는 午띠 남편을 만난 경우이다. 戌이 방합을 이루고 있을 때는 겉만 土의 모습이지 실제 기운은 金으로 작용한다. 남명에도 정재가 여러 개다. 이때는 시간적인 차이는 있을 수 있으나 표면상 같은 정재 午띠 여인을 못 만나고 시지 酉와 인연된 경우이다.

여기서 일찍 午띠 여인을 만났다면 아내의 인연이 바뀔 수 있었으나 酉띠와 인연함으로써 아내의 인연이 바뀌지 않고 오래할 수 있었던 것이다. 그러나 未띠 여인을 만났더라도 좋은 인연이 될 수 있었다. 未는 두 개의 정재 午 하나를 합거(合去─합해서 제거한다)하는 역할을 함으로써 정재 午 하나로 맑게 통일시켜 주는 공이 있는 것이다. 여러 관점에서 생각할 수 있다.

7) 壬 丙 壬 甲 (여, 46)
##　　辰 午 申 辰

이 여인의 사례는 이 책의 범위를 넘어서 독자들에게 자신의 선택이 인생의 행로를 180도 바꿔놓는다는 것을 극명하게 드러나고 있음을 말하고 있다. 이는 사주의 분석을 깊이 함으로써 알 수 있는 영역이기 때문에 그냥 부담 없이 읽으면서 자신을 한번 되돌아보는 계기가 되기를 바란다.

남편의 사주는 모르나 이 여인의 사주에 담긴 남편의 모습을 분석해 보면 丙 일주의 관성은 壬, 癸가 되니 여기서는 壬이 자연 남편이 되며 일주의 주변을 둘러싸고 있다. 지지 申은 壬의 장생지로서 세력을 뿌리 내리고 있고 辰도 壬창고로 저장되어 뿌리의 역할을 하고 있어 壬의 세력이 강하게 작용하고 있는 상황이다. 또한 申(子)辰 삼합으로 水局을 이루고 있어 水의 세력 또한 강하다.

거기다가 남편인 壬水는 시어머니인 申에서 장생하고 있어 시어머니의 조정을 받고 있다. 이런 와중에 가운데 있는 일주(나) 丙午는 간지 모두 火의 기운을 강하게 가졌다고 해도 주변의 水의 세력을 당해낼 힘이 없게 된다. 이렇게 되면 남편으로부터 원인이 되어 일어나는 일들이 전부 본인을 괴롭히게 되며 결국 건강까지 잃게 되어 생명이 위독하게 되는 형국에까지 도달하게 된다.

여기에 얽히는 인생사는 다 풀어놓을 수 없을 정도의 일들이 전개될 가능성을 내포하고 있다. 일반적인 내용을 열거하면 시어머니로부터 괴롭힘을 당하게 되고, 남편이 직장이나 사업 등의 일로 재산을 축내고 이것도 정당하지 못하게 속이고 기만하며 이루어지니 여자를 완전히 골병 들이는 형국이 된다. 즉, 저질러놓고 여자 보고 갚으라는 식이 된다. 이 모든 것이 기만 속에 이루어진다는 데 문제가 더 큰 것이다.

본인은 교사이며 문학적인 소양도 갖추어 글을 준비하며 몸이 극도로 쇠약하고 정신적으로 너무 피폐하여 휴직을 하고 있는 상태다. 丙午 일주가 말하고 있듯이 본인은 성정 자체가 투명하며 맑고 깨끗한 순수성을 지닌 사람이다.

이런 사람한테 상상치도 않던 환경이 닥치니 정신적으로 육체가 사그라지기 시작하는 것이다. 이는 병원에 가도 약도 없으며, 병원에서 주는 약을 먹어도 아무 효과도 없으며, 내장만 더 나빠지는 결과만 초래할 뿐이다. 병원에서는 병명도 역시 알 수 없다. 믿었던 주변 가족으로부터 이런 일이 일어나면 병명도 없는 병으로 인생을 마치게 된다.

이런 가운데 아이들 둘은 수재형이라 전교에서 1, 2등을 도맡아 유지하는데 어머니는 그나마 아이들한테 희망을 걸고 있으나 아이들마저 할머니(시어머니)가 싸고 들어 어머니의 고통을 이해하지 못하고 아버지와 할머니 편을 드니 어머니 교양에 차마 말도 못하고 기가 막힐 노릇이니 아이들도 어머니한테는 병이 된다. 그러니 주변 가족이 전부 이 여자를 못살게 하는 형국이다.

여기까지 대강 요약했지만 이 사실이 이 여자의 사주에 담겨 있는 내용이다. 그렇다면 운명이란 말인가? 그렇지 않다. 사주를 정해진 운명인 것처럼 이야기하는 사람이 많지만 정해진 것은 아무것도 없다. 다만 선택에 의해서 자신의 운명이 정해질 뿐이다. 사주는 하나의 좌표다. 좌표점과 좌표점을 잇는 점은 수많은 방법이 있을 수 있다. 어느 점을 선택하느냐가 자신의 운명을 결정짓는다.

이 여인은 처음에 수녀가 되려고 했는데 현재의 남편을 만나 동정으로 마음이 변했다고 한다. 여기에 얽힌 사연들이 있으나 혹시 영향이 미칠 수 있어 이쯤 하기로 하고 수녀가 되려고 마음먹은 자체가 자신이 갖고 있는 선택의 위험성을 영혼적으로 암시했다고 할 수 있다. 결국 선택은 잘못된 좌표를 택하게 된 것뿐이다. 인간에게는 미래의 위험성에 대한 신호를 느끼게 마련이다.

이 미세한 신호를 무시하다 보니 이렇게 본의 아닌 삶 속에서 허우적거리는 경우가 많게 된다. 처음부터 이런 내용을 알았더라면 결혼하지 않고 애초 마음먹었던 것처럼 수녀가 되었을 것이다. 그랬으면 지금 지옥과 같은 생활과 고통 없이 누군가의 생명과 영혼을 구제하기 위해 노력하고 있었을 것이다.

이 공부가 필요한 이유가 여기에 있는 것이다. 즉, 자신을 알기 위해서이다. 자신을 먼저 알아야 남도 나한테 맞춰볼 수 있는 것이다. 여기에 설명한 내용은 사주의 전문적 분석에 의한 미래를 예측할 수 있는 영역을 나타내어 독자들이 참고함으로써 배우자 선택의 운명성을 상기시키는 데 있다.

마지막으로 이 교사에게 조언한 것은 생명을 지키고 싶으면 모든 것을 버리고 새로 출발하라고 했다. 이것을 사주에 있는 좌표인 글자로 부연하면 나 자신인 일주(丙午)와 재성(돈) 만을 남기고 다른 글자는 모두 버리라는 뜻이다. 즉, 버린 글자는 없는 것과 같다. 사용하지도 쳐다보지도 말라는 말이다.

만약에 선택을 처음 마음먹은 대로 했다면 자신을 못살게 굴던 주변의 水 기운은 명예와 지적(知的) 재산으로 화하며 생명과 영혼을 구원하는 많은 사람의 존경의 대상이 된다. 즉, 주변 글자도 어떤 선택을 하느냐에 따라 자연 기운의 변화를 일으켜 가치가 달라지는 이치와 같다.

다시 부연하면 같은 연장인데 어떻게 활용하느냐에 따라 이기(利器)가 되기도 하고 흉기(凶器)가 되기도 하는 것이다. 결론적으로 혼전에 2장에 있는 인연법을 상식적으로 알고 있었다면 이런 불행은 예방할 수 있었을 것이다.

8) ○ 丙 辛 丙 (여, 44)　　○ 乙 丁 己 (남, 50)
　　○ 戌 卯 午　　　　　○ 卯 丑 亥

이 부부는 태어난 시간은 정확히 모르나 제2장에서 설명한 천상삼기 중 乙丙丁에 해당해 남자 천간에 乙丁이 갖춰져 있고 여자 일간에 丙이 있어 乙丙丁 천생연분의 짝을 이룬 인연이다. 이런 부부는 서로 싸우고 찢고 해도 이혼하지 않고 해로한다. 싸움은 칼로 물 베기가 되는 부부이다. 뭔가 생각과 마음이 일치되는 데가 있어 싫어도 떨어지지 않는 특징이 있다. 삼기를 이루더라도 100% 이혼하지 않는다는 것은 아니다. 이는 더한 장애요인이 포진하고 있을 경우이다.

참고로 남자 사주의 지지에 亥卯(未) 삼합국을 이루고 있어 未띠 여성과 인연했다면 금상첨화가 되었을 것이다. 그러나 여자는 火 기운이 넘쳐 남편인 水 기운을 몹시 그리워하는 형국인데 천을귀인인 亥띠 남편과 인연되었으니 여자로서는 행운의 남편이다.

인연하기 어려울 때는 이 부부와 같이 일간끼리 간합보다 상생이 더 유정할 수 있다(木生火). 그러면서 일지가 육합 卯戌을 이루고 있는 것도 천생배필은 아니더라도 인연에 도움은 된다.

9) 戊 辛 戊 庚 (여, 50)   甲 辛 壬 乙 (남, 55)
   戌 卯 寅 子   午 亥 午 未

　이 부부는 세 가지 인연 요인을 가지고 있다. 하나는 천상삼기 중 甲戊庚 짝을 이루고 있고, 둘은 남자 사주 지지에 亥(卯)未 삼합국을 이루는 卯가 여자 사주 일지의 배우자 자리에 있다. 이는 앞에서 설명이 없었으나 삼합을 이루는 글자가 띠가 아니고 시지나 일지에 있어도 좋은 인연한다.
　아내 쪽에서 보면 일지 삼합의 띠를 남편으로 맞이한 경우이다. 셋은 부부 사주의 지지 글자 조합에 위치에 관계없이 寅午戌 삼합을 이루고 있어 이것도 띠가 아니더라도 서로의 사상과 마음이 통하는 부분이 많다는 것을 의미한다. 공동 목표를 향해 죽이 잘 맞는 사이가 될 수 있다. 이럴 경우에 인연 식별은 띠끼리 충만 피하면 된다.

10) 己 丙 丁 己 (여, 41)   甲 壬 丙 戊 (남, 42)
    丑 戌 卯 酉   辰 子 辰 申

　이 부부는 申酉戌 방합을 이루고 있어 같은 기운의 성향을 띠어 동질성을 유지하나 서로 운동하려는 목적이 달라 부부간의 갈등을 유발하기 쉬운 구조를 가지고 있다. 서로 운동하는 목적이 다른 이유는 申子辰, 巳酉丑, 寅午戌 각각 운동 성향이 다르기 때문이다. 필요할 때는 조용하다가 서로 필요성을 느끼지 못하고 장애가 되면 깨지기 쉬운 결합이라는 것이다. 각각 제 갈 길로 흩어지는 성질이다.

즉, 형제끼리 원수 되는 것과 같은 사이가 될 수 있는 것이다. 이 또한 흘러가는 운의 흐름에 따라 환경과 심리적 변화를 일으켜 예측치 못한 행동을 하게 되나 마침 부족하고 필요한 기운을 도와주는 흐름으로 지속된다면 행복한 부부생활을 지속할 수도 있다. 그러나 남편의 대운 흐름이 金水 기운으로 흘러 아내인 丙火가 견디기 힘든 기운이며, 여명도 상관 대운에 속하고 일지, 시지(丑 중 癸수가 남편)가 서로 형하고 있어 이 시기를 잘 참아내야 하는데 부부의 미래가 불안하다. 이런 사실도 서로 알고 대처하면 능히 극복할 수 있는데 모르고 있는데서 참지 못하고 극단의 길로 가기 쉬운 것이다.

11) 己 庚 己 辛 (여, 49)　　丁 己 乙 庚 (남, 60)
　　卯 戌 未 丑　　　　　　卯 巳 酉 寅

남명의 일지에 巳酉(丑) 삼합을 이루어 빠진 丑띠 아내와 인연하여 너무 사이가 좋다고 한다. 또한 여자 일지 戌과 남자의 띠 寅과도 寅(午)戌 삼합을 하고 있다. 이 외도 남명에 눈을 닦고 보아도 재성이 없다.

이럴 경우에는 남명의 일간 己土가 入庫(入墓)되는 丑띠 여인을 만나도 좋은 인연인데 남자가 여자한테 아주 잘하는 남편이 된다. 또 다른 인연은 정재가 壬水가 되므로 壬의 건록지가 亥(돼지)가 되어 亥띠 여인을 만나도 좋은 인연이 될 수 있다.

12) 庚 庚 壬 甲 (여, 46)   甲 庚 丙 辛 (남, 49)
    辰 寅 申 辰   申 寅 申 丑

이들 부부는 일주가 일치하고 있다. 이렇게 태어난 날의 천간과 지지가 일치할 경우에는 띠의 충이 없으면 인연이 된다. 그런데 남자의 사주 지지를 살펴보면 가운데 배우자 자리인 寅을 양쪽 申이 서로 충을 하고 있어 견디기 힘든 구조를 가지고 있다. 이렇게 시지와 일지 충은 배우자 인연을 오래하지 못하는 경우가 많다. 이럴 경우에는 두 가지다. 어떤 수모와 고통도 참고 살든지, 헤어지든지 둘 중 한 가지다. 그러나 이 부부는 서로 싸우는 정으로 사는 게 서로가 가지고 있는 배우자 분수이기 때문에 헤어지면 안 되는 것이다.

그러나 한 가지 위안이 되는 것은 寅申충을 하더라도 寅과 申을 완충시켜주는 水(申子辰) 기운이 들어와 충의 기운을 완화시켜주고 있으므로 급격히 헤어지는 것을 막아주고 있다. 辰띠와 인연했기 때문이다. 金生水 水生木.

이런 경우에는 대운의 흐름도 영향을 받기 때문에 남자의 경우는 재성의 기운이고 여자의 경우도 재성의 기운으로 흐르고 있다. 그래서 남자는 아내를 놓지 못하고 여자도 재성의 기운이 관성을 도우므로 헤어지지 못한다.

만약 이혼할 마음이 있다 하더라도 남자는 돈 때문에, 여자는 자식들 때문에 이혼을 하지 못한다. 아내는 자식에 대한 애정이 아주 강한 성향을 띠고 있기 때문에 남편이 싫어도 오직 자식의 앞날을 위해 자신을 희생하는 한국의 전형적인 어머니 상이다. 아내의 명식에는 식신의 기운이 귀하고 유정하기 때문이다.

13) 甲 丁 庚 乙 (여, 45)　　丙 甲 戊 乙 (남, 45)
　　辰 巳 辰 巳　　　　　寅 寅 子 巳

乙丙丁, 甲戊庚 두 개의 천상삼기를 천간에 교차 구성하고 있어 보기 드문 인연을 하고 있다. 여명의 배우자 자리에 巳가 있어 바로 巳띠마저 같은 띠를 이루고 있으니 정신적으로 유정이 넘치는 사이라 할 것이다. 남명에 巳는 재성 戊의 건록지 이기도 하다. 모두가 부러워할 정도의 부부 사이를 유지하고 있다.

14)　丙 辛 甲 癸 (여, 57)　戊 乙 丁 己 (남, 60)
　　申 亥 寅 巳　　　　子 巳 丑 丑

이들 부부도 乙丙丁 천상삼기를 이루고 있고 남편의 지지 巳(酉)丑 삼합을 이루고 있는데 酉띠 여성이면 일등급 아내인데 巳띠 여인과 인연된 경우다. 또한 남명의 정재 戊의 건록지가 巳가 되므로 인연하는 데는 무리가 없다. 여기서 일등급이란 巳띠보다는 마음이 잘 조화되는 기운이다. 부부의 행복에 차이가 있을 수도 있다.

15) 乙 庚 戊 乙 (여, 55)　　O 丁 丙 甲 (남, 56)
　　酉 子 寅 未　　　　　O 巳 子 午

양 사주의 천간 乙丙丁, 甲戊庚 두 개의 천상삼기가 이루어져 있다. 남자의 시간도 모르는 상황에서 확률적으로 어려운 상황을 연출하고 있다. 이럴 때는 여명을 봐서 판단할 수 있는데 관성이 寅 중에 丙火가 장생하고 있다고 하나 관성의 기운이 드러나지 않아 약한 가운데 이 부족한 기운이 남명에서 寅午(술) 삼합을 이루어 관성의 기운을 도우고 있으니 午띠 남자와 인연하게 되었다.

16) 庚 丁 壬 庚 (여, 40)　　癸 癸 乙 戊 (남, 42)
　　子 亥 午 戌　　　　　　亥 卯 卯 申

　남자의 사주에 재성(처)이 없다. 이때는 앞에서 설명한 바와 같이 일간 癸水의 처는 巳나 午火가 되는데 여자의 사주에 巳띠, 午띠는 아니라도 (寅)午戌 火局을 이루고 있어 戌띠 여인과 인연이 된 경우다. 술띠와 일지 육합을 이루어 도움이 된다.

　이외에도 일지가 서로 삼합(亥卯)을 이루고 있고 여명의 시지와 삼합(申子)을 이루는 申(원숭이)띠와 인연이 된다. 특이한 사항은 여인의 사주 지지의 구성이 亥子 水局과 午戌 火局을 이루고 있어 水火 交戰(전쟁)이 일어나고 있는 형국이라 남자의 사주를 보면 지지가 亥卯 木局에 천간에 乙木까지 투간하여 木의 기운이 강하다.

　여기서 水火가 싸울 때 중간에 木이 가교 역할을 해주면 서로 평화로워진다. 즉, 水生木, 木生火하여 중간에 木의 기운이 놓임으로써 싸우지 않고 오히려 생산성을 높이는 시너지 효과를 볼 수 있는 구조이기 때문에 더욱 좋은 인연이 될 수 있는 것이다. 이는 운명을 분석할 수 있는 경지에 가서 가능한 일이니 독자들은 이해가 안 되더라도 마음 쓰지 말고 참고로 하기 바란다. 그러나 공부를 더 깊이 있게 확대해서 해 나가면 이것도 누구나 알 수 있다.

17) ○ 辛 辛 己 (여, 61)　　○ 乙 乙 乙 (남, 65)

　　○ 酉 未 丑　　　　　○ 未 酉 酉

이들 부부는 시간을 모르나 여자의 사주에 (巳)酉丑 삼합을 이루어 酉띠 남편을 맞이하게 된 경우다. 남명에서 보면 재성이 未중 己土인데 이를 개고(開庫)시키는 丑띠가 인연이 된다. 서로 인연의 끈을 가지고 있는 것이다.

이 부부는 옛날 완고했던 시절인데도 궁합 같은 것을 보지 않고 부모의 반대도 뿌리치고 연애로 결혼하여 잘살고 있는 경우다.

18) 辛 辛 戊 乙 (여, 45)　　甲 辛 甲 乙 (남, 45)

　　卯 酉 子 巳　　　　　午 丑 申 巳

이들 부부도 일지끼리 巳酉(丑) 삼합국을 이루고 있어 같은 巳띠 남자와 인연을 이루어 현재까지는 외형상 큰 문제는 없어 보이나, 여명에 일지와 시지가 충을 이루고 있어 불안한 기운을 나타내고 있어 많은 갈등과 싸움이 잦을 수 있는데 남명에서도 일지시지 丑午가 원진, 귀문되어 미워하는 마음이 축적되어 갈 수 있는 구조를 지녀 지금 중년을 넘어 가는 과정에서 염려되는 경우다. 남자가 정신적 문제점을 내포하고 있을 수 있다.

이럴 경우 앞에서 검토한 바 있지만 대운의 흐름을 참고해서 판단해야 한다. 마침 남명은 재성(재물, 처)의 기운으로, 여명은 관성(남편)의 기운으로 흘러 서로 필요한 기운을 도와주고 있어 중요한 위기를 넘어갈 수 있을 것이다. 그러고 나면 이미 나이가 60~70대에 접어드니 그동안의 모든 갈등과 애증은 추억으로 간직하게 될 것이다.

반복해 이야기하지만 이런 사실도 서로 공유하여 알고 있다면 극복하는 것은 문제가 되지 않는다.

19) 癸 丁 庚 癸 (여, 47)　　　癸 戊 辛 庚 (남, 50)
　　　卯 亥 申 卯　　　　　　丑 戌 巳 子

남명의 재성이 癸水이고 여명의 관성도 癸水다. 癸水가 지지로 내려오면 子가 되며 건록지가 되어 여명이 남명의 子(쥐)띠와 인연된 경우다. 남명의 일지 戌과 육합을 이루는 卯띠 여인을 견인한 경우이다.

20) 丙 己 丁 庚 (여, 50)　　　癸 乙 戊 乙 (남, 55)
　　　子 亥 亥 子　　　　　　未 巳 寅 未

乙丙丁 천상삼기의 짝을 이루며 여명 일지 亥와 삼합을 이루는 未띠 남자와 인연되었다. 남명에서는 정, 편재가 혼잡되어 있다. 정재 戊토를 癸수가 합거하므로 癸수의 건록지 子띠 아내와 견인한 경우이다.

21) 丙 丁 乙 己 (여, 31)　　　甲 丁 壬 丙 (남, 34)
　　　午 亥 亥 未　　　　　　辰 亥 辰 辰

乙丙丁 천상삼기를 이루며 남명의 일지 亥와 삼합을 이루는 未띠 여인과 인연되었다. 여명의 일지 관성은 천을 귀인으로 亥띠 남자가 일등 남편이지만 만나지 못한 경우이다. 남명에서 불안한 요인이 일지, 시지가 辰亥 원진되어 연월지와도 원진이 중첩되어 성질이 너그럽지 못하고 상대를 피곤하게 할 수 있는 타입이므로 아내의 지혜로움과 인

내가 필요하다.

다행히 남명이 대운 흐름이 재성 운으로 진입하여 위기를 잘 넘길
수 있는 기운이다. 남명에서 연월에 辰이 포진하고 있어 酉를 끌어오
는데 酉가 재성인데 酉띠 여인을 만나지 못해 아쉬운 부분이다. 이 부
부의 경우에는 자신한테 이상적인 인연을 만나지 못했다.

22) 甲 乙 甲 己 (여, 51)　　癸 癸 庚 丙 (남, 54)
　　 申 丑 戌 亥　　　　　 亥 亥 寅 申

남자의 일지, 시지 亥와 같이 亥띠 여성을, 여명에서도 시지 정관 申
띠를 인연하여 서로 견인하고 있다.

23) 辛 丁 庚 辛 (여, 39)　　庚 乙 甲 壬 (남, 38)
　　 亥 丑 寅 亥　　　　　 辰 亥 辰 子

남자로 봐서는 일지 亥를 따라 亥띠 여성이 인연이 되었고, 여자로
봐서는 亥(子)丑 방합으로 子띠 남자와 인연하게 된 것이니 서로 좋은
인연이 된다.

24) 丁 甲 丁 壬 (여, 48)　　○ 辛 庚 癸 (남, 47)
　　 卯 戌 未 寅　　　　　 ○ 亥 辛 卯

辛壬癸 천상삼기인 동시에 (亥)卯未 삼합으로 남자 卯띠와 인연하게 되었다.

25) 己 丁 癸 戊 (여, 42)　　　壬 壬 丁 丙 (남, 44)
　　酉 未 亥 申　　　　　　　寅 申 酉 午

　남자의 일지 申과 같은 申띠 여인과 인연하였다. 남녀 일간 丁壬(천
간합)이 합이 된다고 하여 좋은 인연으로 단정하는 책들이나 이야기들
은 현실성이 없다는 것을 밝혀둔다. 이렇게 지지 인연이 되면서 일간
의 합이 이루어지면 더욱 좋은 인연으로 볼 수는 있다. 천간만으로 단
정 짓지 말라는 뜻이다.

26) 癸 丁 丙 丙 (여, 54)　　　壬 壬 戊 戊 (남, 52)
　　卯 未 申 申　　　　　　　寅 申 午 戌

　이 부부도 남자 일지 申과 같은 申띠 여인과 인연하였다.

27) ○ 丙 辛 壬 (여, 48)　　　○ 甲 壬 辛 (남, 49)
　　○ 辰 亥 寅　　　　　　　○ 戌 辰 丑

　이 부부는 인연할 만한 원인을 찾을 수 없다. 시간을 모른다 하더라
도 나타난 상황만을 보면 남명은 재성이 여럿이 혼잡되어 있다. 이를
정리할 수단이 없다. 아내로 인한 복잡한 변화를 겪을 수밖에 없다는
것을 암시하고 있다. 아내도 마찬가지로 관성이 드러난 것과 辰에 암
장된 관성도 병존하고 있어 남편으로 인한 이별사를 겪을 수 있는 구
조 명식이다. 두 사람의 인연의 끈마저 전혀 없어 불안한 현상이다.
　남명에서 일지 戌과 辰이 같은 재성끼리 충을 하고 있어 서로 안방
을 차지하려고 싸우고 있는 형국이고, 여명도 일지 辰과 관성 亥가 원

진되어 안방과 유정하지 않은 구조를 하고 있어 갈등이 많은 상황을 연출하고 있는 형국이다.

그러나 이때까지 무탈하게 온 것은 모르는 시간에 견인력을 갖고 있다고 추론해 볼 수 있다. 그런데 대운의 흐름이 남편과 아내 모두 인성운으로 흘러 신약한 남편의 기운을 도와줌으로 인해 혼잡된 재성을 다스리고, 아내도 혼잡된 관성이 인성의 기운을 도와 기운의 통관과 순환을 통해 혼잡된 관성을 정리하는 기운이 되어 서로 돕고 있는 상황이다.

28) 乙 己 己 癸 (여, 46)　　　庚 甲 庚 丁 (남, 53)
　　 亥 未 未 卯　　　　　　 午 戌 戌 酉

이 부부는 가장 기피하는 띠끼리 충을 하고 있으나 개인적인 성정으로는 각자 사주의 지지 전부가 합을 이루고 있어 타합적이고 사교적이면서 인간관계 면에서 화합과 조정을 잘하는 기본적인 성격의 소유자들이다. 그러나 두 사람의 띠가 충을 한다는 것은 서로 충돌하는 다른 운동성을 가지고 있어 부부의 조화는 불안하나 남명의 대운의 흐름이 식상(식상生재)과 여명은 재성(재生관)의 기운으로 중년을 넘기고, 서로 필요한 기운을 도우고 있는 형국을 이루어 나감으로써 부족한 부분을 채우고 있어 부부의 인연을 운의 흐름이 뒷받침하는 경우이다.

이렇게 나쁜 인연일 수 있는 것도 대운의 흐름이 도와줄 때는 인연을 계속 이어갈 수 있다는 것을 이해해야 한다. 그러나 싸움의 갈등은 빈번하게 일어날 수 있다. 이럴 때는 운의 흐름이 인생의 성패, 가정의 성패를 좌우하는 중대한 원인이 될 수 있다는 것을 말하고 있다. 이런 대운의 흐름이 끝나면 위험해 질 수 있으나 이미 노년에 접어들어 체념하고 참고 살 수밖에 없다.

29) 甲 辛 庚 甲 (여, 46)　　　甲 甲 己 庚 (남, 50)
　　午 丑 午 辰　　　　　　子 寅 丑 子

　여명에 일지, 시지 원진되어 불안한 부부 인연을 암시하고 있으나 서로의 띠끼리 삼합(申)子辰하는 경우도 인연할 수 있다. 그러나 띠 삼합은 온전한 인연으로는 보지 않는다. 없는 것보다는 낫다는 뜻이다. 원래 띠는 사주 전체의 기운을 상징하므로 흐르는 시간에 따라 약화되어 가는 기운이므로 백년해로를 위해서는 띠의 기운만으로 감당을 하기에는 부족한 기운이라는 것이다.

30) 丁 辛 己 癸 (여, 47)　　　丙 己 壬 壬 (남, 48)
　　酉 酉 未 卯　　　　　　寅 酉 子 寅

　辛壬癸 삼기를 이루어 인연되었으나 남명의 일지, 시지가 원진되어 서로 마음의 상처를 안고 살아가는 경우다. 대운의 흐름이 남명은 자신을 도와주는 기운이 필요한데 인성 운에 들어 있으니 원만한 관계를 이룰 수 있으며, 여명은 식상 운으로 흘러 자식 때문에 참으면서 남편과의 불편은 적당히 무시해 가면서 견뎌나갈 수 있는 기운이다. 그러나 마음은 행복하지 않다. 이런 부부는 인내가 약이다.

31) 庚 戊 丙 己 (여, 41)　　　丙 丙 甲 辛 (남, 49)
　　申 午 子 酉　　　　　　申 申 午 丑

　甲戊庚 천상삼기로 인연된 경우다. 또한 띠끼리 (巳)酉丑 삼합도 이루고 있다. 남명은 재성이 혼잡되어 늦게 결혼한 경우이다. 늦게 결혼

하면 혼잡의 해를 벗어날 수 있다. 여명은 무관(無官)이다. 그러나 식상은 많다. 이런 경우는 자식이 끈이 되어 인연을 오래할 수 있다.

32) 丙 庚 壬 戊 (여, 52)   丁 丙 辛 丙 (남, 54)
　　戊 午 戌 戌 　　　　　　酉 戌 卯 申

남자의 일지 戌의 삼합을 이루면서 戌 띠를 가진 아내와 좋은 인연이다. 남명에 재성 申과 酉가 혼잡되고 천간에 辛이 투간되어 있어 재성이 어지럽게 널려 있어 아내와의 인연이 좋지 않을 것 같으나 卯酉 충하여 酉를 충거하므로 섞여서 탁한 기운을 申으로 통일시키므로 청하고 맑아져 아내와는 청수(淸秀)한 인연이 된다. 충하여 청하게 하여 주는 卯띠 여인과도 좋은 인연이다.

33) 戊 戊 戊 丁(여, 53)   甲 壬 乙 丁(남, 53)
　　午 辰 申 酉 　　　　　　辰 寅 巳 酉

남명의 정재 丁의 뿌리인 巳와 삼합(巳酉丑)을 이루는 酉띠 아내와 인연된 경우다. 여명으로는 일지 삼합(申子辰)을 이루는 子띠 남자와도 인연이 된다. 여명의 경우에도 일지 辰이 육합을 하는 酉를 견인하고 있다. 남명의 시지도 辰酉 합을 하고 있다.

34) 戊 丙 丙 戊(여, 42)   戊 癸 乙 戊(남, 42)
　　戌 午 辰 申 　　　　　　午 卯 卯 申

여명의 띠 申(子)辰 삼합을 이루어 동일한 申띠 남편과 인연되었다.

남명에 일지, 월지가 천을 귀인이기 때문에 卯띠 여인과도 인연이 되며, 시지 편재 午띠 연인과도 인연되나 만나지 못한 경우이다

35) ○ 甲 庚 辛(여, 39)　　壬 壬 庚 戌(남, 42)
　　○ 申 寅 亥　　　　　　寅 戌 申 申

甲戌庚 천상삼기를 이루고 있으며 여자 일지 申과 같은 띠의 남편과 인연된 경우이다. 아이들도 총명하며 부부 사이도 유난히 좋은 사이를 이루고 있다. 남명의 경우 寅午戌 삼합의 午띠 여인과도 좋은 인연이며 연월에 申이 포진해 있어 재성 巳를 끌어와 인연할 수 있으나 만나지 못한 경우가 된다.

36) 壬 壬 丁 己 (여, 40)　　丁 戊 乙 丁(남, 43)
　　寅 子 丑 酉　　　　　　巳 戌 巳 未

남자의 사주에 재성도 없고, 그 외에 인연될 조건들이 거의 갖추지 못하고 있다. 그러나 남자의 일간 戊가 비겁과 인성의 방조를 받아 워낙 강한 기운을 갖추고 있어 이를 신강(身强-强旺格)하다고 하는데 강할 때는 힘을 써서 누설시켜주는 것이 물질이나 신진, 기운대사가 원활하여 능력과 재능을 탁월하게 발휘할 수 있는 바탕을 이룬다. 이것이 발전하여 財의 형성을 이루는 기초가 되는 것이다.

이의 가장 좋은 역할은 아내의 몫이다. 이에 土의 기운을 빼주는 기운은 金(土生金)氣이다. 이에 속하는 申이나 酉띠가 이상적인 배우자 인연이 된다. 이 중에도 남명의 시지 巳와 삼합을 이루고 있는 酉띠가 더 좋은 배필이 될 것이다. 여기서 눈여겨볼 것은 남명에 일지, 시지가

巳戌 원진되어 있어 불안한 형국이나 대운의 흐름이 水 기운을 맞이하게 되어 재성의 기운이 전혀 없는 가운데 단비라 할 수 있다.

남명에 재성이 無字일 경우에는 앞장에서 언급되었지만 여기서는 일간이 戊이면 재성은 亥나 子가 되므로 亥띠나 子띠 인연을 찾아야한다. 그렇지 않으면 戊가 입고되는 戌띠 여인을 인연하면 된다.

37) 丁 癸 己 壬(여, 38)　　　戊 壬 甲 己(남, 41)
　　巳 丑 酉 子　　　　　　 申 申 戌 酉

여명으로 정통 巳酉丑 삼합을 이루고 있어 남자는 酉띠이고, 남명의 일지申과 삼합을 이루는 子띠 여인과 인연되니 이는 서로가 교차되어 삼합을 이루고 있어 의기투합이 아주 잘되는 부부 인연이라 할 것이다.

38) O 己 乙 庚(부, 60)　　　O 己 甲 戊(여, 52)
　　O 酉 酉 寅　　　　　　 O 卯 寅 戌

甲戊庚 천상삼기를 이루고 있으며 연월지지의 寅(午)戌띠 삼합을 견인하고 있어 띠끼리 인연하여 화목한 가정을 유지하고 있다. 시간을 모르기 때문에 재성이 無字라고 단정 지을 수는 없다. 이럴 경우에는 아는 범위 내에서 인연하면 된다.

39) 乙 乙 甲 壬(여, 48)　　　甲 癸 辛 癸(남, 57)
　　酉 酉 辰 寅　　　　　　 寅 未 酉 巳

辛壬癸 삼기를 이루고 있으며, 여명의 일지 관성 酉와 삼합을 이루

는 巳띠 남성과 인연된 경우이다.

40) O 丁 癸 庚(여, 50)　　戊 庚 壬 戊(남, 52)
　　 O 未 未 子　　　　　 寅 申 戌 戌

남명 일지의 申과 삼합을 이루는 子띠 여인을 아내로 인연한 경우이다. 이 경우에 남명의 시지 寅午戌 삼합의 午띠보다는 子띠가 좋은 이유는 남명에서 일지, 시지 寅申 충이 되어 부부생활의 불안을 예고하고 있기 때문인데 여기서 子 金生水 水生木하여 子가 가운데서 충을 완화시키는 완충역할을 하기 때문이다. 인연은 하였으나 좋은 관계는 아니다. 그러나 인연이 된 이상은 이런 이치를 알고 지혜롭게 인내하며 생산적으로 부부의 삶을 이어가야 할 것이다.

41) O 丁 丙 丁(여, 52)　　O 己 丁 壬(남, 58)
　　 O 巳 午 酉　　　　　 O 卯 未 辰

이들 부부의 경우는 시간을 제외하고는 인연 삼을 만한 마땅한 조건이 없으나 인연하여 잘살아가는 것을 보면 모르는 시간에 좋은 인연될 요소들을 많이 추리할 수 있다. 그러나 본인들이 모르는 사항을 더 이상 언급할 필요는 없다. 다만 대운의 흐름을 보면 남자는 결혼 후 왕한 재성의 기운으로 흘러가고, 여자는 결혼 후 재성과 관성의 기운으로 흘러가므로 서로를 보완하고 발전시키는 기운이다.

이렇게 대운의 기운이 인생의 적절한 시기에 맞게 흘러가면 더 이상 바랄 게 없다. 사주의 글자로 인연되는 기운보다 대운의 흐름이 조화를 이루는 것이 더욱 바람직하다. 명식으로는 인연의 조화로운 기운이 되지만 운이 정반대 기운으로 흐르면 경제적 문제부터 시작해서 부부 관계가 불안해지기 쉽다.

42) 甲 甲 戊 庚(여, 40)　　　　庚 丙 壬 甲(남, 46)
　　 戌 戌 寅 戌　　　　　　　子 辰 申 辰

여자 천간에 甲戊庚 천상삼기를 이루고 있으나 남자의 천간에도 같은 조합을 이루고 있어 삼기만으로 인연을 맺게 된 경우다. 지지에도 서로 교차 조합을 이루지는 않더라도 여명 지지는 寅(午)戌 삼합을, 남명 지지에는 申子辰 삼합을 이루어 기본적인 성격이 화합을 이루는 데는 탁월한 능력을 가지고 있는 부부다. 여명은 양의 기운을, 남명은 음의 기운을 많이 가져야 음양의 조화를 이루어 삶을 유지해 가는 데 여러 가지 어려움을 극복해 나가기 위한 유리한 음양 조건을 이루게 된다. 즉, 남자는 남자대로 음덕을 입게 되고, 여자는 여자대로 주위의 덕을 입게 된다. 이는 인생을 사는 데 가장 중요한 기운이다.

43) 壬 丁 丁 己(여, 40)　　　　辛 壬 辛 庚(남, 40)
　　 寅 酉 丑 酉　　　　　　　丑 辰 巳 戌

남자 사주 지지 巳가 재성(처)으로서 巳(酉)丑 삼합을 이루어 酉띠 여성과 인연된 경우다. 양력 나이는 같은데 연의 간지(띠)가 다른 것은 생월의 차이로 음력 해가 달라진 경우이니 착오 없기를……. 여명에 일지, 시지가 원진되어 있고, 남명에도 연월이 원진되어 있다.

또한 남명의 재성 巳가 巳戌 원진되어 있어 대운의 흐름을 살펴보면 인성과 비겁 운으로 운로가 정해져 있다. 여명도 같은 기운으로 흘러 남자는 재성(처)을 극하고, 여명도 관성(남편)의 기운을 흔드는 기운이니 대운에서도 도와주지 못하는 형국을 이루고 있으니 부부의 인연을 다하기에는 힘든 숙제를 안고 있다 할 것이다.

44) 乙 戊 己 乙(여, 55)　　　戊 甲 壬 戊(남, 52)
　　　卯 子 丑 未　　　　　　辰 戌 戌 戌

이들 부부는 특이한 경우인데 남자 일간이 甲인데 甲의 창고(入庫地 또는 墓地)에 입묘되는 未띠 여성을 아내로 맞이한 경우다. 이런 경우는 대개 공처가 또는 애처가의 모습을 띠게 된다. 남자가 연하다. 보통 여명의 관성이 시지에 있으면 연하와 결혼하기 쉽다는 것을 예고해주고 있다.

남명의 경우 독자 여러분에게 언급되지 않은 부분인데 이는 더 깊이 들어가면 혼란을 가중시킬 수 있어 언급하지 않았다. 몰라도 좋으니 그냥 개념만 들어두기 바란다. 남명을 자세히 보면 전부 土 재성으로 구성되어 천간 壬水는 土에 묻혀 쪽도 못 쓰는 상황이며, 일간 甲이 전부 재성으로 둘러싸인 형국이니 재성에 꼼짝 못하는 신세이다. 이런 경우에는 재성을 따라 살면(從財) 아무 문제없이 잘살 수 있다.

자기가 아내보다 앞서서 설치면 인연을 끌어갈 수 없다. 그래서 아내한테 머리를 숙이고 입묘하는 未띠 여인을 아내로 맞이하게 된다. 이렇게 인연 찾기도 쉽지 않다.

45) 甲 己 壬 甲(남, 56)　　　辛 己 己 庚(여, 50)
　　　子 未 申 午　　　　　　未 亥 卯 子

남자 사주의 지지에 申子(辰) 삼합을 이루고 있어 子띠 여인을 인연하게 된 경우다. 또한 남자 일지 未(처)가 여자 사주의 지지에 해묘미 삼합을 이루고 있어 더욱 다정스러울 것이다. 여기서 독자들이 의아해 할 부분은 띠끼리 子午 충을 하고 있어 앞에서는 충을 피하는 범위에서 조화를 이루어야 한다고 설명한 바 있다.

여기서는 분석의 수준을 한 단계 높여야 이해할 수 있는 부분이므로 부담 없이 참고하기 바라는 마음으로 사례를 들었다. 대자연의 운행과 생물의 생멸이 전부 음양의 조화이며 음양의 대표적인 오행의 기운이 子와 午의 기운이니 서로의 상충은 엄청난 재앙과 변화를 가져오며 새로운 생명의 진화를 이끌고 있다.

여기서 서로의 충돌을 순화시켜주는 기운이 木의 기운이다. 즉, 水生木, 木生火하여 중간에서 다리를 놓음으로써 서로 상생하는 효과를 발휘하게 된다. 『주역(周易)』에서는 이를 수화기제(水火旣濟)라고 하여 명리학에서도 인용해 쓰고 있으나 이는 여기 주제가 아니므로 참고로 언급하고 지나간다. 위 남자의 사주를 보면 水의 기운이 강하게 작용하고 있는데 午火의 기운이 좀 약하여 중간에 木의 기운을 기다리는 형국이고, 여자의 사주를 보면 木의 기운이 강한데 水의 도움까지 받아 더욱 강한 모습이라 어딘가에 좀 木의 힘을 발산해야 순환작용이 일어나 제 기능을 제대로 발휘하는 형국을 취하고 있어 남자의 기운과 여자의 기운이 서로 필요한 부분을 채워 시너지 효과를 낼 수 있는 사이가 되는 경우가 된다. 그렇기 때문에 자오 충이라도 그 사람이 처해 있는 상황에 따라 분석판단을 해야 하므로 띠만 보고 단편적으로 속단해서는 안 된다는 것을 말해주고 있다. 그러나 대부분 충만 되면 무조건 안 된다는 식이니 잘 분별해야 한다.

46) 己 辛 己 丁(여, 53)　　　丙 己 丙 甲(남, 56)
　　丑 卯 酉 酉　　　　　　子 酉 子 午

　남명은 처의 자리인 일지 酉를 따라 바로 酉띠 여성과 인연한 경우
이나 여명에서는 관성인 丁火가 지지에 세력을 갖고 있지 못해 아주
약한 기운이므로 丁火의 건록지인 午띠 남편과 인연되었으니 서로 견
인된 인연이다.

47) 壬 丁 丙 壬(여, 48)　　　甲 癸 庚 辛(남, 49)
　　寅 寅 午 寅　　　　　　寅 酉 子 丑

　辛壬癸 삼기를 이루고, 남명의 재성이 시지의 寅중에 있는 丙火가
정재이므로 바로 寅띠를 배필로 삼은 경우다. 여명의 경우는 寅이 지
지에 세 군데나 포진해 있어 합하려는 亥水 정관을 끌어오는 기운이므
로 마침 천간에 壬水 정관이 투간되어 있어 건록지까지 되고 천갑 합
까지 이루고 있어 그야말로 亥띠 남자가 일등 신랑감인데 불행히도 이
런 인연을 만나지 못했다.

48) 辛 丁 甲 乙(여, 41)　　　丁 己 壬 癸(남, 49)
　　亥 卯 戌 酉　　　　　　卯 丑 辰 丑

　辛壬癸 삼기에 남명 일지 丑과 삼합을 이루는 酉띠와 인연이 된 경
우다. 여명의 경우에는 亥卯未 삼합을 이루는 未띠 남자와 인연할 수
있다. 남명의 경우 천간에 정, 편재 壬, 癸수가 혼잡하여 있는데 丁화
가 壬수를 간합하여 깨끗하게 정리해주는 공이 있어 丁화를 인연하여

도 좋은데 마침 丁화 일간인 아내를 만났으니 더욱 반가울 것이다.

49) 丁 庚 癸 丁(여, 42)　　　癸 丁 辛 戊(남, 42)
　　 亥 午 丑 未　　　　　　　卯 亥 酉 申

　남자 사주의 일지에 亥卯(未) 삼합을 이루어 未띠 여인이 배필이 된
경우다. 이 부부도 나이는 같은데 띠가 다른 것은 음력생월 차이 때문
이다. 남명에서는 정편재 연월에 혼잡되어 있는데 정재 申은 너무 어
릴 때 해당되어 쓸 수 없고 월지 천간과 기립해 있는 편재가 인연되어
酉띠 여인과도 인연할 수 있다. 申을 충거하는 寅띠와도 인연이다.

50) 乙 乙 壬 壬(여, 48)　　　乙 乙 癸 己(남, 50)
　　 酉 酉 寅 寅　　　　　　　酉 未 酉 亥

　이는 이자합연(二字合緣)으로 연월을 우선하기 때문에 여명에서 연
월지지 寅寅의 두 기운이 강력한 힘을 발휘하여 합을 이루기 위해 亥
를 끌어와 인연이 되는 경우다. 이것이 불가능할 경우 酉酉가 辰을 끌
어와 인연할 수 있다.

51) 壬 丁 丙 甲(여, 46)　　　丁 辛 辛 辛(남, 49)
　　 寅 酉 子 辰　　　　　　　酉 酉 丑 丑

　남명에는 재성이 없다. 이럴 때는 정재 甲木의 건록인 寅띠를 인연
해도 되고 연월 丑丑의 기운이 子의 합 기운을 끌어와 子띠와도 인연
이 되고, 酉酉가 辰과 합을 이루기도 하지만 辛의 입묘지(入墓地)가 되

어 인연되었다.

여명의 일지 酉의 삼합 (巳)酉丑을 이루어 丑띠 남편과 인연하게 되었다. 남명 여명 할 것 없이 서로 끌어당기는 인연의 끈을 갖고 있는 모양이다. 여명을 들여다보면 천간 丁壬도 간합을 하고 지지 (申)子辰 삼합도 이루고 있어 성격 자체가 화합을 잘하기 때문에 가정을 화목하게 잘 이끌어가는 스타일이다. 특히 남편과의 관계를 아주 원만하게 리드하고 있다. 합하는 대상이 전부 남편의 기운이기 때문이다.

52) 甲 辛 壬 癸(여, 47)　　　丁 己 己 庚(남, 50)
　　午 亥 戌 卯　　　　　　　卯 酉 丑 子

여기 두 사람은 2장에서 설명한 인연의 끈이 없다. 인연해서는 안 되는 사이이기도 하다. 첫째 남명에는 일지 酉가 도화의 기운이면서 시지 卯와 충하고 월지 丑과는 삼합하고 하여 충합을 반복하고 있다. 이는 여자문제를 계속 일으킬 수 있다는 것을 말하고 있다. 자연적으로 부부불화는 불을 보듯이 뻔한 일이다. 그렇지 않으면 아내가 문제를 일으키든지 하게 된다.

만약 주변의 시선을 모으는 인기직업이나 예술, 연예, 해외 비즈니스 등에 바쁘게 종사할 경우에는 그런 도화의 기운이 직업이나 일로서 승화되는 긍정적인 발전요인으로 작용하게 되어 이성문제를 일으키지 않을 수 있다.

따라서 일반적인 재성을 인연하는 게 아니라 반대로 자신을 극하는 관성이나 재성(여자)을 극하는 비겁을 배필로 인연할 수 있다. 이는 앞에서 설명되지 않은 내용이나 흔치 않게 드물게 적용되는 경우이니 참고로 알아두기 바란다.

즉, 도화의 충합에 따르는 과도한 이성기운을 억제하는 기운을 사용하는 것이다. 그래서 편관 卯띠 여인과 인연이 되어 헤어지지 않고 잘 살고 있다. 그러나 불안한 요인은 항상 안고 있다는 것은 서로 알아야 한다. 그래야만 서로 조심하면서 지켜나갈 수 있는 것이다.

여명에도 문제가 있는 것은 일주 辛亥가 고란살에 해당되어 혼자 될 기운을 가지고 있다. 고란살이라고 해서 전부 그런 것은 아니나 일주나 시주에 고란살을 깔고 있으면 남편과 조화를 이루거나 인내하거나 하는 기운이 부족한 것은 사실이며 고집이나 자신의 이기적이고 이해가 부족한 마음이 앞서는 성향들을 간직하고 있다는 것만은 틀림없으니 스스로 자신을 알아야 할 것이다. 그러나 辛壬癸 삼기를 이루고 있어 성정이 맑고 깨끗한 여인이다.

이 여명은 고란살이라 하더라도 자식인 식상의 기운이 천간 지지에 투출하여 세력을 가지고 있으니 자식 때문에도 가정이나 자신을 지킬 수 있는 힘이 되기 때문에 헤어질 수 없는 것이다. 독자 여러분에게는 이해에 힘이 들겠지만 참고로 알아두고 공부를 심화하게 되면 누구나 알 수 있는 내용이다.

53) 庚 辛 戊 戊(여, 42)　　　壬 庚 乙 丁(남, 43)
　　　子 亥 午 申　　　　　　午 寅 巳 未

여자 일지(남편의 자리) 亥와 삼합(亥卯未)하는 未띠 남자와 인연된 경우다. 이 아내 경우도 일주가 辛亥 고란으로 혼자되기 쉬운 기운을 가지고 있으니 자신을 잘 관리해서 남편을 도와야 운명을 극복해 나갈 수 있다.

54) 辛 庚 癸 壬(여, 38)　　　O 甲 庚 辛(남, 39)
　　巳 戌 丑 子　　　　　　　O 子 寅 亥

辛壬癸 삼기를 이루고, 남자 처의 자리인 일지 子와 같은 子띠 여인
과 천생연분이 된 경우다. 여명에 일, 시지에 巳戌 원진이니 자신의 성
정을 잘 파악하여 남편과 조화를 이뤄나가도록 노력해야 한다.

55) 丁 辛 戊 乙(여, 45)　　　己 庚 己 己(남, 51)
　　酉 丑 子 巳　　　　　　　卯 戌 巳 亥

두 사람 모두 서로 견인해주는 인자는 없다. 띠 巳亥 충까지 하고 있
어 여태까지 배운 상식으로는 인연해서는 안 되는 명이다. 그러면 어
떻게 인연되었으며 오늘날까지 무탈하게 잘 지내오고 있는가. 우선 각
자 명을 보면 남명에는 재성이 삼합을 이루어 재성과는 유정한 관계에
놓여 있고 여명은 사유축 삼합을 이루어 관성을 반갑게 요구하는 기운
을 가지고 있다. 그런데 결혼 당시 대운의 흐름이 남자는 재성 운으로
여자도 재성 운으로 흘러 서로 아내와 남편을 도우는 기운으로 흘렀으
니 인연할 수는 있었다. 이때 남편의 직업이 외교, 무역, 영업, 국제업
무, 해양, 수산, 항공, 해외 비즈니스, 기타 유통 등으로 서로 떨어져
지내는 시간이 많은 일을 할 때는 충에 상관없이 떨어져서 발전하며
인연을 오래할 수 있는 경우다. 그리고 충 자체도 역마의 기운 때문이
기도 하다.

56) 乙 癸 癸 丙(여, 34)　　庚 丁 乙 癸(남, 36)
　　卯 亥 巳 辰　　　　　戌 卯 丑 丑

乙丙丁 삼기를 이루고 남명과 여명 모두 일지, 시지 합을 이루어 배
우자 합의 기운이 충일하며 남명의 재성 戌 중 辛금을 개고하는 辰띠
여인과 인연되었다. 대운의 흐름이 남명은 재성(처)의 기운으로 여명
은 식상(자식)의 기운으로 흐를 때 혼인이 이루어진 경우다. 여명 식상
의 기운은 자식 출산의 기운이 강하게 작용하기 때문에 여자의 경우에
는 식상 운에 성혼할 확률이 높다.

57) 丙 癸 庚 丙(여, 44)　　丙 己 丁 己(남, 51)
　　辰 卯 子 午　　　　　寅 丑 卯 亥

여자의 남편 자리 일지 卯와 삼합(亥卯未)을 이루는 亥띠 남성과 인연되
었다. 남명의 경우는 시지 寅午(戌) 삼합으로 午띠를 서로 견인하고 있다.

58) 辛 庚 乙 戊(여, 41)　　庚 壬 庚 丙(남, 44)
　　巳 寅 丑 申　　　　　戌 寅 寅 午

여자 일지 寅과 삼합(인오술)되어 있는 午띠 남성을 배필로 맞이했
다. 남명은 지지 寅午戌 火국 삼합에 천간에 丙火 투간하여 재성의 세
력으로 가득하다. 이런 명도 여자 따라 살면 된다. 여명은 金기운이 강
하여 火 기운에 약화되어 있는 남명 壬水를 돕고 있는 형국이다.

59) ○ 丙 癸 丁(여, 62)　　　○ 壬 壬 壬(남, 68)
　　○ 午 丑 亥　　　　　　○ 子 子 午

　여자 남편의 자리인 일지 午와 같은 午띠 남자를 남편으로 맞이한 경우다. 남명에 水 천지다. 음기가 가득한 구조다. 이때 양기 午는 천군만마며 생명의 빛줄기다. 한마디로 반갑기 그지없는 존재다. 그런 午가 재성이니 아내를 신주처럼 모시고 산다. 재성이 재물의 기운이니 경제력 또한 좋다. 이게 바로 조후의 개념이다. 그런데 남자는 水기운 투성이인데 하필 亥水 여인과 인연이 되었는가? 亥卯未 陽 운동을 하기 때문이다. 여인은 양 운동을 타고나야 유리하다는 것을 앞에서 공부한 일이 있을 것이다.

　이들 부부는 39세의 과년한 딸을 두고 있으나 사귀는 사람은 있으나 배우자 인연은 아니라고 상담해준 일이 있어 아마 결혼 상대로서는 단념했을 것이다. 이렇게 나이가 들면 오래 버텨오다가 갑자기 초조한 마음이 발동하여 경솔하게 판단하는 경향이 있으니 끝까지 신중해야 할 일이다. 그런데 여기 어머니 대운의 흐름이 사위를 볼 수 있는 운이 되지 않으니 사귀는 사람은 있는데 계속 사위 볼 기회를 잃게 되는 경우이기 때문에 참고로 이야기해둔다. 본인에게 이런 내용은 물론 이야기하지 않았다. 그러면 괜히 어머니와 선입견에 의한 오해와 갈등을 불러 가족 간 불화만 조성하는 꼴이 되기 때문이다. 즉, 부모와 자신의 운명의 끈이 항상 연결되어 있다는 사실만 인식하여 대처하는 지혜를 발휘해야 한다. 발전하는 것도 마찬가지다.

　그렇다고 해서 풀리지 않는 삶을 부모 탓으로 돌려서는 안 된다. 그 근본은 자신의 노력과 능력에 달려 있으니까. 이런 내용도 부모와 자식 간에 공유하면 지혜롭게 발전시켜 나갈 수 있을 것이다.

60) 辛 戊 辛 丙(여, 54)
　　酉 戌 丑 申

　　이것은 아이의 적성분석을 신청하면서 알게 된 아이 어머니의 사주인데 원래 자식은 평생을 통해 어머니 운명의 흐름 속에 그 그림이 나타나 있는 것이다. 그래서 아이의 적성을 볼 때 부모를 필수적으로 참고하고 있다.

　　그런데 여기 사례로 올린 이유는 해로할 수 있는 배우자를 선택하는 방법만을 강구하다 보니 중간에 사별하는 경우도 발생할 수 있기 때문에 앞에서도 피해야 할 상대의 사주를 설명한 바 있다. 여기 예를 든 사람의 사주를 한번 살펴봄으로써 주의를 환기시키는 데 목적이 있다.

　　이는 여러분이 앞에서 배운 육친법만 가지고도 충분히 이해할 수 있기 때문에 올린다. 일간이 戊인데 일간을 둘러싸고 있는 戊, 丑은 자신의 힘인 동시에 丙은 나를 도와주는 인성이므로 나의 힘이 되는 기운이다. 뭐든지 힘이 있어야 무슨 일이든지 쳐 낼 수가 있는 법이다. 여기서 힘은 추진력이다.

　　그런데 그 나머지 기운은 辛, 申, 酉가 되어 전부 金의 기운이다. 더욱이나 申酉戌 방합으로 금 기운이 더욱 가세하는 형국이다. 여기서 금 기운은 식신, 상관에 해당한다. 자신의 기운은 식상의 기운을 돕는 데 전력투구한다. 그래서 자식을 위해서는 몸을 사리지 않고 헌신하는 엄마상이라는 것을 쉽게 알 수 있다.

　　그런데 이 사주에는 남편의 별이 보이지 않는다. 즉, 관성을 오만 군데를 뒤져도 보이지 않는다. 지장간에도 없다. 여기서 여러분들이 알아두어야 할 것은 사주 상에 글자가 없다고 해서 없는 게 아니라는 것이다. 즉, 그 이면에 숨어 있다는 것을 상상해야 한다. 우리 눈에 음양이 보이지 않는다고 해서 음양의 기운이 없는 게 아닌 것처럼 보이지 않는 글자라 해서 전혀 없는 것이 아니고 존재한다는 것을 인식하고 추론하면 된다. 자식은 있는 데 아버지가 없을 리가.

물론 보이지 않으니 기운이 약한 것만은 사실이다. 이렇게 관성이 보이지 않는데 식신, 상관이 득세하여 기세등등한데 이 식상이 관성을 극하는 관계에 놓이게 되니 관성인 아버지가 오래 버틸 수가 없게 된다는 것이다. 이 시기는 운의 흐름과 결부되어 비겁이나 식상을 더욱 가세하는 흐름으로 갈 때 사별이나 생별하게 되는 것이다.

그렇다고 해서 식상은 자식이니 자식이 아버지를 못살게 했다는 식으로 이해하지 말고, 그런 기운끼리 자연 작용이니 병이나 사고 등으로 일찍 이별할 수 있는 인간사의 일을 자연의 기운 작용에 비유해 이런 결과를 유추해 낼 수 있는 것이다. 만약 결혼 상대를 선택해야 할 순간에 있을 때 이런 사주의 여인을 아내로 맞이할 남자는 알고는 하지 못할 것이다. 자신이 먼저 죽을 운명을 가지고 있기 때문이다. 이런 일들은 사실이 입증한다. 어느 아내가 남편이 먼저 죽기를 바라는 사람이 있겠는가. 그러나 어떤 이유로든 이런 일들이 우리 주변에 일어나고 있다는 사실이다. 그 반대도 마찬가지다.

61) 戊 戊 辛 辛(여, 39)　　　甲 己 丁 丙(남, 44)
　　午 戌 丑 亥　　　　　　戊 卯 酉 亥

남명의 일지 卯와 삼합(亥卯未)을 이루는 亥띠 여인과 인연된 경우다. 특이한 것은 남명의 재성이 亥 중 壬水이니 亥띠 여인을, 여명의 관성이 亥 중 甲木이 이니 亥띠 남자를 인연하게 되었으니 참으로 묘한 인연이 된다.

현재의 남편과 인연하지 않았더라면 여자의 경우에는 (寅)午戌 삼합을 이루고 있어 寅(호랑이)띠 남자도 좋은 인연의 관계가 된다.

62) 戊 己 癸 壬(여, 48)   丙 乙 戊 庚(남, 50)
   辰 未 卯 寅   戌 亥 子 子

남명 또는 여명의 일지끼리 완전한 삼합(亥卯未)을 이룰 경우에도 인연할 수는 있으나 띠보다는 찾기가 어렵다. 이외에 남명에서 정재 戊토가 건록이 아니고 장생하는 寅띠와도 인연된다. 남명 시지 戌과도 寅띠가 삼합을 이루어 여러 가지 견인하는 요소들을 지니고 있어 좋은 인연이 된다.

63) 壬 壬 己 壬(여, 47)   壬 辛 癸 壬(남, 46세)
   寅 子 酉 寅   辰 未 丑 寅

辛壬癸 삼기를 이루고, 남명의 정재는 寅 중 甲목, 편재는 辰 중 乙木이지만 정재를 선택하여 寅띠 여인이 배필이 된다. 여명으로서는 정관 己토가 투간되었으나 지지에 뿌리를 두지 못해 아주 약한 모습이다. 이때는 己토의 건록지인 午띠 남자와 인연하면 좋다. 결국 午띠 남자는 만나지 못하고 午를 돕는 寅띠 남자와 인연된 경우이다.

64) 乙 己 丁 癸(여, 46)   戊 乙 壬 戊(남, 51)
   丑 巳 巳 卯   寅 酉 戌 戌

앞에서 설명한 바 있지만 일지끼리 巳酉丑 삼합을 하면서 서로의 띠가 충을 하지 않고 합(육합-음양합)을 하는 띠끼리도 인연할 수 있어 이루어진 부부다.

65) 戊 丙 甲 丁(여, 42)   丁 癸 庚 癸(남, 46)
   子 午 辰 未   巳 丑 申 卯

甲戊庚 천상삼기를 이루어 인연을 이루었으나 이들 부부 중 아내의 일지와 시지가 서로 충을 하고 있어 원만한 사이를 유지하기에 방해요소가 있는 경우다. 더욱이나 아내의 사주가 비겁과 식상이 강하여 토극수 당해 子(정관-남편)가 견디기 힘든 형국을 이루고 있다. 그러나 남편의 사주는 아내와 화목한 기운을 가지고 있어 천상삼기의 기운으로 버틸 수 있을까 염려되는 경우다.

그러나 남명의 대운 흐름이 식상기운으로 흘러 왕성한 의욕과 활동력으로 발전 도상에 있기 때문에 주변의 모든 상황들이 도와주는 기운으로 작용한다. 여명도 재성의 대운 기운으로 흘러 남편의 활동이나 가정에 협조적인 기운으로 작용하므로 충할 시간이 없다. 세력이 강한 土도 대운 기운이 申酉 金 기운으로 흘러 토생금하기 바쁘지 토극수할 시간이나 여유가 없어지는 형국이다.

66) O 己 甲 己(여, 50)   O 庚 壬 戊(남, 51)
    O 卯 戌 亥   O 辰 戌 戌

바로 앞에서와 마찬가지로 甲戊庚 천상삼기로만 인연되어 있다. 다른 견인 요소는 없이 원만한 부부관계를 유지하고 있는 경우다. 그러나 각자의 개성적인 면을 엿보면 남명은 辰 中 乙목이 정재인데 辰을 충해서 乙을 끄집어 내주는 戌이 반가운데 자신의 명식에 戌이 연월에 두 기운이 있어 아내에 대한 애정이 남다른 성향을 띠게 된다. 또 戌戌 두 기운이 합되는 卯를 끌어와 인연할 수도 있다. 그리고 보니 여명에 亥卯未 삼합의 기운도 가지고 있다. 여명에는 정관인 甲을 간합하면서 지지 전체가 육합, 삼합, 즉 합중합을 이루고 있어 한 번 결합하면 배반하지 않는 강력한 기운의 소유자라 할 수 있다. 육합하는 戌띠를 견인하게 된다. 이런 여명은 남편에 순종하는 모습을 보인다.

67) 丙 辛 乙 壬(여, 37)　　癸 癸 丁 戊(남, 41)
　　申 酉 巳 子　　　　　　亥 未 巳 申

辛壬癸 삼기를 이루고 여명의 시지 申子(辰) 삼합을 이루는 남명과 인연된 경우다. 남명도 답답할 때는 띠 삼합의 子띠 여인을 인연할 수 있다. 그러나 가장 바람직한 여명의 인연은 정관 巳띠 남자이며, 남명도 정재 巳띠나 午띠 여인이 일등 배우자감이 된다.

68) O 庚 乙 庚(여, 40)　　O 丙 己 戊(남, 42)
　　O 子 酉 戌　　　　　　O 戌 未 申

남명의 배우자 자리인 일지 戌을 따라 戌띠 아내와 인연된 경우다. 이 가운데도 남명은 戌 중 辛금이 정재이고, 여명은 戌 중 丁火가 정관이다. 여명으로는 일지 子와 삼합을 견인하는 申띠 남자가 된다.

69) O 庚 癸 壬(여, 47)　　　己 丙 己 庚(남, 49)
　　 O 申 丑 寅　　　　　　 亥 辰 卯 子

　여자 사주의 배우자 자리인 일지 申과 남자의 일지 辰과 申子辰 삼합을 이루는 子띠 남편과 인연을 이루었다. 남편으로서는 申띠 여자와 인연해도 무방한 구조다. 그런데 남명의 일지, 시지가 서로 원진되어 불안한 구조이나 대운의 흐름이 마침 재성 운으로 흘러가고 있어 불화의 원인을 잠재울 수 있는 운기의 힘을 가지고 있다. 여명 寅은 남명 時支 亥와 육합을 하고 있다.

70) 壬 戊 丁 辛(여, 48)　　　O 戊 庚 戊(남, 51)
　　 戌 午 酉 丑　　　　　　 O 辰 申 戌

　여명에 관성(甲, 乙, 寅, 卯)이 보이지 않는다. 앞에서도 한번 언급한 일이 있지만 관성이 없다고 남편이 없는 게 아니라고 했다. 다만 나타나지 않았을 뿐이다. 그래서 일간 戊(자신)가 入墓(12운성)하는 戌띠 남자와 인연하여 자식도 두고 있었으나 헤어져 살았다.
　여기서 헤어진 이유를 한번 따져보자는 것이다. 우선 남자 사주 상에 시간을 몰라 더 정확한 사연을 밝힐 수 없다 하더라도 현재 나타난 상황만을 봐서는 재성(처)이 辰 中 지장간의 乙목으로 존재하고 있으나 드러나지 않아 미약한 가운데 戌이 충하여 개고된 乙목을 庚금이 합거해버리니 견디기 힘든 환경에 처하게 된다.(乙庚 간합). 이렇게 하여 여자가 견디지 못하여 나가게 된다.
　여자의 사주를 살피면 관성이 한없이 미약한데 관성의 힘을 빼는 비겁과 극하는 辛金이 투간하여 월지 건록을 이루고 酉丑 삼합까지 이루어 그 힘이 막강하고 날카롭기 그지없어 관성 또한 용납 못하는 구조다. 그러니 서로서로 밀어내는 구조를 가졌으니 여명 일간 戊가 입고하는 戊띠와 인연은 하였으나 이 사주가 가지고 있는 기본적인 命의 기운을 극복 못하고 마는 경우다.

그러나 여자의 경우는 식상(자식)이 자신한테는 워낙 유정한 관계라 잊을 수 없어 자식 때문에 재결합을 했으나 죽은 듯이 숙이고 참고 살면 해로할 수 있다. 이것이 入庫(入墓)하는 이유다. 남자도 이런 아내를 잘 안아야 한다. 이러한 것이 부부의 분수라는 것이다. 이런 분수를 서로 모르니 싸우다가 참지 못하고 헤어지게 된다.

71) 乙 戊 丁 己(여, 50)　　　甲 癸 壬 庚(남, 49)
　　卯 申 卯 亥　　　　　　　寅 未 午 子

甲戊庚 천상삼기를 이루고 남자의 일지 未와 삼합(亥卯未)하는 亥띠 여인을 아내로 맞이하게 된 경우다. 여기서 재미있는 현상은 남명은 삼합, 육합, 즉 합중합을 이룬 기운이 전부 재성이고, 여명은 삼합에 투간한 乙과 같이 木의 기운이 강하여 관성을 이루고 있어 두 사람 모두 부부에 대한 강한 열망을 가지고 있으나 잘못 인연한 길을 걸으면 혼탁해질 수 있는 원인도 된다.

뿐만 아니라 남명은 일지, 시지 寅未가 귀문을 이루고 여명도 卯申 원진, 귀문을 이루고 있어 정신적으로 알력과 갈등의 문제를 안고 있는 인자를 가지고 있다. 이런 내용도 서로 알면 능히 극복해 나갈 수 있다.

72) 己 丙 乙 甲(여, 45)　　戊 庚 辛 庚(남, 49)
　　亥 戌 亥 辰　　　　　子 申 己 子

남명의 일지 申과 삼합(申子辰)하는 辰띠 여인과 인연된 경우다. 이 부부의 특징은 남자의 일지와 시지가 삼합을 이루고 있고, 여자 일지와 시지 戌亥가 천라지망과 천문으로 지성적인 성향을 띠어 서로 평생 헤어지지 않고 해로한다는 내용이 인쇄되어 있는 것과 같다.

73) 庚 庚 辛 乙(여, 54)　　○ 庚 壬 壬(남, 57)
　　子 辰 巳 未　　　　　○ 戌 子 辰

여자 일지의 辰과 삼합(申子辰)을 이루는 辰띠 남자를 배필로 맞아들였으나 申금 남편이 더 좋은 인연이다.

74) 戊 壬 壬 丁(여, 52)　　戊 乙 丙 甲(남, 55)
　　申 戌 寅 酉　　　　　寅 丑 子 午

여자 일지 戌과 삼합(인오술)을 이루는 午띠 남성을 배우자로 삼은 경우다. 또 乙丙丁 삼기도 이루고 있으니 천지가 조화를 이루는 경우다. 두 사람 모두 일지가 반합(삼합)을 이루는 띠끼리 인연된 경우이다.

75) 庚 庚 丙 丙(여, 43)　　　○ 戊 甲 癸(남, 46)
　　辰 午 申 午　　　　　　○ 戊 寅 卯

　남자 일지 戊의 삼합(寅午戌)을 이루는 午띠 여인과 인연된 경우다.
따라서 甲戊庚 천상삼기를 이루어 앞의 사례와 형식이 같은 경우다.

76) 丙 戊 丁 己(여, 50)　　　辛 丁 癸 壬(남, 57)
　　辰 戌 卯 亥　　　　　　丑 丑 卯 辰

　이 부부는 서로 견인해주는 인연의 끈은 없으나 원만한 가정을 이루
고 있다. 남명 대운의 흐름은 청소년기를 제외하고는 비겁=식상(화 기
운은 토의 성질도 유지하기 때문), 재성의 기운으로 계속 사회적ㆍ경
제적 규모 등 활동이 발전적 도상에 놓여 있어 여유로운 기운과 진취
적 기상을 유지할 수 있다. 말년에 경제적으로 더욱 발전한다.
　여명에는 일지, 시지에 충을 하고 있어 불안한 모습이지만 亥卯 관
성의 기운이 막강할 뿐만 아니라 戌도 충하랴 합하랴 오락가락하는 기
운은 있으나 결국 합의 기운에 제복 당하는 모습이다. 합의 기세가 세
기 때문이다. 즉, 월지를 포함한 亥卯 삼합국을 견인하고 있어 辰戌 토
끼리 싸우고 있어도 木克土되어 무시되는 것과 같은 이치다.

77) 丙 戊 癸 辛(여, 48)　　　丙 己 己 戊(남, 51)
　　辰 辰 巳 丑　　　　　　寅 亥 未 戌

　남명에서는 인연할 만한 요소가 없으나 여명에서 정관이 辰 중 乙木
이 되어 이를 끄집어내주는 역할을 戌이 충하므로 가능하니 戌띠 남편

과 인연한 경우다. 남명으로 보면 亥卯未의 묘띠, 寅午戌의 午띠 여인
과 인연할 수 있으나 인연의 끈이 닿지 않았던 경우다.

78) O 甲 戊 乙(여, 55)   O 甲 己 壬(남, 57)
　　O 辰 辰 丑   O 子 酉 辰

　　여자 일지 辰과 같은 辰띠 남자를 배필로 맞이하게 된 경우다. 두 사람
모두 모르지만 더욱 인연을 공고히 하는 기운이 있을 것이다. 아주 화목
한 가정을 이루고 아이들마저 총명하여 남의 부러움을 사고 있는 경우다.
　　특별히 인연법으로 활용은 하지 않지만 남명에는 천간도 정재와 간
합하고, 지지도 재성과 정관이 합하고 있어 배우자 조력을 잘 받고 있
는 구성을 하고 있다. 이런 경우는 남자의 성격도 원만하고 자상한 인
격의 소유자라 할 수 있다. 여명에서도 辰辰이 정관 酉를 끌어당겨 합
하려는 기운이다. 이는 하늘의 기운도 양의 기운이 너무 강하면 음의
기운을 끌어당기듯이 반대로 음의 기운이 강하면 양의 기운을 그리워
하듯이 이는 자연 기운의 법칙에서 연유한다.

79) 壬 庚 丁 丁(여, 42)   乙 癸 丁 甲(남, 45)
　　午 寅 未 未   卯 酉 卯 辰

　　남자 시지 卯 삼합(亥卯未)을 이루는 未띠 여인과 인연했으나 문제
를 안고 있는 경우다. 여자 사주는 일지와 시지가 합을 이루고 있으나
남자의 시지, 일지는 卯酉 충을 하고 있어 불안한 경우다. 남은여생에
卯대운은 없으니 다행이고 酉대운의 흐름이 60대에 다가오니 미래를
장담할 수 없는 형국이다.

이런 내용을 본인들이 알면 그때에 처하여 위기를 넘길 수 있는 대응책을 강구할 수 있다는 것이다. 예를 들면 이런 때에는 법적으로 이혼을 해놓고 그 시기를 넘기고 원상 복구하면 아무 탈 없이 넘길 수 있다는 것이다. 그렇지 않으면 해당 기간 동안 떨어져 살아도 위기를 넘길 수 있다.

80) 癸 辛 癸 丁(여, 42)　　　戊 丙 乙 癸(남, 46)
　　　巳 巳 卯 未　　　　　　戊 辰 卯 卯

이들 부부는 乙丙丁 삼기를 이루고 남명의 정재가 戊 中 辛금인데 개고를 위해 충도 좋지만 형도 開庫 역할을 하기 때문에 戊未 형작용을 하여 未띠와 인연한 경우다. 남명 일지, 시지 辰戌 충이라 불안하나 卯가 戌과 합을 하고 辰을 극하여 충의 완화작용을 하고 있다. 즉, 卯가 戌의 편을 드니 辰은 싸울 의욕을 상실하는 이치다.

81) 丁 癸 癸 乙(여, 44)　　　辛 庚 庚 辛(남, 48)
　　　巳 酉 未 巳　　　　　　巳 寅 巳 丑

여명 일지 酉와 삼합(사유축)을 이루는 丑띠 남자를 남편으로 맞이한 경우다. 이 부부의 특징은 지지 전체가 巳酉丑 삼합국을 이루고 있다. 삼합을 서로 견인하고 있어 전부 신강한 기운이다. 이 기운은 한번 결심하거나 마음먹으면 끝까지 이루고 마는 추진력이 강한 기운의 소유자다. 남명은 특히 재성(아내)을 금지옥엽처럼 여긴다. 전부 金으로 둘러싸인 나무 한 그루다.

82) 庚 丁 甲 壬(여, 47)　　　○ 乙 丙 己(남, 50)
　　 戌 亥 辰 寅　　　　　　○ 酉 子 亥

乙丙丁 삼기를 이루고 여자 일지 亥와 같은 亥띠 남자와 인연된 경우다.

83) 丁 甲 丁 壬(여, 47)　　　○ 辛 庚 癸(남, 46)
　　 卯 戌 未 寅　　　　　　○ 亥 申 卯

辛壬癸 삼기를 이루고 있고, 여자 시지에 (亥)卯未, 남자 일지에도 亥卯(未) 삼합국을 이루어 남자 卯띠 남성과 인연한 경우다.

84) 戊 丙 甲 乙(여, 54)　　　丙 壬 甲 乙(남, 54)
　　 戌 午 申 未　　　　　 午 戌 申 未

서로 견인해줄만한 요인이 없다. 각자 일지 시지끼리 삼합을 이루고 있지만 띠 연결고리가 없다. 이런 사람의 성정은 일단 결합하면 화합이 잘되는 성향을 지닌 사람들이다. 여명의 대운의 흐름이 관성기운으로, 남명은 재성과 식상 기운으로 흘러 서로 보완되는 운기를 지니고 있어 명식 상에 끈은 없어도 대운 기운을 받아 여유롭게 발전하고 있다. 급하면 같은 띠끼리도 인연한다고 했다.

85) O 丁 癸 壬(여, 47)　　　甲 丁 庚 辛(남, 48)
　　O 未 卯 寅　　　　　　辰 酉 寅 丑

辛壬癸 삼기를 이루어 인연된 경우다. 두 사람의 지지 구성을 보면 아내는 (亥)卯未 삼합을, 남편은 (巳)酉丑 삼합을 이루고 있어 각자 없는 삼합 글자와 인연하면 더욱 좋은 관계가 설정될 수 있으나 인연되지 못했다. 남명에서는 재성이 혼잡되어 있고 여명에서도 관성이 혼잡되어 있어 혼잡된 것 중 하나를 沖去하거나 合去하는 띠와 좋은 인연이 된다. 앞에서도 익혀 왔다.

간지(干支)상으로 서로 인연의 끈은 없으나 남명은 丑中 辛金, 辰酉 合金, 酉丑 반합으로 金局, 천간 庚, 辛과 더불어 金 즉 재성의 세력이 막강하다. 이렇게 많은 재성을 다스리기에는 힘이 부쳐 身弱한 상황에 甲과 寅은 구세주 역할을 한다. 이렇게 의지할 데 없는 약한 일간을 도우고 있으니 이를 흔히 용신(用神)이라고 한다.

필자는 독자들에게 용신이라는 단어를 사용하지 않았다. 중국 고전으로부터 전해진 사주의 핵심이 용신이라는 단어다. 전부 이현령 비현령식 용신을 찾아 헤매고 있으며 이를 이용하여 사람의 운명을 희롱하고 있는 실정이다. 전부 수강료 내고 배운 게 용신밖에 없으니 배운 자신도 잘 모르는 용신을 또 다른 사람에게 가르쳐 이어가고 있는 현실이다. 한마디로 용신 찾아 삼만리 길을 헤매다가 끝내는 인생이다.

독자 여러분은 이 용신이라는 말에 현혹되거나 휩쓸리지 말고 오행 기운의 분포에 따라 일간에 극히 필요하거나 도움이 되는 기운은 자신한테 이롭거나 발전의 원동력이 되는 기운이라는 것만 알고 추론에 임하면 된다. 여기서 예외적인 사항은 지나간 내용 속에 거의 언급이 되었으니 상기해서 재음미해야 한다.

본론으로 돌아가 여기 남명은 甲과 寅이 너무나 절실한 존재이기 때문에 다른 조건과 상관없이 寅띠 여인과 좋은 인연할 수 있는 것이다.

86) 壬 癸 庚 丙(여, 43)   己 丙 乙 己(남, 50)
　　戌 卯 子 午   　　亥 午 亥 亥

여명의 일지 卯와 삼합을 이루는 亥띠 남성과 인연되었다. 남명은 일지 午와 같은 午띠 여인을 만난 경우다. 남명에서 재성이 보이지 않는다. 마침 대운이 재성 운으로 흐르는 동안 아내를 만났다. 이런 경우는 아내 따라 조용히 살면 아무 문제없이 해로할 수 있다. 여명에서는 일지와 시지 관성과 합을 이루어 부부조화를 잘 이루어 나가는 기운을 가지고 있다.

남명에서는 亥가 연월 및 시까지 세 지지의 기운을 장악하고 있어 합하는 기운 寅을 끌어오기도 하고, 반대되는 기운 巳를 끌어오기도 한다. 이는 水는 火를 火는 水를 당기려는 인력과 같다. 그래서 巳 중 庚금이 재성이다. 巳띠 여인이면 일등 신붓감이지만 巳와 닮은 午띠 여인과 인연되었다. 초록은 동색이다.

87) 己 辛 戊 壬(여, 47)   庚 庚 庚 戊(남, 51)
　　丑 卯 申 寅   　　辰 午 申 戌

남명의 일지 午오 삼합을 이루는 寅띠 여인을 배필로 삼았다. 남명에서 재성이 辰中 乙목인데 戌이 충하여 개고시켜준다. 자체 開庫가 될 경우에는 남편이 아내한테 잘해주는 성향을 띤다. 여명에도 정관이 寅 中 丙화인데 옆에 申이 충하여 자극하는 불편도 따르지만 남편을 발전시키는 동력이 된다.

88) 丙 戊 甲 丙(여, 55)　　　戊 乙 戊 乙(남, 54)
　　辰 申 午 申　　　　　　子 卯 子 未

　남명 시지와 삼합을 이루는 申띠를 인연했다. 남명에서 일지, 시지 子卯가 형되어 있고 연월 子未가 원진되어 있어 친가 및 아내와도 자주 다투는 관계를 유지하기 쉽다. 子가 도화의 기운이니 이성문제를 일으킬 소양을 가지고 있다. 이런 남자는 외도를 하더라도 성병에 주의해야 한다. 도화가 일지 시지에서 형을 하면 특히 子卯형일 경우에 더욱 많은 경험을 하게 된다. 즉, 확률성이 높다는 뜻이다.
　이런 경우에 아내가 결혼하기 전에 이런 남명의 사주와 성질을 알았다면 일단 의심을 하고 다른 인연의 끈을 만들어야 한다. 현재까지 겉으로는 무난하게 지내온 것처럼 보이지만 인내와 많은 고통을 감내하며 자식들을 위해 살아가는 형국이다.

89) 甲 甲 戊 丁(여, 42)　　　乙 乙 丙 己(남, 40)
　　戌 子 申 未　　　　　　酉 亥 寅 酉

　乙丙丁 천상삼기로 인연했다. 남명은 재성이 연간에 투출해 있는 편재 己土가 지지 酉에서 장생하고 있어 생기를 가지고 있다. 그래서 己의 지지 未띠를 인연하게 된다. 일지 亥와 삼합을 견인하는 未띠도 된다.
　여명은 일지에 子도화를 깔고 앉아 편관 申과 삼합을 이루어 남편의 비위를 잘 맞추는 재능을 가지고 있다. 만약 비운을 만나면 이성문제를 야기할 수 있는 능력도 겸비하고 있다. 그러니 두 살 아래 남편을 사랑할 수 있는 개방성을 지닌 것이다. 여명 申편관이 일지 子와 합할 경우도 연하남편과 인연될 수 있다.

90) 壬 辛 己 乙(여, 44)　　壬 丙 辛 辛(남, 47)
　　辰 未 丑 巳　　　　　　辰 辰 丑 丑

여기서는 표면상 견인해주는 요인은 없다. 그러나 귀한 것은 남명의 일, 시지에 辰辰이 酉를 합으로 끌어와 巳(酉)丑 삼합을 흔하지 않은 모습으로 이루고 있다. 같은 삼합이라고 이렇게 어렵게 이루어지는 경우를 귀하다고 한다. 따라서 띠 삼합도 이루어진 형국이다. 남명에서 한 가지 특이한 점은 일간 丙이 전부 자신의 기운이 극설(자신을 극하고 기운을 빼야 되는 상태)되는 환경에 놓여 한없이 약해지는 형국이다. 그래서 긴급 도움을 필요로 하는 상황에 직면하여 丙의 우군이요 건록지인 巳火와도 일치하여 천상배필이 된 경우이다.

91) 庚 壬 己 辛(여, 48)　　戊 辛 癸 庚(남, 49)
　　戌 申 亥 丑　　　　　　戌 酉 未 子

辛壬癸 삼기로 인연되며, 남명 재성이 未중 乙목이니 이를 충하여 開庫하는 丑띠 여인과 인연된다. 덤으로 띠끼리도 육합을 이루고 있으나 이는 필수 인연조건은 아니나 보조의 기능은 있는 것이다. 즉, 그만큼 결합력이 좋다는 의미다.

92) 丙 乙 戊 戊(여, 51)　　　壬 辛 癸 丁(남, 52)
　　戌 亥 午 戌　　　　　　辰 卯 丑 酉

乙丙丁 삼기 외는 특별한 인연의 끈은 없다. 일지끼리 삼합을 견인하는 힘은 있다. 남명의 대운은 흐름은 비겁 운으로, 여명도 비겁 운에서 인성 운으로 흘러간다. 젊은 시절에는 많이 싸우면서도 자식이 생기고 주변의 이목도 있고 체면 때문에 잘 참아 나온 경우가 된다.

93) 丙 壬 壬 戊(여, 51)　　　丁 丙 辛 丙(남, 53)
　　戌 午 戌 戌　　　　　　酉 戌 卯 申

남명의 일지 戌띠 여인을 배필로 정한 경우다. 남명에는 재성이 혼잡되어 있으나 酉를 卯가 충거하므로 맑아진 경우다. 여명은 (寅)午戌 지지 삼합으로 火局을 이루어 천간 丙火와 戊까지 토극수하여 壬水가 사면초가다. 그래서 壬은 남편만 내조하면서 따라 살면 행복한 삶을 이어갈 수 있다(從煞-종살). 이것이 이 아내가 살아갈 분수다. 이 분수를 벗어나면 인생이 힘들어지는 것이다.

94) 丙 己 庚 己(여, 40)　　　辛 乙 辛 庚(남, 39)
　　寅 未 午 酉　　　　　　巳 未 巳 戌

남명 시지 巳와 삼합을 이루는 酉띠 아내와 인연이 되었다. 여명에도 시지 寅과 삼합을 이루는 戌을 견인한다. 서로 인연의 끈을 가지고 있다. 그래서 아내가 연상이다. 앞에서도 한번 언급되었지만 여명 시지에 관성은 연하와 인연하기 쉽다.

95) 乙 辛 己 庚(여, 49)　　　庚 辛 戊 丙(남, 53)
　　 未 丑 卯 子　　　　　　 寅 酉 戌 申

　2장에서 배운 내용에 없는 공식이지만 남명과 여명 일지끼리 (巳)酉
丑 삼합을 이루고 띠끼리 申子(辰) 삽합을 이루고 있어 부부 조화를 이
끌어 갈 수 있는 기운을 충족시킨다고 할 수 있다. 배우자 자리와 전체
기운이 같은 목적을 이루려고 협력하는 기운으로 볼 수 있다. 그러나
남명은 일, 시지 원진되어 있고, 여명은 일, 시지 충되어 있어 부부 사
이가 불안한 환경이나 남명의 酉는 신유술 방합하기 바쁘고 寅은 申과
충하여 딴 데 눈 돌릴 틈이 없어 원진 관계를 해체하는 효과를 보고 있
다. 여명의 丑도 子와 합해야 하고, 未도 卯와 삼합하자고 야단이니 충
보다는 합에 정신을 뺏긴 형국이라 충의 실효를 거둘 수 없어 부부간
의 문제도 시빗거리가 생기다가도 무산되거나 그냥 넘어가는 상황이
연출된다. 부부가 서로 이런 상식을 지니고 있다면 원만하게 서로의
관계를 유지해 나갈 것이다.

96) 丁 辛 癸 辛(여, 48)　　　甲 丁 庚 丁(남, 52)
　　 酉 巳 寅 丑　　　　　　 辰 卯 戌 酉

　여명 일시의 지지가 巳酉丑 삼합을 이루어 酉띠 남자를 배필로 삼았
다. 특이한 점은 巳酉丑에 재성과 관성이 모두 포함되어 합을 이루어
나가니 정말 의기투합이 잘 되는 부부다.

97) 壬 壬 丙 辛(여, 48)　　　己 甲 戊 乙(남,54)
　　 寅 辰 申 丑　　　　　　巳 寅 子 未

　　남명의 시지 巳와 삼합(巳酉丑)을 이루는 丑띠 여인과 인연된 경우다.
여명의 경우는 일지 申子辰 삼합을 내부적으로 형성되어 있는 것도 정
신적 교류는 상통하고 있는 환경이다. 이보다 더 특이한 것은 남명은
戊, 己土 정, 편재가 혼잡되어 있고, 여명도 辰, 丑土 정, 편관이 혼잡되
어 있는데 서로 혼잡되어 있는 육친을 서로 충거해 주는 띠들이다.
　　즉, 남명은 丑이 未를 충하여 정재 己土의 뿌리를 없애고 戊土로 정
화되고, 여명은 未가 丑土를 충하여 편관 辰土로 정화시키니 서로 교
통정리를 해주는 절묘한 관계가 성립된다.

98) 甲 壬 癸 壬(여, 47)　　　辛 丁 癸 壬(남, 47)
　　 辰 子 卯 寅　　　　　　亥 巳 卯 寅

　　辛壬癸 삼기를 이루고 있으나 지지에는 인연의 줄이 없다. 같은 호
랑이 띠끼리다. 남명에 일시 巳亥 충이 되어 아내와 충돌을 피할 수 없
으나 아내는 일시가 합을 이루고 있어 잘 참아 내는 성질이다. 아내의
지혜로운 인내가 부부의 연을 이어가고 있다. 아내가 다시 태어난다고
하면 지금 남편과는 결혼하지 않는다는 경우다. 삼기가 사람을 홀리기
도 한다.

99) 壬 丙 戊 壬(여, 47)　　　戊 戊 戊 壬(남, 47)
　　 辰 戌 申 寅　　　　　　午 寅 申 寅

앞 사례와 같이 같은 호랑이띠다. 천간의 인연은 없고, 남명이나 여명 일지의 삼합(寅午戌)인 寅띠끼리 인연된 경우다. 앞 부부보다는 화목한 사이다. 여명 일시에 辰戌 충이 있으나 辰 중 관성 癸水를 개고시켜주는 반가운 역할을 하고 있다. 그리고 戌은 寅에 견인되고 辰은 申에 견인되어 충의 기운도 약화된다. 두 사람 모두 연월에 있는 寅申 충은 여러 가지 직업적인 일이나 부모와 선대의 일을 추리해 내는 재료가 되지만 여기서 언급할 사안이 아니다. 다만 성질 면에서 투쟁적이면서 강력한 추진력을 의미한다.

100)　癸 甲 乙 甲(여, 45)　　丁 乙 辛 庚(남, 49)
　　　 酉 申 亥 辰　　　　　　 丑 卯 巳 子

여명의 일지 申子辰 삼합을 이루는 子띠 남자를 배필로 삼은 경우다. 일시에 편관 申과 정관 酉가 혼잡되어 있어도 편관은 申子辰하여 혼잡을 덜어주는 子띠가 반가운 인연이 된다.

101)　戊 戊 庚 癸(여, 47)　　癸 乙 壬 庚(남, 50)
　　　 午 子 申 卯　　　　　　 未 未 午 子

여명의 일지 子와 삼합을 이루고, 子띠 남편과 인연하게 된다. 이 아내는 남편이 옆에만 오면 몸이 아프고 건강이 안 좋아진다고 한다. 떨어져 있으면 좋으나 결혼 후부터 몸이 좋지 않다는 것이다. 지금 마음 같아서는 헤어졌으면 하는 마음이란다. 즉, 몸이 좋지 않으니 만사가 싫어지는 법이다.

아직 한 아이는 고등학생이고 한 아이는 이제 대학에 들어갔다고 한다. 아이들 때문에 차마 이혼은 할 수 없다는 것이다. 이렇게 인연은 되었지만 뚜렷한 병명도 없이 몸이 쇠약해져 가는 것을 느끼는 것은 순전히 부부의 기운이 부딪치고 있다는 것이다. 즉, 밤이 두려운 것이다.

남명의 일주 乙未가 앞장에서 배운 백호살이라는 기운이다. 이 기운 속에 재성(처)을 깔고 있으니 합방만 하면 고통스러움을 느끼는 이유가 된다. 정신적인 고통이 더 크다고 한다. 애초에 결혼을 왜 했느냐고 하면 자신이 그럴 줄은 몰랐다는 것이다. 자신도 왜 그런지 모른다는 것이다. 그냥 뚜렷한 이유 없이 건강에 위협을 받고 있는 기분이라고 한다.

남명에서 子未 원진까지 되어 있어 백호의 위압적인 기운이 더욱 강하게 작용하고 있다. 여명에서도 연월 원진되어 마음의 고통이 더 가중되며 일시 子午 충하여 안방이 편치 않음을 말해주고 있다. 이는 부부관계(섹스)를 의미한다. 1장 섹스 편에서 사례를 들어 설명한 바 있다. 주변의 기운이 전부 힘들게 하는 형국에 백호(정신적으로나 육체적으로 편치 않음을 의미)가 앉아 있는 방에 들어가 편할 수 있겠는가. 이런 기운에 의해 이유 없이 쇠약해지는 것이다.

102)　○ 丁 戊 壬(여, 48)　　○ 壬 癸 辛(남, 49)
　　　　○ 亥 申 寅　　　　　○ 子 巳 丑

辛壬癸로 삼기를 이루어 인연했으나 현재 별거중이다. 이때까지는 잘 참아왔으나 대운의 기운이 가세하니 이런 현상이 벌어지고 있다. 우선 남명부터 살펴보면 전체 기운이 金水로 이루어져 있다. 재성 巳는 巳(酉)丑 삼합으로 金 기운으로 변질되어 버린다. 그래서 일간 壬과 양인 子를 도와 비겁이 강한 세력을 가지므로 처인 재성을 극하니 같이할 수가 없는 지경이다.

대운마저 비겁 운으로 흘러 또다시 비겁을 도우니 운 따라 일어나는 일이다. 여명은 대운이 상관 대운에 들어 상관 또한 관성을 극하니 서로 대운의 기운이 일치하는 시점에 별거하게 된 것이다. 이 대운을 참아내지 못하면 결국 이혼의 수순을 밟게 된다.

103)　辛 戊 辛 丙(여, 54)
　　　　酉 戌 丑 申

이 아내는 남편과 사별한 경우다. 명식에 남편의 별인 관성이 지장간에도 없다. 표면에 드러나지 않는 관성의 기운은 이면에 있으나 그 기운은 약하다는 것을 의미한다. 丁酉, 戊申 식상 대운에 걸쳐 결국 사별하고 만 경우다. 식상은 관성을 극하기 때문이다.

104)　丁 癸 丁 戊(여, 52)　　戊 己 丙 丙(남, 54)
　　　　巳 卯 巳 戌　　　　　辰 未 申 申

남명의 재성인 壬수는 申 중에 장생하고 있는 壬수이나 辰 중 癸수로 전부 입묘(入墓)된다. 그래서 재성의 기운이 辰 중에 다 모인다고 할 수 있다. 辰 중 癸수를 배우자로 삼기 위해서는 戌이 충을 하여 개고시켜주는 것이 반갑다. 그래서 戌띠 아내를 배필로 삼았다. 부부금슬이 아주 좋다고 한다.

이상으로 실제 사례들을 살펴보았다. 현실적이고 필요한 조건들을 충족시켰으나 자신이 생기지 않거나, 결정하자니 불안한 구석이 있을 때는 2장의 도구들과 여기 사례들을 참고하여 활용해야 할 것이다.

제 4 장

정해져 있는 것은
아무것도 없다

1. 부부의 불화가 낳은 상처들

이 제목으로 글을 쓴다는 것은 구우일모(九牛一毛)에 지나지 않을 것이다. 다만 하나로서 열을 헤아리는 독자들의 날카로운 판단만을 바랄 뿐이다.

한 중년 남자는 이혼할 생각이 전혀 없었는데 의부증과 같은 아내의 등살에 견디지 못하고 이혼을 선택했다. 경제적인 문제는 전혀 없었다. 다소 여유로웠다. 그런데 난데없이 어떤 여자와 우산을 같이 쓰고 가는 것을 보았다느니, 자기 몰래 첩에게 집을 사주고 막대한 돈을 숨겨놓았다느니, 언젠가는 자신이 토사구팽 당하듯이 될 신세라든지 해서 남편의 꿈에도 없는 말들로 염장을 지르곤 했다.

남편도 강왕한 성격에 결백한 사실들을 왜곡하고 있으니 증거를 대라고 해도 그러지도 않고 무조건 사사건건 의심을 하기 시작했다. 이 남자는 '이것이 바로 생사람 잡는 것이구나' 하는 것을 처음으로 느꼈다. 이러니 매일 고함소리는 그칠 날이 없이 싸우다시피 했고, 이 고함소리는 아파트 동간 거리가 꽤 먼데도 앞 동까지 다 들려 단지에서 소문이 났다고 한다.

남자는 가능한 아이들이 없을 때 성질을 내려고 했으나 도저히 참을 수 없는 지경에 가니 아이들이 있는데도 싸우게 되더라는 것이다. 이러다가 아이들이 어떻게 되겠는가 하는 마음에 미치자 이런 모습을 보이지 않는 환경을 만들어주지 못하는 죄책감에 더 미칠 지경이었다고 한다. 워낙 신경이 극도에 달하도록 건드리니 자신도 모르게 주먹이 나가더라는 것이다.

이 남자도 학생시절에 이웃집에 사는 부부가 일주일이 멀다하고 싸워 아내의 얼굴에 피멍이 삭을 날이 없을 정도로 술만 먹으면 포학한 남자의 경우를 보고 성장했기 때문에 자신은 절대 여자에게 폭행하는 남자가 되지는 않을 것이라고 마음으로 맹세까지 한 자신을 자신이 이런 지경까지 오니 스스로 자신을 합리화하고 자신의 행동을 정당화하려는 마음으로 변하는 모습을 느끼면서 아연해했다고 한다.

한 대 맞고는 당장 파출소에 신고하여 경찰을 불러 조서를 꾸미고 창피를 당하는 꼴을 연출했으니 아내가 이렇게 막가는 성질이라는 것을 느끼고는 기가 찰 노릇이었다. 이런 뒤로는 남자도 주먹이 안 나가 아내의 덕이라고 자위까지 했다고 한다. 아무리 달래고 사실이 그렇지 않다고 목이 터지도록 설득하고 온갖 노력을 다해도 변치 않는 모습에 때로는 일어서다가 현기증 같은 것을 느끼면서 자신이 이렇게 노사(勞思)하다가는 쓰러질 수도 있겠구나 하는 생명의 위협을 느꼈다고 한다. 심지어 두 사람이 같이 정신과에 가서 둘 중 누가 문제가 있는지 한번 진단을 받아보자고 했으나 당신 혼자 가보라는 식이었다. 더욱이나 자식에 대한 책임감이 누구보다 투철한 마음이었기에 자식을 위해서라도 이런 모습을 보이지 않아야겠구나 하는 생각까지 했다.

그래도 이혼해야겠다고 스스로 생각하지는 않았다. 그런데 어느 날 아이들이 옆에 있는데 육탄으로 달려드니 그 자리에서 그만 이혼하자는 말이 튀어나오더라고 한다. 이런 과정 속에 남자의 직장 일도 제대로 될 리가 없었을 것이다.

이런 뒤에는 이혼 수속이 끝날 때까지는 이런 행동을 하지 않더라는 것이다. 이때가 남자로서는 정말 평화로움을 느꼈다고 한다. 다시 이혼하지 말자고 하고 싶었으나 여기에 무슨 자존심이 필요한지 입안에서 돌기만 했지 그 말이 나오지 않더라는 것이다. 문제는 여자가 스스로 변해주기만을 바라고 있었던 것이다. 그러나 지내 놓고 보니 여자도 '그래, 너도 욕 좀 봐라'는 식이었는지도 모를 일이다.

그래도 남자는 법률적 협의이혼을 하고 난 후에도 호적지 신고 기간이 한 달 유효하게 있었는데 속으로는 호적신고를 안 하기를 바라고 있었다고 한다. 그러나 결과는 반대였다. 이렇게 서로 평행선을 긋고 있었으니 마음 따로, 행동 따로였다고 한다. 이렇게 본의 아니게 이혼 후 마음을 가다듬어 설마 여자 없이 못살겠는가 하면서 자신의 자만심에 불을 지피면서 안간힘을 썼다.

막상 집을 팔아 재산을 나눠주고 작은 집으로 이사를 하고 나니, 초등생 남매 아이들은 애써 슬픈 표정을 짓지 않으려고 노력하는 모습이 역력한데 가슴이 무너지는 것 같은 통증이 오더란다. 콩나물국도 끓일 줄 모르는데 모든 게 막막하고, 귀찮아 지고, 짜증이 나고, 분노가 치밀기까지 하면서 아이들한테까지 그 영향이 미치는 자신을 발견하고는 그날 저녁 아이들이 잠들고 난 후 자신의 인생에 상상치도 않는 일이 벌어져 이렇게 허물어지는 것 같은 마음에 하염없는 눈물이 자신도 모르게 주르륵 흐르더라는 것이다. 그 꿈 많고 패기만만하던 자신의 모습은 온데간데없고 번데기처럼 쪼그라드는 자신의 모습을 느꼈던 것이다. 그날은 유난히도 달이 밝아 방안까지 비추고 있어 자신의 처지의 가련함을 더욱 부채질하는 것 같더라는 것이다. 자신이 아무리 자존감을 유지하려고 하더라도 이렇게 인생이 마음대로 안 된다는 것을 실감하게 되었던 것이다. '아내 마음 하나 제대로 바로 잡지 못하면서 무슨 일을 하겠느냐 는 자괴감이 엄습하더라는 것이다. 아내로 인해 자신의 인생이 무너질 것이라고는 상상도 못했다. 아내가 그렇게 된 데는 자신이 원인 제공을 했다 하더라도 이렇게 헤어지게 될 줄은 꿈에도 생각하지 못했다는 것이다.

그 뒤로 자식들을 위해 굳세게 살아야 한다는 마음으로 하던 일을 모두 정리하고 아이들을 돌볼 수 있는 데 초점을 맞춰 시간을 마음대로 이용할 수 있는 일을 찾아 일을 만들었으며 아이들이 학교에서 돌아오기 전에 집에 도착해 아이들을 맞이해 정서적으로 엄마의 빈자리를 조금이나마 메울 수 있도록 비싼 강아지도 마련하고 자신이 할 수 있는 범위 내에서 빈틈없는 가정스케줄을 운영해 나갔다.

요리책을 사서 매일 요리하다시피 음식을 만들어 식생활을 통해 엄마 없는 불편함을 전혀 느끼지 않도록 전심전력을 다했다. 한번은 반 친구가 아이의 도시락 반찬을 먹어보고는 "네 엄마 음식 솜씨 너무 좋다."고 해서 목을 놓아 웃은 일이 있다고 한다. 이러는 동안 여자들 틈에 끼여 시장보기, 아이들 양육에 관한 정보 귀동냥하기 등 낯설고 서툰 행동 따위 등의 불편하고 자존심 상함은 아랑곳하지 않았다고 한다. 정보가 범람하는 요즘 같은 인터넷 시대는 아니었다.

한마디로 자식을 위해서는 목숨까지 걸었던 것이다. 자신의 꿈마저 접고 모든 것을 자식의 생활에 맞춰 나갔다. 이제 그 아이들이 성장하여 대학을 졸업하고 사회의 일원으로 각자의 몫을 해 나가도록 최소한의 책임을 다하고 나니 자신의 수중에는 아무것도 남은 것이 없더란다. 이제 자신이 살아가야 할 일만 남았다고 한다. 그래도 아쉬운 것은 책임과 의무에만 충실했지 사랑이 부족했던 게 가슴 아프다고 한다. 자신 스스로도 사랑이란 감정에 무뎠다고 고백한다.

이런 내용을 아는 사람이 "당신은 자식 덕을 봐도 많이 봐야 하겠다."고 하니 그런 소리는 옛날에나 하던 소리라면서 자신은 그런 자식이 있었기에 자신을 타락시키지 않고, 빗나가지 않고, 자신을 지킬 수 있었으므로 자신의 꿈을 저버렸을지언정 오히려 행복했다고 한다. 그 행복은 자신이 만든 게 아니라 자식의 존재만으로 이룬 것이어서 오히려 자식들한테 속으로 고맙게 생각하고 있다고 한다.

자식들한테 손톱만큼이라도 기대거나 바라는 것이 없다고 한다. 단지 아무런 제약이나 짐이 없이 마음대로 날아다니기를 바라는 마음뿐이라고 한다.

자신도 아무리 수중에 남은 게 없이 빈털털이라 하더라도 최소한의 책임과 의무를 다 마친 사람처럼 모든 짐을 내려놓고 이제 훨훨 날듯이 마음대로 자신을 굴려 갈 수 있어 미래는 더욱 희망차고 행복하다고 스스로 돌보고 있다고 한다. 지난날의 꿈은 접었지만 70에 가까운 나이에 새로운 자신만의 꿈이 생겨 그 꿈의 실현을 위해 남은 마지막 인생을 걸었다고 한다. 죽는 시간까지 할 일 없이 기다리지 않게 되어 더욱 행복하다고 한다.

그러나 이혼 후 이 남자의 지나온 세밀한 과정 속에 피눈물이 점철돼 있었을 것이다. 이제 이혼한 아내에 대한 원망은 없다고 한다. 그 사람도 결국 나 같은 남자를 만나 행복한 인생을 누리지 못했기 때문이란다. 몇십 년이 흐른 지금 지내놓고 보면 싸우다 그 자리에서 쓰러지는 한이 있더라도 끝까지 참아야 했다고 결론짓는다. 이혼한 사람의 80%가 후회한다고 한다.

이 남자의 사주나 아내의 사주는 서로 싸우고 볶으면서 살면 아무 문제없이 살아갈 수 있는 부부인데 여자가 설령 그렇다 하더라도 남자가 그 분수를 모르고 참지 못해 일어나는 팔자론으로 결정되어진 운명이 아니라 자신들이 선택한 운명이다. 이 남자도 사전에 자신의 사주를 간파할 상식이 있었다면 분수에 맞게 대처해 크게 발전할 수 있는 팔자였다. 그러나 찰나의 인내를 잃음으로 운명 지어진 자신의 인생에 대한 통한의 아픔은 누구도 표현할 수 없을 것이다.

이 한 남자의 예에서는 충분히 발전할 수 있는 조건과 능력을 갖춰 있으면서 아내의 반란으로 이혼함으로써 두 사람 인생의 꿈은 완전히 물거품이 되고 자식들도 더욱 성장시킬 수 있는 배경마저 허물어버리는 정말 꿈(상상치도 않았던 일로 이혼한 사실)같은 인생으로 종말을 맞이하는 결과가 된 것이다. 손익을 따지면 완전히 망한 인생이 된 것이다.

위에서 개괄적인 사연을 엿보았지만 그 밖에도 눈물 없이는 볼 수 없는 수많은 사연들이 독자들 주위에도 덮여 나가고 있을 것이다. 오늘도 사회적인 편견과 싸우는 싱글맘이나 싱글대디들이 어디에선가 또 눈물짓고 있을 것이다. 돌싱들의 공통적인 고통은 경제적인 문제가 가장 큰 요인으로 나타난다. 그렇다고 눈물만 흘리고 있는 것이 아니라 현실의 벽을 뚫고 꿋꿋하게 도전하는 씩씩한 돌싱들도 있다는 것을 잊어서는 안 된다. 위자료를 많이 받았거나 기본적인 경제력을 갖춘 여유로운 돌싱이라 하더라도 극소수에 불과하다.

예전과 달리 자녀 양육을 거부하는 엄마도 적지 않다는 것이다. 아직까지는 열 명 중 일곱 명은 엄마와 같이 생활하나 양육비 지원을 받지 못하는 경우가 85%에 달한다고 하니 자신의 앞날을 생각하지 않을 수 없는 환경이 되었다. 아이들이 비뚤어지거나 잘못된 경우도 아빠와 같이 사는 아이가 엄마와 같이 사는 아이보다 훨씬 많다는 것이다. 심리상태가 더 불안하다는 것이다.

여기서 열 명 중 일곱 명이라는 통계는 여명에 나타나는 사주팔자 상의 통계와 비슷한 수준이다. 여명의 약 80% 이상은 사주 상에 남자는 헤어져도 아이는 자신이 지키는 기운이 작용하고 있다. 이런 현상을 모르는 사람들은 본능적 모성애라고 한다. 반대로 본능적 모성애가 팔자에 그려져 있다고 할 수 있다.

그런데 팔자 상에는 자식에 대한 애착이 강한데 남자한테 맡기는 경우는 평소 남자한테 강한 배신감이나 복수심에서 자신의 아픈 마음을 참아가면서 저지르는 일이 대부분이다. 이런 속마음을 모르는 사람들은 자신의 앞날만을 위해 자식을 버리는 것처럼 독한 여자로 매도하는 경우가 많다.

정서적으로 아이들이 아빠보다 엄마에게 더 안정감을 갖는다는 뜻이다. 아이들을 세심하게 챙기는 것도 엄마와 아빠는 차이가 많을 수밖에 없다. 사주 상에 어머니 역할을 하는 인성은 아이의 생장을 도우며 인격 형성에 이르기까지 영향을 미치는 기운이지만 아버지인 재성(편재)은 자식이 극하거나 싸워서, 노력해서 획득해야 할 대상이 되는 기운이기 때문에 정서상 안정감은 어머니에 미치지 못하게 설계되어 있다.

아빠가 알코올 중독이나 의존증, 성격 파탄이라도 되면 아이들 학대에 영양결핍까지 초래하여 편견과 따돌림, 우울증, 외톨이가 되어 아이들이 비정상적으로 되지 않는 게 오히려 이상할 것이다.

결국 이렇게 성장하여 범죄에 쉽게 노출되어 사회적 문제가 점점 커지게 되는 것은 불을 보듯이 뻔한 일이다. 국가에서도 제도적으로 구원을 해야지 이런 일을 방치해서는 결코 안 된다. 심지어 딸이 동네 아이들한테 성추행 당한 것을 회사일로 신고도 못하고 방치하는 경우도 있다고 하니 기가 찰 노릇이다.

하루 300쌍 이상이 이혼하는데 자녀가 있는 경우가 90% 이상이라고 한다. 다 성장한 경우에는 그런대로 사회 적응력이 있다고 하지만

20세 이하인 아이를 둔 경우가 70% 정도나 되니 장차 사회적 문제를 크게 안고 있는 실정이다.

차라리 이혼을 하려거든 아이가 있기 전에 하는 것이 죄를 덜 짓는 것이다. 그러나 계획된 이혼이 아닐 바에는 자신의 운명을 어찌 알겠는가! 2장을 연구하는 길밖에 없다.

애초부터 만나지 말았어야 할 인연이었든지 아니면 자신의 분수를 모르고 참지 못했든지 둘 중에 하나를 선택했던 명(命)들이 낳은 결과이다. 이제부터라도 새로운 짝을 찾을 사람들은 반드시 자신과 상대의 배우자 분수부터 파악하고 나서라는 것이다. 여기에는 지혜가 샘솟게 되어 있고 난국을 타개해 나갈 신념이 싹트게 되어 있다.

또 한 예로 가정불화로 가출한 30대 가정주부가 알코올 중독에 시달린 끝에 사망했으나 어린 두 딸들은 이를 모른 채 엄마의 시신을 붙들고 4일간 삶지 않은 생 옥수수를 먹으며 허기를 달래며 함께 지내온 사실이 밝혀져 충격을 주었다. 남편과 잦은 다툼 등 가정불화로 아이들을 데리고 가출한 뒤 원룸에서 지내오다가 일어난 변이라고 한다.

앞으로 어린 두 딸의 운명은 어떻게 될 것인가? 부모의 잘못으로 이 아이들은 어쩌란 말인가? 만나지 말아야 할 인연이 만든 죄악이다. 이래도 함부로 짝을 결정할 것인가?

2. 동거는 경험이나 연습이 아니다

　요즘 젊은 층을 기준으로 한 여론조사 내용을 종합해보면 거의 50% 정도가 결혼할 필요가 없다고 나온다. 국민소득 수준은 높아지고 국가는 발전한다는데 갈수록 삶이 팍팍해져 결혼마저도 기피하는 현상이 어찌하여 벌어지는가! 이는 분명 이 사회가 잘못되어 가고 있다는 증거가 아닐까? 옛날에 보릿고개를 넘겨야 할 가난한 시대에도 이런 일은 없었다. 여기서 정치나 이념 논쟁은 그만두고 이런 현실을 극복해 나가야 할 젊은 세대들에게 무슨 말로 용기를 줘야 할지 남감하다.

　지금도 결혼을 해놓고는 미래가 불투명하니까 결혼신고를 미루고 사는 부부가 늘어나는 추세라고 한다. 무늬만 부부지 동거생활의 개념이다. 이는 헤어지기 좋게 안전장치를 하는 것과 별반 다름이 없다. 법률적으로 귀찮고 복잡한 수속도 필요 없고 서류상으로 모두 처녀 총각으로 남아 있다가 아차 하면 미련 없이 헤어질 준비를 하는 것 같다.

　실례로 어떤 신혼부부는 만약을 생각해 결혼 신고도 하지 않고 신혼살림을 차렸으나 남편의 불성실한 직장과 가정생활로 가정 경제까지 위협을 받게 되어 남편 하는 꼬락서니를 보니 희망이 보이지 않더라는 것이다. 남편이 성실한데 환경적 여건에 의해 부득이하다면 마음의 동정이라도 가지만 자신의 불성실한 결과를 아내에게 의지하려는 마음까지 보이니 이미 싹수가 노랗게 느껴져 가볍게 헤어졌다고 한다.

또 한 경우는 직장을 가지고 있는 여인이 중매를 통해 의사와 결혼했으나 열쇠 한 개는 채웠으나 남은 열쇠 두 개는 언제 가져오느냐고 따지더라는 것이다. 자신과 살려면 그 정도는 해야지 하는 소리에 공부를 많이 한 인간의 모습이 저렇게 구역질이 나기는 처음이었다는 것이다. 자신이 이렇게 메스꺼운 인간과 결혼했다는 자괴감에 그동안 들어간 혼수 비용을 찾고 헤어질 수 있는 방법을 법률상담소에 문의한 경우다. 이 경우도 미신고이니 헤어지는 것은 법률적으로는 처녀, 총각 그대로다.

위와 아래 경우는 부부문제의 내용상 성질이 다르다. 위 경우는 성실치 못한 남편으로 인해 야기되는 문제이고 아래는 덜떨어진 인격을 지닌 메스꺼운 남자이니 객관적으로도 당연히 공존할 수 없는 존재들이다. 이런 당위성을 지닌 내용은 이해가 가지만 이런 사례가 많이 잠복해 있는 현실이 우려된다는 것이다. 현재 결혼식도 올리지 않고 동거하는 사실혼 관계에 있는 부부 아닌 부부가 증가 추세에 있는 반면에 동거 시작 1년 이내에 헤어지는 일도 증가하는 추세라고 한다.

실제로 결혼식도 치르지 않고 동거하는 숫자는 통계에 잡히지 않는다. 자진신고라도 하면 모를까 본인들만 알고 대부분 주위에서 조차 모르는 경우가 더 많은 실정이다. 이렇게 하더라도 잘만 살면 더 이상 바랄 게 없다.

프랑스와는 달리 우리나라에서는 동거가 법률적으로 보호를 받지 못하고 있기 때문에 경험만 쌓고 서로 쿨하게 헤어지는 일만 남아 있을 뿐이다. 아이를 낳아도 사생아로 남게 된다. 그래서 대부분 아이도 낳지 않고 헤어지더라도 부담도 없도록 준비하고 있는 것이다. 우리나라가 출생률이 감소한다고 야단법석을 떨지만 정작 근본적인 제도 하나 마련하지 못하고 돈 몇 푼 지원하는 임시 미봉책만 남발하고 있으니 한심한 생각이 들 때가 한두 번이 아니다.

신혼부부들이 미래가 불투명하니 이왕 헤어져야 할 운명이라면 아이를 낳지 않아야 되는 것은 너무나 자명한 일이다. 이 미래란 두 사람의 인간관계도 있지만 사회적인 경제 환경의 불안 등으로 인생 설계를 마음 놓고 할 수 없기 때문일 것이다. 옛날에는 의술이 발달되지 않아 생긴 대로 낳았지만 지금은 자유자재로 선택할 수 있기 때문에 발전된 의술도 출산 감소에 한몫 거들고 있는 형국이다.

그리고 본인들이 성장하면서 돈 없어 고생하고 차별 받은 고통을 2세들한테 상속해 줄 어리석은 부모들이 될 사람이 누가 있겠는가. 그러니 경제력에 자신이 없는 사람은 아이 낳을 생각을 하지 않는 게 정상이다. 거기다가 부부관계까지 불안하다면 더 말할 나위가 없어진다.

그러나 현실은 각자가 당면한 문제를 발전적으로 해결해 나가도록 스스로 노력하는 길밖에 없다. 통계에 잡히지 않고 확실하지 않는 동거관계는 논외라 하더라도 결혼식을 올리고 신고를 하지 않은 상태로 사실혼 관계만을 유지하면서 미래를 저울질 하는 사람이 많이 늘고 있다는 것은 사회적인 불안현상을 반증하고 있는 것이다. 이혼상담소를 통해 사실혼 관계를 정리하려는 사람도 증가 추세에 있다고 한다. 이 것도 상담소를 거쳐 상담하는 숫자만 가지고 증가하는 추세라는 것을 추론할 수 있지 실제로 사실혼 관계만 유지하는 숫자는 정확히 알 수 없다. 결혼식만 올렸다고 해서 통계에 잡히지는 않는다.

이혼상담 계층은 전 연령대에 고르게 나타나고 있지만 사실혼 해소는 혼인기간이 1년 미만인 30대가 대부분이라고 한다. 학력별로는 고졸보다 대졸이 많은 비율을 차지하며 헤어지는 속도도 빠른 것으로 나타난다. 그만큼 고학력일수록 시세에 민감하다는 뜻이다. 사실혼의 해소 사유도 대부분 성격차이(섹스), 경제적 갈등이다.

　결과적으로 이 모든 것이 잘못 선택한 결과라는 것을 아직 결혼하지 않은 독자들은 뼈저리게 느껴야 한다. 결혼식을 올리지 않은 동거라도 마찬가지다. 이렇게 잘못된 경험이 일생의 발목을 잡을 수 있다는 것을 알고 책임을 다해야 한다.

　결혼에는 경험이나 연습이 없다. 만약 그렇게 생각한다면 그 업보도 준비해야 할 것이다.

　서두에서 혼전의 젊은이들에게 용기를 줄 말이 없다고 했으나 이는 현실적인 사회상을 꼬집으려고 했을 뿐 실제로 이 책의 주제인 자신의 분수를 지켜 나가면 반드시 꿈을 이루어 나갈 것이니 그 꿈만은 접지 말기를 바란다.

3. 위대한 탄생을 위해

배우자가 선택되어 결혼 날이 잡히거나 정하려고 할 때에는 태어날 2세를 먼저 생각해야 한다. 설령 계획대로 안 된다 하더라도 준비는 항상 해야 한다. 바로 입태(入胎)월과 입태(入胎)일이다. 이는 난자와 정자가 합쳐져 잉태되는 날이다. 정확히는 시간까지 고려해야 한다. 물론 합방한다고 해서 반드시 입태되는 것은 아니다. 그러나 입태된다는 생각을 항상 가지고 임해야 한다.

입태일(日)과 입태시(時)는 정확하게 추론하기에 힘든 문제가 있지만 입태월(月)은 정상 분만일 경우에는 출생일을 기준으로 산정하여 비교적 정확하게 추론된다. 입태월(月)만 해도 아이의 미래에 영향을 미치는 기운이 작용하기 때문에 가볍게 생각해서는 안 된다. 즉, 어머니가 받는 계절의 기후 조건을 배 속의 아이도 그대로 받기 때문이다. 정자의 건강상태도 고려해야 한다. 이는 아버지 될 사람의 건강상태에 달려 있다. 이렇게 부부의 컨디션이 아이의 장래를 이끌어 가는 요인이 된다.

혼인 날 100일 전부터는 남녀 모두 모든 언행을 조심해야 하며, 음식, 마음가짐 등 항상 맑고 깨끗한 영혼을 유지하도록 노력해야 한다. 내 영혼이 어지러우면 세포와 유전자에 그대로 반영된다. 평소 쓰는 말씨도 욕이나 저속한 용어, 분노, 증오, 노여움, 고민, 걱정, 갈등 등을 억제하고, 경망스럽게 지나치게 기뻐하거나 즐거워해서도 안 되며, 가능한 기쁘고 즐거운 생각들로 채우며, 좋은 말들을 골라 하고, 음식도 기름진 육식보다는 담백하고 신선한 종류 중심으로, 오염된 음식은 피하고, 내 2세를 위해 내 영혼을 맑게 해달라는 마음을 담아 아침저녁으로 기도나 명상을 통해 정화해야 한다. 결혼한 날이라도 만약 합방하는 시간에 폭풍, 태풍, 번개, 천둥, 비, 월식, 일식이 있는 날 등을 수반한 일기 고약한 날은 피해야 한다. 형식적이고 의례적인 정도는 무방하지만 술도 입에 대지 않는 날이어야 한다. 평소에도 마찬가지다. 100일이 힘들면 한 달이라도 좋다.

결혼 날을 지나 평소 생활 가운데서도 부부관계는 아이의 잉태와 직결되기 때문에 술을 먹고는 하지 않아야 한다. 술꾼 아이가 나오면 누굴 원망할 것인가. 술꾼뿐만 아니라 어떤 변태가 발생할지는 아무도 모를 일이라는 것을 명심해야 한다.

음식도 가려 먹어야 한다. 비싼 음식이 아니라 태아에 해롭다고 생각되거나 마음에 걸리는 음식은 절제해야 한다. 잉태기에 닭고기를 먹으면 전체는 아니지만 신체의 어느 부위든 닭살의 부분이 나타나는 사람이 많은 이치다. 한 번 생긴 닭살은 닭을 안 먹더라도 다음 세대로 유전되기도 한다. 옛날에는 임신기에 몸을 보(補)한다고 닭을 주로 해 먹은 시절이 있었다.

현실적으로도 원인도 알 수 없는 어린아이들의 질병이나 유아들의 이상 상태의 현상들은 부모들이 전해준 것만은 분명한 일이다. 단지 그 원인이 규명되지 않거나 모를 뿐이다. 합방을 할 때는 부부의 육체, 정신 건강상태가 베스트를 유지해야 하는 이유다. 그런데 온갖 역겨운 음식냄새 풍겨가면서 술만 먹으면 발동하는 남자와 여자들이 있는데 이는 사전에 서로 약속하고 지켜나가도록 강제조항을 만들어놓아야 할 것이다. 서로를 위한 미래이며 자식한테 부모의 소홀이나 경솔로 불행을 안겨줘서야 되겠는가.

그리고 부부관계는 서로 합의하에 조화롭게 사랑하는 영혼으로 이루어져야지 욕정을 못 참아 일방적이거나 강제로 이루어지면 잉태된 아이의 정서가 같을 수가 있겠는가. 그러나 지금의 무분별한 현실을 보면 어찌 장래가 걱정되지 않겠는가. 이미 과속한 부부뿐만 아니라 문란한 관계들이 많으니 이런 생각들이랑 해보기는 했겠는가! 결국 그 결과는 부모와 자식한테 그대로 후유증을 남긴다는 것을 알아야 한다.

드라마나 영화를 보더라도 스토리가 건전하지 않거나 잔인하고 폭력을 수반한 내용들이나 공포와 스릴을 자극하는 종류들, 기타 본인이 판단하여 부적당하다고 판단되는 것들도 피하는 게 좋다. 정서적으로 교란하는 일체의 내용들은 태아의 영혼에 좋은 영향을 미치지 않을 것이다.

합방 장소도 신경을 써야 한다. 이는 현실적으로 너무 번거롭고 어려운 조건이긴 하지만 방향이나 위치 환경이 두 사람에게 영향을 줌으로써 2세의 생성에 영향을 미칠 수 있다. 지저분한 여관이나 문란한 러브호텔 등에서 합궁하는 것과 청결한 공기와 정신, 강한 땅의 기운이 뻗어 올라오는 장소에서 아름답고 기운 넘치는 배경 음악이 흘러나오는 곳에서의 합궁으로 입태되는 아이와 어찌 같을 수 있겠는가. 그렇다고 꼭 환경 좋은 곳만을 뜻하지 않는다. 음악이 없고 고급스런 곳이 아니더라도 청결한 마음과 고귀하고, 순수한 기운이 감도는 곳이면 오히려 초가삼간이라도 더 좋다. 개천에서 용 나는 이유가 여기에 있다.

여기에 과학이라는 잣대를 들이대면 어리석은 과학이 된다. 증거는 역사적으로 명가로 소문난 집안들의 내력이 이런 과정을 겪으면서 수백 년을 지탱해 온 것과 찢어지게 가난한 환경 속에서도 훌륭한 인물이 나와 가문을 일으키고 사회에 도움이 된 인물들을 어렵지 않게 찾아볼 수 있다. 앞으로는 독자 여러분이 실험해보면 더욱 흥미로운 결과를 알 수 있다. 이는 짧게는 자신의 당대 수십 년에서 후손들이 뻗어나가는 수백 년에 걸쳐 알 수 있다.

이렇게 해서 임신이 되면 '태몽'이 반드시 있다. 태몽은 평생에 한 번밖에 꾸지 않는다. 바로 임신하는 날에만 나타난다. 이것도 과학의 설계가 아니라 자연의 설계이다. 너무나 치밀하게 설계해놓은 자연 앞에 머리가 숙여질 뿐이다. 바로 이 태몽이 아이의 인생행로를 점지하고 있다. 태몽만 알아도 아이의 장래 대강의 윤곽은 잡힌다. 문란한 관계나 조화롭지 못한 관계는 태몽도 나타나지 않는다.

태몽을 꾸지 않는 사람도, 꾸긴 꾸었는데 도무지 상이 잡히지 않는 사람도 있다. 그러나 태몽은 아무리 기쁘고 심오한 뜻을 느끼더라도 발설하는 게 아니고 끝까지 간직하는 게 좋다. 누가 물어도 그냥 나 혼자 간직하고 싶다고 완곡히 거절하는 게 좋다. 나중에 아이가 커 가는 과정에서 예상치 못하게 절망과 좌절 속에 빠지는 환경에 처하게 되면 아이에게 태몽을 속삭여주어라. 그러면 어떤 어려움 속에서도 희망의 빛을 찾아갈 것이다.

태교도 지나치면 좋지 않다. 어머니의 마음이 건강하고 맑고 깨끗하게 유지하면 된다. 음악을 듣거나 독서를 하는 등의 여유로운 태교만이 능사가 아니라 생존을 위해 쉴 새 없이 직업전선에서 뛰어야 하는 어머니들도 힘들지만 배 속 아이의 미래를 위해 즐겁게 일한다면 이보다 더 좋은 태교는 없다. 아이도 어머니의 순결한 숨결을 바라고 있을 뿐이다. 다만 남편은 임신 중에 아내의 마음을 아프게 하는 일이나 괴

로워 할 수 있는 원인을 제공하는 일도 없도록 최선의 노력을 다 해야
한다.

이렇게 하여 결혼 첫날부터 자신들은 물론 후세에 대한 책임과 의무
가 시작되는 것이다. 이 책임과 의무는 강제조항은 아니다. 이를 지키
고 안 지키고는 자신들의 마음이다. 그러나 지키고 안 지킨 차이는 하
늘과 땅 차이만큼 자신들한테 돌아올 것이다. 부디 자연의 이치를 깨
달아 위대한 탄생을 바라는 마음이다.

4. 사랑하리

　이 세상에 사랑이란 말처럼 아름답고 위대한 말은 없을 것이다. 이는 누구나 가질 수 있는 말인데 아무나 갖지 못하는 이유는 무엇일까. 이 사랑에도 분수가 있기 때문이다. 누구나 이 사랑이란 무기를 가지고 있다면 여기에 대적할 상대는 이 우주에는 존재하지 않는다.

　이런 사랑을 노래한 만해 한용운 선생의 시 일부를 여기에 옮겨놓는 것으로 필자의 뜻을 대신하고자 한다. 여기서 사랑의 대상은 환경에 따라 여러 가지로 상상할 수 있다는 사족을 단다.

함께 영원히 있을 수 없음을 슬퍼하지 말고,

잠시 같이 있을 수 있음을 기뻐하고,

더 좋아해주지 않음을 노여워 말고,

이만큼 좋아해주는 것에 만족하고,

나만 애태운다고 원망치 말고,

애처롭기만 한 사랑을 할 수 있음을 감사하고,

주기만 하는 사랑이라 지치지 말고,

더 줄 수 없음을 아파하고.

누구든지 국가와 인류에게 공헌할 수 있는 가장 위대한 방법은 훌륭한 가정을 만드는 일이다.

-조지 버나드쇼-

에필로그

　옛날 선인들은 결혼이란 안 해본 것보다 해본 게 낫다고 한다. 이 뜻은 여러 가지 의미를 담고 있다. 결혼의 미련에 대한 체념에는 도움이 되겠지만 각자 처한 입장에서는 정답은 아니다. 정답은 있을 수 없다. 잘못된 결혼은 개인의 행·불행뿐만 아니라 죽는 날까지 여러 사람의 고통을 수반할 수 있는 개연성을 지니고 있기 때문이다. 그럼으로 결혼으로 인한 상처와 희망을 새겨보고 결론적인 배우자 선택을 생사의 기로에 선 심정으로 해야 할 것이다.

"대부분의 부부가 배우자와 맞지 않아 갈등하고 있다는 사실은
자신과 사회의 병이 되는 현실을 어떻게 극복 할 수 있을가!!!"

내 배우자는?

민비가 왕비로 간택되지 않았더라면 불행한 생으로 마감했을까?

천부적인 배우자에 맞는 선택은 **인생 성공의 문**으로 들어가는 지름길이 되고,
천부적인 배우자를 무시한 선택은 **인생 실패의 문**으로 들어갈 수 있다.

천부적인 배우자선택을 위한 분석

● **천부적성연구원 일산 정왕주 원장**이 60여년의 인생경험과 통찰을 통해 누구든지 가지고 있는 **사주 팔자 속에 녹아 있는 자연과학과 인간관계**를 분석하여 현실적인 선호 조건과 배우자 선택에 적용 발전시켜 세계적으로 유례를 찾아 볼 수 없는 미래를 정확히 꿰뚫어 인연 맺게 하는 **필자 유일의 타의 추종을 불허하는 독특한 배우자 선택법!** 마음의 병을 앓고 있는 부부들에게는 아무도 고칠 수 없는 **치료법이 된다!!**

① 자신이 가지고 있는 현실적인 조건과 배우자 분수의 특징을 파악하고
② 상대가 지니고 있는 현실적인 희망과 배우자 분수의 바탕을 분석하여
③ 서로 공유할 수 있는 현실적인 조건과 미래의 변화에 대응할 수 있는 능력과 성질들을 종합 분석하여 공유 발전시켜 나갈 수 있는 가능성을 판단하여 배우자 선택을 할 수 있는 분석 자료를 제공한다.

● 그리하여 **성공적인 인생항로**를 위한 **나침반**의 구실을 하게 될 것이다.

● 신청방법: 공부할 시간이 없는 분들을 위해 인터넷을 통해 신청하고 결제한 후 분석된 자료는 이메일로 보내 드림. (전화신청 가능함)

천부 배우자 연구원 ☎02-3436-3181, 02-3437-9181